古代歷史文化研究輯刊

六 編

王 明 蓀 主編

第23冊

金門宗祠祭禮探究
——以陳、蔡、許三姓家族爲例（上）

楊 天 厚 著

國家圖書館出版品預行編目資料

金門宗祠祭禮探究——以陳、蔡、許三姓家族為例（上）／楊天厚 著一初版一新北市：花木蘭文化出版社，2011〔民100〕

目 6+230 面；19×26 公分

（古代歷史文化研究輯刊 六編；第 23 冊）

ISBN：978-986-254-617-8（精裝）

1. 宗祠　2. 祭禮　3. 福建省金門縣

618　　100015471

古代歷史文化研究輯刊

六 編 第二三冊　　ISBN：978-986-254-617-8

金門宗祠祭禮探究——以陳、蔡、許三姓家族爲例（上）

作　　者　楊天厚

主　　編　王明蓀

總 編 輯　杜潔祥

出　　版　花木蘭文化出版社

發 行 所　花木蘭文化出版社

發 行 人　高小娟

聯絡地址　新北市永和區中正路五九五號七樓

電話：02-2923-1455／傳眞：02-2923-1452

網　　址　http://www.huamulan.tw 信箱 sut81518@gmail.com

印　　刷　普羅文化出版廣告事業

初　　版　2011 年 9 月

定　　價　六編 25 冊（精裝）新台幣 40,000 元

金門宗祠祭禮探究
——以陳、蔡、許三姓家族爲例（上）

楊天厚　著

作者簡介

楊天厚，金門官澳村人。輔仁中文系畢、中山中文碩士、東吳中文博士。任中學教職三十二年，亦為文史工作者，現為金門大學兼任助理教授。著有《金門城隍信仰》，並與內人林麗寬女士共同撰寫《和諧的天地 金門古早醮儀文化》、《金門婚嫁禮俗》、《金門殯殮儀典》、《金門歲時節慶》、《金門匾額人物》、《金門俗諺採擷》、《金門寺廟巡禮》、《金門寺廟楹聯碑文》、《金門高粱酒鄉》、《金門的民間慶典》、《金門民間戲曲》、《金門采風》、《金門風獅爺與辟邪物》、《金門珠山社區總體營造——人文采微成果專輯》等書，共同譯《釣磯詩集譯注》，並共同編《金門縣金沙鎮志》、《金門縣金湖鎮志》，暨《金門縣官澳楊氏宗祠奠安紀念輯》等書。

提 要

金門素有「海濱鄒魯」雅稱，但以其孤懸東南海隅的框限性，以及長期軍事箝制的封閉性，並以擁有豐厚閩南文化而廣受學界青睞。其中尤以量多質精的祠堂，形塑閩南建築群裡最閃耀的星輝；祠堂中一年兩度的春秋祀祖儀典，洋溢濃郁閩南古風之餘，更成為傳統祭禮儀節的奇葩。

紹述金門宗族的祭典，由於各姓氏間執禮者習慣的不同，常於「標準化」範疇內略現部分的差異，但共同遵循的傳統「三獻禮」儀式，暨琳琅滿目的「滿漢全席」供品呈現方式，卻是金門島民恪遵宋儒朱熹（1130～1200）《家禮》，以及清代的《家禮會通》和《家禮大成》一脈禮規所萃聚而成的禮樂文化。

抉擇陳、蔡、許三姓家族作為研究取樣的對象，係因陳、蔡、許三姓氏在明、清兩代科舉業各有不凡成就，其祀祖禮儀且各有不同特色，彼此間深具互補性使然。南宋大儒朱熹出任同安縣主簿，簿同期間曾數度過化金門，金門教化得以大行，禮教得以昌盛，金門之祭禮實踐能於「禮失而求諸野」的今日，彰顯其不凡的特質與意義，朱熹的倡導教育與《家禮》的普及全面化，對金門文風的興盛都有著一定程度的貢獻。

《禮記・祭統》云：「禮有五經，莫重於祭。」吉禮為五禮之首，祭祖儀典且是吉禮的核心價值。金門早期相關文獻不多，許多深具閩南遺風的儀式，莫不藉由代代相傳的禮生，以口耳相傳，或是簡陋的手抄本以輔助記憶。本文撰寫即在透過系統化的整理，重新審視《家禮》在金門大眾所傳達和實踐的面向，並將這些深具閩南古風的禮文作完整的留存與呈現。

謝 啓

當口試委員一聲「恭喜通過」令下，霎時緊繃的精神得以懈卸輕鬆，「夢魘終於結束了！」數年來日夜背負的沉重撰稿壓力，於今終於得以順利畫下休止符，豈不快哉？

回首五年半的歷程，週休假期鎮日泡坐國家圖書館翻查資料有之；為配合送審期限連夜趕稿者有之；因尋某詞條而大費周章查找者有之；為上班而趕飛機臺金往返者有之……。一切的辛苦磨難今然終結，內心的雀躍欣喜自是不在話下。

誠然，一件事情的完成，必有許多背後的無名英雄予以支撐。這一路走來，曾給予實質幫助者何其多，亦正是本論文得以順利寫成的最大功臣。李師豐楙和許師清雲兩位指導老師不厭其煩的再三教導指正，居功厥偉。王師秋桂和余師光弘三番兩次惠助重要資料之蒐集；林師保堯、龔師顯宗、金師榮華多方給予鼓勵和慰藉；澎湖郭金龍好友不辭迢遙惠寄資料至金門；同事陳宗孟和顏清博一再的關懷和資助；鄭允順、陳淑婷、呂世堅諸君不吝提供各方電腦支援；五姊賢伉儷及外甥李金揚於在臺期間的載送與照拂……等，蒙受如此不可勝數的隆情厚誼及恩情關照，又豈能以此區區的「謝」字來表露本人無上的感懷呢？

「咱家三代人不曾入孔子門」是先父臨終前的最大憾恨，咀嚼著一生茹苦含辛養育七子女的先父遺言，很慶幸自己終能打破藩籬，邁進人生另一旅程。當然，一路默默陪伴並包容的內子和兩兒，更是功不可沒的幕後精神支柱。

感謝您！所有惠助過的貴人們！

楊天厚　2011/02/06 於金門縣金湖鎮

目次

上冊

下　冊

書　影

照　片

第一章　緒　論

金門是福建東南沿海的蕞爾小島，因位處交通樞紐，自古即爲兵家必爭之地。明洪武二十年（1387 年），江夏侯周德興在金門本島西南端的金門城村建蓋「千戶所城」〔註 1〕，自此成爲東南海隅的「海上明珠」。數百年來歷經大小戰役無數。民國三十八年（1949 年）以後，更因國共的長期對峙，而使她成爲戰地最前線，也因之而有「地下堡壘」與「海上花園」的稱譽。而今戰事已然終結，但豐厚的「閩南文化」、「戰地文化」和「僑鄉文化」，卻使她

〔註 1〕關於金門築城年代，據清・林焜熿著《金門志》卷二，頁 5；1999 年版《金門縣志・大事志》卷一，頁 104；1979 年版《金門縣志・史略》卷一，上述三種版本皆載築城時間點在洪武二十年（1387 年）。

然考之，1968 年版的《金門縣志》卷一，頁 20，引《福建通志》條文則又增多「（洪武）二十一年（1388 年），命湯和行視閩粵，築城增兵，置福建沿海指揮使司五，千户所十二，金門其一」的載錄。

另考之《明史・兵志三》卷九十一，頁 3244，也有類似的記述：「（洪武）二十一年（1388 年），又命和行視閩粵，築城增兵，置福建沿海指揮使司五。……領千户所十二，曰大金、定海……金門……。」

再據明代金門鄉賢洪受《滄海紀遺・建置之紀第二》，頁 5，載稱：「金門千户所城：在浯洲之南，其北倚山，其東西及南俱阻海，洪武二十五年（1392 年），江夏侯周德興來築外環，以濠深廣丈餘，周圍六百三十丈，高連土牆二丈五尺，窩舖三十六，門四。」

三個不同築城年代，似各有所本，也都言之成理。然若以千户所城及五座巡檢司城皆由江夏侯周德興督工施建情況研判，則洪武二十年（1387 年）先建巡檢司城。洪武二十五年（1392 年）再建五座巡檢司城的推斷較爲合理。

今人陳忠華於〈閩人移殖臺灣史略〉一文，也提及「明代初葉，倭寇騷擾沿海各地，太祖令周德興，湯和（信國公）二人分守福建、浙東；同時嚴禁與日本往來，並遷沿海居民於内地」的說法，見《臺北文獻》第五期，1968 年 7 月，頁 71。

成爲觀光新寵兒。這其中最能凸顯金門地區的閩南文化特色，就屬閩南建築，以及宗族文化。

第一節　研究緣起——研究史回顧

以「海濱鄒魯」〔註2〕名聞遐邇的金門，向以擁有豐厚閩南文化而廣受學界青睞。閩南文化、僑鄉文化、戰地文化，都是世人注目的焦點，也是金門鄉親引以爲傲的文化資產。而其中量多質精的祠堂，又是金門閩南建築群中最閃耀的星輝；祠堂中一年兩度的春秋祀祖儀典，更洋溢著濃郁的閩南古風。雖各姓氏間常因執禮者習慣的不同，而出現些微性的差異，但共同遵循傳統「三獻禮」儀軌，以及琳琅滿目的「滿漢全席」〔註3〕供品，可都是島民恪遵宋儒朱熹《家禮》，以及清代的《家禮會通》和《家禮大成》禮規所萃聚而成的禮樂文化。

金門島以其孤懸東南海隅的框限性，以及長期軍事箝制的封閉性，使她歷經宋、元、明、清數代近千年的歷史長河錘鍊，卻仍能保有她亙久不變的樣貌。那古意盎然的祀祖禮，任誰看了都會心動，也都會駐足詳觀。筆者投身田野教室二十幾年經驗中，印象最深刻、最想撰寫的論文素材就是這特色獨具的祀祖禮文。既能撰寫學位論文，同時又能爲故鄉留下文獻紀錄，是本研究的最原始動機。選擇陳、蔡、許三姓家族作爲研究取樣的對象，是因爲這三個姓氏在明、清兩代科舉業各有不凡成就，且其祀祖禮儀各有不同特色，彼此間深具互補性。

金門舊名浯洲，又名仙洲。浯洲之建置，歷代志書載錄相當簡略，據《金

〔註2〕受朱子教化後的金門文風鼎盛，明代的文治、清代的武功，都曾爲金門寫下輝煌史頁。不朽事功可直追鄒魯，因有「海濱鄒魯」雅稱。

〔註3〕滿漢全席：滿漢全席宴是中國一種融合滿、漢飲食特色的超豪華筵席，源起於清皇室。此一筵席本爲慶賀康熙六十六大壽而設計，藉此化解滿漢衝突，後世遂沿襲此一傳統，加入各種奇珍異饈。民國後，滿漢全席仍被保留下來，並以菜色的多寡而區分爲大滿漢、小滿漢。大滿漢一般爲一〇八道菜餚，小滿漢則爲六十四道菜餚。而祀祖儀典中「滿漢全席」亦有大、小滿漢席之分，大滿漢全席號稱擁有一〇八道供品，其中包含八大、八中、八小、五牲、五湖四海、水果碟、胭花脂粉碟等。詳見拙作，〈「撿桌」在普渡儀節中的角色觀察〉（A Role Analysis about the Dishes Adorned to Worship as a Religious Ceremony in the Folk Custom），刊載於《國立金門技術學院學報》第三期，2008年3月，頁23～45。

門縣志》指稱，金門有居民始於晉元帝建武元年（317 年）間，迄今有 1600 多年歷史，時有蘇、陳、吳、蔡、呂、顏等六姓中原人士避禍而逃抵金門。〔註4〕此外，民國四十四年（1955 年），國軍於賢厝（賢聚村）構築工事時意外發現的花紋古磚，經考古學家莊嚴鑑定爲上起兩漢，下迄六朝（西元前 197 至西元 618 年間）的產物，亦足資證明晉代以來就有中土人士前來金門墾荒的說法是可資採信的。〔註5〕然若往上推至史前時期的「貝塚文化遺址」〔註6〕，則開發時間點應可再往前推移 4000～8000 年。唐貞元十九年（公元 803 年）牧馬侯陳淵親率蔡、許、翁、李、張、黃、王、呂、劉、洪、林、蕭等十二姓氏來金牧馬，歷經草萊初闢的墾拓，始能化荒墟爲樂土。「閩王」——王審知（862～925）於永隆元年（939 年），置同安縣，金門屬焉。〔註7〕宋太平興國三年（978 年）島民始納戶鈔，皇室正式在浯洲（金門）開啓征稅納鈔新紀元。〔註8〕就宋、元兩代而言，宋寧宗嘉定十年（1217 年）眞德秀知泉州府時，曾有經略料羅戰船之說；元時司令馬公在浯洲建有「浯洲書院」〔註9〕。元大德元年（1298 年）建浯洲場，開征鹽稅。之後又陸續置管勾司、司令司。〔註10〕明洪武二十年（1387 年）始因修築「千戶所城」〔註11〕於金城鎭金門城村，取寓有「固若金湯，雄鎭海門」之意，而更名爲「金門」，且沿用迄今。

南宋大儒朱熹（1130～1200）出任同安縣主簿，簿同期間曾數度過化金門，金門教化得以大行，禮教得以昌盛，朱熹的倡導教育與《家禮》的普及

〔註 4〕金門縣政府出版，《金門縣志・大事志》卷二（96 年續修），2009 年 12 月，頁 208。

〔註 5〕李錫回主編，《金門史蹟源流》，金門：金門縣政府出版，1987 年 11 月修訂再版，頁 31。

〔註 6〕據臺大林朝棨和中研院陳仲玉兩位教授抵金實勘後，證實金門的貝塚文化遺址的時間很早，其中復國墩文化遺址約 8000～5800 年前，浦邊文化遺址約 4000～3500 年前，金龜山文化遺址約 6000～3400 年前。詳見金門縣政府出版，《金門縣志・金門史前文化》第一章（96 年續修），2009 年 12 月，頁 147。

〔註 7〕金門縣文獻委員會，《金門縣志・史略》卷一，1968 年 2 月，頁 2。

〔註 8〕清・林焜熿，《金門志・分域略》卷二，臺灣：臺灣省文獻會，1993 年 9 月，頁 5。

〔註 9〕明・洪受，《滄海紀遺・建置之紀第二》，金門：金門縣文獻委員會，1970 年 6 月再版，頁 5。馬公係指何人，志書未曾載述，待考。

〔註10〕金門縣文獻委員會，《金門縣志・史略》卷一，1968 年 2 月，頁 3。

〔註11〕同註 1。

實功不可沒。朱熹，字元晦，一字仲晦，別號晦庵、雲谷老人、滄州病叟、遯翁。原籍安徽婺源人，宋高宗建炎四年（1130 年）九月十五日午時，生於南劍尤溪之寓舍。朱熹爲學主窮理以致其知，反躬以踐其實，而以居敬爲主，爲有宋一代理學名家，亦是孔孟以來集儒家思想之大成的曠代鴻儒。據《朱子年譜》載稱，宋高宗紹興十八年戊辰（1148 年）春天，年僅十九歲的朱熹就榮登王佐榜進士。紹興二十一年辛未（1151 年）春天，銓試中等，是年夏天，授左迪功郎泉州同安縣主簿，時朱熹年二十二歲。紹興二十三年癸酉（1153 年）秋天七月，朱熹抵同安履任（書影 1-1、1-2）。〔註 12〕

書影 1-1：朱文公像

（取材自《家禮正衡》卷一）

書影 1-2：朱文公授同安主簿像

（取材自《家禮正衡》卷一）

紹興二十五年乙亥（1155 年），朱子於同安城內外遍尋不著《政和五禮新儀》印本，乃取《周禮》、《儀禮》、《唐開元禮》、《紹興祀令》等幾本禮書更相參考，並繪製成禮圖，親自執教。朱子有鑑於州縣之間，士大夫、庶民之家，行禮至爲不易，「因著《臣民禮議》，以爲宜取《政和禮》，凡州縣官民所

〔註 12〕清・王懋竑編，《朱子年譜考異》卷一（清道光光緒間刻本），收入于浩輯，《宋明理學家年譜》套書，北京：北京圖書館出版社，2005 年 4 月，頁 51～61。

應用者，別加纂錄，號曰《禮略》，刊印而頒之州縣，州縣刊印而頒之民間。」〔註 13〕禮書付梓之後，還親自挑選「士之篤厚好禮者，誦其說，習其容。州縣各爲若干人，廩之於學，使行禮者有考焉，其祭器、祭服，皆給一爲式，使州縣倣而備之。」〔註 14〕透過這批「種子教師」深化禮文於民間。禮書所未詳備的部分，則更詳加考正，採圖文並茂的編輯方式，頒發民間妥爲收藏。〔註 15〕朱子以禮導民，以禮化俗的強烈使命感，於焉得見。

紹興二十六年（1156 年）七月，秩滿。是年冬天奉檄遷走旁郡。在繼任同安主簿官員未如期辦理交接空檔，朱子只好先護送老幼眷屬回轉故里。次年（1157 年）春天，朱子再回同安，在繼任者〔註 16〕久候不至情況，只得無奈罷歸。「其去也，士思其教，民懷其惠，相與立祠於學宮。」〔註 17〕朱子簿同時間雖不長，「蒞官以教養爲先，務革弊興利，緩急有序，事無大小，必親裁決，賦稅簿籍，逐日點對」〔註 18〕的親民作風，卻深得縣民的愛戴與推崇，特別是禮儀的教化，更讓地處海隅的同安鄉親長懷去思。明儒黃宗羲（1610～1695）在《宋元學案・晦翁學案》就有如是描繪：

> 年十八，登紹興十八年進士第，授泉州同安主簿，選邑秀民充弟子員，日與講說聖賢修己、治人之道，禁婦女之爲僧道者。士思其教，民懷其德，不忍其去。〔註 19〕

同安民風因朱子教化而爲之丕變，這是無可爭論的史實。宋時隸屬同安縣綏德鄉翔風里孤懸海表的金門島〔註 20〕，朱熹任內是否曾親臨島上，向來是學

〔註 13〕清・鄭士範編，《朱子年譜》（清光緒六年（1880 年）刻本。周正誼堂叢書），載錄於：于浩輯，《宋明理學家年譜》（全十二冊），北京圖書館出版，2005 年 4 月第一次印刷，頁 579。

〔註 14〕同註 13。

〔註 15〕同註 13。

〔註 16〕案，據清・黃佐、郭賡武纂修，《泉州府志・名宦》卷二十九，泉州：編纂委員會辦公室 1984 年據泉山書社民國十六年乾隆版補刻本影印，頁 44b 載述，紹興年間接替朱熹出任同安主簿者爲方士端，字德明，莆田人。

〔註 17〕清・王懋竑纂訂，《朱子年譜》（粵雅堂叢書）卷一上，載錄於：于浩輯，《宋明理學家年譜》（全十二冊），北京圖書館出版，2005 年 4 月第一次印刷，頁 70～72。

〔註 18〕清・黃佐、郭賡武纂修，《泉州府志・名宦》卷二十九，泉州：編纂委員會辦公室 1984 年據泉山書社民國十六年乾隆版補刻本影印，頁 44a。

〔註 19〕明・黃宗羲，《宋元學案・晦翁學案》卷四十八，臺北：臺灣商務印書館，1968 年 3 月，頁 9。

〔註 20〕清・林焜熿，《金門志・分域略・沿革》（光緒版）卷二，頁 2：「金門，舊名

界爭執不已的焦點。就金門鄉親的觀點而言，大抵認定朱熹確曾數度親赴金門講學，當年講學遺址就在燕南山（俗訛音爲燕龍，巖龍或巖人山），即太文山，在今之金城鎮古坵村後。

今人李錫回《金門史蹟源流》云：「朱子於宋紹興二十三年癸酉（1153年）抵泉州同安主簿任所，時金門亦朱子教化之地，以其知南康、漳州每旬必下鄉視學論，五年之中朱子來金次數必定不少。」〔註 21〕故《泉州府志．朱熹傳》言：「五載秩滿，士思其教，民思其惠，至今以斯邑爲過化之地。」〔註 22〕《滄浯瑣錄》亦云：「朱子主邑簿，採風島上，以禮導民，浯遂被化，因立書院於燕南山。」〔註 23〕自後家弦戶誦，優游正義，涵泳聖經，則風俗爲之丕變也。燕南書院爲金門舊有四大書院〔註 24〕之首，遺址於明代時已無可詳考。〔註 25〕民國九十九年（2010 年）金門縣府已於原址重建。

對於朱子創立「燕南書院」之說，學界頗有質疑聲浪出現，如近人陳榮捷在〈朱子與金門〉一文就曾持相當保留的態度。〔註 26〕董金裕在〈朱子與金門的教化〉文中也持不同意論調：朱子所創辦的第一所精舍「寒泉精舍」，

浯洲，又名仙洲，明初，改今名。……熙（寧）、（元）豐間（1068～1085 年），始立都圖，都有四，其統圖九，爲翔風里，並統於綏德鄉」。

〔註 21〕李錫回主編，《金門史蹟源流》，金門：金門縣政府出版，1987 年 11 月修訂再版，頁 47。

〔註 22〕清．黃佐、郭賡武纂修，《泉州府志．名宦．朱熹傳》卷二十九，泉州：編纂委員會辦公室 1984 年據泉山書社民國十六年乾隆版補刻本影印，頁 44b。

〔註 23〕金門縣政府，《金門縣志．土地志》卷二，1999 年初版二刷，頁 287～288。

〔註 24〕另三間書院依序爲：「浯洲書院」，位處金山鹽場司之西，爲元司令馬某所建，有租贍士；「金山書院」，在沙美，清道光乙未（1835 年）重修，今廢，院址即今沙尾市場；「浯江書院」，在後浦丞署西，初爲義學。據〈清巡道周凱浯江書院碑記〉載：「清乾隆四十六年（1781 年）前移通判駐馬家巷，墟其署，島中士黃汝試購爲書院，祀朱子先儒」。

另據〈清巡道倪琇浯江書院碑記〉云：「乾隆四十五年（1780 年），始建浯江書院。」兩塊碑記出現年代不一情形，不知孰是？金門縣政府，《金門縣志．文教志》卷五，1999 年初版二刷，頁 796～798。再據林焜熿，《金門志．書院》卷四，頁 63，載稱：「乾隆四十年（1775 年），通判移駐馬家巷，議將署料拆卸運往水頭；職員黃汝試以拆卸可惜，請變價建爲書院，繳銀一千五百圓，塑像朱文公及先賢像於中。」是則浯江書院始建年代，應以乾隆四十年（1775 年）爲準。

〔註 25〕金門縣文獻委員會發行，《金門先賢錄．教化金門的朱熹》第一輯，1970 年 5 月出版，頁 11。

〔註 26〕陳榮捷，《朱子新探索．朱子與金門》，上海：華東大學出版社，2007 年 7 月，頁 540～542。

地點在福建建陽城外朱子母親墓側，時間為乾道六年（1170年），時朱子離同安之任已長達十四年。又朱子一生所親自開創的講學處所，從未有以「書院」為名者。〔註27〕陳、董二君見解或可言之成理，「燕南書院」四字也的確不見於朱子著作之《文集》、《語類》、《行狀》、《年譜》裡。然謝重光、楊彥杰、汪毅夫合著《金門史稿》中「書院具有學校性質，則始於宋代。」〔註28〕的考辨，以及朱子在泉州創建的書院，或出於朱熹親自創建，或出於朱子講學之處，或為紀念朱熹而設立。〔註29〕乃見金門雖處福建東南海隅，但朱子建書院於此，亦不可排除其可能性。儘管朱子著述中似未見及實際載錄，不過閩南一帶志書卻有所刊記，即為其據。

金門人論文章氣節，率以朱子聖賢之學為宗，故有元一代九十年間，金門士人絕無仕元室者，其中最具代表性者，當屬宋末小嶝人，素有「泉南名賢」、「理學名賢」令譽的丘葵，曾受學於南安呂大奎，為朱子四傳弟子，其〈卻聘詩〉曰：「皇帝書徵老秀才，秀才嬾下讀書臺。張良本為韓仇出，黃石特因漢祚來。太守往來階下拜，使臣空向日邊回。牀頭一卷春秋筆，斧鉞胸中獨自裁。」〔註30〕大義凜然的愛國情操，讀之令人動容。承受朱（熹）、邱（葵）教化的金門，士大夫多崇尚理學，不信佛老，這種情形直持續到明末亂後才有所改變。〔註31〕

目前金門地區民宅以「程（頤）箴」、「朱（子）訓」為對聯的畫面，仍隨處可見。「朱熹過化金門」是金門士子引以為傲的文化遺珍，金門婦女上山下海頭披「（朱）文公巾」更成為特殊的地域景觀。〔註32〕且故老傳說，當年朱子採風島上，時值仲夏，但見田疇遍植花生高粱，心繫縣民長期食用，或

〔註27〕董金裕，〈朱子與金門的教化〉，《孔孟月刊》第二十九卷第六期，1991年2月，頁28。

〔註28〕謝重光、楊彥杰、汪毅夫，《金門史稿》，廈門：鷺江出版社，1999年8月，頁228。

〔註29〕陳篤彬、蘇黎明，《泉州古代書院》，濟南：齊魯書社，2004年8月第二次印刷，頁41。

〔註30〕宋·邱葵，民國·楊天厚、林麗寬譯注，《釣磯詩集譯注·御史馬伯庸與達魯花赤徵幣不出（卻聘詩）》卷三，金門：金門縣文化局，2007年3月，頁230。

〔註31〕許如中編，《金門民俗志·雜俗》，臺北：東方文化書局，1971年春季，頁29。

〔註32〕李明濱，〈朱子在金門〉，《同安文史資料》第二十一輯，廈門：同安區文史資料委員會編，頁49～50。

有罹患痲瘋病風險，而爲之憂心不已。及初冬再抵斯土，卻欣見蘿蔔繁生，當即釋慰告之隨行鄉親，蘿蔔可解前二者之熱毒。〔註 33〕朱子深諳藥理，又時刻關懷民瘼的仁慈襟懷，至今仍爲縣民所津津樂道。

《滄海紀遺》載，明代金門所鎮撫解智於永樂十五年丁酉（1417 年）所撰的〈孚濟廟誌〉載稱：「太武之陽，有鉅區曰馬坪，有山曰豐蓮。……其左麓爲牧馬王祠，即今孚濟廟，歷古所修建以祀勅封福祐聖侯者。侯姓陳，名淵，唐時人。……侯以牧馬蒞茲土，與將佐李俊、衛傑等，協謀併力，化荒墟爲樂土，是後耕稼漁鹽者，生聚蓋日繁焉。」〔註 34〕牧馬侯陳淵對金門的開發貢獻卓著，島民因暱稱之爲「恩主公」。朱文公簿邑時，爲表對前賢的景仰之忱，特暢遊坐落於金城鎮庵前的「牧馬侯祠」，並寫下〈次牧馬侯廟詩〉：「此日觀風海上馳，慇懃父老遠追隨。野饒稻黍輸王賦，地接扶桑擁帝基。雲樹葱蘢神女室，崗巒連抱聖侯祠。黃昏更上豐山望，四際天光蘸碧漪。」〔註 35〕從詩中對當地景觀描繪深入情況研判，朱熹確曾對其轄下之地風土民情有著充分的瞭解與掌握，此亦可成爲朱子過化金門的有力見證。

《滄海紀遺》又云：「浯洲（位）在（同安）縣治東南，自大海中崛起。……山之形勢，自北而南，以數計之：南北直亙三十里，東西橫亙十有里許。其盤鬱峻拔而中起者，爲太武山。……其山脈有謂起自仙人旗〔註 36〕、歷排頭〔註 37〕、嘉禾〔註 38〕、烈嶼而過金門。或云由澳頭〔註 39〕而過古龍頭

〔註 33〕李錫回主編，《金門史蹟源流》，金門縣政府出版，1987 年 11 月修訂再版，頁 47～48。

〔註 34〕明・洪受，《滄海紀遺・詞翰之紀第九・解智孚濟廟誌》，金門：金門縣文獻委員會發行，1970 年 6 月再版，頁 71。此一廟誌亦見於楊天厚、林麗寬，《金門寺廟楹聯碑文》，臺北：稻田出版社，1998 年 11 月第一版第一刷，頁 59～60。

〔註 35〕明・洪受，《滄海紀遺・詞翰之紀第九・解智孚濟廟誌》，金門縣文獻委員會發行，1970 年 6 月再版，頁 72～73。此一廟誌亦見於楊天厚、林麗寬合著，《金門寺廟楹聯碑文》，臺北：稻田出版社出版，1998 年 11 月第一版第一刷，頁 59～60。

〔註 36〕明・洪受，清・黃鏘補錄，民國・郭哲銘譯釋，《滄海紀遺譯釋》，金門：金門縣文化局，2008 年 12 月，頁 37。仙人旗，一稱仙靈旗。位處廈門市與長泰縣交界處，爲廈門境內第一高峰，海拔 917 公尺。

〔註 37〕排頭，今屬廈門市海滄區，隔海與廈門市相對望。郭哲銘譯釋，《滄海紀遺譯釋》，金門：金門縣文化局，2008 年 12 月，頁 38。

〔註 38〕今稱廈門。

〔註 39〕現屬廈門市翔安區新店鎮。因位處灣澳停泊處，故名澳頭。郭哲銘譯釋，《滄

〔註40〕。一說自秀山發脈，歷鴻漸山〔註41〕、小嶝、角嶼而過青嶼。……且文公嘗至鴻漸，嘆曰：『鴻漸腦已渡江矣。』又曰：『鴻漸反背皆是同，乃向浯也。』……以故浯洲各鄉，凡鴻漸照到的，無不吉利。」〔註42〕金門民間傳言：凡各鄉能與鴻漸山相對照者，必人文蔚起。〔註43〕地靈乃得以人傑，風水之說或不盡然可信，金門文風的鼎盛卻是不爭事實，而朱熹則是灑播文化種苗的幕後功臣。

金門爲朱子教化之地，民風向極淳樸。《朱子年譜》云：「宋乾道七年（1171年）十二月，朱子居喪盡禮，既葬，日居墓側，旦望則歸奠几筵。蓋自始死，至祥禫，參酌古今，咸盡其變，因成喪祭禮，又推之於冠婚，共爲一篇，命曰《家禮》」〔註44〕，這部放諸四海而皆準的禮書，歷經八百餘年，迄今仍爲金門鄉親所遵用，成爲最有影響力的「生活規約」。

考之金門現存各姓譜牒，則金門地區大規模自福建沿海移民的時間點應在宋、元之際。《馬巷廳志》云：「自朱子簿邑以來，……禮教風行，習俗淳厚，去數百餘年，邑人猶知敬信朱子之學。……浯洲（金門）居海中，有風沙之苦，其俗尤敦儉素，業儒者多，科目恆不乏人，最下乃精習法律耳。……居喪用浮屠，固有之，但儒者亦多不惑。祭奠俱用《朱文公家禮》。」〔註45〕受朱子教化的金門也因之絃歌不輟，而博得「海濱鄒魯」雅稱，文風盛極一時。

此後的明、清兩代金門鄉親開始在歷史舞台扮演關鍵性角色，特別是明代的文治，清代的武功，更是寫下輝煌史頁。據清人林焜熿《金門志》統計，金門自宋淳化三年（992 年）起，到清道光三年（1823 年）間，共有進士四

海紀遺譯釋》，金門：金門縣文化局，2008 年 12 月，頁 38。

〔註40〕今稱古寧頭，民國三十八年（1949 年）「古寧頭大戰」古戰場。

〔註41〕鴻漸山，因山勢如鴻舉昂揚故名；又因山色多黃，故亦名黃錢山、黃漸山；且山麓多菊，亦稱黃菊山。位於福建同安內厝，乃同安與南安二縣界山，隔海與浯洲（金門）東北角相對望。郭哲銘譯釋，《滄海紀遺譯釋》，頁 39。

〔註42〕明，洪受，《滄海紀遺・山川之紀第一》，金門縣文獻委員會發行，1970 年 6 月再版，頁 1。

〔註43〕郭堯齡編纂，《朱子與金門》，金門：金門縣政府出版，2003 年 9 月，頁 34。

〔註44〕清・鄭士範編，《朱子年譜》（清光緒六年（1880 年）刻本），收入丁浩輯《宋明理學家年譜》套書第二冊，北京：北京圖書館，2005 年 4 月，頁 591～592。

〔註45〕《泉州府馬巷廳志・風俗》卷十一，光緒癸巳年（1893 年）校補，臺北：臺北市福建省同安縣同鄉會出版，1986 年 10 月，頁 90。

十一人（其中三人爲武進士）。以朝代而言，前六名爲宋代進士，其餘三十五人皆是明、清兩代俊彥。明代（含武進士）共計三十人，清代進士五人。若考之《金門縣志・人物志》，則金門在宋、明、清三代考取進士的總人數應爲四十三人。〔註46〕

明代是同安縣科舉功名最輝煌的時期，計有進士九十二人。金門籍的進士就佔有三十一人，且其中會元二甲第一名的許獬（1570～1606 年），一甲第三名探花的林釺都是金門人。〔註47〕《金門民俗志》云：「以封域論，同安分有十里，浯地（金門）未備乎一里，科名風節，接武比肩，爲闔邑冠。」〔註48〕爲表彰明、清兩代傑出的科舉功名成就，俗諺因之而有「無金（門）不成同（安）」、「無地不開花」、「百步一總兵，九里三提督」〔註49〕的說法，

〔註46〕清・林焜熿，《金門志・選舉表》（光緒版）卷八，光緒壬午八年（1882 年）十月開雕，版藏浯江書院，頁 2a～5b；《金門縣志・人物志》，1999 年版，頁 1436～1442 載錄的明代進士人數爲三十一人，增加十七都蔡店人蘇寅賓一人，則明代金門進士總人數應爲三十一人；清代進士人數若加入古寧頭村南山移居福州的李景銘，進士員額應增爲六人。

〔註47〕顏章炮，〈同安科第簡論〉，《同安文史資料》第二十一輯，廈門：廈門市同安區文史資料委員會編，2002 年 7 月，頁 36～43。

〔註48〕許如中編，《金門民俗志・雜俗》，臺北：東方文化書局，1971 年春季，頁 29。

〔註49〕據《金門縣志・史略》（1967 年版）卷一，頁 2～5 載：「閩王，審知永隆元年（939 年）置同安縣，金門屬焉。……民國四年（1911 年）金門設立縣治」。《金門縣志・土地志》（1999 年初版），頁 228 亦載：「民國初，（金門）仍屬同安縣。四年（1915 年）始劃金門、烈嶼、大嶝、小嶝四島，設立縣治」。《金門縣志・疆界》（2007 年續修版），頁 34 則載：「民國三年（1914 年），析同安翔風浯里爲金門縣。」《同安縣志・疆域沿革》卷一，頁 41 亦刊：「民國三年（1914 年）析同安翔風浯里爲金門縣」的論述，詳見民國林學增等修，吳錫璜纂，民國十八年鉛印本影印，《同安縣志》，臺北：成文出版社。
另新版《同安縣志・大事記》，同安縣地方志編纂委員會編，北京：中華書局出版，2000 年 10 月，頁 25 則言述：「民國二年（1913 年）11 月，析同安之嘉禾里、金門、大小嶝島成立思明縣，翌年 1 月正式分署。民國三年（1914 年）7 月，析思明縣之金門、大小嶝島置金門縣，翌年（1915 年）1 月正氏分署。」則此據見金門設縣的時間點終可明晰。
攸關同安設縣的時間，《泉州府志》明載：「五代唐天成四年（929 年）閩王延鈞升爲同安縣，屬泉州，歷宋元明仍舊。」清・黃佐、郭賡武纂修，《泉州府志・建置沿革》卷三，泉州：編纂委員會辦公室 1984 年據泉山書社民國十六年乾隆版補刻本影印，頁 7a～7b 亦有相同論述。足見近千年的歷史，金門大部分時間皆屬同安縣管轄，而金門又是同安縣科舉功名成就最高的分縣，如宋代「開同進士」陳綱；清代「開澎進士」蔡廷蘭、「開台進士」鄭用錫都是金門人。參見《同安縣志・人物志》，金門鄉親表現如是可圈可點，因此俗諺

往聖前賢的豐功偉業，足可載諸史冊，亦可垂範後昆。康熙二年（1663 年）清政府一紙「遷界令」卻使金門自此元氣大傷。國共對峙期間，金門竟因「古寧頭大戰」、「八二三砲戰」……等幾場重大戰役而名揚國際，卻也使她成爲斷垣殘壁的古戰場。

位處福建九龍江口外，孤懸東南海面的金門本島，面積僅 149.1010 平方公里，如含蓋大嶝、小嶝，及周邊十二座小島，則總面積爲 178.9560 平方公里。〔註 50〕全縣（包含大、小金門兩島）設有金城、金寧、金湖、金沙、烈嶼等五個鄉鎮，三十七個行政村，一百六十八個自然村〔註 51〕，堪稱是標準的蕞爾海島，四面環海，無陸可通，卻因「落番」〔註 52〕者眾，而擁有「僑鄉」之稱；歷經多次戰役的洗禮，亦無損於展現其得天獨厚的閩南文化，特別是紅磚紅瓦，「燕尾」〔註 53〕、「馬背」〔註 54〕相映成趣的傳統閩南聚落。金門地區聚落中除爲數眾多民宅外，就是擁有「紅宮黑祖厝」〔註 55〕之稱的

才會有如此的說法。

〔註 50〕案，此數據採用（2007 年續修版）及（1999 年初版）的《金門縣志·土地志》的說法；另據（1979 年版）《金門縣志·土地志》卷二，頁 140～142 載錄的數據則爲本島 146.5000 平方公里，周邊小島面積 29.3550 平方公里，總面積爲 176.3550 平方公里；若考之（1968 年）《金門縣志·土地志》卷二，頁 114～115 的數據，則本島面積爲 146.000 平方公里，周邊小島面積爲 29.3700 平方公里，總面積則爲 175.3700 平方公里。

〔註 51〕金門縣政府出版，《金門縣志·土地志》卷二，1999 年初版二刷，頁 231～232。

〔註 52〕民間對前往南洋各地謀生的鄉僑，概以「落番」稱之。

〔註 53〕屋坡頂端之正脊兩側成曲線向上揚起，而尾端分叉爲兩支，形似燕子尾巴造形，因稱之爲「燕尾」或「燕尾脊」。金門傳統閩南聚落在天際線下，最搶眼的造形就是「燕尾」和「馬背」。參見林會承，《（臺灣）傳統建築手冊——形式與作法篇》，臺北：藝術家出版社，1990 年 11 月，頁 99。

〔註 54〕「馬背」，原稱「馬脊」，匠師稱之爲「籠頭」，其特徵爲垂脊與正脊銜接處成鼓狀凸起，側面看宛如馬匹背脊狀，俗稱爲「馬背」。而屋坡兩側下垂之屋脊，則稱爲「垂脊」。參見林會承，《（臺灣）傳統建築手冊——形式與作法篇》，臺北：藝術家出版社，1990 年 11 月，頁 99。

〔註 55〕傳統閩南聚落中，區別民宅與寺廟、宗祠的方法約有兩種：其一，從建築體本身的色系來作區隔。俗諺有云：「紅宮黑祖厝」，意即寺廟屬慶典性質，建築體內外均以紅色系列爲主軸；宗祠因爲要「慎終追遠」，因而肅穆的黑色就成爲主要色系。其二，由屋脊作辨識，民宅屋脊兩側一般都不加俗稱「龍隱」的「螭吻」。所謂「龍生九子，個個不同」，每一條小龍各有不同個性與嗜好，而九子中的「螭吻」性喜望遠，故而閩南傳統建築中的寺廟和宗祠屋脊上方兩側都會擺放「螭吻」，然兩者造形與方向各有不同。寺廟因爲要顧村境，所以臉部朝內，而且大部分都直接以龍的造型顯現，前殿用「雙龍搶珠」，後殿則用「雙龍拜塔」構圖。宗祠因爲要祈求瓜瓞綿綿，子孫不斷向外開疆拓土，

寺廟與宗祠。俗諺有「無宮無祖厝（宗祠）不會成村里」〔註 56〕的說法。村村有廟，村村幾乎都有宗祠，遂成爲金門閩南聚落特有的人文景觀。全縣 168 個自然村中，就擁有爲數 169 座〔註 57〕高密度而質精的宗祠，雖然不一定村村有宗祠，然每個姓氏都有自己的宗祠，有些大家巨姓更是宗祠林立，如金門第一大姓陳姓宗祠就多達 26 間；蔡姓宗祠有 16 間；許姓宗祠原有 8 間，其中位處金城鎮後浦北門的許氏宗祠已坍毀，現存許氏家廟數爲 7 間。

深具封閉性的海島金門，自從民國三十八年（1949 年）國軍進駐後，爲因應地處前線的特殊屬性，從民國四十五年（1956 年）7 月 15 日起實施「戰地政務」，直到民國八十一年（1992 年）11 月 7 日解除戒嚴，爲期長達數十年的軍事管制，雖曾造成島民生活機能的不便，乃至整體經濟的長期停滯，卻也因之而爲研究者提供一座研究的大平台。藉由「戰地政務」諸多設限，許多古風得以因之而獲得妥善保存；藉由「戰地政務」的長期軍管，金門特有的祭祖禮儀乃得以完整呈現，較之臺灣地區受到諸多外來文化的衝擊，與中國大陸自民國五十五年（1966 年）起雷厲風行的「文革」破壞，金門地區正以其得天獨厚的時空背景，得以成爲是項禮儀實踐的最佳展演場域。

《禮記・祭統》云：「禮有五經，莫重於祭。」〔註 58〕吉禮爲五禮之首，祭祖儀典又是吉禮的核心價值。「禮失而求諸野」〔註 59〕，金門雖是孤懸東南海疆的小島，卻因歷史的偶然，而使她成爲《家禮》實踐的歷史新座標。從閩南傳統建築，到生命禮俗，在在都以《家禮》爲禮文實踐的最高指導原則，並藉由《家禮會通》、《家禮大成》普及於全縣各村各里。傳統閩南建築中，又以擁有「紅宮黑祖厝」之稱的宗祠，乃至宗祠春秋兩度的祭祖儀典最具特色，數百年來一直保有儒家樸素的禮規。

所以屋脊上方兩側的「螭吻」臉部都朝外。

〔註 56〕每一個村落都希望能擁有自己的村廟和宗祠（俗稱祖厝），是金門鄉親根深柢固的觀念。村廟可以庇祐村眾；宗祠則可「敬宗」、「收族」。

〔註 57〕目前金門縣行政轄區不及於大嶝、小嶝，故而宗祠數率以大、小金門本島爲限。據李師增德，《金門宗祠之美》調查的宗祠數爲 165 間；筆者新近田調所得的宗祠數則爲 169 間。

〔註 58〕鄭氏曰：「禮有五經，謂吉、凶、賓、軍、嘉也。莫重於祭，以吉禮爲首也。」清・孫希旦撰，《禮記集解・祭統》卷四十七，臺北：文史哲出版社，1990 年 8 月，頁 1236。

〔註 59〕漢・班固，《漢書・藝文志》卷三十，臺北：鼎文書局，1981 年 2 月四版，頁 1746：仲尼有言：「禮失而求諸野。」師古曰：「言都邑失禮，則於外野求之，亦將有獲。」

金門早期相關文獻不多，許多深具閩南遺風的儀軌，都是藉由代代相傳的禮生，以口耳相傳，或簡陋的手抄本輔助記憶，終非長久之計。本文撰寫的最主要目的，就是希望能透過系統化的整理，重新審視《家禮》對普羅大眾所傳達和象徵的意義，並將這些深具古風的禮文作完整留存與呈現，尤冀望能藉此拓展更多觀光資源，特別是在海峽兩岸互動頻繁的歷史性時刻，愈能顯現其扮演文化橋樑的中繼角色地位。

金門地區祭祖禮，又可區分爲闔族總動員的祠祭、墓祭，以及各家戶在自家客廳舉行的寢祭兩大類。這當中論規模、講排場的，當以春秋兩度的祠祭最能體現金門祭祖儀典的精髓，也是本文探索的主軸（詳見第四章第一節：祠祭與飲福）。祠祭是宗族年度大事，也是宗族凝聚族眾，展示族威，施展族權的契機。祭典結束後的「飲福」（禮生遞酒予主祭者飲用，象徵接受祖先的賜福。祭儀結束後族眾聚集宴飲，即是「飲福」的遺意，亦即金門地區俗稱「食頭」的族親餐敘），更是族裔間聯繫族誼的最佳時刻。金門地區鄉親最引以自豪的宗族文化，也藉由祠祭的強力動員而得以鋪展。

第二節　研究的回顧與檢討

宗祠祭祖禮文得以蓬勃發展的底土，是宋代以後大量出現的家族與宗族〔註60〕，以及南宋大儒朱熹《家禮》問世後深化所致。晚近針對家族、宗族、宗祠，乃至與此息息相關的譜牒、族產等相關議題的研究，有日漸加增趨勢，相關著作、學位論文，及期刊雜誌的探索，更如過江之鯽，以下試由學界對宗族與祠堂之研究，和學界對祭典的研究兩個面向介紹於後。

一、學界對家族〔註61〕（宗族）與祠堂之研究

民國以降，學術界對於家族（宗族）、祠廟、《家禮》、家訓等相關議題的

〔註60〕何淑宜，《士人與儒禮：元明時期祖先祭禮之研究》，臺北：國立臺灣師範大學歷史研究所博士論文，2007年，頁3。

〔註61〕「家族」與「宗族」在許多文獻中常有混用情況發生。中國學者朱鳳瀚於《商周家族形態研究》一書，曾對「家族」與「宗族」的異同處有過詳實的考辨。朱氏認爲學界對於家族的研究，一般可區分爲兩類：其一是研究其具體形態，其二是研究家族親屬制度，但二者間關係相當密切，而某些制度如宗法制度、祭祀制度、婚姻制度等，都透過家族形態外顯，本研究就是受到朱氏見解的觸發，而以「家族」爲稱號。詳見朱鳳瀚，《商周家族形態研究》，天津：古籍出版社，1990年8月，頁9。

研究，有逐漸加增的現象，從海峽兩岸到國外的學者，都曾投入相當大的心力，研究成果亦頗有可觀，特別是對朱子《家禮》這個區塊的研究，更爲本研究提供相當程度的助益。

（一）家族（宗族）文本

前清時期，攸關宗族議題探討最具代表性的當屬萬斯大（1633～1683），《宗法論》〔註62〕，鍾于序的《宗規》〔註63〕，以及毛奇齡（1623～1713）的《大小宗通繹》〔註64〕。民國以後，關心是項議題的文本有日漸加增之勢，有些文本朝制度面來立論，有些以朝代爲立論重心，有些則以地域爲探討的主軸。

以家族爲論述軸心的有：王夢鷗，〈中國古代家族之形成及其流變〉〔註65〕。黃紹祖，〈重建中國家庭制度的重要〉〔註66〕。王崧興，〈論漢人社會的家戶與家族〉〔註67〕。陳其南，〈房與傳統中國家族制度——兼論西方人類學的中國家族研究〉〔註68〕。王崧興，〈漢人的家族制——試論「有關係、無組織」的社會〉〔註69〕。黃寬重，〈科舉、經濟與家族興衰：以宋代德興張氏家族爲例〉〔註70〕。朱鳳瀚，《商周家族形態研究》（天津古籍出版社，1990年8月）。王玉波，《中國古代的家》〔註71〕。陳惠馨，〈《唐律》中家庭與個人的關係——透過教育與法制建構「家內秩序」〉〔註72〕。李亦園，〈中國家族與其儀式：若

〔註62〕清・萬斯大，《宗法論》，臺北：廣文書局，1968年1月。

〔註63〕清・鍾于序，《宗規》，《叢書集成續編》六十冊，臺北：新文豐出版社，1989年7月。

〔註64〕清・毛奇齡，《大小宗通繹》，清華大學圖書館藏清康熙刻西河合集本，《四庫全書存目叢書・經部》一〇八冊，臺北：莊嚴文化公司，1995年9月。

〔註65〕王夢鷗，〈中國古代家族之形成及其流變〉，《國立政治大學學報》第五期，1962年5月。

〔註66〕黃紹祖，〈重建中國家庭制度的重要〉（一）、（二），《孔孟月刊》第十九卷第六期，1981年2、3月連載。

〔註67〕王崧興，〈論漢人社會的家戶與家族〉，《中央研究院民族所集刊》第五十九期，1985年春季。

〔註68〕陳其南，〈房與傳統中國家族制度——兼論西方人類學的中國家族研究〉，《漢學研究》第三卷第一期，1985年6月。

〔註69〕王崧興，〈漢人的家族制——試論「有關係、無組織」的社會〉，《中央研究院第二屆國際漢學會議論文集》，臺北：中央研究院，1989年6月。

〔註70〕黃寬重，〈科舉、經濟與家族興衰：以宋代德興張氏家族爲例〉，《第二屆宋史學術研討會論文集》，臺北：中國文化大學出版，1996年3月，頁95～126。

〔註71〕王玉波，《中國古代的家》，臺北：臺灣商務印書館，1998年9月。

〔註72〕陳惠馨，〈《唐律》中家庭與個人的關係——透過教育與法制建構「家內秩序」〉，高明士編《東亞傳統家禮、教育與國法（一）：家族、家禮與教育》論

干觀念的檢討〉〔註 73〕。黃新憲，〈閩南家族文化的社會教育功能〉〔註 74〕。

談論宗法與宗族議題的有：陳紹馨，〈姓氏・族譜・宗親會〉（上、下篇）〔註 75〕。高葆光，〈從詩經觀察周代社會的主要情形〉〔註 76〕。左雲鵬，〈祠堂族長族權的形成及其作用說明〉〔註 77〕。謝康，〈西周與法國封建制度的初步比較研究〉〔註 78〕。高桂惠，〈由孔子所說「郁郁乎文哉吾從周！」談周代學術文化之根——宗法制度〉〔註 79〕。楊亮功的〈周代封建制度與文化發展〉〔註 80〕和〈中國家族制度與儒家倫理思想〉〔註 81〕。戴東雄，〈論中國家制的現代化〉〔註 82〕。劉正浩，〈氏族制度考源〉〔註 83〕。陳大絡，〈陳氏根源、祀典與宗法、修譜之探微〉〔註 84〕。沈恆春，〈宗法制度研究〉〔註 85〕。吳燕和，〈中國宗族之發展與其儀式興衰的條件〉〔註 86〕。陳大絡，〈宗法、

文集，臺北：國立臺灣大學出版中心，2005 年 9 月。

〔註 73〕李亦園，〈中國家族與其儀式：若干觀念的檢討〉，《中央研究院民族學研究所集刊》第五十九期，1985 年春季。

〔註 74〕黃新憲，〈閩南家族文化的社會教育功能〉，《2007 閩南文化學術研討會論文集》，2007 年 12 月。

〔註 75〕陳紹馨，〈姓氏・族譜・宗親會〉（上），《臺灣文獻》第九卷第三期，1958 年 9 月；陳紹馨撰，〈姓氏・族譜・宗親會〉（下），《臺灣文獻》第十卷第四期，1959 年 12 月。

〔註 76〕高葆光，〈從詩經觀察周代社會的主要情形〉，《東海學報》第四卷一期，1962 年，6 月。

〔註 77〕左雲鵬，〈祠堂族長族權的形成及其作用說明〉，《歷史研究》，1964 年第五～六期。

〔註 78〕謝康，〈西周與法國封建制度的初步比較研究〉，《東海學報》第九卷一期，1968 年 1 月。

〔註 79〕高桂惠，〈由孔子所說「郁郁乎文哉吾從周！」談周代學術文化之根——宗法制度〉，《孔孟月刊》第十八卷第二期，1979 年 10 月。

〔註 80〕楊亮功，〈周代封建制度與文化發展〉，《孔孟月刊》第十八卷第十二期，1980 年 8 月。

〔註 81〕楊亮功，〈中國家族制度與儒家倫理思想〉，《中央研究院國際漢學會議論文集》，臺北：中央研究院，1981 年 10 月。

〔註 82〕戴東雄，〈論中國家制的現代化〉，《中央研究院國際漢學會議論文集》（民俗文化組），1981 年 10 月。

〔註 83〕劉正浩，〈氏族制度考源〉，《國立臺灣師範大學學報》第十一期，1982 年 6 月。

〔註 84〕陳大絡，〈陳氏根源、祀典與宗法、修譜之探微〉，《臺北文獻》第六十期，1982 年 6 月。

〔註 85〕沈恆春，〈宗法制度研究〉，《國立臺灣師範大學國文研究所集刊》第二十七號，1983 年 6 月。

〔註 86〕吳燕和，〈中國宗族之發展與其儀式興衰的條件〉，《中央研究院民族學研究所

宗譜、宗族的遡源〉〔註87〕。劉兆祐，〈中國方志中的文學資料及其運用〉〔註88〕。陳其南、邱淑如，〈方志「氏族志」體例的演變與中國宗族發展的研究——附清光緒「鄉土志」總目錄〉〔註89〕。（日）田仲一成，《中國的宗族與戲劇》〔註90〕。侯瑞琪的《從宗法制度看臺灣漢人宗族社會》〔註91〕。馮爾康，《中國古代宗族與祠堂》〔註92〕。李文治、江太新，《中國宗法宗族制和族田義莊》〔註93〕。徐正光編，《聚落、宗族與族群關係》〔註94〕。蔡仁厚，〈「繼別為宗」與「別子為宗」〉〔註95〕。李建軍，〈《詩經》與周代宗法性傳統宗教的嬗變〉〔註96〕。馮爾康，《十八世紀以來中國家族的現代轉向》〔註97〕。（日）井上徹原著，並由（中）錢杭譯，錢聖音校，《中國的宗族與國家禮制・從宗法主義角度所作的分析》〔註98〕。郭志超、林瑤棋主編，《閩南宗族社會》〔註99〕。馮爾康等，《中國宗族史》〔註100〕。錢杭，《中國宗族

集刊》第五十九期，1985年春季。

〔註87〕陳大絡，〈宗法、宗譜、宗族的遡源〉，《譜系與宗親組織》，中國地方文獻學會發行，1985年。

〔註88〕劉兆祐，〈中國方志中的文學資料及其運用〉，《漢學研究》第三卷第二期，1985年12月。

〔註89〕陳其南、邱淑如合撰，〈方志「氏族志」體例的演變與中國宗族發展的研究——附清光緒「鄉土志」總目錄〉，《漢學研究》第三卷第二期，1985年12月。

〔註90〕（日）田仲一成，《中國的宗族與戲劇》，上海：古籍出版社，1992年8月。

〔註91〕侯瑞琪，《從宗法制度看臺灣漢人宗族社會》，國立臺灣師範大學國研所碩士論文，1997年1月。該文另見於《國立臺灣師範大學國文研究所集刊》第四十二號，1998年6月。

〔註92〕馮爾康，《中國古代宗族與祠堂》，臺北：臺灣商務印書館，1998年9月。

〔註93〕李文治、江太新，《中國宗法宗族制和族田義莊》，北京：社會科學文獻出版社，2000年4月。

〔註94〕徐正光編，《第四屆國際客家學術研討會論文集：聚落、宗族與族群關係》，臺北：中央研究院民族學研究所，2000年12月。

〔註95〕蔡仁厚，〈「繼別為宗」與「別子為宗」〉，《鵝湖月刊》第三〇六期，2000年12月。

〔註96〕李建軍，〈《詩經》與周代宗法性傳統宗教的嬗變〉，《廣西師範學院學報》二十六卷一期，2005年1月。

〔註97〕馮爾康，《十八世紀以來中國家族的現代轉向》，上海：人民出版社，2006年3月。

〔註98〕（日）井上徹著，錢杭譯，錢聖音校，《中國的宗族與國家體制——從宗法主義角度所作的分析》，上海：上海書店，2008年6月。

〔註99〕郭志超、林瑤棋主編，《閩南宗族社會》，福州：福建人民出版社，2008年8月。

史研究入門》〔註 101〕。陳支平，《民間文書與明清東南族商研究》〔註 102〕。常建華，〈近十年晚清民國以來宗族研究綜述〉〔註 103〕。

以朝代爲研究重心的專著與單篇論文有：鄭振滿，《明清福建家族組織與社會變遷》〔註 104〕。熊鐵基，〈以敦煌資料證傳統家庭〉〔註 105〕。羅彤華，〈漢代分家原因初探〉〔註 106〕。徐揚杰，《宋明家族制度史論》〔註 107〕。陶晉生，〈北宋士人的起家〉〔註 108〕。王善軍，《宋代宗族和宗族制度研究》〔註 109〕。（英）科大衛、劉志偉，〈宗族與地方社會的國家認同——明清華南地區宗族發展的意識形態基礎〉〔註 110〕。陶晉生，《北宋士族家族、婚姻、生活》〔註 111〕。（英）科大衛，〈祠堂與家廟——從宋末到明中葉宗族禮儀的演變〉〔註 112〕。常建華，《明代宗族研究》〔註 113〕，和《清代的國家與社會研究》〔註 114〕。（日）遠藤隆俊，〈宋元宗族的墳墓和祠堂〉〔註 115〕。王日根、張先勇，〈從墓地、族譜到祠堂：明清山東棲霞宗族凝聚紐帶的變遷〉〔註 116〕。鄭元龍，〈論中國古代家族法的發展脈絡及其重要內容〉〔註 117〕。

〔註 100〕馮爾康等，《中國宗族史》，上海：人民出版社，2009 年 2 月。

〔註 101〕錢杭，《中國宗族史研究入門》，上海：復旦大學出版社，2009 年 5 月。

〔註 102〕陳支平，《民間文書與明清東南族商研究》，北京：中華書局，2009 年 7 月。

〔註 103〕常建華，〈近十年晚清民國以來宗族研究綜述〉，《安徽史學》，2009 年第三期。

〔註 104〕鄭振滿，《明清福建家族組織與社會變遷》，河南：教育出版社，1992 年 6 月。

〔註 105〕熊鐵基，〈以敦煌資料證傳統家庭〉，《敦煌研究》，1993 年第三期。

〔註 106〕羅彤華，〈漢代分家原因初探〉，《漢學研究》第十一卷第一期，1993 年 6 月。

〔註 107〕徐揚杰，《宋明家族制度史論》，北京：中華書局，1995 年 6 月。

〔註 108〕陶晉生，〈北宋士人的起家〉，《第二屆宋史學術研討會論文集》，臺北：中國文化大學，1996 年 3 月。

〔註 109〕王善軍，《宋代宗族和宗族制度研究》，河北：教育出版社，2000 年 1 月。

〔註 110〕（英）科大衛、劉志偉，〈宗族與地方社會的國家認同——明清華南地區宗族發展的意識形態基礎〉，《歷史研究》，2000 年第三期。

〔註 111〕陶晉生，《北宋士族家族、婚姻、生活》，臺北：中央研究院歷史語言研究所，2003 年 6 月。

〔註 112〕（英）科大衛，〈祠堂與家廟——從宋末到明中葉宗族禮儀的演變〉，《歷史人類學學刊》第一卷第二期，2003 年 10 月，頁 1～20。

〔註 113〕常建華，《明代宗族研究》，上海：上海人民出版社，2005 年 2 月。

〔註 114〕常建華，《清代的國家與社會研究》，北京：人民出版社，2006 年 7 月。

〔註 115〕（日）遠藤隆俊，〈宋元宗族的墳墓和祠堂〉，《中國社會歷史評論》第九卷，2006 年。

〔註 116〕王日根、張先勇，〈從墓地、族譜到祠堂：明清山東棲霞宗族凝聚紐帶的變

（韓）元廷植，〈明中期福建的新縣設置及宗族發展〉〔註 118〕。陳啓鍾，《明清閩南宗族意識的建構與強化》〔註 119〕。紀良才，〈古代家族法的歷史脈絡及其重要特徵〉〔註 120〕。卞利，〈明清時期徽州的宗族公約研究〉〔註 121〕。馮爾康，〈宗族不斷編修族譜的特點及其原因〉〔註 122〕，和〈清代宗族祖墳述略〉〔註 123〕。龔義龍，〈維繫宗族共同體的硬權力：族譜記憶、祠墓祭拜與宗族通財——對清代民國期間成都及周邊地區宗族的研究〉〔註 124〕。彭春芳，〈略論明清中國家族組織的性質及影響〉〔註 125〕。袁紅麗，〈清代宗族組織調處的社會效力〉〔註 126〕。劉宗棠，〈論清代宗族法規的文化內涵和社會功能〉〔註 127〕。馮爾康，〈清代宗族祭禮中反映的宗族制特點〉〔註 128〕。

以地域性家族（宗族）爲研究主軸的文本，海內外的學者可是有志一同，許多學者紛紛投入此一主題的研究，且成果相當豐碩，目前已出版的專書有：莫里斯·弗里德曼，《中國東南的宗族組織》〔註 129〕。蘇黎明，《泉州

遷〉，《歷史研究》，2008 年二期。

〔註 117〕鄭元龍，〈論中國古代家族法的發展脈絡及其重要內容〉，《長春大學學報》第十八卷第六期，2008 年 11 月。

〔註 118〕（韓）元廷植，〈明中期福建的新縣設置及宗族發展〉，《中國社會歷史評論》第十卷，2009 年。

〔註 119〕陳啓鍾，《明清閩南宗族意識的建構與強化》，廈門：廈門大學出版社，2009 年 1 月。

〔註 120〕紀良才，〈古代家族法的歷史脈絡及其重要特徵〉，《忻州師範學院學報》第二十五卷第一期，2009 年 2 月。

〔註 121〕卞利，〈明清時期徽州的宗族公約研究〉，《中國農史》，2009 年 3 月。

〔註 122〕馮爾康，〈宗族不斷編修族譜的特點及其原因〉，《淮陰師範學院學報》第三十一卷，2009 年 5 月。

〔註 123〕馮爾康，〈清代宗族祖墳述略〉，《安徽史學》，2009 年第一期。

〔註 124〕龔義龍，〈維繫宗族共同體的硬權力：族譜記憶、祠墓祭拜與宗族通財——對清代民國期間成都及周邊地區宗族的研究〉，《中華文化論壇》，2009 年第一期。

〔註 125〕彭春芳，〈略論明清中國家族組織的性質及影響〉，《商丘職業技術學院學報》，2009 年第四期第八卷（總第四十三期）。

〔註 126〕袁紅麗，〈清代宗族組織調處的社會效力〉，《歷史教學》，2009 年第六期。

〔註 127〕劉宗棠，〈論清代宗族法規的文化內涵和社會功能〉，《福建論壇》（人文社會科學版），2009 年第六期。

〔註 128〕馮爾康，〈清代宗族祭禮中反映的宗族制特點〉，《歷史教學》，2009 年第八期，總第五七三期。

〔註 129〕莫里斯·弗里德曼，《中國東南的宗族組織》，上海：人民出版社，2000 年 3 月。

家族文化》〔註 130〕。郭志超與林瑤棋主編，《閩南宗族社會》〔註 131〕。曾玲、莊英章，《新加坡華人的祖先崇拜與宗鄉社群組合：以戰後三十年廣惠肇碧山亭爲例》〔註 132〕。王鐵，《中國東南的宗族與宗譜》〔註 133〕。余師光宏、蔣俊、趙紅梅合編，《閩西庵垻人的社會與文化》〔註 134〕。其中以金門地區宗族社會爲主題研究的專書與期刊論文有：李仕德，〈金門與早期臺灣開發的關係〉〔註 135〕。洪曉聰，《烈嶼傳統聚落之研究——村落領域關係、擇址和空間組織之探討》〔註 136〕。江柏煒，《宗族移民聚落空間變遷的社會歷史分析——金門瓊林與澎湖興仁的比較研究》〔註 137〕。呂敦華，〈官澳的宗族組織〉〔註 138〕。徐雨村，《國家力量、人口流動與鄉民經濟變遷——以金門官澳爲例》〔註 139〕。李錫祥，《金門地區血緣聚落的社會空間組織》〔註 140〕。張宇彤、徐明福，〈金門傳統民宅之營建儀式〉〔註 141〕。李師增德，〈金門古寧頭聚落營造的探討〉〔註 142〕。

〔註 130〕蘇黎明，《泉州家族文化》，北京：中國言實出版社，2000 年 6 月。

〔註 131〕郭志超、林瑤棋主編，《閩南宗族社會》，福州：福建人民出版社，2008 年 8 月。

〔註 132〕曾玲、莊英章，《新加坡華人的祖先崇拜與宗鄉社群組合：以戰後三十年廣惠肇碧山亭爲例》，臺北：唐山出版社，2000 年 8 月。

〔註 133〕王鐵，《中國東南的宗族與宗譜》，上海：世紀出版集團，2002 年 9 月。

〔註 134〕余師光宏、蔣俊、趙紅梅合編，《閩西庵垻人的社會與文化》，廈門：廈門大學出版社，2008 年 9 月。

〔註 135〕李仕德，〈金門與早期臺灣開發的關係〉，《臺北文獻》第一〇二期，1992 年 12 月。

〔註 136〕洪曉聰，《烈嶼傳統聚落之研究——村落領域關係、擇址和空間組織之探討》，國立成功大學碩士論文，1994 年 1 月。

〔註 137〕江柏煒，《宗族移民聚落空間變遷的社會歷史分析——金門瓊林與澎湖興仁的比較研究》，臺灣大學建築與城鄉研究所碩士論文，1994 年 6 月。

〔註 138〕呂敦華，〈官澳的宗族組織〉，《金門暑期人類學田野工作教室論文集》，臺北：中研院民族所，1994 年 6 月。

〔註 139〕徐雨村，《國家力量、人口流動與鄉民經濟變遷——以金門官澳爲例》，臺大人類學研究所碩士論文，1996 年 6 月。

〔註 140〕李錫祥，《金門地區血緣聚落的社會空間組織》，臺灣師大地理所碩士論文，1997 年 6 月。

〔註 141〕張宇彤、徐明福，〈金門傳統民宅之營建儀式〉，《中央研究院民族學研究所資料彙編》第十四期，1999 年 6 月。

〔註 142〕李師增德，〈金門古寧頭聚落營造的探討〉，王師秋桂主編《金門歷史、文化與生態國際學術研討會論文集》，臺北：財團法人施合鄭民俗文化基金會，2004 年 12 月。

單篇學報期刊方面論文有：陳忠華，〈閩人移殖臺灣史略〉〔註 143〕。黃師樵，〈臺灣陳氏世系源流〉〔註 144〕。林衡道，〈臺灣與大陸的血緣關係〉〔註 145〕。洪燦楠，〈臺灣地區聚落發展之研究〉〔註 146〕。李亦園，〈臺灣傳統的社會結構〉〔註 147〕。唐美君，〈臺灣傳統的社會結構〉〔註 148〕。周宗賢，〈臺灣的血緣組織〉〔註 149〕。莊英章，〈家族結構與生育模式——一個漁村的田野調查分析〉〔註 150〕。余師光弘，〈沒有祖產就沒有祖宗牌位？——E. Ahern 溪南資料的再分析〉〔註 151〕。潘英，〈臺灣地區同籍聚落及同姓聚落探索〉〔註 152〕。陳進傳，〈清代宜蘭漢人的移動〉〔註 153〕，和〈清代宜蘭家族的發展〉〔註 154〕。顏芳姿，〈泉州三邑人的祖佛信仰——與宗族發展有關的地域守護神〉〔註 155〕。陳進傳，〈宜蘭漢人族規初探〉〔註 156〕。簡炯仁，〈南臺灣屏東平原的開發與族群關係〉〔註 157〕。侯瑞琪，〈從宗法制度看臺灣漢人宗

〔註 143〕陳忠華，〈閩人移殖臺灣史略〉，《臺北文獻》直字第五期，1968 年 7 月 1 日，頁 69～81。

〔註 144〕黃師樵，〈臺灣陳氏世系源流〉，《臺灣文獻》第二十四卷第二期，1973 年 6 月 27 日，頁 71～105。

〔註 145〕林衡道，〈臺灣與大陸的血緣關係〉，《臺灣文獻》第二十九卷第二期，1978 年 6 月。

〔註 146〕洪燦楠，〈臺灣地區聚落發展之研究〉，《臺灣文獻》第二十九卷第二期，1978 年 6 月。

〔註 147〕李亦園，〈臺灣傳統的社會結構〉，《臺灣史蹟源流》，南投：臺灣省文獻會，1981 年 11 月。

〔註 148〕唐美君，〈臺灣傳統的社會結構〉，《臺灣史蹟源流》，南投：臺灣省文獻會，1981 年 11 月。

〔註 149〕周宗賢，〈臺灣的血緣組織〉，《淡江學報》第二十期，1983 年 5 月。

〔註 150〕莊英章，〈家族結構與生育模式——一個漁村的田野調查分析〉，《中央研究院民族所集刊》第五十九期，1985 年春季。

〔註 151〕余師光弘，〈沒有祖產就沒有祖宗牌位？——E. Ahern 溪南資料的再分析〉，《中央研究院民族學研究所集刊》第六十二期，1986 年秋季。

〔註 152〕潘英，〈臺灣地區同籍聚落及同姓聚落探索〉，《臺北文獻》直字第八十四期，1988 年 6 月 25 日，頁 11～55。

〔註 153〕陳進傳，〈清代宜蘭漢人的移動〉，《臺北文獻》直字第九十八期，1991 年 12 月。

〔註 154〕陳進傳，〈清代宜蘭家族的發展〉，《臺北文獻》直字第一〇三期，1993 年 3 月。

〔註 155〕顏芳姿，〈泉州三邑人的祖佛信仰——與宗族發展有關的地域守護神〉，《民俗曲藝》第八十八期，1994 年 3 月，頁 3～28。

〔註 156〕陳進傳，〈宜蘭漢人族規初探〉，《臺北文獻》直字第一一〇期，1994 年 12 月。

〔註 157〕簡炯仁，〈南臺灣屏東平原的開發與族群關係〉，《臺灣文獻》第四十七卷第三

族社會〉〔註158〕。簡炯仁撰，〈南臺灣屏東平原的開發與族群關係〉〔註159〕。黃永川，〈臺閩與中原文化〉〔註160〕。張崑振，〈清代閩南地區官祀建築的類型與構成：以福建省臺灣府爲例〉〔註161〕。黃敦敬，〈大村鄉賴姓宗族組織之調查研究〉〔註162〕。林瑤棋，〈臺灣宗教制度瓦解之危機〉〔註163〕等。

學界群賢在這方面成果也有豐碩的成果，如羅肇錦，〈「漳泉鬥」的閩客情節初探〉〔註164〕。朴元熇，〈明清時代徽州商人與宗族組織——以歙縣柳山方氏爲中心〉〔註165〕。林曉平，〈贛南客家宗族制度的形成與特色〉〔註166〕。羅肇錦，〈漳泉鬥的閩客情節再探〉〔註167〕。楊彥杰，〈閩西東山蕭氏的宗族文化及其特質〉〔註168〕。武迎新，〈中國宗法制度對徽商的影響〉〔註169〕。呂作民，〈原上的禮俗，宗族的血脈——簡析《白鹿原》的地域文化特色〉〔註170〕。于秀萍，〈晚清民國以來的河北宗族述略——以河北宗族族譜爲中

期，1996年9月30日，頁17～39。

〔註158〕侯瑞琪，〈從宗法制度看臺灣漢人宗族社會〉，《國立臺灣師範大學國文研究所集刊》第四十二號，1998年6月。

〔註159〕簡炯仁撰，〈南臺灣屏東平原的開發與族群關係〉，《臺灣文獻》第四十七卷第三期，1996年9月30日，頁17～39。

〔註160〕黃永川，〈臺閩與中原文化〉，《史博館學報》第十期，臺北：國立歷史博物館，1998年9月。

〔註161〕張崑振，〈清代閩南地區官祀建築的類型與構成：以福建省臺灣府爲例〉，《2003 閩南文化學術研討會論文集》，金門：金門縣文化中心、國立金門技術學院，2003年12月。

〔註162〕黃敦敬，〈大村鄉賴姓宗族組織之調查研究〉，《臺灣文獻》第五十六卷第四期，2005年12月31日，頁176～204。

〔註163〕林瑤棋，〈臺灣宗教制度瓦解之危機〉，《歷史月刊》第二三七期，2007年10月。

〔註164〕羅肇錦，〈「漳泉鬥」的閩客情節初探〉，《臺灣文獻》第四十九卷第四期，1998年12月31日，頁173～185。

〔註165〕朴元熇，〈明清時代徽州商人與宗族組織——以歙縣柳山方氏爲中心〉，《安徽師範大學學報》第二十七卷第三期，1999年8月。

〔註166〕林曉平，〈贛南客家宗族制度的形成與特色〉，《贛南師範學院學報》第一期，2003年2月。

〔註167〕羅肇錦，〈漳泉鬥的閩客情節再探〉，《臺灣文獻》第五十四卷第一期，2003年3月31日，頁105～132。

〔註168〕楊彥杰，〈閩西東山蕭氏的宗族文化及其特質〉，蔣斌、何翠萍主編，《國家、市場與脈絡化的族群》，2003年6月。

〔註169〕武迎新，〈中國宗法制度對徽商的影響〉，《皖西學院學報》第二十卷第三期，2004年6月。

〔註170〕呂作民，〈原上的禮俗，宗族的血脈——簡析《白鹿原》的地域文化特色〉，《長

心〉〔註171〕。李珊珊，〈試論漳台宗族文化的同根性〉〔註172〕。黃樹民，〈閩南的風俗與文化〉〔註173〕。鄭振滿，〈國際化與地方化：近代閩南僑鄉的社會文化變遷〉〔註174〕等。

至於族產方面的則有：戴炎輝，〈清代臺灣之家制及家產〉〔註175〕。（日）清水盛光原著，宋念慈譯，《中國族產制度考》〔註176〕。李文治、江太新，《中國宗法宗族制和族田義莊》〔註177〕。吳江安，《明清江南望族與社會經濟文化》〔註178〕。（韓）元廷植，〈明中期福建的新縣設置及宗族發展〉〔註179〕。張少筠，〈近代蘇南宗族族田保護措施研究〉〔註180〕。

（二）祠廟與祭典

清儒萬斯同（1638～1702）和毛奇齡（1623～1713）的《廟制圖考》〔註181〕與《廟制折衷》〔註182〕，是有清一代較具代表性的著作。民國以後的專書則有：章景明，《殷周廟制論稿》〔註183〕。甘懷眞，《唐代家廟禮制研究》〔註184〕。福

春工業大學學報》（社會科學版）第十九卷第四期，2007年12月。

〔註171〕于秀萍，〈晚清民國以來的河北宗族述略——以河北宗族族譜爲中心〉，《中國社會歷史評論》，2008年。

〔註172〕李珊珊，〈試論漳台宗族文化的同根性〉，《福建省社會主義學院學報》，2009年第二期（總第七十一期）。

〔註173〕黃樹民，〈閩南的風俗與文化〉，陳益源主編《2009閩南文化國際學術研討會論文集》，2009年12月。

〔註174〕鄭振滿，〈國際化與地方化：近代閩南僑鄉的社會文化變遷〉，陳益源主編《2009閩南文化國際學術研討會論文集》，2009年12月。

〔註175〕戴炎輝，〈清代臺灣之家制及家產〉，《臺灣文獻》第十四卷第三期，1963年9月。

〔註176〕（日）清水盛光原著，宋念慈譯，《中國族產制度考》，臺北：文化大學出版部，1986年8月。

〔註177〕李文治、江太新，《中國宗法宗族制和族田義莊》，北京：社會科學文獻出版社，2000年4月。

〔註178〕吳江安，《明清江南望族與社會經濟文化》，上海：人民出版社，2001年12月。

〔註179〕（韓）元廷植，〈明中期福建的新縣設置及宗族發展〉，《中國社會歷史評論》第十卷，2009年。

〔註180〕張少筠，〈近代蘇南宗族族田保護措施研究〉，《中國農史》，2009年3月。

〔註181〕清・萬斯同，《廟制圖考》，《叢書集成續編》，臺北：新文豐出版社，1989年7月。

〔註182〕清・毛奇齡，《廟制折衷》，清華大學圖書館藏清康熙刻西河合集本，《四庫全書存目叢書・經部》一〇八冊，臺北：莊嚴文化公司，1995年9月。

〔註183〕章景明，《殷周廟制論稿》，臺北市：學海出版社，1979年4月。

建省政協文史委員會編，《福建名祠》〔註 185〕。許在全、吳幼雄、蔡湘江主編，《泉州名祠》〔註 186〕。劉正，《金文廟制研究》〔註 187〕。尹文，《江南祠堂》〔註 188〕。羅哲文等撰述，《中國名祠》〔註 189〕。陳志華撰，《宗祠》〔註 190〕。張一兵，《明堂制度源流考》〔註 191〕等，是目前祠廟方面研究的代表作。

以祠廟祭祀爲主題的學位論文則有：甘懷眞，《唐代家廟制度研究》〔註 192〕。沈宗憲，《國家祀典與左道妖異——宋代信仰與政治關係之研究》〔註 193〕。蘇博威，《宗祠於府城變遷中再發展之定位探討——以全台吳氏大宗祠爲例》〔註 194〕。金相範，《唐代禮制對於民間信仰觀形成的制約與作用——以祠廟信仰爲考察中心》〔註 195〕。郭文涓，《家廟祭祖研究——以臺中市張廖家廟爲例》〔註 196〕。鄭碧英，《臺灣傳統寺廟宗祠供桌之研究》〔註 197〕。郭善兵，《漢唐皇帝宗廟制度研究》〔註 198〕。劉雅萍，《宋代家廟制度與祭祖禮法研究》〔註 199〕。葉玟芳，《臺灣民間祭祖習俗之研究——以北部地區陳林二

〔註 184〕甘懷眞，《唐代家廟禮制研究》，臺北：臺灣商務印書館，1991 年 11 月。

〔註 185〕福建省政協文史委員會編，《福建名祠》，北京：台海出版社，1998 年 2 月。

〔註 186〕許在全、吳幼雄、蔡湘江主編，《泉州名祠》，福州：人民出版社，2003 年 4 月。

〔註 187〕劉正，《金文廟制研究》，北京：中國社會科學出版社，2004 年 1 月。

〔註 188〕尹文，《江南祠堂》，上海：上海書店，2004 年 1 月。

〔註 189〕羅哲文等，《中國名祠》，天津：百花文藝出版社，2006 年 1 月。

〔註 190〕陳志華，《宗祠》，北京：三聯書店，2006 年 9 月。

〔註 191〕張一兵，《明堂制度源流考》，北京：人民出版社，2007 年 2 月。

〔註 192〕甘懷眞，《唐代家廟制度研究》，國立臺灣大學歷史學系研究所碩士論文，1988 年 6 月。

〔註 193〕沈宗憲，《國家祀典與左道妖異——宋代信仰與政治關係之研究》，國立臺灣師大歷史所博士論文，1999 年。

〔註 194〕蘇博威，《宗祠於府城變遷中再發展之定位探討——以全台吳氏大宗祠爲例》，國立成功大學都市計劃研究所碩士論文，2000 年 6 月。

〔註 195〕金相範，《唐代禮制對於民間信仰觀形成的制約與作用——以祠廟信仰爲考察中心》，國立臺灣師範大學歷史研究所博士論文，2001 年 3 月。

〔註 196〕郭文涓，《家廟祭祖研究——以臺中市張廖家廟爲例》，國立中興大學國文研究所碩士論文，2004 年 6 月。

〔註 197〕鄭碧英，《臺灣傳統寺廟宗祠供桌之研究》，中原大學建築學系碩士論文，2005 年 1 月。

〔註 198〕郭善兵，《漢唐皇帝宗廟制度研究》，華東師範大學中國古代史研究所博士論文，2005 年 4 月。

〔註 199〕劉雅萍，《宋代家廟制度與祭祖禮法研究》，北京師範大學中國古代史研究所碩士論文，2006 年 5 月。

姓爲例》〔註 200〕。鄭翔，《「宗祠殯葬」問題研究——浙江溫州永嘉地區農村殯葬改革的思考》〔註 201〕。陳依婷，《明代的宴享制度》〔註 202〕。張富秦，《東漢時期的宗廟與政權正當性》〔註 203〕等論文。

以金門地區宗祠和祭典爲研究重心的專書與學位論文有：陸炳文，《金門宗祠大觀》〔註 204〕。李師增德，《金門宗祠之美》〔註 205〕。張崑振，《金門縣官祀建築調查研究》〔註 206〕。金門國家公園管理處委託研究報告，《金門傳統祠廟建築之比較研究》〔註 207〕與《金門傳統建築的裝飾藝術調查研究》〔註 208〕。廖慶六，《浯洲問禮——金門家廟文化景觀》〔註 209〕。學位論文有：劉宜長，《金門李、蔡、陳氏宗祠之探討》〔註 210〕。陳炳容，《金門宗祠祭祖研究——以陳氏大宗潁川堂等六宗祠爲例》〔註 211〕等著作，唯晚近以「金門」爲研究議題的專著有日益增多趨勢。

以金門地區宗祠和祭典爲主題的單篇問文有：李怡來，〈金門民間傳統建築漫談〉〔註 212〕。董金裕，〈朱子與金門的教化〉〔註 213〕。李師豐楙，〈金門

〔註 200〕葉玫芳，《臺灣民間祭祖習俗之研究——以北部地區陳林二姓爲例》，國立臺北大學人文學院民俗藝術研究所碩士論文，2007 年 1 月。

〔註 201〕鄭翔，《「宗祠殯葬」問題研究——浙江溫州永嘉地區農村殯葬改革的思考》，同濟大學經濟與管理學院研究所碩士論文，2007 年 5 月。

〔註 202〕陳依婷，《明代的宴享制度》，國立暨南大學歷史系碩士論文，2007 年 8 月。

〔註 203〕張富秦，《東漢時期的宗廟與政權正當性》，國立成功大學歷史學系碩士論文，2009 年 7 月。

〔註 204〕陸炳文，《金門宗祠大觀》，金門：金門縣政府，1991 年 7 月。

〔註 205〕李師增德，《金門宗祠之美》，金門：財團法人金門縣史蹟維護基金會，1995 年 6 月。

〔註 206〕張崑振，《金門縣官祀建築調查研究》，金門：金門縣文化局，2007 年 3 月。

〔註 207〕《金門傳統祠廟建築之比較研究》，內政部營建署金門國家公園管理處委託研究報告，2007 年 12 月。

〔註 208〕《金門傳統建築的裝飾藝術調查研究》，內政部營建署金門國家公園管理處委託研究報告，2007 年 12 月。

〔註 209〕廖慶六，《浯洲問禮——金門家廟文化景觀》，金門：金門縣文化局，2008 年 12 月。

〔註 210〕劉宜長，《金門李、蔡、陳氏宗祠之探討》，文化大學史學研究所碩士論文，2001 年 12 月。

〔註 211〕陳炳容，《金門宗祠祭祖研究——以陳氏大宗潁川堂等六宗祠爲例》，銘傳大學應用中國文學研究所碩士論文，2008 年 5 月。

〔註 212〕李怡來，〈金門民間傳統建築漫談〉，《臺灣文獻》第三十三卷第二期，1982 年 6 月。

〔註 213〕董金裕，〈朱子與金門的教化〉，《孔孟月刊》第二十九卷第六期，1991 年

閭山派奠安儀式及其功能——以金湖鎮復國墩關氏家廟為例〉〔註 214〕。張宇彤、徐明福，〈金門傳統民宅之營建儀式〉〔註 215〕。吳培暉、張銘益，〈金門宗祠建築形式之探討——以金寧鄉為例〉〔註 216〕。楊仁江，〈金門西山前李氏家廟的歷史與建築〉〔註 217〕。許雅惠、邱上嘉，〈金門家廟尺度規劃之研究〉〔註 218〕。楊天厚，〈金門瓊林村「七座八祠」研究〉〔註 219〕。林麗寬，〈金門新市里禮生的基礎調查〉〔註 220〕。李師豐楙，〈禮生、道士、法師與宗族長老、族人——一個金門宗祠奠安的圖像〉〔註 221〕。楊天厚，〈金門瓊林蔡氏宗祠祭典儀式探究〉〔註 222〕。廖慶六，〈試論金門家廟文化景觀〉〔註 223〕。楊天厚，〈「摃桌」在普渡儀節中的角色觀察〉〔註 224〕等。

祠廟類的單篇論文計有：龔鵬程，〈宗廟制度論略〉（上、下篇）〔註 225〕。

2 月。

〔註 214〕李師豐楙，〈金門閭山派奠安儀式及其功能——以金湖鎮復國墩關氏家廟為例〉，《民俗曲藝》第九十一期，1994 年 9 月。

〔註 215〕張宇彤、徐明福，〈金門傳統民宅之營建儀式〉，《中央研究院民族學研究所資料彙編》第十四期，1999 年 6 月。

〔註 216〕吳培暉、張銘益，〈金門宗祠建築形式之探討——以金寧鄉為例〉，《2003 閩南文化學術研討會論文集》，金門：金門文化中心、國立金門技術學院，2003 年 12 月。

〔註 217〕楊仁江，〈金門西山前李氏家廟的歷史與建築〉，《2003 閩南文化學術研討會論文集》（二），金門縣政府、國立金門技術學院主辦，2003 年 12 月 6～8 日。

〔註 218〕許雅惠、邱上嘉，〈金門家廟尺度規劃之研究〉，《2003 閩南文化學術研討會論文集》，金門：金門縣文化中心、國立金門技術學院，2003 年 12 月。

〔註 219〕楊天厚，〈金門瓊林村「七座八祠」研究〉，《2003 閩南文化學術研討會論文集》（二），金門縣政府、國立金門技術學院主辦，2003 年 12 月 6～8 日。

〔註 220〕林麗寬，〈金門新市里禮生的基礎調查〉，載楊天厚、林麗寬合著，《金門采風——寬厚文史工作室作品選集》，金門：寬厚文史工作室出版，2004 年 6 月 POD 一版。

〔註 221〕李師豐楙，〈禮生、道士、法師與宗族長老、族人——一個金門宗祠奠安的圖像〉，王師秋桂主編，《金門歷史、文化與生態國際學術研討會論文集》，臺北：財團法人施合鄭民俗文化基金會，2004 年 12 月。

〔註 222〕楊天厚，〈金門瓊林蔡氏宗祠祭典儀式探究〉，《2006 民俗暨民間文學學術研討會論文集》，臺北：文津出版社，2006 年 7 月。

〔註 223〕廖慶六，〈試論金門家廟文化景觀〉，《2007 閩南文化學術研討會論文集》，2007 年 12 月。

〔註 224〕楊天厚，〈「摃桌」在普渡儀節中的角色觀察〉，《國立金門技術學院學報》（第三期），2008 年 3 月。

〔註 225〕龔鵬程，〈宗廟制度論略〉（上），《孔孟學報》第四十三期，1982 年 4 月；龔

甘懷眞，〈略論唐代百官家廟〉〔註 226〕。高明士，〈皇帝制度下的廟制系統——以秦漢至隋唐作爲考察中心〉〔註 227〕。謝長法，〈祠堂及其社會教化〉〔註 228〕。林曉平，〈客家祠堂與客家文化〉〔註 229〕。李志鴻，〈遠可追，流可溯，木有本，水有源——臺灣的祠堂側記〉〔註 230〕。王柏中，〈漢代廟制問題探討〉〔註 231〕。卓雯雯、邱上嘉，〈傳統家廟建築空間演變之初探——以台中市西屯區張廖宗族家廟爲例〉〔註 232〕。許秀霞，〈美濃鎮之雙姓祠堂及三姓祠堂〉〔註 233〕。姚邦藻、每文，〈徽州古祠堂特色初探〉〔註 234〕。游彪，〈宋代的宗族祠堂、祭祀及其它〉〔註 235〕。（日）井上徹，錢杭譯，〈明代的祖先祭祀與家廟〉〔註 236〕。曹硯農，〈試析宗祠建築文物的功能與價值〉〔註 237〕。李師豐楙，〈爐下弟子：木柵張家在祠廟信仰中的認同與識別〉〔註 238〕。（日）牧野巽，〈宗祠とその發達〉〔註 239〕。

鵬程撰，〈宗廟制度論略〉（下），《孔孟學報》第四十四期，1982 年 9 月。

〔註 226〕甘懷眞，〈略論唐代百官家廟〉，《史原》第十六期，1987 年 11 月。

〔註 227〕高明士，〈皇帝制度下的廟制系統——以秦漢至隋唐作爲考察中心〉，《國立臺灣大學文史哲學報》第四十期，1993 年 6 月。

〔註 228〕謝長法，〈祠堂及其社會教化〉，《孔孟月刊》第三十四卷第十一期，1996 年 7 月。

〔註 229〕林曉平，〈客家祠堂與客家文化〉，《贛南師範學院學報》，1997 年第四期。

〔註 230〕李志鴻，〈遠可追，流可溯，木有本，水有源——臺灣的祠堂側記〉，《福建鄉土》，2002 年 4 月。

〔註 231〕王柏中，〈漢代廟制問題探討〉，《史學月刊》第六期，2003 年，頁 21～26。

〔註 232〕卓雯雯、邱上嘉，〈傳統家廟建築空間演變之初探——以台中市西屯區張廖宗族家廟爲例〉，《2003 閩南文化學術研討會論文集》，金門：金門縣文化中心、國立金門技術學院，2003 年 12 月。

〔註 233〕許秀霞，〈美濃鎮之雙姓祠堂及三姓祠堂〉，《臺灣文獻》第五十五卷第三期，2004 年 9 月。

〔註 234〕姚邦藻、每文，〈徽州古祠堂特色初探〉，《黃山學院學報》第七卷第一期，2005 年 2 月。

〔註 235〕游彪，〈宋代的宗族祠堂、祭祀及其它〉，《安徽師範大學學報》第三十四卷第三期，2006 年 5 月。

〔註 236〕（日）井上徹，錢杭譯，〈明代的祖先祭祀與家廟〉，《中國的宗族與國家體制——從宗法主義角度所作的分析》，上海：上海書店，2008 年 6 月，頁 87～110。

〔註 237〕曹硯農，〈試析宗祠建築文物的功能與價值〉，《中國文物科學研究》，2008 年三期。

〔註 238〕李師豐楙，〈爐下弟子：木柵張家在祠廟信仰中的認同與識別〉，《華人宗教：歷史與主題》（未刊稿），頁 357～385。

〔註 239〕（日）牧野巽，〈宗祠とその發達〉，《東方學報》東京第九冊。

（三）朱子《家禮》及其《儀節》版本

自南宋以來，歷代輯錄的《家禮》或《家禮儀節》等珍本，目前均貯藏於國內外各大圖書館，蒐羅相當不易。現今能找到的版本計有：南宋朱熹，丘濬輯，《重刻朱子家禮》〔註 240〕。宋朱子，《家禮》，南宋淳祐五年（1245年）五卷本加附錄一卷。〔註 241〕元代黃端節編，《朱子成書》，明景泰元年（1450年）善敬書堂刊本。〔註 242〕明馮善編集，《家禮集說》，明成化己亥（十五年，公元 1479 年）刊本。〔註 243〕明丘濬，《文公家禮儀節》，北京大學圖書館藏明正德十三年（1518 年）常州府刻本。〔註 244〕宋朱熹，《文公家禮儀節》，明弘治三年（1490 年），順德知縣吳廷舉刊。嘉靖己亥十八年（1539 年）修補本。〔註 245〕宋朱熹，明丘濬重編，《文公家禮儀節》（共八卷），明萬曆戊申三十六年（1608 年）常州府推官錢時刊本。〔註 246〕明楊愼輯，《文公家禮儀節》，明啓禎間（1621～1644 年間）刻本。〔註 247〕宋朱熹，《家禮》，日本慶安元年（1648年）風月宗知刊本。〔註 248〕宋朱熹，《家禮》，清康熙四十年（1701 年）線裝書。紫陽書院定本。〔註 249〕清人牛兆濂輯，《家禮》，清光緒刊本。〔註 250〕明瓊山丘濬，《家禮儀節》，清乾隆庚寅三十五年（1770 年）重修，板藏寶勅樓。〔註 251〕宋朱熹，《家禮》，清光緒六年（1880 年）刊本，共三冊。〔註 252〕宋朱熹，《家禮》〔註 253〕。（日）室直清，《文公家禮通考》〔註 254〕。宋朱熹，《家禮》，《珍本欽定四庫全書》〔註 255〕。明・彭濱編，明・余良相刊本，

〔註 240〕紫陽書院定本。
〔註 241〕《孔子文化大全》，山東：友誼書社出版，1992 年 11 月第一次印刷。
〔註 242〕臺北：國立故宮博物院珍藏（微卷）。
〔註 243〕同註 242。
〔註 244〕《四庫全書存目叢書・經部》一一四冊，臺北：莊嚴文化事業有限公司出版，1995 年 9 月初版一刷。
〔註 245〕同註 242。
〔註 246〕臺北：國家圖書館四樓善本室，常州府出版。
〔註 247〕美國：國會圖書館珍藏。
〔註 248〕臺北：國家圖書館四樓善本室。
〔註 249〕臺北：中央研究院傅斯年圖書館珍藏善本書。
〔註 250〕臺北：國家圖書館珍藏善本書。
〔註 251〕《丘文莊公叢書》（下冊），臺北：丘文莊公叢書委員會出版。
〔註 252〕臺北：國立故宮博物院珍藏善本書。
〔註 253〕《文淵閣四庫全書本・經部》一四二冊，臺北：臺灣商務印書館發行，1986 年 7 月初版。
〔註 254〕《叢書集成續編》冊六十六，臺北：新文豐出版社，1989 年 7 月臺一版。
〔註 255〕《性理大全書》，《四庫全書珍本》五集，臺北：臺灣商務印書館，1935 年。

《重刻申閣老校正朱文公家禮正衡八卷》〔註256〕。清儒毛奇齡，《家禮辨說》〔註257〕。清儒王復禮，《家禮辨定》〔註258〕，等十七種不同版本。

南宋以降，朱熹《家禮》一直都是士庶各階層禮文實踐的最高指導風標，其影響層面更遠及海內外，特別是東北亞的韓、日等國家。而在國內影響庶民社會最深遠的當屬清人戴翊清，張汝誠輯的《家禮會通》〔註259〕，以及呂子振輯的《家禮大成》〔註260〕，其中尤以《家禮大成》一書，更是民間家戶必備禮儀指南。誠如呂子振在《家禮大成・序》所言：「《家禮》一書，自紫陽夫子所折衷而攷定，或酌風氣異同，或參正俗習尙，務使禮之行天地間者，犂然有當於人心。漳俗親承紫陽遺澤，雖世代數易，縉紳士類秉禮者不少，特山陬海隅，平素少詩書之澤者，未必盡能通曉。年來漳之士君子，起而增刪之，使冠婚喪祭之禮，復昭於世。」〔註261〕重校《家禮大成》的鷺江人楊鑑在其〈序〉中也云：「《家禮大成》雖較多帙，然皆祖朱子《家禮》之法，可謂世之用矣。」〔註262〕古昔隸屬泉州轄區的金門，因地緣之賜，而與《家禮大成》結下不解之緣，自在情理之中。

民國以還，《家禮》研究更成顯學，如徐天有編的《家禮大成》（合訂本）〔註263〕。（韓）盧仁淑，《文公家禮及其對韓國禮學之影響》〔註264〕。周鋭、

〔註256〕明・彭濱編，明・余良相刊本，《重刻申閣老校正朱文公家禮正衡八卷》（珍善本資料），臺大圖書館珍藏。

〔註257〕清・毛奇齡，《家禮辨說》，《叢書集成續編》六十六冊，臺北：新文豐出版社，1989年7月。

〔註258〕清・王復禮，《家禮辨定》，南京圖書館藏清康熙刻本，《四庫全書存目叢書・經部》一一五冊，臺北：莊嚴文化公司，1997年2月。

〔註259〕清・戴翊清，張汝誠輯，《家禮會通》，雍正甲寅（1734年）序刊本，臺北：大立出版社，1985年7月。《家禮會通》全書區分爲：元、亨、利、貞四卷，祭禮屬「貞」卷。

〔註260〕《家禮大成》截至目前爲止，共有五種版本，分別爲：1971年5月五版，由臺灣：新竹竹林書局發行；1974年5月再版，由臺中：瑞成書局發行；1978年12月，由台中：瑞成書局發行；1980年4月九版，由臺灣新竹竹林書局發行，以上四種版本均由呂子振輯。第五種版本《家禮大成》（合訂本）則由徐天有所編，2000年1月二十版。《家禮大成》共八卷，祠祭在卷八。

〔註261〕民國・呂子振輯，楊鑑重校，《家禮大成・呂子振序》，臺灣：竹林書局出版，1971年5月五版，頁1。

〔註262〕同註260，《家禮大成・楊鑑序》，頁2。

〔註263〕民國・徐天有，《家禮大成》（合訂本），臺灣：竹林書局，1980年4月第九版。

〔註264〕（韓）盧仁淑，《文公家禮及其對韓國禮學之影響》，國立臺灣師範大學國文

張琳，《中國民間婚喪禮俗通書》〔註265〕。東方望編的《家禮集成》〔註266〕。劉守松編著的《家禮常識》〔註267〕。陸益龍，《中國歷代家禮》〔註268〕。黃美華，《司馬光《書儀》研究》〔註269〕。法主堂山人，《家禮大全》〔註270〕。黃耀德，《家禮通書》〔註271〕。師瓊珮，《朱子《家禮》對家的理解——以祠堂爲探討中心》〔註272〕。李曉東，《中國封建家禮》〔註273〕。費成康，《中國家族傳統禮儀》（圖文本）〔註274〕。郭堯齡編纂，《朱子與金門》〔註275〕。蔡宛眞，《《朱子家禮》對金門喪葬文化之影響》〔註276〕。張文昌，《唐宋禮書研究——從公禮到家禮》〔註277〕。翟瑞芳，《宋代家禮的立制與實踐》〔註278〕。許明堂，《《朱子家禮》研究——以近世家族禮俗生活爲中心的考察》〔註279〕。孔志明，《朱子《家禮》對臺灣婚禮、喪禮之影響》〔註280〕。（韓）盧仁淑，《朱子家禮與韓國之禮學》〔註281〕。Patricia Buckley Ebrey. *Confucianism and*

研究所博士論文，1983年6月。

〔註265〕周鋭、張璘，《中國民間婚喪禮俗通書》，湖南：三環出版社，1991年。

〔註266〕東方望編，《家禮集成》，滿庭芳出版社，1992年8月。

〔註267〕劉守松編著，《家禮常識》，新竹：先登出版社出版，1994年元月六版。

〔註268〕陸益龍，《中國歷代家禮》，北京：圖書出版社，1998年9月。

〔註269〕黃美華，《司馬光《書儀》研究》，國立中興大學中國文學研究所碩士論文，2000年7月。

〔註270〕民國·法主堂山人，《家禮大全》，臺北：世一書局，2002年修訂二版。

〔註271〕民國·黃耀德，《家禮通書》，臺北：世一書局，2002年修訂二版。

〔註272〕師瓊珮，《朱子《家禮》對家的理解——以祠堂爲探討中心》，中國文化大學史學研究所碩士論文，2002年6月。

〔註273〕李曉東，《中國封建家禮》，陝西：人民出版社，2002年9月。該書亦於臺北：文津出版社出版，1989年8月。

〔註274〕費成康，《中國家族傳統禮儀》（圖文本），上海：社會科學院出版社，2003年1月。

〔註275〕郭堯齡編纂，《朱子與金門》，金門：金門縣政府出版，2003年9月。

〔註276〕蔡宛眞，《《朱子家禮》對金門喪葬文化之影響》，銘傳大學應用中國文學研究所碩士論文，2005年12月。

〔註277〕張文昌，《唐宋禮書研究——從公禮到家禮》，國立臺灣大學歷史研究所博士論文，2006年7月。

〔註278〕翟瑞芳撰，《宋代家禮的立制與實踐》，上海師範大學專門史研究所碩士論文，2007年4月。

〔註279〕許明堂，《《朱子家禮》研究——以近世家族禮俗生活爲中心的考察》，北京師範大學民俗學研究所碩士論文，2007年6月。

〔註280〕孔志明，《朱子《家禮》對臺灣婚禮、喪禮之影響》，高雄師範大學國文研究所碩士論文，2008年。

〔註281〕（韓）盧仁淑，《朱子家禮與韓國之禮學》，北京：人民文學出版社，2008年

Family Rituals in Imperial China. Princeton University Press (1991)〔註 282〕。Patricia Buckley Ebrey. *Chu His's. Family Rituals*. Princeton University Press (1991)〔註 283〕等。

以《家禮》爲題的單篇論文，成果也頗可觀，如：束景南，〈朱熹《家禮》眞僞考辨（從《祭儀》到《家禮》）〉〔註 284〕。陳來，〈朱子《家禮》眞僞考議〉〔註 285〕。楊志剛，〈《司馬氏書儀》和《朱子家禮》研究〉〔註 286〕。崔根德，金聖基譯，〈《朱子家禮》在韓國之受容與展開〉〔註 287〕。束景南，〈朱熹《家禮》眞僞考辨〉〔註 288〕。楊志剛，〈論《朱子家禮》及其影響〉〔註 289〕和〈《朱子家禮》：民間通用禮〉〔註 290〕。彭林，〈金沙溪《喪禮備要》與《朱子家禮》的朝鮮化〉〔註 291〕。李師豐楙，〈朱子家禮與閩臺家禮〉〔註 292〕。王立軍，〈宋代的民間家禮建設〉〔註 293〕。王維先、宮雲維，〈朱子《家禮》對日本近世喪葬禮俗的影響〉〔註 294〕。彭林，〈詩禮傳家：家禮〉〔註 295〕。李禹

---

8 月。

〔註 282〕Patricia Buckley Ebrey. *Confucianism and Family Rituals in Imperial China*. Princeton University Press (1991).

〔註 283〕Patricia Buckley Ebrey. *Chu His's. Family Rituals*. Princeton University Press (1991).

〔註 284〕束景南，〈朱熹《家禮》眞僞考辨（從《祭儀》到《家禮》）〉，束景南編著，《朱熹佚文輯考》，江蘇：古籍出版社，1991 年 12 月。

〔註 285〕陳來，〈朱子《家禮》眞僞考議〉，林慶彰編，《中國經學史論文選集》，臺北：文史哲出版社，1992 年 10 月。

〔註 286〕楊志剛，〈《司馬氏書儀》和《朱子家禮》研究〉，《浙江學刊》，1993 年第一輯，總第七十八期。

〔註 287〕崔根德撰，金聖基譯，〈《朱子家禮》在韓國之受容與展開〉，《國際朱子學會議論文集》，1993 年 5 月。

〔註 288〕束景南，〈朱熹《家禮》眞僞考辨〉，《朱子學刊》（總第五輯），合肥：黃山書社，1993 年 5 月。

〔註 289〕楊志剛，〈論《朱子家禮》及其影響〉，《朱子學刊》（總第六輯），1994 年 12 月。

〔註 290〕楊志剛，〈《朱子家禮》：民間通用禮〉，《傳統文化與現代化》，1994 年第四期。

〔註 291〕彭林，〈金沙溪《喪禮備要》與《朱子家禮》的朝鮮化〉，《中國文化研究》，1998 年夏之卷。

〔註 292〕李師豐楙，〈朱子家禮與閩臺家禮〉，「朱子學與東亞文明研討會——紀念朱子逝世八百週年朱子學會議」，臺北：漢學研究中心、中研院中國文哲所、清華中國文學系共同主辦，2000 年 11 月。

〔註 293〕王立軍，〈宋代的民間家禮建設〉，《河南社會科學》十卷二期，2002 年 3 月。

〔註 294〕王維先、宮雲維，〈朱子《家禮》對日本近世喪葬禮俗的影響〉，《浙江大學學報》第三十三卷第六期，2003 年 11 月。

階，〈朱熹的家族禮儀論與鄉村控制思想〉〔註 296〕。粟品孝，〈文本與行爲：朱熹《家禮》與其家禮活動〉〔註 297〕。安國樓，〈朱熹的禮儀觀與《朱子家禮》〉〔註 298〕。（日）池田溫，〈《文公家禮》管見〉〔註 299〕。（日）谷川道雄，〈六朝士族與家禮〉〔註 300〕。呂妙芬，〈顏元生命思想中的家禮實踐與「家庭」的意涵〉〔註 301〕。（韓）韓基宗，〈從法制的觀點淺談韓國傳統社會的家禮〉〔註 302〕。張中秋，〈家禮與國法的關係和原理及其意義〉〔註 303〕。（韓）高英津，〈朝鮮時代的國法與家禮〉〔註 304〕。劉欣，〈宋代「家禮」——文化整合的一個範式〉〔註 305〕。羅秉祥，〈儒禮之宗教意涵——以朱子《家禮》爲中心〉〔註 306〕。陳彩雲，〈朱子《家禮》中的禁奢思想及對後世的影響〉〔註 307〕。

〔註 295〕彭林，〈詩禮傳家：家禮〉，《文史知識》，2003 年第十一期。

〔註 296〕李禹階，〈朱熹的家族禮儀論與鄉村控制思想〉，《重慶師範大學學報》第四期，2004 年。

〔註 297〕粟品孝，〈文本與行爲：朱熹《家禮》與其家禮活動〉，《安徽師範大學學報》第三十二卷第一期，2004 年 1 月。

〔註 298〕安國樓，〈朱熹的禮儀觀與《朱子家禮》〉，《鄭州大學學報》第三十八卷第一期，2005 年 1 月。

〔註 299〕（日）池田溫，〈《文公家禮》管見〉，高明士編《東亞傳統家禮、教育與國法（一）：家族、家禮與教育》論文集，臺北：國立臺灣大學出版中心，2005 年 9 月。

〔註 300〕（日）谷川道雄，〈六朝士族與家禮〉，高明士編《東亞傳統家禮、教育與國法（一）：家族、家禮與教育》論文集，臺北：國立臺灣大學出版中心，2005 年 9 月。

〔註 301〕呂妙芬，〈顏元生命思想中的家禮實踐與「家庭」的意涵〉，高明士編《東亞傳統家禮、教育與國法（一）：家族、家禮與教育》論文集，臺北：國立臺灣大學出版中心，2005 年 9 月。

〔註 302〕（韓）韓基宗，〈從法制的觀點淺談韓國傳統社會的家禮〉，高明士編《東亞傳統家禮、教育與國法（一）：家族、家禮與教育》論文集，臺北：國立臺灣大學出版中心，2005 年 9 月。

〔註 303〕張中秋，〈家禮與國法的關係和原理及其意義〉，高明士編《東亞傳統家禮、教育與國法（二）：家內秩序與國法》論文集，臺北：國立臺灣大學出版中心，2005 年 9 月。

〔註 304〕（韓）高英津，〈朝鮮時代的國法與家禮〉，高明士編《東亞傳統家禮、教育與國法（一）：家族、家禮與教育》論文集，臺北：國立臺灣大學出版中心，2005 年 9 月。

〔註 305〕劉欣，〈宋代「家禮」——文化整合的一個範式〉，《河南理工大學學報》第七卷第四期，2006 年 11 月。

〔註 306〕羅秉祥，〈儒禮之宗教意涵——以朱子《家禮》爲中心〉，《蘭州大學學報》三十六卷二期，2008 年 3 月。

〔註 307〕陳彩雲，〈朱子《家禮》中的禁奢思想及對後世的影響〉，《孔子研究》第四

（日）上山春平，〈朱子の「家禮」と「儀禮經傳通解」〉〔註308〕。

除開《家禮》外，探討朱熹學術思想的文本也不在少數，如：《四部備要》的《朱子大全》〔註309〕。錢穆，《朱子新學案》〔註310〕。高明，〈朱子的禮學〉〔註311〕。林美惠，《朱子學禮研究》〔註312〕。董金裕，〈朱子與金門的教化〉〔註313〕。束景南，《朱熹佚文輯考》〔註314〕。高令印，〈朱熹與福建文化〉〔註315〕。蔡方鹿，〈朱熹之禮學〉〔註316〕。程光裕，〈朱熹知南康軍時之治績〉〔註317〕。陳來，〈論朱熹淳熙初年的心說之辯〉〔註318〕。蔣義斌，〈朱熹對宗教禮俗的探討——以塑像、畫像爲例〉〔註319〕。林振禮，〈朱熹泉州事蹟考〉〔註320〕。宋・朱熹，《朱熹集》〔註321〕。高令印、陳其芳，《福建朱子學》〔註322〕。林振禮，《朱熹與泉州文化》〔註323〕。宋・朱熹，民國・陳俊民校編的《朱子文集》〔註324〕。（美）田浩，《朱熹的鬼神觀與道統觀》〔註325〕。

期，2008年。

〔註308〕（日）上山春平，〈朱子の「家禮」と「儀禮經傳通解」〉，載《東方學報》。

〔註309〕宋・朱熹，《朱子大全》，《四部備要・子部》（據明胡氏刻本校刊），上海：中華書局，1936年。

〔註310〕錢穆，《朱子新學案》，臺北：三民書局，1980年9月。

〔註311〕高明，〈朱子的禮學〉，《輔仁學誌》總第十八期，1982年6月。

〔註312〕林美惠，《朱子學禮研究》，國立高雄師範學院國文研究所碩士論文，1986年5月。

〔註313〕董金裕，〈朱子與金門的教化〉，《孔孟月刊》第二十九卷第六期，1991年2月。

〔註314〕束景南，《朱熹佚文輯考》，江蘇：古籍出版社，1991年12月。

〔註315〕高令印，〈朱熹與福建文化〉，鍾彩鈞主編《國際朱子學會議論文集》，臺北：中央研究院中國文哲研究所籌備處，1993年5月。

〔註316〕蔡方鹿，〈朱熹之禮學〉，《朱子學刊》（總第八輯），1996年第一輯。

〔註317〕程光裕，〈朱熹知南康軍時之治績〉，《第二屆宋史學術研討會論文集》，臺北：中國文化大學》，1996年3月。

〔註318〕陳來，〈論朱熹淳熙初年的心說之辯〉，《國際朱子學會議論文集》，1993年5月。

〔註319〕蔣義斌，〈朱熹對宗教禮俗的探討——以塑像、畫像爲例〉，《第二屆宋史學術研討會論文集》，臺北：中國文化大學》，1996年3月。

〔註320〕林振禮，〈朱熹泉州事蹟考〉，《鵝湖月刊》第二五七期，1996年11月。

〔註321〕宋・朱熹，《朱熹集》，四川：教育出版社，1997年5月初版二刷。

〔註322〕高令印、陳其芳，《福建朱子學》，福建：人民出版社，1999年7月初版二刷。

〔註323〕林振禮，《朱熹與泉州文化》，福建：人民出版社，1999年12月。

〔註324〕宋・朱熹，民國・陳俊民校編，《朱子文集》，臺北：財團法人德富文教基金會，2000年2月。

宋・朱熹，民國・朱傑人、嚴佐之、劉永翔主編的《朱子全書》〔註326〕。宋・朱熹，《晦菴先生文集》〔註327〕。王斌，〈學界泰斗與朱熹宗祠〉〔註328〕。楊俊，〈弘揚朱子理學，發展地方文化——「中國朱熹與龍泉文化發展論壇」綜述〉〔註329〕。洪銀娥，《朱熹在金門之意象及其影響研究》〔註330〕。王一樵，《從「吾閩有學」到「吾學在閩」：十五至十八世紀福建朱子學思想系譜的形成及實踐》〔註331〕。陳榮捷，《朱子新探索》〔註332〕。解光宇、解立，〈論朱熹與田愚的宗法思想〉〔註333〕。黃娜，〈朱熹禮學的經世傾向〉〔註334〕。劉雅萍，〈以朱熹的構想爲基礎的宋代祠堂〉〔註335〕。

（四）家範、家訓、鄉約、譜牒

朱熹曾「祖述《儀禮》，參以《司馬書儀》，折衷古今之權，以成《家禮》一書。」〔註336〕從宋儒司馬光的《溫公書儀》〔註337〕、《家範》〔註338〕；朱

〔註325〕（美）田浩撰，《朱熹的鬼神觀與道統觀》，鍾彩鈞主編，《朱子學的開展——學術篇》，臺北：漢學研究中心，2002年6月。

〔註326〕宋・朱熹，朱傑人、嚴佐之、劉永翔主編，《朱子全書》（共二十七冊），上海：古籍出版社，2002年12月。

〔註327〕宋・朱熹，《晦菴先生文集》，《宋集珍本叢刊》五十六冊，四川：四川大學古籍整理研究所編，北京：線裝書局，2004年。

〔註328〕王斌，〈學界泰斗與朱熹宗祠〉，《中華文化論壇》，2004年1月。

〔註329〕楊俊，〈弘揚朱子理學，發展地方文化——「中國朱熹與龍泉文化發展論壇」綜述〉，《成都大學學報》，2004年第三期。

〔註330〕洪銀娥，《朱熹在金門之意象及其影響研究》，銘傳大學應用中文研究所碩論，2006年5月。

〔註331〕王一樵，《從「吾閩有學」到「吾學在閩」：十五至十八世紀福建朱子學思想系譜的形成及實踐》，國立臺灣師範大學歷史學系碩士論文，2006年6月。

〔註332〕陳榮捷，《朱子新探索》，上海：華東師範大學，2007年7月。

〔註333〕解光宇、解立，〈論朱熹與田愚的宗法思想〉，《合肥學院學報》（社會科學版）第二十五卷第四期，2008年7月。

〔註334〕黃娜，〈朱熹禮學的經世傾向〉，《四川教育學院學報》第二十四卷第十二期，2008年12月。

〔註335〕劉雅萍，〈以朱熹的構想爲基礎的宋代祠堂〉，《黑龍江史志》，2009年6月（總第一九九期）。

〔註336〕清・汪紱著，《六禮或問・序》，載《叢書集成三編》，臺北：新文豐出版，1996年，頁83。

〔註337〕宋・司馬光，《溫公書儀》（據清嘉慶張海鵬輯刊學津討原本影印），臺北：藝文印書館，1966年。

〔註338〕宋・司馬光，《家範》，《文淵閣四庫全書本・子部》，臺北：臺灣商務印書館，1986年7月。

熹的《家禮》〔註 339〕；明儒丘濬重編的《文公家禮儀節》〔註 340〕；乃至宋人呂大鈞的《呂氏鄉約》〔註 341〕；范仲淹的《范氏義莊規矩》〔註 342〕；袁采的《袁氏世範》〔註 343〕；陸游的《放翁家訓》〔註 344〕；趙鼎的《家訓筆錄》〔註 345〕；葉夢得的《石林家訓》〔註 346〕；項安世的《項氏家說》〔註 347〕。元人鄭泳的《鄭氏家儀》〔註 348〕；鄭太和的《鄭氏規範》〔註 349〕。明人黃佐的《泰泉鄉禮》〔註 350〕；馮善編集的《家禮集說》〔註 351〕；楊愼輯的《文公家禮儀節》〔註 352〕；吳麟徵的《家誡要言》〔註 353〕；楊繼盛的《楊忠愍傳家寶訓》〔註 354〕；溫以介的《溫氏母訓》〔註 355〕；龐尙鵬的《龐氏家訓》

〔註 339〕宋・朱熹，《家禮》（清康熙四十年（1701 年）線裝書，紫陽書院定本），臺北：中央研究院傅斯年圖書館。

〔註 340〕宋・朱熹；明・丘濬重編，《文公家禮儀節》；明・弘治三年（1490 年），順德知縣吳廷舉刊；嘉靖己亥十八年（1539 年）修補本。臺北：國家圖書館微卷。

〔註 341〕宋・呂大鈞，《呂氏鄉約》，《叢書集成續編》五十九冊，臺北：新文豐出版社，1989 年 7 月。

〔註 342〕宋・范仲淹，《范氏義莊規矩》，《叢書集成續編》五十九冊，臺北：新文豐出版社，1989 年 7 月。

〔註 343〕宋・袁采，《袁氏世範》，據中國國家圖書館藏宋刻本影印，北京：北京圖書館出版社，2003 年 5 月。

〔註 344〕宋・陸游，《放翁家訓》（據清乾隆鮑廷博校刊知不足齋叢書本影印），《百部叢書集成》，臺北：藝文印書館，1967 年。

〔註 345〕宋・趙鼎，《家訓筆錄》，《叢書集成新編》三十三冊，臺北：新文豐出版社，1985 年元月。

〔註 346〕宋・葉夢得，《石林家訓》，《叢書集成續編》六十冊，臺北：新文豐出版社，1989 年 7 月。

〔註 347〕宋・項安世，《項氏家說》，《文淵閣四庫全書本》，臺北：臺灣商務印書館，1986 年 7 月。

〔註 348〕元・鄭泳，《鄭氏家儀》（上海圖書館藏清刻本），《四庫全書存目叢書・經部》一一四冊，臺北：莊嚴文化公司，1997 年 10 月。

〔註 349〕元・鄭太和撰，《鄭氏規範》（據清曹溶輯，陶越增訂《學海類編》本影印），《百部叢書集成》，臺北：藝文印書館，1967 年。

〔註 350〕明・黃佐，《泰泉鄉禮》，《四庫全書珍本》，臺北：臺灣商務印書館，1935 年。

〔註 351〕明・馮善編集，《家禮集說》，明成化己亥（十五年，公元 1479 年）刊本，臺北：國家圖書館善本書室珍藏微卷。

〔註 352〕明・楊愼輯，《文公家禮儀節》，明啓禎間（1621～1644 年間）刻本，美國：國會圖書館珍藏。

〔註 353〕明・吳麟徵，《家誡要言》，臺南縣：莊嚴文化，1995 年。

〔註 354〕明・楊繼盛，《楊忠愍傳家寶訓》，《叢書集成續編》，臺北：新文豐出版社，

〔註356〕。清儒孔繼汾撰的《孔氏家儀》〔註357〕；張汝誠輯的《家禮會通》〔註358〕；毛奇齡的《家禮辨說》〔註359〕；牛兆濂輯的《家禮》〔註360〕；王復禮的《家禮辨定》〔註361〕；張大翎的《時俗喪祭便覽》〔註362〕；張文嘉的《重定齊家寶要》〔註363〕；張習孔的《家訓》〔註364〕；陸世儀的《家祭禮》〔註365〕；傅山的《霜紅龕家訓》〔註366〕；焦循的《里堂家訓》〔註367〕；蔣伊的《蔣氏家訓》〔註368〕；戴翊清的《治家格言繹義》〔註369〕；呂子振（羽仲氏）輯的《家禮大成》〔註370〕。以及由學者彭美玲計畫主持的《家禮源流

1989年7月。

〔註355〕明・溫以介述，《溫氏母訓》，《叢書集成新編》三十三冊，臺北：新文豐出版社，1985年元月。

〔註356〕明・龐尚鵬，《龐氏家訓》，《叢書集成新編》三十三冊，臺北：新文豐出版社，1985年元月。

〔註357〕清・孔繼汾，《孔氏家儀》，臺北：中央研究院傅斯年圖書館珍藏善本書。

〔註358〕清・戴翊清，張汝誠輯，《家禮會通》，雍正甲寅（1734年）序刊本，臺北：大立出版社，1985年7月。

〔註359〕清・毛奇齡，《家禮辨說》，《叢書集成續編》六十六冊，臺北：新文豐出版社，1989年7月。

〔註360〕清・牛兆濂輯，《家禮》（清光緒刊本。西安省城重刊，馬雜貨鋪藏板）。臺北：國家圖書館。

〔註361〕清・王復禮，《家禮辨定》，南京圖書館藏清康熙刻本，《四庫全書存目叢書・經部》一一五冊，臺北：莊嚴文化公司，1997年2月。

〔註362〕清・張大翎，《時俗喪祭便覽》，《四庫未收書輯刊》，清鈔本，北京：北京出版社，2000年1月。

〔註363〕清・張文嘉，《重定齊家寶要》（北京圖書館分館藏清康熙刻本），《四庫全書存目叢書・經部》一一五冊，臺北：莊嚴文化公司，1997年2月。

〔註364〕清・張習孔，《家訓》，《叢書集成續編》六十冊，臺北：新文豐出版社，1989年7月。

〔註365〕清・陸世儀，《家祭禮》，《叢書集成三編》二十五冊，臺北：新文豐出版社，1996年。

〔註366〕清・傅山，《霜紅龕家訓》，《叢書集成續編》六十冊，臺北：新文豐出版社，1989年7月。

〔註367〕清・焦循，《里堂家訓》，《叢書集成續編》六十冊，臺北：新文豐出版社，1989年7月。

〔註368〕清・蔣伊，《蔣氏家訓》（據《借月山房彙鈔》本影印），《百部叢書集成》，臺北：藝文印書館，1967年。

〔註369〕清・戴翊清，《治家格言繹義》，《叢書集成續編》六十冊，臺北：新文豐出版社，1989年7月。

〔註370〕民國・呂子振輯，楊鑑重校，《家禮大成》，臺灣：竹林書局，1971年5月五版。

群書述略考異》（簡易版）〔註 371〕等，上列專書名稱雖有不同，然扮演「家禮」的質性則一。

與《家訓》有關的議題也是學界注目的焦點。現今已發表的單篇論文有：宋光宇的〈試論明清家訓所蘊含的成就評價與經濟倫理〉〔註 372〕。曾春海的〈宋元明理學家的家訓〉〔註 373〕。郭長華的〈傳統家訓的治家之道及其現實價值〉〔註 374〕。錢國旗的〈在禮與情之間——《顏氏家訓》對禮俗風尚的論述和辨正〉〔註 375〕。王玲莉的〈《顏氏家訓》的人生智慧及其現代價值〉〔註 376〕。牛志平的〈中國傳統家庭教育——「家訓」與家內秩序〉〔註 377〕。釭苣灼的〈中古家訓的社會價值分析〉〔註 378〕。董建輝的《明清鄉約：理論演進與實踐發展》〔註 379〕。陳延斌、張琳的〈宗規族訓的敦族睦鄰教化與中國傳統社會的治理〉〔註 380〕。汪毅夫的〈鄉約、習慣法與閩南鄉土社會〉〔註 381〕。（日）山根三芳，〈司馬光の「居家雜儀」について〉〔註 382〕。

〔註 371〕彭美玲主持，《家禮源流群書述略考異》（簡易版），國立臺灣大學中國文學系，2001 年 10 月。

〔註 372〕宋光宇，〈試論明清家訓所蘊含的成就評價與經濟倫理〉，《漢學研究》七卷一期，1989 年 6 月。

〔註 373〕曾春海，〈宋元明理學家的家訓〉，《輔仁學誌》第二十八期，2001 年 7 月。

〔註 374〕郭長華，〈傳統家訓的治家之道及其現實價值〉，《北方交大學報》二卷三期，2003 年 9 月。

〔註 375〕錢國旗，〈在禮與情之間——《顏氏家訓》對禮俗風尚的論述和辨正〉，《孔子研究》，2004 年第五期。

〔註 376〕王玲莉，〈《顏氏家訓》的人生智慧及其現代價值〉，《廣西社會科學》第十期，2005 年。

〔註 377〕牛志平，〈中國傳統家庭教育——「家訓」與家內秩序〉，高明士編《東亞傳統家禮、教育與國法（一）：家族、家禮與教育》論文集，臺北：國立臺灣大學出版中心，2005 年 9 月。

〔註 378〕釭苣灼，〈中古家訓的社會價值分析〉，《古籍整理研究學刊》第一期，2006 年 1 月。

〔註 379〕董建輝，《明清鄉約：理論演進與實踐發展》，廈門：廈門大學出版社，2008 年 12 月。

〔註 380〕陳延斌、張琳，〈宗規族訓的敦族睦鄰教化與中國傳統社會的治理〉，《齊魯學刊》總第二一三期，2009 年第六期。

〔註 381〕汪毅夫，〈鄉約、習慣法與閩南鄉土社會〉，陳益源主編《2009 閩南文化國際學術研討會論文集》，2009 年 12 月。

〔註 382〕（日）山根三芳，〈司馬光の「居家雜儀」について〉，《中國哲學史研究論集》，昭和 56 年 12 月。

與祠堂同樣具有「收族」功能的「譜牒」，明代初期更因江南知識分子推動宗族形成運動而大行其道，修譜之風也因之成爲主流時尚。〔註 383〕晚近學界積極投入此一領域的開發，並展現亮麗成果，如：陳紹馨，〈姓氏．族譜．宗親會〉（上、下篇）〔註 384〕。盛清沂，〈臺灣家譜編纂之研究〉〔註 385〕。古國順，〈章學誠之族譜學〉〔註 386〕。陳大絡，〈陳氏根源、祀典與宗法、修譜之探微〉〔註 387〕，和〈宗法、宗譜、宗族的遡源〉〔註 388〕。常建華，〈元代族譜研究〉〔註 389〕。陳支平，《福建族譜》〔註 390〕。陳捷先，《中國的族譜》〔註 391〕。廖慶六，《族譜文獻學》〔註 392〕。陳進傳，〈宜蘭縣漢人族譜的蒐藏與修撰〉〔註 393〕。袁紅軍，〈章學誠對譜牒學理論的創新〉〔註 394〕和〈章學誠創新譜牒學理論之功〉〔註 395〕。于秀萍，〈晚清民國以來的河北宗族述略——以河北宗族族譜爲中心〉〔註 396〕。畢民智，〈從社會的發展看譜牒文化功能的變遷〉〔註 397〕。馮爾康，〈略述清代人「家譜猶國史」說——釋放出「民間

〔註 383〕井上徹著，錢杭譯，〈明代的祖先祭祀與家廟〉，《中國的宗族與國家體制——從宗法主義角度所作的分析》，上海：上海書店，2008 年 6 月，頁 87。

〔註 384〕陳紹馨，〈姓氏．族譜．宗親會〉（上），《臺灣文獻》第九卷第三期，1958 年 9 月；陳紹馨，〈姓氏．族譜．宗親會〉（下），《臺灣文獻》第十卷第四期，1959 年 12 月。

〔註 385〕盛清沂，〈臺灣家譜編纂之研究〉，《臺灣文獻》第十四卷第三期，1963 年 9 月。

〔註 386〕古國順，〈章學誠之族譜學〉，《北市師專學報》第十三期，1981 年 6 月。

〔註 387〕陳大絡，〈陳氏根源、祀典與宗法、修譜之探微〉，《臺北文獻》第六十期，1982 年 6 月。

〔註 388〕陳大絡，〈宗法、宗譜、宗族的遡源〉，《譜系與宗親組織》，中國地方文獻學會發行，1985 年。

〔註 389〕常建華，〈元代族譜研究〉，《譜牒學研究》第三輯，1992 年。

〔註 390〕陳支平，《福建族譜》，福建：人民出版社，1998 年 8 月初版二刷。

〔註 391〕陳捷先，《中國的族譜》，臺北：文建會，1999 年 6 月增訂一版。

〔註 392〕廖慶六，《族譜文獻學》，臺北：南天書局，2003 年 5 月。

〔註 393〕陳進傳，〈宜蘭縣漢人族譜的蒐藏與修撰〉，《臺灣文獻》第四十七卷第三期，2003 年 9 月。

〔註 394〕袁紅軍，〈章學誠對譜牒學理論的創新〉，《四川檔案》（總第一三〇期），2006 年第二期。

〔註 395〕袁紅軍，〈章學誠創新譜牒學理論之功〉，《敦煌學輯刊》（總第五十三期），2006 年第三期。

〔註 396〕于秀萍，〈晚清民國以來的河北宗族述略——以河北宗族族譜爲中心〉，《中國社會歷史評論》，2008 年。

〔註 397〕畢民智，〈從社會的發展看譜牒文化功能的變遷〉，《黃山學院學報》第十卷第

有史書」的信息〉〔註 398〕。倉修良，〈家譜概述〉〔註 399〕。陳名實、陳暉莉合著，〈福建譜牒文化調查研究〉〔註 400〕。龐銘輝，〈魏晉南北朝時期譜牒檔案興盛的原因——從制度方面進行分析〉〔註 401〕。馮爾康，〈宗族不斷編修族譜的特點及其原因〉〔註 402〕。俞乃畢，〈從徽州譜牒中的族規家訓看其社會教化效應〉〔註 403〕。黃琦琨，〈族譜文獻價值探析〉〔註 404〕。常建華，〈中國族譜學研究的最新進展〉〔註 405〕。龔義龍，〈維繫宗族共同體的硬權力：族譜記憶、祠墓祭拜與宗族通財——對清代民國期間成都及周邊地區宗族的研究〉〔註 406〕。柳立言，〈族譜與社會科學研究〉（《漢學研究》六卷二期，1988 年 12 月）。蔣偉，〈從族譜資料看江蘇宗族關于祭田祭祀的記錄〉〔註 407〕等，譜牒之學已成顯學。

二、學界對祭典之研究

禮樂文化是儒家思想的核心價值，也是學者焚膏繼晷，努力鑽研的重要課題。朱子《家禮》的問世，同時也開啓了學者對這個議題的重視。明、清兩代的學者在這方面投入的心力，其研究成果更是有目共睹的，特別是清儒皓首窮經的鑽研，更將禮的研究推向另一高峰。民國以降，學術界對此議題

六期，2008 年 12 月。

〔註 398〕馮爾康，〈略述清代人「家譜猶國史」説——釋放出「民間有史書」的信息〉，《南開學報》第四期，2009 年。

〔註 399〕倉修良，〈家譜概述〉，《淮陰師範學院學報》第三十一卷，2009 年 1 月。

〔註 400〕陳名實、陳暉莉，〈福建譜牒文化調查研究〉，《泉州師範學院學報》第二十七卷第一期，2009 年 1 月。

〔註 401〕龐銘輝，〈魏晉南北朝時期譜牒檔案興盛的原因——從制度方面進行分析〉，《天中學刊》第二十四卷第一期，2009 年 2 月。

〔註 402〕馮爾康，〈宗族不斷編修族譜的特點及其原因〉，《淮陰師範學院學報》第三十一卷，2009 年 5 月。

〔註 403〕俞乃畢，〈從徽州譜牒中的族規家訓看其社會教化效應〉，《黃州學院學報》第十一卷第四期，2009 年 8 月。

〔註 404〕黃琦琨，〈族譜文獻價值解析〉，《圖書館論壇》第二十九卷第五期，2009 年 10 月。

〔註 405〕常建華，〈中國族譜學研究的最新進展〉，《河北學刊》第二十九卷第六期，2009 年 11 月。

〔註 406〕龔義龍，〈維繫宗族共同體的硬權力：族譜記憶、祠墓祭拜與宗族通財——對清代民國期間成都及周邊地區宗族的研究〉，《中華文化論壇》，2009 年第一期。

〔註 407〕蔣偉，〈從族譜資料看江蘇宗族關于祭田祭祀的記錄〉，《社會學研究》總第二八二期，2010 年 3 月。

的鑽研更蔚成風氣，舉凡禮儀等相關議題精闢的論述，眞可謂名家輩出，不論是投入的心力，乃至研究篇章，都在學術界寫下嶄新的里程碑。

（一）禮制的相關研究

今人周何在《禮學概論》〔註 408〕，曾將目前禮學的研究歸納爲禮文、禮制、禮義、禮器、禮圖、禮容等六個方向。〔註 409〕禮文指記載禮的文字，現存最早的禮文應該是《儀禮》十七篇。《儀禮》是先秦的禮制，同時也是後代禮制的源頭，其後接續而起的則是唐代的《貞觀禮》、《顯慶禮》、《開元禮》，以及宋代的《太常因革禮》、《政和五禮新儀》、《朱子家禮》等一脈相傳的禮經。禮制指的是對行禮者身份的規範，有其嚴謹的結構層次。禮器指的是行禮時必備的各種器皿；禮圖指的是行禮的圖式，如行禮所需的各種相關物品。禮圖亦可稱之爲禮物。《儀禮》所記載的行禮儀式節目，前後進退，升階下堂，起坐揖讓等動作常令人有不知所從的挫折感，爲便於習禮者的記憶與瞭解，後人遂將《儀禮》相關儀節繪製成圖。〔註 410〕目前所存最早的禮圖應屬宋人聶崇義撰述的《三禮圖》〔註 411〕；禮容則包括各種服制、儀態、言行等。而禮器、禮圖、禮容等三個方向，其實可整併成禮儀這個範疇，而行禮的層級則可因之簡化爲禮意、禮制、禮儀三個單元。

受到朱熹《家禮》的薰染，及唐宋禮制下移的雙重利基鼓舞，致使原本不下庶人的「禮」，竟一躍而成普羅大眾行事的準繩。就因爲它是生命禮俗及日常行事的風標，故而相關文本乃能相繼問世，如：楊樹達，《漢代婚喪禮俗考》〔註 412〕。黃然偉，《殷禮考實》〔註 413〕。何聯奎的《中國禮俗研究》〔註 414〕。高明的《禮學新探》〔註 415〕。李曰剛等，《三禮論文集》〔註 416〕。方俊吉，《禮記之天地鬼神觀探究》〔註 417〕。邱衍文，《中國上古禮制考辨》

〔註 408〕周何，《禮學概論》，臺北：三民書局，1998 年 1 月。
〔註 409〕同註 408，頁 7。
〔註 410〕同註 408，頁 8。
〔註 411〕宋・聶崇義撰，《三禮圖集注》，《文淵閣四庫全書本・經部》一二九冊，臺北：臺灣商務印書館，1986 年 7 月。
〔註 412〕楊樹達，《漢代婚喪禮俗考》，臺北：臺灣商務印書館，1933 年 10 月。
〔註 413〕黃然偉，《殷禮考實》，臺北：臺灣大學文學院，1967 年 7 月。
〔註 414〕何聯奎，《中國禮俗研究》，臺北：中華書局，1973 年 1 月。
〔註 415〕高明，《禮學新探》，臺北：臺灣學生書局，1978 年 9 月三版。
〔註 416〕李曰剛等，《三禮論文集》，臺北：黎明文化公司，1982 年 10 月再版。
〔註 417〕方俊吉，《禮記之天地鬼神觀探究》，臺北：文史哲出版社，1985 年 3 月。

〔註418〕。喬繼堂的《中國人生禮俗》〔註419〕。錢玄的《三禮通論》〔註420〕。林素英，《古代生命禮儀中的生死觀——以《禮記》爲主的現代詮釋》〔註421〕，和《古代祭禮中之政教觀——以《禮記》成書前爲論》〔註422〕。周何的《禮學概論》〔註423〕。吳萬居的《宋代三禮學研究》〔註424〕。鄒昌林的《中國古禮研究》〔註425〕。楊志剛的《中國禮儀制度研究》〔註426〕。顧希佳的《禮儀與中國文化》〔註427〕。林素玟，《《禮記》人文美學探究》〔註428〕。張壽安，《以禮代理：凌廷堪與清代中葉儒學思想之轉變》〔註429〕。朱筱新的《中國古代禮儀制度》〔註430〕。鄒昌林的《中國禮文化》〔註431〕。張春生主編，《中國傳統禮俗》〔註432〕。彭林編著，《中國古代禮儀文明》〔註433〕。商瑈，《一代禮宗淩廷堪之禮學研究》〔註434〕。鍾敬文主編，《中國禮儀全書》〔註435〕。林存陽，《清初三禮學》〔註436〕。林素英，《禮學思想與應用》〔註437〕。常金倉，《周代禮俗研究》〔註438〕。朱鷹主編，《禮儀》〔註439〕。

〔註418〕邱衍文，《中國上古禮制考辨》，臺北：文津出版社，1990年6月。
〔註419〕喬繼堂，《中國人生禮俗》，天津：人民出版社，1992年2月初版二刷。
〔註420〕錢玄，《三禮通論》，南京：師範大學出版社，1996年10月。
〔註421〕林素英，《古代生命禮儀中的生死觀——以《禮記》爲主的現代詮釋》，臺北：文津出版社，1997年8月。
〔註422〕林素英，《古代祭禮中之政教觀——以《禮記》成書前爲論》，臺北：文津出版社，1997年9月。
〔註423〕周何，《禮學概論》，臺北：三民書局，1998年1月。
〔註424〕吳萬居，《宋代三禮學研究》，臺北：國立編譯館，1999年5月。
〔註425〕鄒昌林，《中國古禮研究》，臺北：文津出版社，2000年12月初版二刷。
〔註426〕楊志剛，《中國禮儀制度研究》，上海：華東師範大學出版社，2001年5月。
〔註427〕顧希佳，《禮儀與中國文化》，北京：人民出版社，2001年8月。
〔註428〕林素玟，《《禮記》人文美學探究》，臺北：文津出版社，2001年10月。
〔註429〕張壽安，《以禮代理：凌廷堪與清代中葉儒學思想之轉變》，河北：教育出版社，2001年11月。
〔註430〕朱筱新，《中國古代禮儀制度》，臺北：臺灣商務印書館，2002年3月初版三刷。
〔註431〕鄒昌林，《中國禮文化》，北京：社會科學文獻出版社，2002年6月初版二刷。
〔註432〕張春生主編，《中國傳統禮俗》，天津：百花文藝出版社，2002年9月。
〔註433〕彭林編著，《中國古代禮儀文明》，北京：中華書局，2004年1月。
〔註434〕商瑈，《一代禮宗淩廷堪之禮學研究》，臺北：萬卷樓出版社，2004年2月。
〔註435〕鍾敬文主編，《中國禮儀全書》，安徽：科學技術出版社，2004年7月初版八刷。
〔註436〕林存陽，《清初三禮學》，北京：社會科學文獻出版社，2002年12月。
〔註437〕林素英，《禮學思想與應用》，臺北：文津出版社，2003年9月。

姬秀珠，《儀禮飲食禮器研究》〔註 440〕。洪文郎，《《禮記・禮運》研究》〔註 441〕。林碧玲，《王船山之《禮》學》〔註 442〕。吳安安，《《儀禮》飲食品物研究》〔註 443〕。

探討禮經的學位論文部分有：林美惠的《朱子學禮研究》〔註 444〕。張經科的《儀禮經傳通解之家禮研究》〔註 445〕。杜明德的《毛西河及其《周禮》學研究》〔註 446〕，和《毛西河及其昏禮、喪禮學研究》〔註 447〕。尤淑君的《名分禮秩與皇權重塑——大禮議與明嘉靖朝政治文化》〔註 448〕。孫致文的《朱熹《儀禮經傳通解》研究》〔註 449〕。孔德凌的《《詩經》宴飲詩與周代禮樂文化的變遷》〔註 450〕。韓琳琳的《《禮記》與西漢社會——以「孝」爲中心的考察》〔註 451〕。李永興的《儒家「禮」、法家「法」與唐律之關係研究》〔註 452〕。

〔註 438〕常金倉，《周代禮俗研究》，黑龍江：人民出版社，2005 年 1 月。
〔註 439〕朱鷹主編，《禮儀》，北京：中國社會出版社，2005 年 6 月。
〔註 440〕姬秀珠，《儀禮飲食禮器研究》，臺北：里仁書局，2005 年 7 月 15 日初版二刷。
〔註 441〕洪文郎，《《禮記・禮運》研究》，林慶彰主編，《中國學術思想研究輯刊》（初編），臺北：花木蘭文化出版社，2008 年 9 月。
〔註 442〕林碧玲，《王船山之《禮》學》，林慶彰主編，《中國學術思想研究輯刊》（初編），臺北：花木蘭文化出版社，2008 年 9 月。
〔註 443〕吳安安，《《儀禮》飲食品物研究》，林慶彰主編，《中國學術思想研究輯刊》（七編），臺北：花木蘭文化出版社，2010 年 3 月。
〔註 444〕林美惠，《朱子學禮研究》，國立高雄師範大學中國文學研究所碩士論文，74 學年度。
〔註 445〕張經科，《儀禮經傳通解之家禮研究》，國立政治大學中國文學研究所碩士論文，77 學年度。
〔註 446〕杜明德，《毛西河及其《周禮》學研究》，國立高雄師範大學國文研究所碩士論文，1994 年 6 月。
〔註 447〕杜明德，《毛西河及其昏禮、喪禮學研究》，國立高雄師範大學國文研究所博士論文，1999 年 6 月。
〔註 448〕尤淑君，《名分禮秩與皇權重塑——大禮議與明嘉靖朝政治文化》，國立政治大學歷史學系研究所碩士論文，2001 年 12 月。
〔註 449〕孫致文，《朱熹《儀禮經傳通解》研究》，國立中央大學中文所博士論文，2003 年 7 月。
〔註 450〕孔德凌，《《詩經》宴飲詩與周代禮樂文化的變遷》，曲阜師範大學中國古代文學系碩士論文，2004 年 4 月。
〔註 451〕韓琳琳，《《禮記》與西漢社會——以「孝」爲中心的考察》，南京師範大學碩士論文，2004 年 4 月。
〔註 452〕李永興，《儒家「禮」、法家「法」與唐律之關係研究》，臺北市立師範學院應用語言文學研究所語文教學碩士論文，2005 年 4 月。

王乃俐的《《左傳》論禮》〔註 453〕。羅小紅的《唐代家禮研究》〔註 454〕李文娟的《《儀禮》倫理思想研究》〔註 455〕等。

以探索禮經爲主軸的論文目前有日趨流行的態勢。一生以隆禮爲職志的荀況，其所著《荀子・禮論》的禮儀觀更被後人奉爲禮儀實踐的圭臬，倍受學術界的推崇。在相關論文中，以荀子禮學爲探索主題的比例特別高，如：莊雅州，〈荀子禮學初探〉〔註 456〕。饒彬，〈荀子禮學之淵源〉〔註 457〕楊連生，〈荀子禮論之研究〉〔註 458〕。饒彬，〈荀子對於禮學的重要建設〉〔註 459〕。劉師文起，〈荀子成聖成治思想研究〉〔註 460〕。吳清淋，〈荀子禮分思想之研究〉〔註 461〕。周紹賢，〈荀子之禮論〉〔註 462〕。吳秀英，〈荀子「禮」之研究〉〔註 463〕。周群振，〈荀子隆禮思想之分疏〉（上、中、下三篇）〔註 464〕。孔德成，〈荀子的禮學〉〔註 465〕。張亨，〈荀子的禮法思想試論〉〔註 466〕。張才興，〈荀子的禮義之治與法治〉〔註 467〕。李哲賢，〈荀子「禮義之統」思想之理論依據〉（上、下篇）

〔註 453〕王乃俐，《《左傳》論禮》，中興大學中國文學系所碩士論文，95 學年度。

〔註 454〕羅小紅，《唐代家禮研究》，廣西師範大學中國古代史研究所博士論文，2006 年 4 月。

〔註 455〕李文娟，《《儀禮》倫理思想研究》，中央民族大學碩士論文，2006 年 5 月。

〔註 456〕莊雅州，〈荀子禮學初探〉，《孔孟月刊》第九卷第一期，1970 年 9 月。

〔註 457〕饒彬，〈荀子禮學之淵源〉，《國立臺灣師範大學學報》創刊號，1972 年 6 月。

〔註 458〕楊連生，〈荀子禮論之研究〉，《國立臺灣師範大學國文研究所集刊》第十七號，1973 年 6 月。

〔註 459〕饒彬，〈荀子對於禮學的重要建設〉，《國立臺灣師範大學學報》第十九期，1974 年 6 月。

〔註 460〕劉師文起，〈荀子成聖成治思想研究〉，《國立臺灣師範大學國文研究所集刊》第十八號，1974 年 6 月。

〔註 461〕吳清淋，〈荀子禮分思想之研究〉，《國立臺灣師範大學國文研究所集刊》第二十一號，1977 年 6 月。

〔註 462〕周紹賢，〈荀子之禮論〉，《輔仁學誌》，1979 年 6 月。

〔註 463〕吳秀英，〈荀子「禮」之研究〉，《孔孟月刊》第十八卷第七期，1980 年 3 月。

〔註 464〕周群振，〈荀子隆禮思想之分疏〉（一），《鵝湖月刊》第一一三期，1984 年 11 月；周群振撰，〈荀子隆禮思想之分疏〉（二），《鵝湖月刊》第一一四期，1984 年 11 月；周群振撰，〈荀子隆禮思想之分疏〉（三），《鵝湖月刊》第一一五期，1984 年 11 月。

〔註 465〕孔德成，〈荀子的禮學〉，《孔孟月刊》第二十四卷第十二期，1986 年 8 月。

〔註 466〕張亨，〈荀子的禮法思想試論〉，《臺大中文學報》第二期，1988 年 11 月。

〔註 467〕張才興，〈荀子的禮義之治與法治〉，《逢甲中文學報》第二期，1994 年 4 月。

〔註468〕。楊素珍,〈荀子「禮」論與其政治思想的關聯〉(上、下篇)〔註469〕。劉眞倫,〈論荀禮論的道德屬性〉〔註470〕。柳熙星,〈試論荀子「禮」的價值根源問題〉〔註471〕。曾春海,〈荀學禮文化的知識理論〉〔註472〕。劉冠生,〈荀子的禮治思想〉〔註473〕。夏長樸,〈李覯的重禮思想及其與荀子的關係〉(《臺大中文學報》第二期,1988年11月)。陸建華,〈荀子禮以解「弊」的諸子批判論〉〔註474〕等篇章,《荀子》一書,蓋已成爲研究禮儀不可或缺的重要典籍。

以探索《周禮》、《儀禮》爲主的論文有:孔德成,〈儀禮十七篇之淵源及傳授〉〔註475〕。王關仕,〈儀禮漢簡本考證〉〔註476〕。張光裕,〈儀禮盥洗說〉〔註477〕。許師清雲,〈儀禮概述〉(上、下篇)〔註478〕。徐福全,〈儀禮士喪禮、既夕禮儀節研究〉〔註479〕。江乾益,〈從儀禮看周代宮室制度〉〔註480〕。杜正勝,〈周禮身分的象徵〉〔註481〕。彭妙卿,〈《儀禮・有司徹》儀節研究〉

〔註468〕李哲賢,〈荀子「禮義之統」思想之理論依據〉(上),《鵝湖月刊》第二三五期,1995年1月;李哲賢,〈荀子「禮義之統」思想之理論依據〉(下),《鵝湖月刊》第二三六期,1995年2月。

〔註469〕楊素珍,〈荀子「禮」論與其政治思想的關聯〉(上),《孔孟月刊》第三十四卷第二期,1995年10月;楊素珍,〈荀子「禮」論與其政治思想的關聯〉(下),《孔孟月刊》第三十四卷第三期,1995年11月。

〔註470〕劉眞倫,〈論荀禮論的道德屬性〉,《孔孟月刊》第三十四卷第四期,1995年12月。

〔註471〕柳熙星,〈試論荀子「禮」的價值根源問題〉,《鵝湖月刊》第二六一期,1997年3月。

〔註472〕曾春海,〈荀學禮文化的知識理論〉,《輔仁學誌》第二十七期,2000年12月。

〔註473〕劉冠生,〈荀子的禮治思想〉,《管子學刊》,2002年第三期。

〔註474〕陸建華,〈荀子禮以解「弊」的諸子批判論〉,《鵝湖月刊》第三二八期,2002年10月。

〔註475〕孔德成,〈儀禮十七篇之淵源及傳授〉,《東海大學文學院學報》第八卷第一期,1967年1月。

〔註476〕王關仕,〈儀禮漢簡本考證〉,《國立臺灣師範大學國文研究所集刊》第十一號,1967年6月。

〔註477〕張光裕,〈儀禮盥洗說〉,《孔孟月刊》第九卷第三期,1970年11月。

〔註478〕許師清雲,〈儀禮概述〉(上),《孔孟月刊》第十四卷第八期,1976年4月;許師清雲,〈儀禮概述〉(下),《孔孟月刊》第十四卷第九期,1976年5月。

〔註479〕徐福全,〈儀禮士喪禮、既夕禮儀節研究〉,《國立臺灣師範大學國文研究所集刊》第二十四號(上冊),1980年6月。

〔註480〕江乾益,〈從儀禮看周代宮室制度〉,《孔孟月刊》第二十三卷第四期,1984年12月。

〔註481〕杜正勝,〈周禮身分的象徵〉,《中央研究院第二屆國際漢學會議論文集》,臺

〔註 482〕。陳高志,〈從《三禮圖集注》之舛誤談彝器定名之難〉〔註 483〕。楊天宇,〈論鄭玄《三禮注》〉〔註 484〕。韓碧琴,〈儀禮鄭註句讀校記——公食大夫禮第九〉〔註 485〕和〈儀禮張氏學〉(上、下篇)〔註 486〕。彭妙卿,〈儀禮有司徹儀節研究〉〔註 487〕。林翠玫,〈《儀禮.鄭注》的護衛——《儀禮管見》〉〔註 488〕。張光裕,〈儀禮與周代禮制研究的關係舉隅〉〔註 489〕。周何,〈各種典禮的節目表——儀禮〉〔註 490〕。朱孟庭,〈儀禮燕禮用樂考〉(上、下篇)〔註 491〕。嚴定暹,〈周禮春官禮樂思想之研究〉〔註 492〕。陳怡如,〈從《儀禮》、《禮記》推論古人方位尊卑〉〔註 493〕。林素英,〈《周禮》的禮教思想——以大司徒爲討論主軸〉〔註 494〕。王秀臣,〈「三禮」的文學價值及其文學史意義〉〔註 495〕。

北:中央研究院,1989 年 6 月。

〔註 482〕彭妙卿,〈《儀禮.有司徹》儀節研究〉,《逢甲中文學報》,1991 年 11 月 15 日,頁 159~174。

〔註 483〕陳高志,〈從《三禮圖集注》之舛誤談彝器定名之難〉,《中國文學研究》第六期,1992 年 5 月。

〔註 484〕楊天宇,〈論鄭玄《三禮注》〉,林慶彰編,《中國經學史論文選集》(上冊),臺北:文史哲出版社,1992 年 10 月。

〔註 485〕韓碧琴,〈儀禮鄭註句讀校記——公食大夫禮第九〉,《國立中興大學中文學報》第十期,1993 年元月。

〔註 486〕韓碧琴,〈儀禮張氏學〉(上),《國立中興大學中文學報》第八期,1995 年元月;韓碧琴,〈儀禮張氏學〉(下),《國立中興大學中文學報》第九期,1996 年元月。

〔註 487〕彭妙卿,〈儀禮有司徹儀節研究〉,《逢甲中文學報》第三期,1995 年 4 月。

〔註 488〕林翠玫,〈《儀禮.鄭注》的護衛——《儀禮管見》〉,《孔孟月刊》三十四卷十期,1996 年 6 月。

〔註 489〕張光裕,〈儀禮與周代禮制研究的關係舉隅〉,《臺大中文學報》第十期,1998 年 5 月。

〔註 490〕周何,〈各種典禮的節目表——儀禮〉,《國文天地》第十四卷第八期,1999 年 1 月。

〔註 491〕朱孟庭,〈儀禮燕禮用樂考〉(上),《孔孟月刊》第三十七卷第八期,1999 年 4 月;朱孟庭,〈儀禮燕禮用樂考〉(下),《孔孟月刊》第三十七卷第九期,1999 年 5 月。

〔註 492〕嚴定暹,〈周禮春官禮樂思想之研究〉,《國立臺灣師範大學國文研究所集刊》第二十一號,1997 年 6 月。

〔註 493〕陳怡如,〈從《儀禮》、《禮記》推論古人方位尊卑〉,《國文天地》十七卷九期,2002 年 2 月,頁 49~53。

〔註 494〕林素英,〈《周禮》的禮教思想——以大司徒爲討論主軸〉,《國立臺灣師範大學國文學報》第三十六期,2004 年 12 月。

〔註 495〕王秀臣,〈「三禮」的文學價值及其文學史意義〉,載《文學評論》第六期,

以探索《禮記》爲主的論文有：王夢鷗，〈小戴禮記考源〉〔註 496〕、〈禮記思想體系試探〉〔註 497〕、〈禮運考——禮運禮器郊特牲校讀志疑〉〔註 498〕、〈「曲禮」校釋〉〔註 499〕和〈讀「月令」〉〔註 500〕等諸篇章。卓秀巖，〈禮記學禮義述〉〔註 501〕。謝德瑩，〈禮記孝親之禮研究〉（上、下篇）〔註 502〕。孔德成，〈禮記成書時代及其在經典中之性質〉〔註 503〕。杜松柏，〈從禮記看禮的精神和作用〉〔註 504〕。黃俊郎，〈從《禮記》談祭禮的意義〉〔註 505〕。林素英，〈從古代的生命禮儀透視其生死觀——以《禮記》爲主的現代詮釋〉〔註 506〕。陳章錫，〈從〈禮運〉篇探索孔子思想〉〔註 507〕。林素英，〈研讀《禮記》的重要入門書〉〔註 508〕，和〈〈禮運〉大同思想探微〉〔註 509〕。寧新昌，〈和諧社會，由禮做起——讀龔建平的《意義的生成與實現——〈禮記〉哲學思想》〉〔註 510〕。方向東，〈《大戴禮記》的形成與流傳〉〔註 511〕。王鍔，〈《禮

2006 年 6 月。

〔註 496〕王夢鷗，〈小戴禮記考源〉，《國立政治大學學報》第三期，1961 年 5 月。

〔註 497〕王夢鷗，〈禮記思想體系試探〉，《國立政治大學學報》第四期，1961 年 12 月。

〔註 498〕王夢鷗，〈禮運考——禮運禮器郊特牲校讀志疑〉，《國立政治大學學報》第八期，1963 年 12 月。

〔註 499〕王夢鷗，〈「曲禮」校釋〉，《國立政治大學學報》第十一期，1965 年 5 月。

〔註 500〕王夢鷗，〈讀「月令」〉，《國立政治大學學報》第二十一期，1970 年 5 月。

〔註 501〕卓秀巖，〈禮記學禮義述〉，《國立成功大學學報》第三十卷，1977 年 5 月。

〔註 502〕謝德瑩，〈禮記孝親之禮研究〉（上），《女師專學報》第十一期，1979 年 6 月，頁 1～51；謝德瑩，〈禮記孝親之禮研究〉（下），《北市師專學報》第十二期，1980 年 6 月，頁 1～57。

〔註 503〕孔德成，〈禮記成書時代及其在經典中之性質〉，《孔孟月刊》第十八卷第十一期，1980 年 7 月。

〔註 504〕杜松柏，〈從禮記看禮的精神和作用〉，《孔孟月刊》第二十一卷第五期，1983 年元月。

〔註 505〕黃俊郎，〈從《禮記》談祭禮的意義〉，《孔孟月刊》第二十一卷第十二期，1983 年 8 月。

〔註 506〕林素英，〈從古代的生命禮儀透視其生死觀——以《禮記》爲主的現代詮釋〉，《國立臺灣師範大學國文研究所集刊》第三十八號，1994 年 6 月。

〔註 507〕陳章錫，〈從〈禮運〉篇探索孔子思想〉，《鵝湖月刊》第三〇四期，2000 年 10 月，頁 32～39。

〔註 508〕林素英，〈研讀《禮記》的重要入門書〉，《國文天地》第十八卷第十一期，2003 年 4 月。

〔註 509〕林素英，〈〈禮運〉大同思想探微〉，《國立臺灣師範大學國文學報》第三十四期，2003 年 12 月。

〔註 510〕寧新昌，〈和諧社會，由禮做起——讀龔建平的《意義的生成與實現——〈禮記〉哲學思想》〉，《鵝湖月刊》第三七五期，2006 年 9 月，頁 59～63。

記》的形成及其流傳〉〔註 512〕等諸篇章。

以探索相關禮經爲主的論文有：陳玉台，〈白虎通義引禮考述〉〔註 513〕。季旭昇，〈詩經吉禮研究〉〔註 514〕。王聰明，〈左傳之人文思想研究〉〔註 515〕。石磊，〈從《爾雅》到《禮記》〉〔註 516〕。成玲，〈春秋公羊傳稱謂例釋〉〔註 517〕。吳車，〈左傳論禮之重要性〉〔註 518〕。傅錫壬，〈楚辭九歌中諸神之圖騰形貌初探〉〔註 519〕。劉瑞箏，〈穀梁禮證述評〉〔註 520〕。李師豐楙，〈服飾與禮儀：〈離騷〉的服飾中心說〉〔註 521〕。姜伯勤〈唐禮與敦煌發現的書儀——《大唐開元禮》與開元時期的書儀〉〔註 522〕。程克雅，〈《春秋》三《傳》「逆祀」經解禮義釋論〉〔註 523〕。陳滿銘，〈論《論語》中的「禮」〉〔註 524〕。王世光，〈清代中期「以禮代理」說芻議〉〔註 525〕。劉月珠，〈《詩經》中禮樂

〔註 511〕方向東，〈《大戴禮記》的形成與流傳〉，中央研究院主題研究計畫「儒家經典之形成」第二十一次專題演講，臺北：中研院中國文哲所，2008 年 8 月。

〔註 512〕王鍔，〈《禮記》的形成及其流傳〉，中央研究院主題研究計畫「儒家經典之形成」第二十一次專題演講，臺北：中研院中國文哲所，2008 年 8 月。

〔註 513〕陳玉台，〈白虎通義引禮考述〉，《國立臺灣師範大學國文研究所集刊》第十九號，1975 年 6 月，頁 1～90。

〔註 514〕季旭昇，〈詩經吉禮研究〉，《國立臺灣師範大學國文研究所集刊》第二十八號，臺北：國立臺灣師範大學國文研究所，1984 年 6 月。

〔註 515〕王聰明，〈左傳之人文思想研究〉，《國立臺灣師範大學國文研究所集刊》第三十二號，1988 年 6 月。

〔註 516〕石磊，〈從《爾雅》到《禮記》〉，《中央研究院第二屆國際漢學會議論文集》，臺北：中央研究院，1989 年 6 月。

〔註 517〕成玲，〈春秋公羊傳稱謂例釋〉，《國立臺灣師範大學國文研究所集刊》第三十五號，1991 年 6 月。

〔註 518〕吳車，〈左傳論禮之重要性〉，《靜宜人文學報》第三期，1991 年 6 月。

〔註 519〕傅錫壬，〈楚辭九歌中諸神之圖騰形貌初探〉，《淡江學報》第三十一期，1992 年元月，頁 1～11。

〔註 520〕劉瑞箏，〈穀梁禮證述評〉，《國立臺灣師範大學學報》第二十四期，1995 年 6 月，頁 51～77。

〔註 521〕李師豐楙，〈服飾與禮儀：〈離騷〉的服飾中心說〉，《中國文哲研究集刊》第十四期，1999 年 3 月。

〔註 522〕姜伯勤，〈唐禮與敦煌發現的書儀——《大唐開元禮》與開元時期的書儀〉，《敦煌文藪》，臺北：新文豐公司，1999 年 4 月。

〔註 523〕程克雅，〈《春秋》三《傳》「逆祀」經解禮義釋論〉，《國立中央大學人文學報》第二十三期，2001 年 6 月，頁 1～39。

〔註 524〕陳滿銘，〈論《論語》中的「禮」〉，《孔孟月刊》第四十卷第十二期，2002 年 8 月。

〔註 525〕王世光，〈清代中期「以禮代理」說芻議〉，《孔子研究》第二期，2004 年，

觀之探討〉〔註526〕。陳惠馨，〈《唐律》中家庭與個人的關係——透過教育與法制建構「家內秩序」〉〔註527〕。吳羽，〈論中晚唐國家禮書編撰的新動向對宋代的影響——以《元和曲台新禮》、《中興禮書》爲中心〉〔註528〕。

以儒家思想爲研究標的論文有：周何，〈何以「不學禮無以立」？〉〔註529〕。羅宗濤，〈談禮〉〔註530〕。孔德成的〈論儒家之「禮」〉〔註531〕。馬漢寶，〈儒家思想法律化與中國家庭關係的發展〉〔註532〕。陳飛龍，〈釋禮〉〔註533〕。孔德成的〈三禮解題〉〔註534〕。曾錦坤，〈禮樂與禮樂教化〉〔註535〕。孔德成的〈禮與現代〉〔註536〕。黃清榮，〈儒家禮學的時代意義〉〔註537〕。鍾競生，〈儒家禮、法思想對社會建設之功能〉〔註538〕。林麗眞，〈魏晉人對傳統禮制與道德之反省〉〔註539〕。曾昭旭，〈儒家義理與生命禮俗〉〔註540〕。李禹階，〈理學與經學〉〔註541〕。俞志慧，〈說禮〉〔註542〕。周何，〈制禮的原

頁92～99。

〔註526〕劉月珠，〈《詩經》中禮樂觀之探討〉，《孔孟月刊》第四十三卷第四期，2004年12月。

〔註527〕陳惠馨，〈《唐律》中家庭與個人的關係——透過教育與法制建構「家內秩序」〉，高明士編《東亞傳統家禮、教育與國法（一）：家族、家禮與教育》論文集，臺北：國立臺灣大學出版中心，2005年9月。

〔註528〕吳羽，〈論中晚唐國家禮書編撰的新動向對宋代的影響——以《元和曲台新禮》、《中興禮書》爲中心〉，《學術研究》第六期，2008年，頁102～107。

〔註529〕周何，〈何以「不學禮無以立」？〉，《孔孟月刊》第九卷第七期，1971年3月。

〔註530〕羅宗濤，〈談禮〉，《孔孟月刊》第十三卷第二期，1974年10月。

〔註531〕孔德成，〈論儒家之「禮」〉，《中央研究院國際漢學會議論文集》，臺北：中央研究院，1981年10月。

〔註532〕馬漢寶，〈儒家思想法律化與中國家庭關係的發展〉，《中央研究院國際漢學會議論文集》，臺北：中央研究院，1981年10月。

〔註533〕陳飛龍，〈釋禮〉，《國立政治大學學報》第四十五期，1982年5月。

〔註534〕孔德成，〈三禮解題〉，《孔孟月刊》第二十二卷第十二期，1984年8月。

〔註535〕曾錦坤，〈禮樂與禮樂教化〉，《孔孟月刊》第二十八卷第二期，1984年10月。

〔註536〕孔德成，〈禮與現代〉，《孔孟月刊》第二十三卷第十二期，1985年8月。

〔註537〕黃清榮，〈儒家禮學的時代意義〉，《孔孟月刊》第二十七卷第五期，1989年1月。

〔註538〕鍾競生，〈儒家禮、法思想對社會建設之功能〉，《孔孟月刊》第二十七卷第五期，1989年1月。

〔註539〕林麗眞，〈魏晉人對傳統禮制與道德之反省〉，《臺大中文學報》第四期，1991年6月。

〔註540〕曾昭旭，〈儒家義理與生命禮俗〉，《鵝湖月刊》第二二一期，1993年11月。

〔註541〕李禹階，〈理學與經學〉，《重慶師院學報》第一期，1995年。

則〉〔註543〕。馮友蘭,〈儒家對于婚喪祭禮之理論〉〔註544〕。龔建平,〈從儒家的宇宙觀看禮的內在根據〉〔註545〕。陳剩勇,〈禮的起源——兼論良渚文化與文明起源〉〔註546〕。鄭基良,〈喪禮與祭祀研究〉〔註547〕。彭美玲,〈君子與容禮——儒家容禮述義〉〔註548〕。俞秀玲,〈儒家禮治思想的合理內涵及其現代義蘊〉〔註549〕。林淑貞,〈生死關懷與生命美典的書寫——以方苞傳、祭文、哀辭、墓表、墓誌銘爲視域〉〔註550〕。洪櫻芬,〈儒家的價值教育——由孔子、荀子的學說思想談起〉〔註551〕。董建輝,〈「禮治」與傳統農村社會秩序〉〔註552〕。王美華,〈官方禮制的庶民化傾向與唐宋禮制下移〉〔註553〕。呂元禮,〈禮治的闡釋及其對法治的補充〉〔註554〕。呂作民,〈原上的禮俗,宗族的血脈——簡析《白鹿原》的地域文化特色〉〔註555〕。彭華,〈和諧的社會離不開禮與法——以儒家爲考察中心〉〔註556〕等篇章。

〔註542〕俞志慧,〈説禮〉,《孔孟月刊》第三十四卷第五期,1996年1月。

〔註543〕周何,〈制禮的原則〉,《國文天地》第十二卷九期,1997年2月。

〔註544〕馮友蘭,〈儒家對于婚喪祭禮之理論〉,《燕京學報》第三期,1997年8月。

〔註545〕龔建平,〈從儒家的宇宙觀看禮的內在根據〉,《鵝湖月刊》第二八四期,1999年2月,頁31~38。

〔註546〕陳剩勇,〈禮的起源——兼論良渚文化與文明起源〉,《漢學研究》第十七卷一期,1999年6月。

〔註547〕鄭基良,〈喪禮與祭祀研究〉,《空大人文學報》第十期,2001年12月。

〔註548〕彭美玲,〈君子與容禮——儒家容禮述義〉,《臺大中文學報》第十六期,2002年6月。

〔註549〕俞秀玲,〈儒家禮治思想的合理內涵及其現代義蘊〉,《孔孟月刊》四十卷十一期,2002年7月。

〔註550〕林淑貞,〈生死關懷與生命美典的書寫——以方苞傳、祭文、哀辭、墓表、墓誌銘爲視域〉,《東海大學文學院學報》第四十四卷,2003年7月。

〔註551〕洪櫻芬,〈儒家的價值教育——由孔子、荀子的學説思想談起〉,《鵝湖月刊》第三四二期,2003年12月。

〔註552〕董建輝,〈「禮治」與傳統農村社會秩序〉,《廈門大學學報》(哲學社會科學版)總第一七〇期,2005年第四期,頁93~100。

〔註553〕王美華,〈官方禮制的庶民化傾向與唐宋禮制下移〉,《濟南大學學報》十六卷第一期,2006年。

〔註554〕呂元禮,〈禮治的闡釋及其對法治的補充〉,《鵝湖月刊》第三七七期,2006年11月。

〔註555〕呂作民,〈原上的禮俗,宗族的血脈——簡析《白鹿原》的地域文化特色〉,《長春工業大學學報》(社會科學版)第十九卷第四期,2007年12月。

〔註556〕彭華,〈和諧的社會離不開禮與法——以儒家爲考察中心〉,《宜賓學院學報》第二期,2008年2月。

以儒家學者爲論述軸心的論文有：周休根，〈孔子與禮教〉〔註 557〕。高明，〈孔子的禮論〉〔註 558〕。王甦，〈孔子的禮教〉〔註 559〕與〈孔子之樂教〉〔註 560〕。陳飛龍，〈淺談孔子禮教〉〔註 561〕。高明，〈朱子的禮學〉〔註 562〕。陳飛龍，〈孔子之禮論〉〔註 563〕。呂光華，〈張載之禮學〉〔註 564〕。黃麗香，〈張載之禮學〉〔註 565〕。卓秀巖，〈曾子論孝〉〔註 566〕。周富美，〈論墨子節葬說〉〔註 567〕。劉雨，〈西周金文中的祭祖禮〉〔註 568〕。卓秀巖，〈子游禮學〉〔註 569〕。徐師漢昌，〈《管子》論「禮」初探〉〔註 570〕。林聰舜，〈「禮」世界的建立——賈誼對禮法秩序的追求〉〔註 571〕。卓秀巖，〈子夏禮學〉〔註 572〕，和〈子路禮學〉〔註 573〕。許司東，〈從仁禮起源論孔子的仁禮關係〉〔註 574〕。劉雨，〈西周金文中的「周禮」〉〔註 575〕。周何，〈孔子之談鬼神〉〔註 576〕。王立軍，〈試論司馬光禮學思想的基本特徵〉〔註 577〕。呂欣怡，〈孟子禮學研

〔註 557〕周休根，〈孔子與禮教〉，《孔孟學報》第四期，1962 年 9 月。

〔註 558〕高明，〈孔子的禮論〉，《孔孟月刊》第三卷第一期，1964 年 9 月。

〔註 559〕王甦，〈孔子的禮教〉，《淡江學報》第十期，1971 年 11 月。

〔註 560〕王甦，〈孔子之樂教〉，《淡江學報》第十二期，1974 年 3 月。

〔註 561〕陳飛龍，〈淺談孔子禮教〉，《孔孟月刊》第十五卷第十一期，1977 年 7 月。

〔註 562〕高明，〈朱子的禮學〉，《輔仁學誌》總第十八期，1982 年 6 月。

〔註 563〕陳飛龍，〈孔子之禮論〉，《孔孟學報》第四十五期，1983 年 4 月 20 日。

〔註 564〕呂光華，〈張載之禮學〉，《孔孟月刊》第二十二卷第二期，1983 年 10 月。

〔註 565〕黃麗香，〈張載之禮學〉，《孔孟月刊》第二十五卷第七期，1987 年 3 月。

〔註 566〕卓秀巖，〈曾子論孝〉，《國立成功大學學報》第三十卷，1987 年 10 月。

〔註 567〕周富美，〈論墨子節葬說〉，《臺大中文學報》第三期，1989 年 12 月。

〔註 568〕劉雨，〈西周金文中的祭祖禮〉，《考古學報》（總第九十五期），1989 年第四期。

〔註 569〕卓秀巖，〈子游禮學〉，《國立成功大學學報》第二十四卷，1990 年 2 月。

〔註 570〕徐師漢昌，〈《管子》論「禮」初探〉，《中山人文學報》第一期，1993 年 4 月。

〔註 571〕林聰舜，〈「禮」世界的建立——賈誼對禮法秩序的追求〉，《清華學報》第二十三卷第二期，1993 年 6 月。

〔註 572〕卓秀巖，〈子夏禮學〉，《國立成功大學學報》第二十八卷，1993 年 11 月。

〔註 573〕卓秀巖，〈子路禮學〉，《國立成功大學學報》第三十卷，1995 年 11 月。

〔註 574〕許司東，〈從仁禮起源論孔子的仁禮關係〉，《渭南師專學報》，1996 年第四期。

〔註 575〕劉雨，〈西周金文中的「周禮」〉，《燕京學報》第三期，1997 年 8 月。

〔註 576〕周何，〈孔子之談鬼神〉，《國文天地》第十五卷第八期，2000 年 1 月。

〔註 577〕王立軍，〈試論司馬光禮學思想的基本特徵〉，《唐都學刊》第十七卷第三期，2001 年 3 月。

究〉〔註 578〕。吳恆忠，〈論孔子的「禮孝」思想〉〔註 579〕。陸建華，〈以道觀禮——老子禮學思想研究〉〔註 580〕。陳政揚，〈張載哲學中的「理」與「禮」〉〔註 581〕等篇章問世。

（二）祭禮部分

吉禮爲五禮之首，以這個主題爲研究素材有普及化傾向，如：周長耀，《敬天探源》〔註 582〕。梁煌儀，《周代宗廟祭禮之研究》〔註 583〕。張鶴泉，《周代祭祀研究》〔註 584〕。章群，《唐代祠祭論稿》〔註 585〕。黃強，《神人之間——中國民間祭祀儀禮與信仰研究》〔註 586〕。林素英，《古代生命禮儀中的生死觀——以《禮記》爲主的現代詮釋》〔註 587〕，和《古代祭禮中之政教觀——以《禮記》成書前爲論》〔註 588〕。杜希宙、黃濤，《中國歷代祭禮》〔註 589〕。徐福全主編，《臺灣民間祭祀禮儀》〔註 590〕。劉還月，《臺灣人的祀神與祭禮》〔註 591〕。方光華，《俎豆馨香——中國祭祀禮俗探索》〔註 592〕。陳烈，《中國

〔註 578〕呂欣怡，〈孟子禮學研究〉，《國立臺灣師範大學國文研究所集刊》第四十五號，2001 年 6 月。

〔註 579〕吳恆忠，〈論孔子的「禮孝」思想〉，《吉首大學學報》第二十三卷第四期，2002 年 12 月。

〔註 580〕陸建華，〈以道觀禮——老子禮學思想研究〉，《鵝湖月刊》第三五九期，2005 年 5 月。

〔註 581〕陳政揚，〈張載哲學中的「理」與「禮」〉，《高雄師範大學學報》第十八期，2005 年 6 月。

〔註 582〕周長耀，《敬天探源》，周長耀發行，1980 年 6 月。

〔註 583〕梁煌儀，《周代宗廟祭祖禮之研究》，臺北：中外語文出版社，1989 年 7 月。

〔註 584〕張鶴泉，《周代祭祀研究》，臺北：文津出版社，1993 年 5 月。

〔註 585〕章群，《唐代祠祭論稿》，臺北：學海出版社，1996 年 6 月。

〔註 586〕黃強，《神人之間——中國民間祭祀儀禮與信仰研究》，廣西：民族出版社，1996 年 7 月。

〔註 587〕林素英，《古代生命禮儀中的生死觀——以《禮記》爲主的現代詮釋》，臺北：文津出版社，1997 年 8 月。案，林氏又於另家出版社出版，書名並作局部更動：《從古代的生命禮儀透視其生死觀：以《禮記》爲主的現代詮釋》，林慶彰主編，《中國學術思想研究輯刊》（四編），臺北：花木蘭文化出版社，2009 年 3 月。

〔註 588〕林素英，《古代祭禮中之政教觀——以《禮記》成書前爲論》，臺北：文津出版社，1997 年 9 月。

〔註 589〕杜希宙、黃濤，《中國歷代祭禮》，北京：北京圖書出版社，1998 年 9 月。

〔註 590〕徐福全主編，《臺灣民間祭祀禮儀》，臺灣：省立新竹社會教育館，1999 年 6 月初版四刷。

〔註 591〕劉還月，《臺灣人的祀神與祭禮》，臺北：常民文化公司，2000 年元月。

祭天文化》〔註 593〕。劉曄原、鄭惠堅，《中國古代祭祀》〔註 594〕。黃有興、甘村吉，《澎湖民間祭典儀式與應用文書》〔註 595〕。劉源，《商周祭祖禮研究》〔註 596〕。林雲、聶達編，《祭拜趣談》〔註 597〕等相關論著。

以祭儀爲題的學位論文部分有：郭文涓的《家廟祭祖研究——以臺中市張廖家廟爲例》〔註 598〕。李瑾華的《《詩經・周頌》考論——周代的祭祀儀式與歌詩關係研究》〔註 599〕。鄧小娟的《甘肅秦安羊皮鼓祭禮舞蹈的文化解讀》〔註 600〕。沙瑩的《《禮記》婚、喪二禮文化詞語語義系統研究》〔註 601〕。衣淑艷的《先秦詩歌中的祭禮》〔註 602〕。劉雅萍的《宋代家廟制度與祭祖禮法研究》〔註 603〕。李文放的《廣西賀州客家人祖先崇拜》〔註 604〕。何淑宜的《士人與儒禮：元明時期祖先祭禮之研究》〔註 605〕。葉玫芳的《臺灣民間祭祖習俗之研究——以北部地區陳林二姓爲例》〔註 606〕。水汶的《《詩經》祭祖

〔註 592〕方光華，《俎豆馨香——中國祭祀禮俗探索》，陝西：人民教育出版社，2000 年 2 月。

〔註 593〕陳烈，《中國祭天文化》，北京：宗教文化出版社，2000 年 12 月。

〔註 594〕劉曄原、鄭惠堅，《中國古代祭祀》，臺北：臺灣商務印書館，2001 年 6 月初版二刷。

〔註 595〕黃有興、甘村吉，《澎湖民間祭典儀式與應用文書》，澎湖：澎湖縣文化局，2003 年 2 月。

〔註 596〕劉源，《商周祭祖禮研究》，北京：商務印書館出版，2004 年 10 月。

〔註 597〕林雲、聶達合編，《祭拜趣談》，上海：古籍出版社，2005 年 7 月。

〔註 598〕郭文涓，《家廟祭祖研究——以臺中市張廖家廟爲例》，國立中興大學國文研究所碩士論文，2004 年 6 月。

〔註 599〕李瑾華，《《詩經・周頌》考論——周代的祭祀儀式與歌詩關係研究》，首都師範大學博士論文，2005 年 4 月 1 日。

〔註 600〕鄧小娟，《甘肅秦安羊皮鼓祭禮舞蹈的文化解讀》，中國藝術研究院碩士論文，2005 年 5 月。

〔註 601〕沙瑩，《《禮記》婚、喪二禮文化詞語語義系統研究》，山東大學碩士學位論文，2006 年 4 月。

〔註 602〕衣淑艷，《先秦詩歌中的祭禮》，東北師範大學古代文學系碩士論文，2006 年 5 月。

〔註 603〕劉雅萍，《宋代家廟制度與祭祖禮法研究》，北京師範大學中國古代史研究所碩士論文，2006 年 5 月。

〔註 604〕李文放，《廣西賀州客家人祖先崇拜》，廣西師範大學民俗學研究所碩士論文，2006 年 6 月。

〔註 605〕何淑宜，《士人與儒禮：元明時期祖先祭禮之研究》，臺北：國立臺灣師範大學歷史研究所博士論文，2007 年。

〔註 606〕葉玫芳，《臺灣民間祭祖習俗之研究——以北部地區陳林二姓爲例》，國立臺北大學人文學院民俗藝術研究所碩士論文，2007 年 1 月。

詩與祭祖禮》〔註 607〕。姜虹的《國家禮制與禮制中國——以明清北鎮祭祀爲中心》〔註 608〕。廖經庭的《家族記憶與族群邊界：以臺灣彭姓祭祖儀式爲例》〔註 609〕。

以禮經爲題的單篇論文數量相當可觀，有些學者從禮經的載體來立論，如：林文，〈從《詩經》中的祖先崇拜文學看西周王權與族權〉〔註 610〕。蕭靜怡，〈從《周禮》〈天官〉及〈地官〉二篇看周代祭祀問題〉〔註 611〕。韓碧琴，〈《儀禮》所見士、大夫祭禮之禮器比較研究〉〔註 612〕。陳富志，〈《詩經》中周王祭祖初探〉〔註 613〕。梅新林，〈《詩經》中的祭祖樂歌與周代宗廟文化〉〔註 614〕。周蒙，〈《詩經》中之「尸」與祭禮〉〔註 615〕。陳富志、張蘭雲，〈《詩經》中周王祭祖心理初探〉〔註 616〕。李樹軍，〈試論《詩經・周頌》中的祖先崇拜〉〔註 617〕。李建軍，〈《詩經》與周代宗法性傳統宗教的嬗變〉〔註 618〕。張連舉，〈論元雜劇中的掃墓祭祖習俗〉〔註 619〕。

〔註 607〕水汶，《《詩經》祭祖詩與祭祖禮》，四川師範大學中國古代文學研究所碩論，2007 年 4 月。

〔註 608〕姜虹，《國家禮制與禮制中國——以明清北鎮祭祀爲中心》，北京師範大學歷史學（明清社會史）研究所碩士論文，2007 年 5 月。

〔註 609〕廖經庭，《家族記憶與族群邊界：以臺灣彭姓祭祖儀式爲例》，國立中央大學客家社會文化研究所碩士論文，2007 年 7 月。

〔註 610〕林文，〈從《詩經》中的祖先崇拜文學看西周王權與族權〉，《南昌職業技術師範學院學報》，1995 年第四期。

〔註 611〕蕭靜怡，〈從《周禮》〈天官〉及〈地官〉二篇看周代祭祀問題〉，《孔孟月刊》第三十五卷第九期，1997 年 5 月。

〔註 612〕韓碧琴，〈《儀禮》所見士、大夫祭禮之禮器比較研究〉，《國立中興大學中文學報》第十一期，1998 年 6 月。

〔註 613〕陳富志，〈《詩經》中周王祭祖初探〉，《平頂山師專學報》第十三卷第五期，1998 年第十期。

〔註 614〕梅新林，〈《詩經》中的祭祖樂歌與周代宗廟文化〉，《浙江師大學報》，1999 年第五期。

〔註 615〕周蒙，〈《詩經》中之「尸」與祭禮〉，《大慶高等專科學校學報》二十卷一期，2000 年第 1 月。

〔註 616〕陳富志、張蘭雲，〈《詩經》中周王祭祖心理初探〉，《平頂山師專學報》第十七卷第四期，2002 年 8 月。

〔註 617〕李樹軍，〈試論《詩經・周頌》中的祖先崇拜〉，《中共桂林黨校學報》四卷四期，2004 年 12 月。

〔註 618〕李建軍，〈《詩經》與周代宗法性傳統宗教的嬗變〉，《廣西師範學報》第二十六卷，2005 年 1 月。

〔註 619〕張連舉，〈論元雜劇中的掃墓祭祖習俗〉，《重慶大學學報》（社會科學版），2007 年十三卷一期。

有些學者從儒家理論、慣習來著墨，如：章景明，〈祭、喪之禮吉凶觀念之分別〉〔註620〕。龔樂羣，〈告朔之餼羊章〉〔註621〕。黃俊郎，〈祭神如神在〉〔註622〕。王關仕，〈八佾篇「祭如在」章釋義管見〉〔註623〕。楊明鍔，〈民間節令祭祀與演戲〉〔註624〕。王保雲，〈孔子對祭祀的態度〉〔註625〕。蕭登福，〈先秦冥界思想探述〉（上、下篇）〔註626〕。章景明，〈禴祠烝嘗考辨〉〔註627〕。陳壬癸，〈民間祭祖、拜神儀式之檢討〉〔註628〕。王祥齡，〈中國古代祖先崇拜的起源與進展——從原始到人文的樞紐〉〔註629〕。侯錦郎、許麗玲摘譯，〈從考古、歷史及文學看祭祀用紙錢的源流與遞變〉〔註630〕。王祥齡，〈儒家的祭祀禮儀理論〉〔註631〕。楊知勇，〈神鬼觀念的二重性與儺及喪葬祭儀的實質〉〔註632〕。李師豐楙，〈由常入非常：中國節日慶典中的狂文化〉〔註633〕。沈文倬，〈宗周歲時祭考實——從祀典上的殷周異制說到喪奠（祭）與吉祭的聯繫與區分〉〔註634〕。呂理政，〈鬼的信仰及其相關儀式〉〔註635〕。鄭憲仁，〈古

〔註620〕章景明，〈祭、喪之禮吉凶觀念之分別〉，《孔孟月刊》十四卷十期，1976年6月。

〔註621〕龔樂羣，〈告朔之餼羊章〉，《孔孟月刊》第十六卷第二期，1977年10月。

〔註622〕黃俊郎，〈祭神如神在〉，《孔孟月刊》第十七卷第三期，1978年11月。

〔註623〕王關仕，〈八佾篇「祭如在」章釋義管見〉，《孔孟月刊》第十八卷第五期，1980年元月。

〔註624〕楊明鍔，〈民間節令祭祀與演戲〉，《民俗曲藝》第三十九期，1986年1月。

〔註625〕王保雲，〈孔子對祭祀的態度〉，《孔孟月刊》第二十四卷第九期，1986年5月。

〔註626〕蕭登福，〈先秦冥界思想探述〉（上），《鵝湖月刊》第一三七期，1986年11月；蕭登福，〈先秦冥界思想探述〉（下），《鵝湖月刊》第一三八期，1986年12月。

〔註627〕章景明，〈禴祠烝嘗考辨〉，《國立中央大學人文學報》，1987年6月。

〔註628〕陳壬癸，〈民間祭祖、拜神儀式之檢討〉，《臺灣文獻》第四十一卷第一期，1990年3月。

〔註629〕王祥齡，〈中國古代祖先崇拜的起源與進展——從原始到人文的樞紐〉，《鵝湖月刊》第十六卷第十一期（總號第一九一），1991年5月。

〔註630〕侯錦郎、許麗玲摘譯，〈從考古、歷史及文學看祭祀用紙錢的源流與遞變〉，《民俗曲藝》第七十二期，1991年7、9月。

〔註631〕王祥齡，〈儒家的祭祀禮儀理論〉，《孔孟學報》第六十三期，1992年3月。

〔註632〕楊知勇，〈神鬼觀念的二重性與儺及喪葬祭儀的實質〉，《民俗曲藝》第八十二期，1993年3月。

〔註633〕李師豐楙，〈由常入非常：中國節日慶典中的狂文化〉，《中外文學》第二十二卷第三期，1993年8月。

〔註634〕沈文倬，〈宗周歲時祭考實——從祀典上的殷周異制說到喪奠（祭）與吉祭的

代祭祖立尸制度淺探〉〔註636〕。林少雄，〈天人合一：中國祭祀禮儀的文化意蘊〉〔註637〕。鄭阿財，〈「祭」和「季」有何區別〉〔註638〕。傅光宇，〈嘗新簡論〉〔註639〕。張琪亞，〈民間祭祀的「交感魔力」〉〔註640〕。龔鵬程，〈酒食貞吉：儒家的飲饌政治學〉〔註641〕。李師豐楙，〈服飾與禮儀：〈離騷〉的服飾中心說〉〔註642〕。張琪亞，〈民間祭祀的「移情」論略〉〔註643〕。顧關元，〈漫話古代的祭文〉〔註644〕。李建，〈論儒家生死鬼神觀的非宗教性特徵〉〔註645〕。鄭基良，〈喪禮與祭祀研究〉〔註646〕。王廷信，〈四時祭祖及蜡祭中的尸與扮演〉〔註647〕。姚興富，〈上帝崇拜與祖先崇拜〉〔註648〕。葉師國良，〈唐宋哀祭文的發展〉〔註649〕。張澤洪，〈論道教祭祀儀式的青詞〉〔註650〕。李耀宗，〈論「黃帝」界說與黃帝精神——兼論陝西黃陵甲申「中華大祭祖」〉

聯繫與區分〉，《孔孟學報》第六十六期，1993年9月。

〔註635〕呂理政，〈鬼的信仰及其相關儀式〉，《民俗曲藝》第九十期，1994年7月。

〔註636〕鄭憲仁，〈古代祭祖立尸制度淺探〉，《孔孟月刊》第三十三卷第七期，1995年3月。

〔註637〕林少雄，〈天人合一：中國祭祀禮儀的文化意蘊〉，《社會科學》，1996年2月。

〔註638〕鄭阿財，〈「祭」和「季」有何區別〉，《國文天地》第十三卷第三期，1997年8月。

〔註639〕傅光宇，〈嘗新簡論〉，《民俗曲藝》第一一一期，1998年1月。

〔註640〕張琪亞，〈民間祭祀的「交感魔力」〉，《貴州師範大學學報》，1998年第二期（總第九十八期）。

〔註641〕龔鵬程，〈酒食貞吉：儒家的飲饌政治學〉，《鵝湖月刊》第二七三期，1998年3月。

〔註642〕李師豐楙，〈服飾與禮儀：〈離騷〉的服飾中心說〉，《中國文哲研究集刊》，1999年3月。

〔註643〕張琪亞，〈民間祭祀的「移情」論略〉，《貴州民族學院學報》，2000年第四期（總第六十六期）。

〔註644〕顧關元，〈漫話古代的祭文〉，《國文天地》十五卷十二期，2000年5月。

〔註645〕李建，〈論儒家生死鬼神觀的非宗教性特徵〉，《孔孟月刊》第四十卷第三期，2001年11月。

〔註646〕鄭基良，〈喪禮與祭祀研究〉，《空大人文學報》第十期，2001年12月。

〔註647〕王廷信，〈四時祭祖及蜡祭中的尸與扮演〉，《文學遺產》，2002年3月。

〔註648〕姚興富，〈上帝崇拜與祖先崇拜〉，《中國社會科學院研究生學報》第六期，2003年。

〔註649〕葉師國良，〈唐宋哀祭文的發展〉，《臺大中文學報》第十八期，2003年6月。

〔註650〕張澤洪，〈論道教祭祀儀式的青詞〉，《漢學研究》二十一卷二期，2003年12月。

〔註651〕。楊天宇，〈周人祭天以祖配天考〉〔註652〕。肖文禮，〈非物質文化遺產視域下的客家祭祖音樂〉〔註653〕。王猛，《從盂蘭盆節看日本人的祖先信仰》〔註654〕。劉江翔、林坤，〈中國祭祖文化的社會功能及現代化〉〔註655〕等篇章面世。

有些學者則以斷代爲研究重心，例如：劉雨，〈西周金文中的祭祖禮〉〔註656〕。龔亞珍，〈商周以犬爲牲的祭祀〉〔註657〕。劉雨，〈西周金文中的「周禮」〉〔註658〕。王善軍，〈宋代的宗族祭祀和祖先崇拜〉〔註659〕。方述鑫，〈殷墟卜辭中所見的「尸」〉〔註660〕。常建華，〈明代宗族祠廟祭祖禮制及其演變〉〔註661〕。范正義，〈清末中西祭祖糾紛與中國教民〉〔註662〕。劉源，〈商代後期祭祖儀式類型〉〔註663〕。常建華，〈明代墓祠祭祖述論〉〔註664〕。張衛中，〈春秋時期的祭祀與政治傳播〉〔註665〕。楊天宇，〈周人祭天以祖配天考〉〔註666〕。劉喆，〈近代新洲黃氏宗族的祭祖活動〉〔註667〕。耿元驪，〈五

〔註651〕李耀宗，〈論「黃帝」界說與黃帝精神——兼論陝西黃陵甲申「中華大祭祖」〉，《中央民族大學學報》第三十二卷第二期，2005年。

〔註652〕楊天宇，〈周人祭天以祖配天考〉，《史學月刊》第五期，2005年。

〔註653〕肖文禮，〈非物質文化遺產視域下的客家祭祖音樂〉，《贛南師範學院學報》，2008年第一期

〔註654〕王猛，《從盂蘭盆節看日本人的祖先信仰》，《貴州民族學院學報》，2008年一期（總第一〇七期）。

〔註655〕劉江翔、林坤，〈中國祭祖文化的社會功能及現代化〉，《龍岩學院學報》第二十六卷第四期，2008年8月。

〔註656〕劉雨，〈西周金文中的祭祖禮〉，《考古學報》（總第九十五期），1989年第四期。

〔註657〕龔亞珍，〈商周以犬爲牲的祭祀〉，《國立中央大學人文學報》第十三期，1995年8月。

〔註658〕劉雨，〈西周金文中的「周禮」〉，《燕京學報》第三期，1997年8月。

〔註659〕王善軍，〈宋代的宗族祭祀和祖先崇拜〉，《世界宗教研究》第三期，1999年。

〔註660〕方述鑫，〈殷墟卜辭中所見的「尸」〉，《考古與文物》第一二一期，2000年5月。

〔註661〕常建華，〈明代宗族祠廟祭祖禮制及其演變〉，《南開學報》，2001年第三期。

〔註662〕范正義，〈清末中西祭祖糾紛與中國教民〉，《廈門大學學報》，2002年第五期（總第一五三期）。

〔註663〕劉源，〈商代後期祭祖儀式類型〉，《歷史研究》，2002年6月。

〔註664〕常建華，〈明代墓祠祭祖述論〉，《天津師範大學學報》，2003年第四期。

〔註665〕張衛中，〈春秋時期的祭祀與政治傳播〉，《浙江大學學報》（人文社會科學版）第三十三卷第五期，2003年9月。

〔註666〕楊天宇，〈周人祭天以祖配天考〉，《史學月刊》第五期，2005年。

代祀天祭祖考述〉〔註668〕。游彪，〈宋代的宗族祠堂、祭祀及其它〉〔註669〕。劉國芳，〈周人「祭祖禮」與《詩經》宴飲詩探析〉〔註670〕。（日）井上徹，錢杭譯，〈明代的祖先祭祀與家廟〉〔註671〕。馮爾康，〈清代宗族祭禮中反映的宗族制特點〉〔註672〕。趙克生，〈明代士人對宗祠主祭權多元化的思考〉〔註673〕等。

有些學者則直接以地域性的案例來作分析，如：林衡道，〈臺灣的生命禮俗〉〔註674〕。曾石南，〈新竹鄭氏家廟冬至祭祖記〉〔註675〕。韓國鑹，〈臺灣一場家祭的北管演出報導〉〔註676〕。顏芳姿，〈泉州三邑人的祖佛信仰——與宗族發展有關的地域守護神〉〔註677〕。蔣炳釗，〈漳浦地區鬼靈及祖先崇拜——民間信仰和文化的考察〉〔註678〕。李師豐楙，〈金門閭山派奠安儀式及其功能——以金湖鎮復國墩關氏家廟爲例〉〔註679〕。顧樂眞，〈廣西師公祭祀神像畫

〔註667〕劉喆，〈近代新洲黃氏宗族的祭祖活動〉，《湖北大學學報》第三十三卷第一期，2006年1月。

〔註668〕耿元驪，〈五代祀天祭祖考述〉，《古籍整理研究學刊》第三期，2006年5月。

〔註669〕游彪，〈宋代的宗族祠堂、祭祀及其它〉，《安徽師範大學學報》第三十四卷第三期，2006年5月。

〔註670〕劉國芳，〈周人「祭祖禮」與《詩經》宴飲詩探析〉，《湖北教育學院學報》第二十四卷第九期，2007年9月。

〔註671〕（日）井上徹，錢杭譯，〈明代的祖先祭祀與家廟〉，《中國的宗族與國家體制——從宗法主義角度所作的分析》，上海：上海書店，2008年6月，頁87～110。

〔註672〕馮爾康〈清代宗族祭禮中反映的宗族制特點〉，《歷史教學》，2009年第八期，總第五七三期。

〔註673〕趙克生，〈明代士人對宗祠主祭權多元化的思考〉，《東北師大學報》，2010年二期，總二四四期。

〔註674〕林衡道，〈臺灣的生命禮俗〉，《生命禮俗研討會論文集》，1986年9月再版。

〔註675〕曾石南，〈新竹鄭氏家廟冬至祭祖記〉，《民俗曲藝》第四十六期，1987年3月。

〔註676〕韓國鑹，〈臺灣一場家祭的北管演出報導〉，《民俗曲藝》第五十二期，1988年3月。

〔註677〕顏芳姿，〈泉州三邑人的祖佛信仰——與宗族發展有關的地域守護神〉，《民俗曲藝》第八十八期，1994年3月，頁3～28。

〔註678〕蔣炳釗，〈漳浦地區鬼靈及祖先崇拜——民間信仰和文化的考察〉，《臺灣與福建社會文化研究論文集》，臺北：中央研究院民族學研究所，1994年6月。

〔註679〕李師豐楙，〈金門閭山派奠安儀式及其功能——以金湖鎮復國墩關氏家廟爲例〉，《民俗曲藝》第九十一期，1994年9月。

初探〉〔註 680〕。毛禮鎂，〈贛西北祭祖儺由來及其儀式活動〉〔註 681〕。周凱模、李衛才、鄧啓耀，〈怒蘇祭祀〉〔註 682〕。胡天成，〈豐富多彩的重慶民間祭祀儀式〉〔註 683〕。殷劍、吳娜，〈試論樂安流坑祠堂祭祖風俗中的宗法問題〉〔註 684〕。林秀幸，〈以社群概念探討祭祀組織與文化——以大湖鄉北六村的臺灣客家聚落爲例〉〔註 685〕。李易書，〈從客家祭祖儀式分析祭祀品的遠古類詞〉〔註 686〕。徐雨薇，〈從客家諺語看客家祭儀禮俗精神〉〔註 687〕。劉美容、楊聰榮，〈從客家祭儀展演論文化保存——以苗栗通宵李氏公廳祭祖活動爲例〉〔註 688〕。劉煥雲，〈客家「公廳」與「阿公婆牌」之研究〉〔註 689〕。朱崇先，〈彝族氏族祭祖禮俗及其文化內涵〉〔註 690〕。朱崇先、楊麗瓊，〈地方性的民俗認同——彝族祭祖大典儀式過程分析〉〔註 691〕。李珍明，〈雲龍諾鄧中元祭祖的習俗調查〉〔註 692〕。肖文禮，〈非物質文化遺產視域下的客家祭祖音樂〉

〔註 680〕顧樂眞，〈廣西師公祭祀神像畫初探〉，《民俗曲藝》第九十二期，1994 年 11 月。

〔註 681〕毛禮鎂，〈贛西北祭祖儺由來及其儀式活動〉，《民俗曲藝》第九十九期，1996 年 1 月。

〔註 682〕周凱模、李衛才、鄧啓耀，〈怒蘇祭祀〉，《民俗曲藝》第一一六期，1998 年 11 月。

〔註 683〕胡天成，〈豐富多彩的重慶民間祭祀儀式〉，《民俗曲藝》第一二六期，2000 年 7 月。

〔註 684〕殷劍、吳娜，〈試論樂安流坑祠堂祭祖風俗中的宗法問題〉，《江西教育學院學報》第二十四卷第四期，2003 年 8 月。

〔註 685〕林秀幸，〈以社群概念探討祭祀組織與文化——以大湖鄉北六村的臺灣客家聚落爲例〉，《民俗曲藝》第一四二期，2003 年 12 月。

〔註 686〕李易書，〈從客家祭祖儀式分析祭祀品的遠古類詞〉，苗栗：國立聯合大學第二屆「客家祭典與文化」苗栗學學術研討會，2006 年 10 月。

〔註 687〕徐雨薇，〈從客家諺語看客家祭儀禮俗精神〉，苗栗：國立聯大第二屆「客家祭典與文化」苗栗學學術研討會，2006 年 10 月。

〔註 688〕劉美容、楊聰榮，〈從客家祭儀展演論文化保存——以苗栗通宵李氏公廳祭祖活動爲例〉，苗栗：國立聯合大學第二屆「客家祭典與文化」苗栗學學術研討會，2006 年 10 月。

〔註 689〕劉煥雲，〈客家「公廳」與「阿公婆牌」之研究〉，「國立聯合大學第二屆『客家祭典與文化』苗栗學學術研討會」，2006 年 10 月 13 日。

〔註 690〕朱崇先，〈彝族氏族祭祖禮俗及其文化內涵〉，《中央民族大學學報》第三十五卷第二期，2008 年。

〔註 691〕朱崇先、楊麗瓊，〈地方性的民俗認同——彝族祭祖大典儀式過程分析〉，《楚雄師範學院學報》第二十三卷第二期，2008 年 2 月。

〔註 692〕李珍明，〈雲龍諾鄧中元祭祖的習俗調查〉，《大理學院學報》第七卷第九期，2008 年 9 月。

〔註 693〕。蔣偉，〈從族譜資料看江蘇宗族關于祭田祭祀的記錄〉〔註 694〕等。

上列琳琅滿目的作品當中，時不分今古，人不分中外，每位學者專家的觀點都有其獨到創解，也都有值得取法之處，然就祠祭禮文角度審視，鄭振滿、科大衛、井上徹、華琛（James L. Watson）等幾位大家的眞知灼見，誠讓筆者獲益匪淺。這些學者的卓見，就文獻參考價值面來看，都是不可或缺的重要史料，惜局限於「見解異同，流派紛紜，各成學說」〔註 695〕之偏，僅能就其中部分觀點相互參證，誠乃美中不足。

鄭振滿：中國學者鄭振滿在宗族議題方面的代表作首推《明清福建家族組織與社會變遷》，該書〈楊國楨序〉，是書站在歷史學的角度，來詮釋明清時期福建地區家族史的變遷過程〔註 696〕，並將宗族組織區分爲：以血緣關係爲基礎的繼承式宗族；以地緣關係爲基礎的依附式宗族；以利益關係爲基礎的合同式宗族等三種不同類型。〔註 697〕此一論點對筆者而言無疑是很好的啓發，且其涉獵的範圍甚廣，頗有參考價值，惜議題僅囿限於宗族與宗祠的探討，祠祭相關儀節指涉則略嫌不足。

科大衛：英國學者科大衛，與鄭振滿同樣以華南地區宗族與祠堂的運作爲研究主題，也發表過別有卓見的作品，如〈祠堂與家廟——從宋末到明中葉宗族禮儀的演變〉，以及和劉志偉合著的〈宗族與地方社會的國家認同——明清華南地區宗族發展的意識形態基礎〉等，都有著鞭辟入裡的質性研究，其論述範疇率皆以廣東地區爲主，且其重心落在喪禮的研究，與吉禮的質性仍有明顯不同。

井上徹：日本學者井上徹研究重心落在宗法原理與宗族主義的探討，「追遠」與「收族」也就成爲論著的核心價值。井上徹探索的宗法主義，其目的就在防止家系的沒落，從而建立以宗族爲單位的名門家系。〔註 698〕井上徹雖

〔註 693〕肖文禮，〈非物質文化遺產視域下的客家祭祖音樂〉，《贛南師範學院學報》，2008 年第一期。

〔註 694〕蔣偉，〈從族譜資料看江蘇宗族關于祭田祭祀的記錄〉，《社會學研究》總第二八二期，2010 年 3 月。

〔註 695〕（英）科大衛、劉志偉，〈宗族與地方社會的國家認同——明清華南地區宗族發展的意識形態基礎〉，《歷史研究》，2000 年第三期，頁 3。

〔註 696〕鄭振滿，《明清福建家族組織與社會變遷》，河南：教育出版社，1992 年 6 月，頁 1～2。

〔註 697〕同註 669，頁 62。

〔註 698〕（日）井上徹，錢杭譯，〈明代的祖先祭祀與家廟〉，《中國的宗族與國家體制

然也作過祖先祭祀的研究，範圍卻僅限於明代，對整體祠祭的探討而言意義不大。

華琛（James L. Watson）在〈中國喪葬儀式的結構——基本形態、儀式次序、動作的首要性〉一文中提出「標準化」的觀點，認為創造和維繫著一個一統的中國文化觀點，「標準化」是不可或缺的動源。〔註 699〕華琛在〈神祇標準化——華南沿岸天后地位的提昇〉文中，則進一步指涉，在古老的中國「地方精英」（指擁有土地及商業利益的士人，相當於農村社會負責執禮的「禮生」人員），因為接受標準化教育的薰陶，從而擁有共同的文化傳統。國家層次的權力機關，與農村的宗族勢力，就靠這批擁有標準化職能的「禮生」作雙向性聯繫。〔註 700〕華琛此一觀點剛好可以用來詮釋祠祭儀式的統整性、一致性。

第三節　研究文獻與方法

本研究文獻資料的取得，部分來自傳統經典的研讀，尤其是得來不易的國內外善本書等珍貴史料的汲取，如珍藏於美國國會圖書館，由明儒楊愼（1488～1559）輯錄的《文公家禮儀節》〔註 701〕一書攸關祭典的載記。珍藏臺大圖書館，明人彭濱編，明人余良相刊本，《重刻申閣老校正朱文公家禮正衡八卷》〔註 702〕，和《桂洲夏文愍公奏議二十一卷，補遺一卷》〔註 703〕，清

——從宗法主義角度所作的分析》，上海：上海書店，2008 年 6 月，頁 88。

〔註 699〕James Watson, "The Structure of Chinese Funerary Rites: Elementary Forms, Ritual Sequence, and the Primacy of Performance," in James L. Watson and Evelyn S. Rawski eds., Death Ritual in Late Imperial and Modern China, Berkeley: UC Press 1988, pp. 3~19.（中譯：華琛，〈中國喪葬儀事的結構——基本型態、儀式次序、動作〉，《歷史人類學》一卷二期，頁 99）

〔註 700〕華琛(James Watson), "Standardizing the Gods: The Promotion of T'ien Hou (「Empress of Heaven」) Along the South China Coast," in David Johnson et al. (eds.), Popular Culture in Late Imperial China (Berkeley University of California Press.1985), pp. 292~324.（中譯：呂宇俊、鄧寶山，〈神祇標準化——華南沿岸天后地位的提昇〉，頁 164）

〔註 701〕明．楊愼輯，《文公家禮儀節》，明啓禎間（1621～1644 年間）刻本，美國：國會圖書館珍藏。

〔註 702〕明．彭濱編，明．余良相刊本，《重刻申閣老校正朱文公家禮正衡八卷》（珍善本資料），臺大圖書館珍藏。

〔註 703〕明．夏言；明．徐階等編輯，《桂洲夏文愍公奏議二十一卷，補遺一卷》，清乾隆甲申（1764 年）忠禮書院重刊本，珍藏臺大圖書館。

乾隆甲申（1764 年）忠禮書院重刊本（詳見附錄）。前者有珍貴的朱文公繪像（書影 1-1），和朱文公授同安主簿像（書影 1-2），爲不可多得的珍貴文獻；後者則是檢測明世宗以後民間得以廣建宗祠，及冬至祭始祖可資佐證的重要史料。此外，國內各圖書館可資查尋的資料，皆盡其可能地予以網羅；部分現代著作如論文期刊，以及海峽兩岸碩博士學位論文等相關文獻，亦設法透過網路搜尋系統取得；部分則透過地方志書和譜牒的比對，務求資料得以完整呈現。至於撰寫的方法，則不外乎採用傳統的歸納、分析、統計、觀察等常用方法。此外，田野調查則是本文許多重要資料取得的途徑之一。透過第一手資料的取得和研讀，並輔以耆老的訪談，務求各種資料都得以詳實呈現。

一、研究資料

資料來源方面，約可區分爲靜態與動態兩個面相。靜態方面，透過歷史文獻的檢索與閱讀，先行奠下學理的基礎。其次，經由相關姓氏族譜的載述，乃至禮生使用的文本，反覆推敲，就文獻保存角度而言，這都是不可或缺的第一手史料。至於動態方面，則透過全相的觀察，投身田野調查，並現場拍攝珍貴歷史鏡頭，從而進行密集式的口訪，務求由多面相的考究觀察，從中爬梳出禮儀實踐的原貌。

「禮者，謹於吉凶不相厭者也。」〔註 704〕禮可以別吉凶，使之不相侵掩。而禮文可貴之處即在其實踐面。《說文》云：「禮，履也。」〔註 705〕《禮記・祭義》也言：「禮者，履此者也。」〔註 706〕《閩中理學淵源考》則進一步解讀說：「禮者，履也，謂昔之詳說者，至是可踐履也。」〔註 707〕能實踐而履行的始可謂之禮。禮爲實際行爲之表現，行爲必須合理，始可稱之爲禮。《文心雕龍・宗經篇》亦云：「禮以立體，據事制範，章條纖曲，執而後顯。」〔註 708〕體指事體而言，凡一切事皆當建立合理之機制，始能被芸芸眾生所接

〔註 704〕周・荀況，《荀子・禮論》卷十三，《文淵閣四庫全書本・子部》六九五冊，臺北：臺灣商務印書館，1986 年 7 月，頁 238。

〔註 705〕東漢・許慎，清・段玉裁注，《說文解字注》，臺北：天工書局，1998 年 8 月，頁 2。

〔註 706〕清・阮元等，《禮記・祭義》卷四十八（重刊宋本），漢・鄭元注；唐・孔穎達等正義，臺北：藝文印書館，1976 年 5 月六版，頁 821。

〔註 707〕清・李清馥，《閩中理學淵源考》卷十六，《文淵閣四庫全書本・經部》四六〇冊，臺北：臺灣商務印書館，1986 年 7 月，頁 272。

〔註 708〕梁・劉勰，王師更生注譯，《文心雕龍讀本》，臺北：文史哲出版社，1986 年

納。〔註709〕按文字學之說，禮字從示從豊，示爲天垂象以示人，指神道而言。豊，象形爲祭器中有豐盛之禮品，故《說文》云：「禮，履也，所以祀神致福也。从示从豐。」〔註710〕可知禮之名最初起於祀神。《荀子・禮論》更說：「禮有三本，天地者，生之本也；先祖者，類之本也；君師者，治之本也。無天地惡生，無先祖惡出，無君師惡治？」〔註711〕就積極面而言，則有天地始有萬物，有先祖始有人類，有君師始有政教。《孔子家語》則進一步指出：「民之所以生者，禮爲大。非禮則無以節事天地之神。非禮則無以辯（辨）君臣上下長幼之位焉。」〔註712〕祭天祀祖，都是吉禮當中最重要位元，唯有經由全面性的縱深觀察，始能掌握其精髓處，筆者超過二十年的田野調查經驗所得，也是本文重要動態資料來源。

《說文》云：「祝，祭主贊詞者。」〔註713〕《家禮》亦云：「祝進饌。」〔註714〕「祝」俗稱「禮生」，是禮文踐履的重要推手，更是儒家舉行祭祀的贊禮者，一般都由熱心公益的地方士紳，或退職軍公教人員義務性擔綱演出。禮生又可依職責的不同而區分爲通、贊、引。祀祖儀節的安排，典禮的順遂運作，禮生都扮演著舉足輕重的地位。爲求充分掌握民間禮儀的運作情況，筆者多年來就持續不斷的進行密集式的田調，期間也承蒙諸多嫻熟禮儀運作的禮生前輩給予惠助，隆情厚誼尤令人感佩。

本文大抵以金門地區陳、蔡、許三個姓氏宗祠及其祭典爲研究對象。據調查，金門現有之氏族最早不出宋代，其來源管道有五：一爲亂世遺民，以

11月，頁34。

〔註709〕周紹賢，《荀子之禮論》，載《輔仁學誌》（文學院之部），臺北：輔仁大學輔仁學誌編輯委員會編輯，1979年6月，頁20。

〔註710〕東漢・許慎，清・段玉裁注，《說文解字注・示部・一篇上》，臺北：天工書局，1998年8月，頁2。

〔註711〕周・荀況，《荀子・禮論》卷十三，《文淵閣四庫全書本・子部》六九五冊，臺北：臺灣商務印書館，1986年7月，頁234。

〔註712〕魏・王肅譔註，《孔子家語・問禮第六》卷一（中國子學名著集成——宋元明清善本叢刊），中國子學名著集成編印基金會出版發行，1978年12月初版，頁46。案，《文淵閣四庫全書本・子部》六九五冊，《孔子家語》卷一，頁12，「辯」字作「辨」。

〔註713〕東漢・許慎，清・段玉裁注，《說文解字注》，臺北：天工書局，1998年8月，頁6。

〔註714〕宋・朱熹，《家禮・喪禮》卷四，南宋淳祐五年（1245年）五卷本加附錄一卷，收入《孔子文化大全》套書，山東：友誼書社，1992年11月，頁772。

海島作世外桃源，逃隱於此。一爲泉屬世家大族，在浯（金門）開山海之利，後裔分居於此。一爲附近各邑商賈農漁之民，久客定居於此。一爲戍守軍人之子孫。一爲贅婿。〔註 715〕

金門 168 個自然村，除少數村落或因地處行政中心，如金城鎮金門城村爲明代「千戶所城」所在地，客商雲集；或因位居吞吐要津的港口，如金城鎮水頭（金水）村、金沙鎮官澳村等出現多姓氏聚落外，其餘大部分村落都屬氏族聚族而居的血緣聚落，如金門第一大姓、擁有「十三陳」之稱的陳姓，金湖鎮瓊林蔡姓，金城鎮後浦許姓，金寧鄉古寧頭李姓，頂堡翁姓……等，都是典型的血緣聚落。〔註 716〕

《禮書通故》云：「姓者，所以統繫百世，使不別也。氏者，所以別子孫之所從出，故《世本》之篇言姓則在上，言氏則在下也。」〔註 717〕《左傳》亦云：「因生以賜姓。」〔註 718〕孔穎達《正義》則云：「族者，屬也，與其子孫共相連屬。其旁支別屬，則各自立氏。」〔註 719〕據《金門民俗志》調查統計，民國四十六年（1957 年）金門居民共有 174 姓。《金門縣志》民國八十八年（1999 年）統計數據則爲 187 姓。〔註 720〕不同的姓氏有不同的氏族，氏族的精神中心在宗祠，由宗祠分布狀態，即可見氏族聚居之梗概。〔註 721〕

〔註 715〕金門縣政府，《金門縣志・人民志》卷三，1999 年初版二刷，頁 353。

〔註 716〕許如中編，《金門民俗志・氏族》，臺北：東方文化書局，1971 年春季，頁 56。

〔註 717〕清・黃以周，《禮書通故・宗法通故第八》，北京：中華書局，2007 年 4 月，頁 285。

〔註 718〕《左傳・隱公八年・傳》卷四（重刊宋本），晉・杜預注；唐・孔穎達等正義，臺北：藝文印書館，1976 年 5 月六版，頁 75。另清・黃以周，《禮書通故・宗法通故第八》則曰：「杜預云：『因生以賜姓』。」北京：中華書局，2007 年 4 月，頁 286。

〔註 719〕《左傳・隱公八年・傳》卷四（重刊宋本），晉・杜預注；唐・孔穎達等正義，臺北：藝文印書館，1976 年 5 月六版，頁 75。另清・黃以周，《禮書通故・宗法通故第八》則曰：「族者，屬也，與其子孫共相連屬。其旁支別族，則各自立氏」，北京：中華書局，2007 年 4 月，頁 287。

〔註 720〕許如中《金門民俗志・氏族》，頁 66，引用的數據爲民國四十六年（1957 年）十二月金門縣政府國民身份證登記底冊數據。另據金門縣政府，《金門縣志・人民志・氏族源流》卷三，1999 年初版二刷，頁 376～390 統計數據，金門舊有姓氏爲 81 姓，新增姓氏爲 106 姓，總計爲 187 姓。

〔註 721〕許如中編，《金門民俗志・氏族》，臺北：東方文化書局，1971 年春季，頁 67。

金門地區在科舉功名方面表現最亮麗的四大宗族依序爲：金沙鎮陽翟村陳氏、青嶼村張氏；金湖鎮瓊林村濟陽蔡姓；金城鎮後浦許姓。陳、張、蔡、許等四個姓氏在宋、明、清三代的文治和武功各有千秋，宗祠建築也難分軒輊。然就傳統祭祖儀典的角度觀察，則同爲金門右姓望族的陳、蔡、許三姓的祠祭與墓祭則較有代表性，是印證朱熹《家禮》在金門地區禮儀實踐的最佳範例，這是本文在選材之初最大考量所在，也是選題主要依據。

陳姓凡十三宗，素有「陳、林半天下」之譽的陳姓，總數在金門也穩居冠軍寶座。素有「十三陳」之稱的陳姓，每年農曆正月十八與十月十八兩日是陳氏大宗祠（忠賢祠）〔註 722〕的春冬〔註 723〕祭典。據《潁川堂建祠八十週年奠安紀念特刊》及《金門陳氏志略》兩書載述，當年陳氏族裔在後浦西門籌建大宗祖祠（忠賢祠）之初，曾爲丁款的攤派，及施工運作的便利，特將遍布全縣二十三個村落的族裔，依持股比例方式，人數多的村落自成一股，人數較寡者則合數村爲一股，區分爲十三股，自此贏得「十三陳」的美稱。

陳氏族裔總數冠於全縣，且代有才人出，歷朝聯登科甲，乃至文武名宦，皆有傲人成績，陽翟族裔陳綱更以宋代同安縣進士第一人的光環，而贏得「開同進士」〔註 724〕的令譽。爲便於觀覽，茲依《金門陳氏大宗祠潁川堂建祠八

〔註 722〕忠賢祠亦稱潁川堂。

〔註 723〕一年當中春秋兩次祀祖儀典所謂「春祀秋嘗」之意。農曆十月已居孟冬，故而民間亦有「春冬兩祭」的說法。

〔註 724〕同安第一位考中進士者爲金門縣金沙鎮陽翟村陳氏族裔陳綱。清代「開台進士」鄭用錫；「開澎進士」蔡廷蘭也都是金門子弟。《禮記・王制》卷十三（十三經注疏重刊宋本），頁 256：「大樂正論造士之秀者，以告于王，而升諸司馬，曰進士。」進士，謂可進受爵祿也。至隋始立此科目。唐、宋因之；其時凡舉人試於禮部者，皆得稱進士，蓋謂應進士試也。明、清之制，舉人會試中式，殿試一甲三名，賜進士及第；二甲賜進士出身；三甲賜同進士出身，通稱皆曰進士。宋代泉州科舉，出現許多整個家族或一個家庭先後多人中進士的現象，甚至出現「父子一榜，昆季同年」的傲人成績。金門地區宋、明、清三代的陳姓、瓊林村濟陽蔡姓與青嶼張姓也不遑多讓，如「十三陳」大宗祠高懸的「父子叔侄兄弟進士」和「曾祖曾孫父子叔侄兄弟科甲」匾；濟陽蔡姓長房的「祖孫父子兄弟伯侄登科」、二房的「祖孫父子兄弟叔姪登科」匾，和蔡貴易、蔡獻臣「父子進士」匾；青嶼張姓張鳳徵、張繼桂「父子進士」匾，張朝綱、張朝綖「兄弟進士」匾等。據《泉州古代科舉》統計，有宋一代泉州地區（涵蓋晉江、南安、惠安、安溪、永春、德化、同安等七縣）兄弟均中進士者有七十四家。北宋時期同安縣中進士者（含正榜與特奏）有三十四人，金門就有六人；南宋時期同安縣中進士者（含正榜與特

十週年奠安紀念特刊》載錄的榮譽榜，依朝代先後順序，由宦績到科舉功名表列如下：（請參見表 1-1、1-2）

表 1-1：金門「十三陳」歷朝文武宦績名錄

朝代	姓名	官銜	宦績
宋代	陳綱	觀察〔註 725〕	宋太宗淳化年間（990～994）任建州觀察
宋代	陳大育	御史〔註 726〕	宋帝昺年間（1278～1279）任侍御史
明代	陳顯	知州〔註 727〕	明洪武年間（1368～1398）授知德州，調直隸北平州知州
明代	陳士英	通判〔註 728〕	明洪武年間（1368～1398）任安仁令，調兵馬司主事
明代	陳德輝	教諭〔註 729〕	明洪武年間（1368～1398）任安溪教諭

奏）有二十三人，其中金門有陳大育一人，比例爲 12.28%，且這七位進士都先後出現在陳氏家族。見陳篤彬、蘇黎明合著，《泉州古代科舉．宋代泉州的科舉》，濟南：齊魯書社，2004 年 9 月，頁 51～99。

〔註 725〕觀察：《周禮．地官．司諫》：「巡問而觀察之。」（十三經注疏重刊宋本），卷十四，頁 213。唐置觀察使，職位亞於節度使，後爲節度使兼職。無節度之州，亦特設之，領一道或數州，兼領刺史。宋時節度、觀察同爲兼判遙領之官，宋時則觀察使與節度使俱僅爲榮稱而非實職。詳見黃本驥，《歷代職官表》，臺北：洪氏出版社，1976 年 1 月，頁 210。

〔註 726〕御史之名，《周官》有之，蓋掌贊書而授法令，非今任也。戰國則爲史官；漢御史大夫，位列三公，其屬有御史中丞，掌圖籍祕書，兼司糾察，所居之署謂之御史府，亦謂之憲臺。東漢以來，謂之御史臺，亦曰蘭臺寺，以中丞爲臺長，始專任彈劾；歷代因之。唐制，御史臺置大夫一人，中丞爲之貳，其屬有三院：一曰臺院，侍御史隸焉；二曰殿院，殿中侍御史隸焉；三曰察院，監察御史隸焉。宋制略同。明改御史臺爲都察院，設都御史、副都御史等官。清因之。詳見唐．杜佑撰，《通典》，北京：中華書局，2003 年 5 月，頁 658～661。

〔註 727〕知州：官名。宋初鑒於五代藩鎮之亂，留居諸鎮節度於京師，而以朝臣出守列郡，號權知軍、州事。軍謂兵政，州謂民政；其後文武官參爲知州軍事，掌總理郡政。明、清因之，逕稱知州，於各州皆置之。清．黃本驥，《歷代職官表》，上海：古籍出版社，2006 年 3 月第二次印刷，頁 94～96。

〔註 728〕通判：宋初欲削藩鎮之權，命朝臣通判府州軍事，與知府、知州共治政事，後遂爲例，爲正六品官。元不設通判。明復設之。清沿明制，稱府通判曰通判，州通判曰州判。詳見清．黃本驥編，《歷代職官表》，上海：古籍出版社，2006 年 3 月第二次印刷，頁 132～133。

〔註 729〕教諭：官名。宋、元、明皆有縣學教諭。清於各廳、縣學亦皆置教諭，掌教誨所屬生員，爲正八品官。清．黃本驥，《歷代職官表》，上海：古籍出版社，2006 年 3 月第二次印刷，頁 181。

明代	陳　熙	訓　導〔註 730〕	明洪武年間（1368～1398）龍巖學訓導
明代	陳興仁	教　諭	明弘治年間（1488～1505）任安溪學教諭
明代	陳　禎	教　諭	明正德年間（1506～1521）任廣東長樂教諭
明代	陳　健	知　府〔註 731〕	明嘉靖年間（1522～1566）授刑部主事及四川司郎中，調任南安、廉州及南寧等府知府
明代	陳敦厚	同　知〔註 732〕	明嘉靖年間（1522～1566）任雲南州同知
明代	陳　溫	通　判	明嘉靖年間（1522～1566）任江西新城令
明代	陳　倫	教　諭	明嘉靖年間（1522～1566）任湖廣潛江教諭
明代	陳天澤	教　諭	明嘉靖年間（1522～1566）任浙江江山教諭
明代	陳紀名	教　諭	明嘉靖年間（1522～1566）任廣東文昌教諭
明代	陳　山	訓　導	明嘉靖年間（1522～1566）紹安訓導
明代	陳基虞	知府按察〔註 733〕	明萬曆年間（1573～1620）任德彰府知府，調廣東縣欽差大臣
明代	陳廷樑	教　諭	明萬曆年間（1573～1620）授漳州上杭教諭
明代	陳懋翔	訓導教諭	明萬曆年間（1573～1620）漳浦訓導，調陞漳浦教諭。
明代	陳　俊	訓　導	明萬曆年間（1573～1620）任漳浦學訓導
明代	陳懋時	教　諭	明光宗泰昌元年（1620 年）任漳浦訓導、教諭

〔註 730〕訓導：官名。明清時於各府州縣儒學皆置訓導，以爲教授或學正或教諭之副，共同負責學校之管理。清・黃本驥，《歷代職官表》，臺北：洪氏出版社，1976 年 1 月，頁 179。

〔註 731〕知府：府之成爲縣級以上之行政區名，始於唐代。唐制，京都乃稱府，至宋則潛藩之地皆升爲府，或置牧、尹，或但設權知府，以總理府事。按宋代知府，必帶權字。明代始逕稱知府，定每府一人。清因之，今廢。詳見清・黃本驥，《歷代職官表》，上海：古籍出版社，2006 年 3 月第二次印刷，頁 96。

〔註 732〕同知：官名。爲佐貳官之稱。宋樞密院有知院事一人，則以同知院事一人爲之貳；知閣門事之下有同知閣門事；又府州軍亦有同知府事、同知州軍事。元、明二代，同知之官尤多。惟清代府置府同知，州置州同知。詳見清・黃本驥，《歷代職官表》，臺北：洪氏出版社，1976 年 1 月，頁 52。

〔註 733〕按察：猶言稽查也。《後漢書・百官志》：「尉，大縣二人，小縣一人，按察奸宄。」《北史・杜弼傳》：「按察無實，久乃見原。」金代承宋代提點刑獄之名設提刑使，後改用唐代之名，稱按察使，明代則並存兩名，稱提刑按察使。與承宣布政使爲兩司，掌一省刑名按劾之事。清代因之，爲正三品官。清・黃本驥，《歷代職官表》，上海：古籍出版社，2006 年 3 月第二次印刷，頁 107。

明代	陳昌文	尚　書〔註734〕	明天啓年間（1621～1627）授廣西平樂推官，任粵九年，擢南刑科給事中，士民遮道轉北
清代	陳有慶	知　縣〔註735〕	清康熙年間（1662～1722）授東明縣，改直隸縣令
清代	陳睿思	主　事〔註736〕	清康熙年間（1662～1722）中式進士，兼選戶部主事
清代	陳　逸	訓　導	清康熙三十二年（1693年）任臺灣學福安訓導
清代	陳良弼	遊　擊〔註737〕 副　將〔註738〕 總　兵〔註739〕	清康熙年間（1662～1722）左都督任陝西興武左營遊擊，旋調副將，再調陞南溪總鎭

〔註734〕尚書：官名。秦少府遣吏四人，在殿中主發書，謂之尚書。漢承秦制，成帝時置尚書五人，一人爲僕射，四人分爲四曹，通掌圖書、祕記、章奏及封奏、宣示，其任猶輕。東漢則總領綱紀，無所不統。魏晉皆重中書之官，掌機衡之任，尚書之權漸減。至梁、陳，舉國機要，悉在中書，獻納之任，又歸門下，尚書但聽命受事而已。隋、唐皆置尚書省，置左右僕射、左右丞，分掌六部（吏、户、禮、兵、刑、工），並於六部各置尚書一人。元廢尚書省，立中書省，統六部。明廢中書省，六部尚書獨立。相沿至清末，始改各部尚書曰大臣。李成華編著，《中國古代職官辭典》臺北：常春樹書坊，1988年5月，頁312。

〔註735〕知縣：官名。《大戴禮．小辨》云：「官治物曰知事。」清．王聘珍，《大戴禮記解詁》卷十一，臺北：世界書局，1974年5月三版，頁3a。宋初分命朝臣出守列郡，稱爲權知某府，或某州或某軍或某縣事。明、清逕稱知縣事爲知縣，爲一縣之行政長官。民國初，廢府州，改知縣爲縣知事；國民政府又改知縣爲縣長。詳見清．黃本驥，《歷代職官表》，上海：古籍出版社，2006年3月第二次印刷，頁97～98。

〔註736〕主事：主事一名在各代有不同的意義。漢有南北庭主事。北魏於尚書諸司置主事令史；北齊以後，但稱主事。隋置主事於各省，唐以後均仍之。明廢中書省，置主事於各部；清因之，皆爲司官，位次員外郎。詳見清．黃本驥，《歷代職官表》，上海：古籍出版社，2006年3月，頁40。

〔註737〕遊擊：武職官名。始於漢，稱遊擊將軍。自唐至清，仍沿用爲武官的官階。《漢書．蘇建傳》云：「後以衛尉爲遊擊將軍，從大將軍出朔方。」明制，參將之下有遊擊將軍。清制，遊擊爲從三品武官，次於參將一級。清．黃本驥，《歷代職官表》，上海：古籍出版社，2006年3月第二次印刷，頁166。

〔註738〕副將：明代曰副總兵官。清代於總兵官之下設副將，爲從二品官，領一協，通稱協鎭。清．黃本驥，《歷代職官表》，上海：古籍出版社，2006年3月第二次印刷，頁122～123。

〔註739〕總兵：明代遣將出兵，別設總兵官，副總兵官以統其眾，即都指揮使司之職；其後總兵官鎭守一方，簡稱總兵。清因之，於各省置提督軍務總兵官及總兵官，總兵所轄者爲鎭，故俗稱總鎭、鎭臺。詳參清．黃本驥，《歷代職官表》，上海：古籍出版社，2006年3月第二次印刷，頁193～194。

清代	陳桂洲	學　政〔註740〕	清乾隆年間（1736～1795）任侍講學士，欽點順天兩廣提督學政
清代	陳榮瑞	知　縣	清乾隆年間（1736～1795）舉孝廉方正選知縣
清代	陳元成	遊　擊	清乾隆年間（1736～1795）任銅山遊擊
清代	陳光邦	都　司〔註741〕	清乾隆年間（1736～1795）平臺有功補用都司
清代	陳騰蛟	守　備〔註742〕	清乾隆年間（1736～1795）平臺有功任銅山守備
清代	陳元成	守　備	清乾隆年間（1736～1795）任銅山守備
清代	陳雲蛟	守　備	清乾隆年間（1736～1795）任澎湖右營守備
清代	陳朝宗	守　備	清乾隆年間（1736～1795）任安平右營守備
清代	陳奮揚	守　備	清乾隆年間（1736～1795）任閩安守備，世襲雲騎尉
清代	陳光求	守備、遊擊參將〔註743〕、副將、總兵	清嘉慶年間（1796～1820）任金門左營守備、金門左營遊擊，旋調銅山參將，任平安協副將，再調陞江南蘇松總鎮
清代	陳光福	遊擊參將 副　將	清道光年間（1821～1850）任安平左營遊擊，調銅山參將，再陞閩安協副將
清代	陳上國	副　將	清道光世襲雲南騎尉，任安平協副將
清代	陳洗潮	遊　擊	清道光年間（1821～1850）任金門左營遊擊
清代	陳時雨	主　事	清宣統元年（1909年）科舉孝廉方正選法部主事
清代	陳應謹	知　縣	清泉州府知縣事

〔註740〕學政：清代提督學政之簡稱。宋徽宗時嘗置提舉學事司，掌一路州縣學政。明代按察分司有提學道。清制，於各省置提督學政，掌全省學校士習文風之政令，以侍郎京堂翰詹科道部屬等官，由進士出身者充之。李成華編著，《中國古代職官辭典》臺北：常春樹書坊，1988年5月，頁276。

〔註741〕都司：官名。古尚書省亦稱尚書都省，尚書省左右司，亦稱都司。《通考·職官考》云：「尚書都司，隋置左右司郎中各一人，掌都省之職。」明都指揮使司，亦稱都司，即總兵官，職位甚崇。至清，於遊擊之次置都司，僅爲四品武職。清·黃本驥，《歷代職官表》，上海：古籍出版社，2006年3月第二次印刷，頁149。

〔註742〕守備：守備之名起於明代。明置南京守備，職位甚崇；中葉後，軍事日繁，各城鎮皆置守備，其秩漸降。入清，於都司之次置守備，爲正五品武職。李成華編著，《中國古代職官辭典》臺北：常春樹書坊，1988年5月，頁57。

〔註743〕參將：明制，總兵官之下有參將，分守各地。清仍之，俗稱參戎，位次副將，爲總兵、副總兵之貳。清·黃本驥，《歷代職官表》，上海：古籍出版社，2006年3月第二次印刷，頁123。

清代	陳　藎	縣　丞〔註 744〕	清宿遷縣丞
清代	陳昭叔	縣　丞	清青蒲縣丞
清代	陳　懷	經　歷〔註 745〕	清長沙衛經歷
清代	陳　係	典　史〔註 746〕	清河源典史
清代	陳振奇	典　史	清事母有孝聞，由三考任河南典史
清代	陳　逵	典　史	清錢塘縣典史

資料來源：《金門陳氏大宗祠潁川堂建祠八十週年奠安紀念特刊》，頁 44～46。
楊仁江著，《金門縣的古蹟旅遊手冊．陳健墓》，頁 28～29。

表 1-2：金門「十三陳」歷朝文武科甲名錄

朝代	姓　名	功　名　別	中　　式　　年　　代
宋代	陳　綱	進　士	宋淳化三年（992 年）壬辰科中式
宋代	陳　統	進　士	宋大中祥符五年（1012 年）壬子科中式
宋代	陳　棫	進　士	宋慶曆二年（1042 年）壬午科中式
宋代	陳昌侯	進　士	宋皇祐元年（1049 年）己丑科中式
宋代	陳良才	進　士	宋重和元年（1118 年）戊戌科中式
宋代	陳　櫄	進　士	宋慶元二年（1196 年）丙辰科中式
宋代	陳大育	進　士	宋帝昺年間（1278～1279）中式
明代	陳　健	進　士	明嘉靖五年（1526 年）丙戌科中式
明代	陳基虞	進　士	明萬曆十七年（1589 年）己丑科中式

〔註 744〕縣丞：官名。秦、漢於諸縣置丞，以貳令長。南朝宋以來歷代亦皆置之，惟其名但曰丞。至明始曰縣丞。清代縣丞爲正八品，與主簿分掌一縣糧馬、徵稅、户籍、巡捕之事。清．黃本驥，《歷代職官表》，上海：古籍出版社，2006 年 3 月第二次印刷，頁 183。

〔註 745〕經歷：官名。金時樞密院、元帥府均置之。元、明二代，經歷官最多。清惟宗人府、通政司、都察院、鑾儀衛、布、按、鹽三司及各府置之，掌出納文移。

〔註 746〕典史：典史之名始於元代。明、清仍之。《明史．職官志》：「典史，典文移出納，如無縣丞或主簿，則分領丞簿職。」按典史在元時，與縣尉同爲知縣之屬官。明代廢縣尉，存典史，並以縣尉所掌盜賊之事，委諸典史，故後世又稱典史曰縣尉。清．黃本驥，《歷代職官表》，上海：古籍出版社，2006 年 3 月第二次印刷，頁 76。

明代	陳昌文	進　士	明天啓二年（1622 年）壬戌科中式
明代	陳良謨	進　士	明隆武二年（1646 年）丙戌科中式，封扈駕大夫
清代	陳睿思	進　士	清康熙六年（1667 年）丁未科中式
清代	陳桂洲	進　士 翰　林	清乾隆七年（1742 年）壬戌科中式第十三名，聯捷入翰林〔註 747〕
明代	陳　顯	鄉　榜〔註 748〕	明洪武五年（1372 年）壬子科中式經元
明代	陳興仁	鄉　榜	明弘治五年（1492 年）壬子科中式
明代	陳　回	鄉　榜	明正德八年（1513 年）癸酉科中式
明代	陳　健	鄉　榜	明正德十四年（1519 年）己卯科中式
明代	陳　溫	鄉　榜	明嘉靖七年（1528 年）戊子科中式
明代	陳思誠	鄉　榜	明嘉靖二十八年（1549 年）己酉科中式
明代	陳榮祖	鄉　榜	明嘉靖四十三年（1564 年）甲子科中式
明代	陳榮選	鄉　榜	明萬曆四年（1576 年）丙子科中式
明代	陳廷樑	鄉　榜	明萬曆十三年（1585 年）乙酉科中式
明代	陳基虞	鄉　榜	明萬曆十六年（1588 年）戊子科中式
明代	陳士銓	鄉　榜	明萬曆二十八年（1600 年）庚子科中式
明代	陳士英	鄉　榜	明萬曆三十四年（1606 年）丙午科中式
明代	陳如松	鄉　榜	明萬曆四十年（1612 年）壬子科中式
明代	陳昌文	鄉　榜	明萬曆四十三年（1615 年）乙卯科中式
明代	陳觀泰	鄉　榜	明崇禎六年（1633 年）癸酉科中式

〔註 747〕翰林：《文選・揚雄長楊賦序・注》卷九：「翰，筆也。翰林，文翰之多若林也。」梁・蕭統編；唐・李善等註，《增補六臣註文選》，臺北：華正書局，1974 年 10 月，頁 171。唐以後因以名文學侍從之官。清代凡進士朝考得庶吉士者，皆稱翰林。見清・黃本驥，《歷代職官表》，上海：古籍出版社，2006 年 3 月第二次印刷，頁 187～188。再則，金湖鎮瓊林村濟陽「蔡氏家廟」有一方爲明正德十四年（1519 年）己卯授廣東乳縣訓導蔡森立的「外翰」匾。案：清朝皇帝曾封李樹華先生爲「外翰」，係表彰其人品與學問就像正式進入翰林院一樣優秀，雖然沒依一般科舉制度途徑，逐級參加考試獲得功名而進入翰林院，然同樣受到社會的肯定。引自：http://www.wretch.cc/blog。

〔註 748〕鄉榜：科舉鄉試的錄取名單。明・瞿佑《歸田詩話・鍾馗圖》：「（凌彥翀）以《周易經》與士衡叔祖同登浙省鄉榜。」詳見陳篤彬、蘇黎明合撰，《泉州古代科舉》，濟南：齊魯書社，2004 年 9 月，頁 215。

明代	陳守臣	鄉　榜	明崇禎六年（1633 年）癸酉科中式
明代	陳　綬	副鄉榜〔註 749〕	明崇禎十五年（1642 年）壬午科中式
明代	陳履遜	武鄉榜〔註 750〕	明嘉靖四十三年（1564 年）甲子科中式
明代	陳　謨	武鄉榜	明萬曆元年（1573 年）癸酉中式
明代	陳居安	武鄉榜	明萬曆二十五年（1597 年）丁酉科中式，癸卯科（1603 年）再中式
明代	陳　煌	武鄉榜	明崇禎三年（1630 年）庚午科中式
清代	陳睿思	鄉　榜	清康熙五年（1666 年）丙午科中式
清代	陳有慶	鄉　榜	清康熙八年（1669 年）己酉科中式
清代	陳士節	鄉　榜	清康熙十一年（1672 年）壬子科中式
清代	陳應瑞	鄉　榜	清康熙二十年（1681 年）辛酉科中式
清代	陳騮先	鄉　榜	清康熙二十九年（1690 年）庚午科中式
清代	陳大範	解　元〔註 751〕	清康熙四十一年（1702 年）中式第一名
清代	陳元章	鄉　榜	清乾隆三年（1738 年）戊午科中式
清代	陳桂洲	鄉　榜	清乾隆七年（1742 年）壬戌科中式第十三名
清代	陳丹書	副鄉榜	清康熙五十九年（1720 年）庚子科中式
清代	陳起鳳	副鄉榜	清雍正十三年（1735 年）乙卯科中式

〔註 749〕副鄉榜：科舉時代會試或鄉試取士，除正榜外另取若干名，列爲副榜。始于元至正八年（1348 年）。明永樂中（1403～1424）會試有副榜，給下第舉人以作官的機會。明嘉靖中（1522～1566）有鄉試副榜，名在副榜者比照貢生，稱爲副貢。清只限鄉試有副榜，可入國子監肄業。詳見陳篤彬、蘇黎明合撰，《泉州古代科舉》，濟南：齊魯書社，2004 年 9 月，頁 214～215。

〔註 750〕武鄉榜：武科鄉試入取名單。

〔註 751〕解元：科舉之制。明、清兩代每三年一科，於子、卯、午、酉年舉行，稱爲「鄉試年」。試別則稱爲正科。遇登極、萬壽等慶典，特詔舉行的，稱爲恩科。各省集士子於省城，福建鄉試在省城舉行，考試的試場在福州「福建貢院」。主持考試的官員，稱爲主考。考試科目以四書文、試帖詩、五經文、策問，謂之鄉試。名列正榜者稱爲舉人。正榜之外，還有爲數不多的副榜。正榜第一名稱爲解元，第二名爲亞元，第三至五名爲經魁，第六名爲亞魁，第十二名以內爲文魁。名列副榜者稱爲副貢。清末改試史論、時務論、四書五經義，未幾亦廢。《明史．選舉志》：「士大夫通以鄉試第一爲解元。」案，唐制，進士由鄉而貢曰解，故後世稱鄉試曰解試，並稱鄉試第一人曰解元。詳見陳篤彬、蘇黎明合撰，《泉州古代科舉》，濟南：齊魯書社，2004 年 9 月，頁 214～215。

明代	陳　玩	貢　元〔註 752〕	明弘治七年（1494 年）甲寅科中式
明代	陳　珪	貢　元	明正德三年（1508 年）戊辰科中式
明代	陳秉中	貢　元	明正德八年（1513 年）癸酉科中式
明代	陳　禎	貢　元	明正德十年（1515 年）乙亥中式
明代	陳光徹	貢　元	明正德十二年（1517 年）丁丑科中式
明代	陳　山	貢　元	明嘉靖四年（1525 年）乙酉科中式
明代	陳天澤	貢　元	明嘉靖九年（1530 年）庚寅科中式
明代	陳　倫	貢　元	明嘉靖十一年（1532 年）壬辰科中式
明代	陳紀名	貢　元	明嘉靖二十四年（1545 年）乙巳科中式
明代	陳甫吉	貢　元	明嘉靖三十二年（1553 年）癸丑科中式
明代	陳　俊	貢　元	明萬曆三十一年（1603 年）癸卯科中式
明代	陳士龍	貢　元	明萬曆三十九年（1611 年）辛亥科中式
明代	陳鳳舉	貢　元	明萬曆三十九年（1611 年）辛亥科中式
明代	陳　善	貢　元	明萬曆四十八年（1620 年）庚申科中式
明代	陳懋時	貢　元	明泰昌元年（1602 年）庚申科中式
明代	陳世忠	貢　元	明崇禎十五年（1642 年）壬午科中式
明代	陳　綬	貢　元	明崇禎十五年（1642 年）壬午科中式
明代	陳甫佐	貢　元	明崇禎十五年（1642 年）壬午科中式
明代	陳甫文	貢　元	明崇禎十五年（1642 年）壬午科中式
明代	陳榮選	貢　元	明崇禎十五年（1642 年）壬午科中式
明代	陳子堦	貢　元	明崇禎十五年（1642 年）壬午科中式
明代	陳榮相	貢　元	明崇禎十五年（1642 年）壬午科中式
明代	陳榮懷	貢　元	明崇禎十五年（1642 年）壬午科中式
明代	陳士經	貢　元	明崇禎十五年（1642 年）壬午科中式

〔註 752〕貢元：對貢生的尊稱。元・柯丹丘《荊釵記・慶誕》：「昔在鴻門，忝考貢元。」科舉時代，選府州縣學生員之學行俱優者，貢諸京師，升入太學。清代貢生有歲貢、恩貢、拔貢、優貢、副貢，合稱五貢，加上例貢，共有六貢，統謂之貢生。《二刻拍案驚奇》卷四：「今本不敢造次，只因貢生赴京缺費，意欲求公祖大人發還此一項，以助貢生利往。」主考官則稱之爲「貢主」。陳篤彬、蘇黎明，《泉州古代科舉》，濟南：齊魯書社，2004 年 9 月，頁 210。

明代	陳士黽	貢　元	明崇禎十五年（1642年）壬午科中式
明代	陳如松	貢　元	明崇禎十五年（1642年）壬午科中式
明代	陳元鑣	貢　元	明崇禎十五年（1642年）壬午科中式
明代	陳士鸞	貢　元	明崇禎十五年（1642年）壬午科中式
清代	陳肇俊	授　元〔註753〕	清康熙二十六年（1687年）丁卯科中式
清代	陳帝範	貢　元	清順治四年（1647年）丁亥科中式
清代	陳昌汝	貢　元	清順治十四年（1657年）丁酉科中式
清代	陳繼鼎	貢　元	清康熙二十四年（1685年）乙丑科中式
清代	陳　逸	貢　元	清康熙三十二年（1693年）癸酉科中式
清代	陳紹美	貢　元	清康熙三十六年（1697年）丁丑科中式
清代	陳　瀍	貢　元	清乾隆九年（1744年）甲子科中式
清代	陳射策	貢　元	清乾隆三十一年（1766年）丙戌科中式

資料來源：《金門陳氏大宗祠潁川堂建祠八十週年奠安紀念特刊》，頁47～49。

金門蔡姓有濟陽、青陽兩派，皆爲金門望族。濟陽派的蔡獻臣與青陽派的蔡復一，人稱「同安二蔡」、「江南夫子」。以金湖鎮瓊林村爲大本營的濟陽派，更因蔡獻臣在學術上卓越的成就，而獲明熹宗皇帝親賜里名「瓊林」殊榮。其族裔分處嚨口、水頭（金水村）、小徑、中蘭、下蘭、烈嶼等地；青陽派則以金沙鎮蔡厝村爲始居地，族裔分居營山、安岐等村落。其中瓊林濟陽蔡氏擁有國家二級古蹟光環、量多質精的八間宗祠（大宗一間，小宗七間），以及農曆二月初七與十月初六，爲紀念其五世祖蔡靜山考妣忌辰的春秋祭典，儼然已成學術界研究的新座標，也是本文撰述的重點。

瓊林蔡姓族裔明、清兩代在政壇的傑出表現，曾爲金門寫下光榮的史頁，也成爲金門鄉親津津樂道話題，其中最具代表性的靈魂人物，如明代文臣蔡守愚、蔡獻臣賢昆仲，清代虎將蔡攀龍，都在近代史寫下不朽詩篇（請參見表1-3至表1-6）。舊時蔡姓家教禮法，冠於島上，與許氏並稱，號爲「許、蔡」。蔡氏大宗家廟數百年來依循古風的春秋祀典，是海峽兩岸保存祀祖儀典最完

〔註753〕授元：此一稱謂遍查相關典籍皆無所獲，惟《金門志・選舉表》卷八，頁184有云：「（清康熙）二十六年（1687年）丁卯：陳肇俊（拔貢睿思子。中乙酉鄉試）」的載述。案，此處「授元」有待詳考。清・林焜熿，《金門志》，臺灣：臺灣省文獻會，1993年9月。

整的櫥窗。南宋末年，其始祖蔡十七郎贅於瓊林陳氏，其後族眾滋大，遂成為金門瓊林濟陽蔡氏的望族。〔註 754〕

表 1-3：瓊林（濟陽）蔡氏進士名錄

朝 代	名諱	字	號	房派、世系別	功名及職銜	備 註
明隆慶二年（1568 年）	貴易	爾通	肖兼	新倉上二房十五世	貴州按察副使〔註 755〕、布政司參政〔註 756〕、浙江按察使司，官拜三品。	隆慶戊辰科進士，祀鄉賢
明萬曆十四年（1586 年）	守愚	體言	發吾	新倉下二房十六世	雲南布政使司，官拜二品。	萬曆丙戌科進士，祀鄉賢
明萬曆十七年（1589 年）	懋賢	德甫	恂所	（待考證）	刑部山西司主事〔註 757〕，官居三品。	萬曆己丑二甲第五名進士，族譜未載，匾額懸於蔡氏家廟與十世伯崖宗祠
明萬曆十七年（1589 年）	獻臣	體國	虛臺	新倉上二房十六世	浙江學政、陞光祿少卿〔註 758〕、晉贈刑部侍	萬曆己丑科進士、殿試二甲第六名

〔註 754〕許如中編，《金門民俗志》，臺北：東方文化書局，1971 年春季，頁 56。

〔註 755〕按察使：唐景定中於各道置按察使，分掌巡察，後改為採訪使，又改為觀察使。宋以諸路轉運使兼按廉之任，別有提點刑獄官，專察獄訟，以朝臣充之。元併置提刑按察使，後改為肅政廉訪使。明、清以提刑按察使司按察使，為一省正三品司法長官。清・黃本驥，《歷代職官表》，上海：古籍出版社，2006 年 3 月第二次印刷，頁 107。

〔註 756〕布政使：官名。明分全國為十三承宣布政使司，設左右布政使各一人，掌一省之政，朝廷有德澤禁令承流宣布以下於有司。宣德（1426～）以後因增設總督、巡撫，職權漸小。至清朝僅為都撫屬官，掌一省民政和財賦，俗稱藩臺、藩司。參政：官名。宋稱參知政事為參政；元於中書省置參政，其職貳於令，佐令理庶政，凡軍國大事，皆預參決，行中書省亦置之；明襲其制，設參政於各布政司；清初各部置參政，後改為侍郎；民初設參政院，亦置參政，其任務為應大總統之諮詢，審議重要政事，尋廢。詳見清・黃本驥，《歷代職官表》，上海：古籍出版社，2006 年 3 月第二次印刷，頁 47～48。

〔註 757〕刑部：官署名。隋唐以後皆為六部中的第五部，掌刑法、獄訟之事。主事：官名。漢有南北庭主事。北魏於尚書諸司置主事令史；北齊以後，但稱主事。隋置主事於各省，唐以後均仍之。明廢中書省，置主事於各部；清因之，皆為司官，位次員外郎。清・黃本驥，《歷代職官表》，上海：古籍出版社，2006 年 3 月第二次印刷，頁 77～78。

〔註 758〕光祿少卿：官名。秦有郎中令，掌宮殿掖門戶；漢初仍之，太初（西元前 104 年至西元前 101 年）初，更名光祿勳；東漢因之。建安末（196～220），復改為郎中令，魏復為光祿勳。魏晉以後，不復居禁中，梁曰光祿勳，北齊曰光

					郎〔註 759〕，官居二品。	
明崇禎七年（1634 年）	國光	士觀	觀之	大厝房十七世	江西高安縣令、乙酉禮科給事中〔註 760〕，官居七品。	崇禎甲戌進士
清道光二十四年（1844 年）	廷蘭	仲章	香祖	新倉三房二十二世	江西峽江知縣、豐城縣知縣，官居五品。開澎進士〔註 761〕	道光甲辰進士第二百零九名、殿試第二甲第六十一名

資料來源：據蔡主賓著，《蔡廷蘭傳》增補修訂。
楊天厚、林麗寬合著，《金門采風——寬厚文史工作室作品選集》。
楊天厚、林麗寬總編纂，《金門縣金湖鎮志》。

表 1-4：瓊林（濟陽）蔡氏舉人名錄

朝　代	名諱	字	號	房派、世系別	功名及職銜	備　　註
明嘉靖十年（1531 年）	標	宗德	兼峰	新倉上二房十四世	辛卯科舉人，授廣西梧州通判〔註 762〕陞知	以孫獻臣贈貴州布政使司左參政

祿寺，置卿及少卿，兼掌諸膳食帳幕。唐改爲司宰寺，尋復舊，專司膳食帳幕。清沿明制。光祿寺之主官爲卿及少卿，均爲滿漢人各一，卿從三品，少卿正五品。清・黃本驥，《歷代職官表》，上海：古籍出版社，2006 年 3 月第二次印刷，頁 50～51。

〔註 759〕侍郎：官名。秦漢時郎中令的屬官有侍郎，本爲宮廷的近侍。東漢以後，尚書屬官初任稱郎中，滿一年稱尚書郎，三年侍郎。隋唐以後，中書、門下及尚書省所屬各部均以侍郎爲長官的副職，官位漸高。至明清，遞升至正二品，與尚書同爲各部的堂官。李成華編著，《中國古代職官辭典》臺北：常春樹書坊出版，1988 年 5 月，頁 114～115。

〔註 760〕給事中：即在內廷服務之意。漢制，無論何官，加上給事中的銜稱，就可以出入宮內，接近皇帝，所以與中常侍、侍中、給事黃門、奉朝請等都稱爲加官。既非正規官，自然無員額，也無一定職掌。至唐而給事中爲門下省之要職，秩正五品，員四人。案，明制，六部分爲六科，各設都給事中一人，左右給事中各一人，給事中吏科、工科四人，禮科六人，户科、刑科八人，兵科十人。均爲正、從七品官，其職務部份仍沿唐、宋之舊。給事中衙署即在午門外東、西朝房，章奏均經其手，故權勢尤重，與御史合稱科道，或稱臺垣。臺指御史，垣指給事中。清・黃本驥，《歷代職官表》，臺北：洪氏出版社出版 1976 年 1 月，頁 23～148。

〔註 761〕祖籍瓊林濟陽蔡氏的「開澎進士」蔡廷蘭，據《澎湖柯蔡族譜》載，蔡進士係新倉三房族一蓮公派雙頭掛族二十二世族裔，如今金門瓊林「新倉上二房十一世宗祠」尚有清道光二十三年（1843 年）蔡進士返回故里祭祖親題的〈瓊林新倉上二房十一世宗祠記〉，及「一門三節坊」、「欽旌節孝坊」柱聯墨寶。

〔註 762〕通判本與同知二字之意義相近，但同知尚有副職之意，而宋代初設通判之時職權幾與知州知府無異，名爲佐官，實際是共同負責，甚至還是知州、知府

					臺州，官居五品。	
明嘉靖二十二年（1543 年）	煥	爾章	海林	新倉三房十五世	癸卯科舉人，授雲南臨安府知府，官居四品。	有詩集行世
明萬曆二十二年（1594 年）	有麟	體靈	昭宇	新倉三房十六世	甲午科舉人，舉孝廉〔註 763〕，授山東蒙陰縣教諭，九品。	
清乾隆四十八年（1783 年）	玉彬	仲雅	潤亭	大厝房二十二世	癸卯科舉人，建寧縣訓導。	原名炷。啓章之二弟
清嘉慶十二年（1807 年）	苑	仲穎	毅園	新倉下二房二十一世	丁卯欽賜舉人。	原名翰，有士行
清嘉慶十三年（1808 年）	啓章	仲含	臥樗	大厝房二十二世	戊辰科欽賜舉人。	原名勳。玉彬之長兄
清嘉慶十三年（1808 年）	其煥	仲文	嘉愛	新倉上二房二十二世	丁卯（公元 1807 年）科欽賜副榜，戊辰（公元 1808 年）科欽賜舉人。	原名上。

資料來源：據蔡主賓著，《蔡廷蘭傳》增補修訂。
楊天厚、林麗寬合著，《金門采風——寬厚文史工作室作品選集》。

表 1-5：瓊林（濟陽）蔡氏貢生名錄

朝　代	名諱	字	號	房派、世系別	功名及職銜	備　註
明成化六年（1470 年）	瑾	體禮		安溪族十一世	由安溪學，成化六年庚寅科貢生。初授北直隸廣平府威縣訊導，後授江西廣信府沿山訓導。	據《金門縣志》補入
明嘉靖元年（1522 年）	森	惟喬	履素	大厝房十三世	明武宗正德十四年己卯科（公元 1519 年）貢生，嘉靖壬午（公元 1522 年）授廣東乳源縣訓導，八品。	

的監視者。至南宋以後，知州已漸輕，通判更輕。明代於知府之下置通判，定爲正六品官，實際上與同知無異，亦無定員。至清代則定爲通判分掌糧運、督捕、水利、理事諸務，與知府及直隸州知州均直屬於督撫兩司，通判雖僅爲正六品官，而因其爲知府之佐官，知縣仍視爲上司。《歷代職官表》，頁 132～133。

〔註 763〕孝廉：《漢書・武帝紀》：「元光元年（西元前 134 年）冬十一月，初令郡國舉孝廉。」《注》云：「孝，謂善事父母者；廉，謂清潔有廉隅者。」案，郡國舉孝廉之制，漢代頗重視之；後世旋舉旋廢。迨於明、清，俗以爲舉人之別稱，則名存實亡矣。

明嘉靖二十六年（1547 年）	志道	養吾		安溪族十四世	由安溪學，嘉靖二十六丁未科貢生。	蔡瑾姪兒，蔡志學二弟。據《金門縣志》補入
明嘉靖二十八年（1549 年）	志學	復吾		安溪族十四世	由安溪學，嘉靖己酉科貢生，授平鄉王府教授。〔註 764〕	蔡瑾姪兒。據《金門縣志》補入
明嘉靖四十年（1561 年）	志孝	全吾		安溪族十四世	由安溪學，嘉靖辛酉科貢生。	蔡瑾姪兒，蔡志學三弟。據《金門縣志》補入
明隆慶五年（1571 年）	四極	惟中	榕溪	大厝房十三世	隆慶辛未貢元，授莆田縣訓導。	
明隆慶六年（1572 年）	惟中			房、世系無從考證	隆慶壬申科貢生。	據《金門縣志》補入〔註 765〕
明萬曆六年（1578 年）	果東			安溪族十五世	萬曆戊寅科選貢，授吉田訓導。	蔡志學子。據《金門縣志》補入
明天啓元年（1621 年）	甘光	稼卿	雨人	新倉上二房十七世	廩生，天啓辛酉歲貢生，任監紀推官。	蔡獻臣次子。原名定光，字靜卿，號豈天，著有《恢齋集》
明崇禎以後	學光	敬卿	壯如	新倉上二房十七世	生員，起北京國子監生，授恩貢生。	蔡獻臣三子
明崇禎以後	龢光	中卿	諍虎	新倉上二房十七世	生員，授恩貢生。	蔡獻臣四子，原名孚光
明崇禎十五年（1642 年）	大壯	允輿	雉胎別號江者	新倉上二房十八世	崇禎壬午科副榜。	蔡甘三子
清康熙五十二年（1713 年）	振聲	君寧	愼齋	大厝房二十世	康熙癸巳歲貢生，雍正九年（公元 1731 年）任福州長樂訓導。	職文長子，鑽烈長兄，本名濟人

〔註 764〕教授：謂以學業傳授於人也。《史記·仲尼弟子列傳》云：「子夏居西河教授，爲魏文侯師。」教授亦爲官名。漢置博士，教授諸生，即後世教授之職；唐則內而國子諸學，外而府郡，皆置博士，是即後世教授之職也。至宋時，除於各王府各置教授外，並於各路、各府、各州諸學皆置教授，居提督學事司之下，督理學政，以教授名官即自此始。元、明、清各朝，制度與職掌，雖代有變革，而教授之名不墜。但明、清惟於府學置教授，州置學正，縣置教諭。李成華編著，《中國古代職官辭典》臺北：常春樹書坊，1988 年 5 月，頁 379。

〔註 765〕蔡主賓著，《蔡廷蘭傳》，頁 17「貢生一覽表」，貢生蔡惟中未予列入。案，《金門縣志》「蔡惟中」應爲「蔡四極」（字惟中）之誤，且《浯江瓊林蔡氏族譜》亦未見載錄。

清康熙五十八年（1719年）	鑽烈	君亮	達峰	大厝房二十世	康熙己亥歲貢生，雍正十二年（公元1734年）任邵武光澤訓導。	職文次子，振聲二弟，本名迎爹
清乾隆三年（1738年）	蹈雲	子階	披星	大厝房二十一世	乾隆戊午科副榜。	君寧長子，本名植，俗名泉源
清道光二十五年（1845年）	鴻瀾	尙資		大厝房二十三世	道光乙巳年恩貢生。	仲雅三子，本名滾

資料來源：據蔡主賓著，《蔡廷蘭傳》增補修訂。
楊天厚、林麗寬合著，《金門采風——寬厚文史工作室作品選集》。

表1-6：瓊林（濟陽）蔡氏武將名錄

朝 代	名諱	字	號	房派、世系別	功名及職銜	備 註
清康熙年間	廷隆	君龍	康生	大厝房二十世	閩安守備、浙江平陽守備。	職偉長子
清雍正年間	文昇	子侯	東侯	大厝房二十一世	海門參將署海澄副將。	君龍長子
清雍正年間	文瑛	子伯	致侯	大厝房二十一世	廈門守備、水提中營守備。	君龍次子，改名宗耀
清雍正年間	文郁	子爵	監侯	大厝房二十一世	大腹參將、廣東電白遊擊。	君龍三子
清乾隆	攀龍	君寵	躍洲	上坑墘房二十世	福建水陸提督軍門〔註766〕，欽命參贊大臣健勇巴圖魯〔註767〕，畫像入紫光閣功臣，暫降補狼山鎭，署江南全省提督。	蔡克嘉次子，本名爽
清乾隆	攀雲	君秀		上坑墘房二十世	澎湖把總。〔註768〕	蔡克嘉三子，本名望

資料來源：據蔡主賓著，《蔡廷蘭傳》增補修訂。
楊天厚、林麗寬合著，《金門采風——寬厚文史工作室作品選集》。

〔註766〕提督：明代有提督京營戎政，文臣武臣與宦官並用。清代設提督軍務總兵官，簡稱提督，統轄全省水陸諸軍，爲地方最高級軍官。「軍門」：統兵官之尊稱。清制，惟提督得稱之，以其專閫外之事權也。清．黃本驥，《歷代職官表》，上海：古籍出版社，2006年3月第二次印刷，頁137。

〔註767〕健勇巴圖魯：滿文「第一勇士」之意。詳見金門國家公園管理處電子報：www.kmnp.gov.tw/。

〔註768〕把總：把總之名始於明代。明初三大營有把總、千總等職，皆以勳臣任之；其後選用日輕。入清以後遂以把總定爲正七品武職，位次千總。清．黃本驥，《歷代職官表》，上海：古籍出版社，2006年3月第二次印刷，頁71。

據《金門縣志》載，金門許姓，係宋末自丹詔（今詔安）遷徙而來，爲懷念祖籍地，故名初居地曰丹詔（後訛音爲山竈），後支分數系：後浦許，宋末，有許五十郎名忠輔者，入贅塗山（今之後浦）陳氏而定居，其族蕃衍滋大，至明嘉靖間丁口已有數千指，時爲防倭備寇，許姓族人曾築土堡於後浦。其派下族裔分居後湖、官裡、山前、庵前及烈嶼鄉東林、湖井頭等地。後倉許，其始祖名少闢，宋末曾爲倉使於後倉（今之後沙），後遂家居於此，族眾蕃衍成村。後岐許，始祖四十九郎、四十八郎、五十郎俱爲兄弟行。〔註 769〕其裔分處後岐（今之安岐）、湖南、榜林等地。山竈許，其始祖四十八郎，派下定居舊金城（今之金門城村）。另有自鄰縣同安、惠安、南安等地陸續來金開發漁鹽之利者，則以後浦爲主要居住地。〔註 770〕

「古者族尚尊祖春秋二祭。」〔註 771〕〈珠浦許氏族規〉亦言：「冬至廟祭，仲春墓祭，牲俎饈品，各有定量。」〔註 772〕金門民間大部分祭祖時間點都定在冬至祠祭、清明墓祭。許氏族眾雖分處不同村落，每年冬至午後於後浦南門許氏家廟隆重祭祖，與清明墓祭的盛況，恰與陳氏、蔡氏特定時間點祭祖的定規，形成鮮明對比。再則，許姓族裔明、清兩代在科舉舞台上所開創的輝煌史頁，讓許氏贏得名門望族稱號（請詳見表 1-7 至表 1-14）。許氏族眾所建蓋的三進式宗祠，殷實的族產，乃至詳盡的族譜，這一切都對禮典的質性研究提供了相當大的便捷。

表 1-7：後浦許氏科第出身名錄

姓　名	字	號	登第暨出任官職經過	備　註
許　福	堯錫	西浦	明世宗嘉靖七年（1528 年）鄉試第六名。嘉靖十四年（1535 年）登二甲進士十五名。授江南監察御史。（出六房）	籌建許氏始祖祠堂，拓祭田
許以明	英實	見海	明嘉靖十年（1531 年）鄉試第五十二名。除松江華亭教諭，陞湖廣寧鄉知縣，遷廣西興業縣。（出四房）	以丁父憂守制不仕

〔註 769〕據《金門縣志・氏族》，頁 273 載，安岐許始祖爲五十一郎，與後浦許始祖五十郎爲兄弟行。

〔註 770〕金門縣政府出版，《金門縣志・人民志》卷三，1999 年初版二刷，頁 381。

〔註 771〕許益超撰，〈瓦硐許氏重修族譜序〉，《珠浦許氏族譜・序誌》，金門：金門許氏宗親會出版，1987 年 4 月，頁 213。

〔註 772〕金門許氏宗親會出版，《金門珠浦許氏族譜・序誌・凡例族規》，1987 年 4 月，頁 259。

許廷用	惟範	南州	明嘉靖十九年（1540 年）中鄉試第六名，次年（1541 年）殿試三甲進士。授江西新喻知縣，陞南京戶部主事。（出長房）	率族人築土堡，抗倭犯，保家園
許大來	惟明	南峰	明嘉靖十年（1531 年）中鄉試十七名。授河南確山知縣，壬子（1552 年）陞廣西梧州通判，戊午（1558 年）陞廣東萬州知州。	（出六房）
許　贄	惟敬	次浦	明嘉靖十年（1531 年）中鄉試八十二名。除蘇州吳縣教諭，遷江西饒州府教授，陞湖廣城步縣尹〔註 773〕，歷江西王府紀繕〔註 774〕。（出長房）	初名鑑
許光卿	用實	賓明	明萬曆二十二年（1594 年）中鄉試七十六名。除河南西平教諭，陞廣東新寧知縣。	（出六房）
許　獬	子遜	鍾斗	明萬曆二十五（1597 年）中鄉試第五十九名，登辛丑二十九年（1601 年）會元，廷試二甲第一名。授庶吉士〔註 775〕，癸卯三十一年（1603 年）陞編修。（出五房）	初名行周，以夢更名許獬
許逵翼	明卿	博翥	明天啓元年（1621 年）中鄉試第五十二名。崇禎七年（1634 年）授長汀教諭。崇禎十年（1637 年）授廣西南寧府宣化縣尹。	（出六房）
許　渙	文嘉	淡若	明天啓五年（1625 年）中鄉試第四十四名。	（出五房）

資料來源：《金門珠浦許氏族譜・序誌》，頁 244。
楊天厚、林麗寬合著，《金門匾額人物》，頁 122～125。

表 1-8：後浦許氏薦辟出身名錄

姓　名	字	號	出身暨任官經過	備　註
許元庸	世響	鳴和	清順治五年（1648 年），貝勒帥師入閩，重其才，特授廣東樂昌縣尹。代篆廣寧有異政，陞肇慶同知，嗣遷平府內治史，攝龍門印。（出三房）	初名元鏞，崇禎間改名元庸

資料來源：《金門珠浦許氏族譜・序誌》，頁 245。

〔註 773〕縣尹：元代每縣置達魯花赤一人，以蒙古人任之。又置縣尹一人，以漢人任之，同理一縣之事務。其府州亦以達魯花赤與府尹、州尹共理之。李成華編著，《中國古代職官辭典》臺北：常春樹書坊，1988 年 5 月，頁 491。

〔註 774〕紀繕：官名。亦作紀善。明代親王屬官名，掌講授之職。明・方孝孺〈題會稽張處士墓銘後〉：「少子遯亦以通儒術薦爲紀善。」

〔註 775〕庶吉士，亦稱庶常。《尚書・立政篇》卷十七：「庶常吉士」，《十三經注疏宋刊本》，頁 262。指明、清獲選進修候用的新科進士而言。明初於吏、户、禮、兵、刑、工六部設庶吉士，選擅長文學和書法的新科進士擔任，俾便於實習政務。成祖時改隸翰林院，任滿三年，依考試成績授以官職。清設庶常館，三年一試，謂之散館。清・黃本驥，《歷代職官表》，上海：古籍出版社，2006 年 3 月第二次印刷，頁 187～188。案，許獬有金門第一才子之稱，且俗諺有云：「文章許鍾斗」，故能獲此殊榮。

表 1-9：後浦許氏武科舉人出身名錄

姓　名	字	號	登第暨出任官職經過	備　註
許　均	際平		明萬曆元年（1573 年）中式武科舉人。萬曆五年（1577 年）例授廣西柳州欽衣總把。	（出二房）
許光宙	宇夫		明崇禎六年（1633 年）中式武科舉人。時方承平，不仕老於家。	（出長房）

資料來源：《金門珠浦許氏族譜．序誌》，頁 245。

表 1-10：後浦許氏捐例出身名錄

姓　名	字	號	出身暨出任官職經過	備　註
許成材	大任	肖浦	以例貢生，任光祿寺監事，遷署丞，後陞至南京鳳陽府通判。（出六房）	許氏家廟有許肖浦「進士匾」
許國禎	從珍	瑞鰲	以例貢生，任兵馬司副指揮事。（出六房）	
許鴻崗	致崑	震浦	由吏員授兩浙鹽運知事，除杭州、錢塘二尹，歷陞至湖廣楚王府長史〔註 776〕。（出三房）	
許承澎	伯崙	浦生	清康熙二十五年（1686 年），以大學生授河南開封府鄢陵知縣，補江南揚州府儀眞知縣，再陞陵松州府同知。（出六房）	

資料來源：《金門珠浦許氏族譜．序誌》，頁 245。

表 1-11：後浦許氏軍功出身名錄

姓　名	字	號	軍功暨出任官職經過	備　註
許　壬	爾由		行伍出身。清康熙二十三年（1684 年）授廣東順德鎮左營把總，二十八年（1689 年）補本營千總，四十二年（1703 年）奉發江南省以守備補用，四十四年（1705 年）補蘇松鎮右營守備，分汛崇明。	（出六房）
許錫禹	啓斌	二浦	能詩文，以軍功補授同安營千總。康熙二年，浯島兵燹，許氏族人皆以其爲馬首是瞻。	（出二房）

〔註 776〕長史：明代王府官屬編制頗爲龐大。據《明史．職官志》載：「王府長史司左右長史各一人，其屬典籍一人。」清代之王府既無封邑，長史以下各官僅在府中管理事務而已。《歷代職官表》，上海：古籍出版社，2006 年 3 月第二次印刷，頁 100～101。

許永忠	而貞	同人	以學業從戎有功，清康熙七年（1668 年），授四川遵義府通判攝府篆。	（出六房）
許　華	伯玉	壁齊	從戎有功，清康熙二十三年（1684 年），授功加都司僉事〔註 777〕，二十六年（1687 年）降補廣東新安營千總，三十年（1691 年）陞順德鎮中營守備，四十四年（1705 年）補水提標左營守備，五十一年（1712 年）調台廈道標守備，五十四年（1715 年）陞湖廣偏沅撫標中軍。	（出長房）
許　澤	源悠	荊波	從戎有功，清康熙七年（1668 年）授湖廣荊門州遊擊，十八年（1679 年）陞眞定中軍遊擊，二十四年（1685 年）攝鎮篆，二十七年（1688 年）改任眞定城守。	（出長房）
許　斌	源郁		行伍出身。清康熙三十六年（1697 年），授廣東新會營把總。四十三年（1704 年），補本營千總。	（出五房）

資料來源：《金門珠浦許氏族譜・序誌》，頁 245～246。

表 1-12：後浦許氏貢士出身名錄

姓　名	字	號	出身暨任官經過	備　註
許國光	從觀		例貢	（出六房）
許國炳	從賁		例貢	（出六房）
許國鼎	從新		歲貢	（出六房）
許國欽	從安	翼軒	歲貢	（出六房）
許振之	從乾	楊滄	明萬曆二十二年（1594 年）副榜。	（出五房）
許天申	德夫		明萬曆崇禎間，中式三科副榜。	（出長房）
許　岳	鳳胤		清順治八年（1651 年）拔貢。	（出六房）
許汝舟	而寧	濟之	清康熙三十四年（1695 年）歲貢。	（出六房）
許錫圭	君		例貢	（出五房）
許士麟	伯		清康熙四十年（1701 年）歲貢。	（出二房）
許　崗	儀侯		清康熙五十一年（1712 年）歲貢。	（出三房）

資料來源：《金門珠浦許氏族譜・序誌》，頁 246。

〔註 777〕僉事：官名。宋各州府的幕僚，全稱爲簽事判官廳公事，其職務爲協理郡政，總管文牘。金因宋之簽書置按察司僉事，其職爲判官廳公事。元時諸衛、親軍、諸司皆置之。明仍之，有都督僉事、指揮僉事、按察僉事等名目。清廢。李成華編著，《中國古代職官辭典》，臺北：常春樹書坊，1988 年 5 月，頁 129。

表 1-13：後浦許氏監生出身名錄

姓　名	字	號	出身暨重大事蹟	備　註
許　綬	際登		監生〔註 778〕	（出三房）
許延升	爾階		監生	（出六房）
許兆龍	啓潛	元長	監生	（出長房）
許長清	和之		監生。建小宗一座，又與叔姪重興大宗祠。	（出六房）
許翰沖	伯謙		監生	（出二房）
許　灝	源達	文海	監生	（出長房）
許士招			監生	（出三房）
許良棟	源		監生	（出六房）
許良楫	源		監生	（出六房）
許世捷	克生	璞園	監生	（出長房）
許爲樞	克中		監生	（出長房）
許爲權	克	巽以	監生	（出長房）

資料來源：《金門珠浦許氏族譜・序誌》，頁 246～247。

表 1-14：後浦許氏生員〔註 779〕（武生員）名錄

姓　名	字	號	出身暨重大事蹟	備　註
許　贄	惟敬	次浦	生員。初名鑑。嘉靖十年（1531 年）中式。	（出長房）
許雲鵬	淑吾	沖南	生員	（出長房）

〔註 778〕監生：謂入國子監肄業者。《明史・選舉志》云：「學校有二，曰國學，曰府州縣學。諸生入國學者乃可得官，不入者不能得。入國學者，通謂之監生：舉人曰舉監，生員曰貢監，品官子弟曰廕監，捐貲曰例監。」案，監生一般可區分爲四類，即恩監、蔭監、優監、例監。而蔭監又分恩蔭和難蔭兩類。陳篤彬、蘇黎明，《泉州古代科舉》，濟南：齊魯書社，2004 年 9 月，頁 210。

〔註 779〕生員：科舉時代，凡在學肄業者，通稱曰生員。《日知錄》：「生員猶曰官員，有定額，謂之員。」《唐書・儒林傳》：「國學始置生七十二員，太學百四十員，四門學百三十員；郡縣三等，上郡學置生六十員，中下以十爲差；縣學置生四十員，中下亦以十爲差。」這就是生員得名之始。院試考中者入「府學」、「州學」、「縣學」學習爲生員，俗稱秀才。《中國歷代官制》，濟南：齊魯書社，2003 年 3 月第三次印刷，頁 370。

許自檢	存吾		生員	（出長房）
許應徵	子尚		生員	（出長房）
許　藻	子任		生員	（出長房）
許日新	子及	太階	生員	（出長房）
許天申	德夫		生員。明萬曆崇禎間，中式三科副榜。	（出長房）
許經世	信夫		生員	（出長房）
許玄暉	啓逵	明羽	生員	（出長房）
許逵先	啓資		生員	（出長房）
許亮勳	啓猷	枳林	生員	（出長房）
許　衢	伯靜	乾階	生員	（出長房）
許際昌	伯受	敬階	生員	（出長房）
許　鑾	伯藩		生員	（出長房）
許光宙	宇夫		武生員。明崇禎六年（1633 年）中武舉。	（出長房）
許廷輔	克	帝弼	武生員	（出長房）
許嗽謦	源臣		武生員	（出長房）
許　昊	惟晤		生員	（出二房）
許　材	從任		生員。著有詩文十部，家藏。	（出二房）
許　椿	從喬	春庭	生員	（出二房）
許汝賢	從培		生員	（出二房）
許鳴垓	子心		生員	（出二房）
許文煥	子發		生員	（出二房）
許文燿	子曜	耿臺	生員	（出二房）
許天錦	際朱		生員	（出二房）
許雲衢	際翕		生員	（出二房）
許　綬	際登		生員。加監生。	（出二房）
許　隍	際圭		生員	（出二房）
許　嚴	啓申		生員	（出二房）
許士鶴	伯皐		生員。又字伯華。	（出二房）
許士騏	伯原		生員。出貢。	（出二房）
許　瑩	源圭		生員。學名元圭，字禹玉。出貢。	（出二房）

許　瑤	源璋		生員。學名亮熊，號瑞周。出貢。	（出二房）
許　哲	源		生員。學名廷獻，號希任。	（出二房）
許　觀	克顒	若邨	生員。學名我生。乾隆十二年（1747）中式。	（出二房）
許公祐	克承		生員。學名振生。乾隆十二年（1747）副榜。	（出二房）
許　賢	子建	文浦	武生員	（出二房）
許　均	際平		武生員。明萬曆元年（1573 年）中武舉。	（出二房）
許國華	啓		武生員	（出二房）
許　輝	伯		武生員	（出二房）
許　瓚	英貴		生員	（出三房）
許　璋	英純		生員	（出三房）
許大任	崇事		生員	（出三房）
許東昭	致仁	生宇	生員	（出三房）
許夢樑	致升		生員	（出三房）
許元庸	世響	鳴和	生員。薦辟任肇慶府同知。	（出三房）
許　清	世永	淡中	生員	（出三房）
許明健	啓廷		生員	（出三房）
許　崗	儀侯		生員。出貢。	（出三房）
許　對	龍友		生員	（出三房）
許成魁	源淵		武生員	（出三房）
許日興	源彌		武生員	（出三房）
許以明	英實	見海	生員。明嘉靖十年（1531 年）中式。	（出四房）
許聚奎	崇仕		生員	（出四房）
許同人	以政		生員	（出五房）
許　開	惟達	滄海	生員。著有《滄南集》行世。	（出五房）
許吾有	從		生員	（出五房）
許振之	從乾	揚滄	生員。明萬曆二十二年（1594 年）中副榜。	（出五房）
許　獬	子遜	鍾斗	生員。初名行周。明萬曆二十五年（1597 年）中式，二十九年（1601 年）會元，廷試二甲第一名。授翰林院編修。	（出五房）
許　鸞	子采		生員	（出五房）
許行沛	子甲	靈一	生員	（出五房）

許　煥	文嘉	淡若	生員。明天啓元年（1621 年）中式。	（出五房）
許　鉉	則鼎		生員	（出五房）
許　鉞	則敦		生員	（出五房）
許　鏞	則雍		生員	（出五房）
許　鏜	則震		生員	（出五房）
許　培			生員	（出五房）
許元輔	君弼		生員	（出五房）
許錫隆	君澤		生員	（出五房）
許履坦	貞伯	基浦	生員。清康熙五十三年（1714 年）中舉，雍正元年（1723 年）登進士三甲。	（出五房）
許　龍	子時		生員	（出五房）
許時英	伯		生員	（出五房）
許　登	源		生員。學名必高。	（出五房）
許　疆	源		生員。學名濟美，號心城。	（出五房）
許　宜	克賢		生員	（出五房）
許　福	堯錫	西浦	生員。明嘉靖七年（1528 年）中舉，十四年（1535 年）登會魁，廷試二甲進士。	（出六房）
許　鼎	堯器		生員	（出六房）
許仲林	堯仁		生員	（出六房）
許復還	大用	東湖	生員。偕叔西浦倡義建始祖祠堂，修族譜。	（出六房）
許大來	惟明	南峰	生員。明嘉靖十年（1531 年）中式舉人。	（出六房）
許復德	大修	少峰	生員	（出六房）
許大節	大制		生員	（出六房）
許復基	大基		生員	（出六房）
許國鼎	從新		生員。出貢。	（出六房）
許國欽	從安	翼軒	生員。出貢。	（出六房）
許思齋	從賢	浯陽	生員	（出六房）
許思及	從學		生員	（出六房）
許思纘	從厚		生員	（出六房）
許　謹	從潛	心遠	生員	（出六房）

許光卿	用實	賓明	生員。明萬曆二十二年（1594 年）中式。	（出六房）
許受卿	用采	衷白	生員	（出六房）
許騰陽	純卿		生員	（出六房）
許逵翼	明卿	博翥	生員。明天啓元年（1621 年）中式。	（出六房）
許學璇	子		生員	（出六房）
許正培	爾桓	孝生	生員	（出六房）
許　岳	爾胤		生員。拔貢。	（出六房）
許霞舉	爾濟		生員	（出六房）
許晉聲	爾蘭		生員	（出六房）
許莫之	而京		生員	（出六房）
許汝舟	而寧	濟之	生員。出貢。	（出六房）
許華袞	而綏	予之	生員	（出六房）
許秉文	德之		生員。清雍正二年（1724 年）副榜。	（出六房）
許曰瑚	汝還	夏器	生員	（出六房）
許觀海	伯仲		生員。清康熙五十九年（1720 年）中式。	（出六房）
許　崧	嶽生		生員	（出六房）
許　琰	保生	瑤洲	生員。清雍正二年（1724 年）中式。五年（1727 年）進士三甲，授翰林院庶吉士。	（出六房）
許養浩	伯上		生員	（出六房）
許蒼燦	源時		生員	（出六房）
許志剛	源		武生員	（出六房）

二、研究方法

「國之大事，在祀與戎」〔註 780〕祭為五禮〔註 781〕之首，「五禮之序，以吉禮為首，主邦國神祇祭祀之事。」〔註 782〕自古即備受重視。《禮記·曲禮上》

〔註 780〕民國·楊伯峻編著，《春秋左傳注·成公十三年》，高雄：復文書局，1991 年 9 月再版，頁 861。

〔註 781〕五禮者，吉、凶、軍、賓、嘉也。

〔註 782〕元·脱脱等，《宋史·禮志》卷九十八，臺北：鼎文書局，1980 年 5 月再版，頁 2425。宋·余靖撰，余仲荀編，《武溪集》卷四，載《四庫全書薈要》集部二十二冊，世界書局印行 1988 年 2 月初版，頁 415 也有「祭祀之儀，國之大典」的論述。

雖有「禮不下庶人」〔註783〕的規範，然自南宋鴻儒朱熹《家禮》的倡首，禮文實踐早已打破舊昔嚴謹的藩籬，它不再是貴族的專利，而且是以更生活化的俗禮型態普及於庶民社會各階層。在禮儀觀念逐漸淡薄的今天，「禮失而求諸野」〔註784〕的確不失爲可行途徑，特別是針對保有古風的民間祭祖禮，更有值得觀察之處。

祖先祭祀雖屬個人或家族間的私領域事務，但明、清以來的士人卻把它視爲儒家禮儀踐履的窗格，雖然庶民與士大夫間仍有著依俗與遵禮上的路線之爭，卻不失爲觀察禮文延展的重要指標。〔註785〕從《家禮》到《家禮會通》到《家禮大成》的明晰脈絡，即可清楚地看到「禮」與「俗」之間明顯的分野。就因爲受到這種思惟的鼓舞與強烈使命感驅使，希望能爲故鄉金門盡份心力，將珍貴的儀典作系統性的研究，遂成爲筆者念茲在茲的宿願。時代浪潮快速的襲捲，今天不做，將成爲明天永久的悔恨。筆者遂決心以故鄉金門祭祖儀典作爲研究的場域，在168個自然村，和178個不同姓氏中，選取明、清兩代科舉成果斐然，暨依循古禮行儀的陳、蔡、許三個家族宗祠及其傳統祭祖禮，作爲研究的主軸。

儒家的禮典能深化於金門這座海島，除了島嶼的框限，不易受到外來文化的衝擊，及「戰地政務」的人爲設限外，最重要的因素應是明、清兩代科舉業的貢獻。明嘉靖朝以後到萬曆年間，金門的士子功業達到空前巔峰狀態。高懸在「朱子祠」講堂內的「八鯉渡江」〔註786〕及「五桂聯芳」〔註787〕這兩塊匾額就是最佳寫照。明萬曆戊子年（1588 年）金門共考取蔡獻臣、陳基虞、蔣孟育、張繼桂、黃華秀、黃華瑞、呂大楠、趙維藩等八位舉人。萬

〔註783〕《禮記·曲禮上》卷三（重刊宋本），漢·鄭元注；唐·孔穎達等正義，臺北：藝文印書館，1976年5月六版，頁55：「禮不下庶人。」鄭玄《注》云：「爲其遽於事，且不能備物。」

〔註784〕漢·班固撰，《漢書·藝文志》卷三十，臺北：鼎文書局，1981年2月四版，頁1746：仲尼有言：「禮失而求諸野。」師古曰：「言都邑失禮，則於外野求之，亦將有獲。」

〔註785〕何淑宜，《士人與儒禮：元明時期祖先祭禮之研究》，臺北：國立臺灣師範大學歷史研究所博士論文，2007年，頁21。

〔註786〕明萬曆戊子年（1588 年），金門這座海島共考取蔡獻臣、陳基虞、蔣孟育、張繼桂、黃華秀、黃華瑞、呂大楠、趙維藩等八位舉人，爲誌其盛，因有「八鯉渡江」美譽。

〔註787〕明萬曆己丑年（1589 年），榮登進士榜的金門鄉賢，計有蔡獻臣、蔡懋賢、蔣孟育、陳基虞、黃華秀等五位鄉彥，爲金門科舉業成果斐然的黃金時期。

曆己丑年（1589 年）榮登進士榜的金門鄉賢計有蔡獻臣、蔡懋賢、蔣孟育、陳基虞、黃華秀等五位鄉彥。此外，擁有「允文允武」美譽，官拜七省經略、五省提調的萬曆乙未科進士（1595 年）蔡復一。明嘉靖乙丑（1529 年）進士，觀政御史臺的張鳳徵，和萬曆乙未（1595 年）進士，知華亭縣事張繼桂的「父子進士」〔註 788〕匾。明隆慶戊辰（1568 年）進士，官拜浙江按察蔡貴易、萬曆丙戌（1586 年）進士，榮膺雲南布政使蔡守愚、萬曆己丑（1589 年）進士，榮陞湖廣按察使蔡獻臣的「鄉賢名宦」〔註 789〕匾。明萬曆丙辰（1616 年）探花東閣大學士林釬的「探花宰相」〔註 790〕匾。明正德甲戌（1514 年）進士，有「品德完人」〔註 791〕之譽的黃偉。明萬曆辛丑會元，官拜翰林院編修許獬的「會元傳臚」〔註 792〕匾，及「忠臣」〔註 793〕陳顯、「孝子」〔註 794〕顏應祐等鄉先賢，或爲國之棟樑，或爲忠臣，或爲孝子。這批深受儒家洗禮的鄉賢名宦，自然成爲社會的中流砥柱，亦是族人間的精神領袖。在他們大聲疾呼及倡導下，閩南色彩農厚的宗祠遂得以林立，族譜亦得以如期修繕。金門地區祭祖禮之所以有可觀之處，這些「士大夫」的倡導實功不可歿。

研究金門地區的祭祖禮，文獻資料的鑽研與分析是首要課題。投身田野作第一類的接觸與體驗，則是最直接有效良方。文獻部分除傳統典籍外，本研究亦蒐羅相當多的方志與譜牒。方志部分以閩南一帶爲主軸，其他相關地區的志書則僅作參考比對之用；譜牒部分，陳、蔡、許等三個姓氏的族譜，載記詳實，對本研究提供相當多的助益與便捷。其他攸關的譜牒亦盡可能涉獵研讀，務求整個研究得以更深入、更普面化。

二十幾年的田野調查經驗，及鄉親俊彥的親切指導，在在都讓筆者感佩

〔註 788〕金沙鎮青嶼村張氏家廟（亦稱忠勤第、褒忠祠），張鳳徵、張繼桂賢喬梓皆榮登進士榜。

〔註 789〕瓊林蔡氏家廟的「鄉賢名宦匾」指蔡貴易、蔡守愚、蔡獻臣三人皆高中進士，故有此稱譽。

〔註 790〕「探花宰相」爲金湖鎮後壟村的林釬。

〔註 791〕「品德完人」指金沙鎮後水頭村鄉賢黃偉。金門俗諺有「品德黃逸所（黃偉）」之説。

〔註 792〕「會元傳臚」指金門才子（后湖人）許獬。金門俗諺有「文章許鍾斗（許獬）」之説。

〔註 793〕金湖鎮夏興村陳顯有「忠臣」美稱。

〔註 794〕金城鎮賢聚村顏應祐有「孝子」美譽。

不已，也獲益良多。就因爲有投身田調的經驗，才愈發感覺任重且道遠。每年春冬兩次的祭祖禮，筆者總會盡其可能抽空前往拍攝珍貴畫面，現場繪製祭典供品陳設圖，並對各姓氏間不盡相同的儀軌作比較分析。一場優質的祭祖禮，宛如朱子《家禮》的再展演，親切之餘，也給人強烈的震撼。做爲金門在地人的一份子，文化工作的薪傳實責無旁貸，爲故鄉留下優質的文獻資料，亦是本研究選題之初最先考量的元素。李師豐楙、許師清雲的殷殷黽勉，撰寫論文期間的多方指導，及相關文獻的導讀，則是本研究得以順利寫就的最大因素。

本研究採用的研究方法，計有文獻資料分析法、歸納分析法、田野調查法、影像拍攝法、耆老訪談法、綜合比較法等幾種較常用的研究方法。

（一）文獻資料的蒐集與整理

中國學術博大精深，想要在浩如淵海的文獻中找尋相關資料，確非易事。儘管如此，筆者仍排除一切困難，盡可能找尋朱子《家禮》相關版本，或善本書。再則《四庫全書》、《古今圖書集成》、《歷代筆記小說大觀》、《藝文志》、《二十五史》……等相關文獻更是逐次搜尋，特別是難度最高的《集部》，更是筆者投入時間最長，卻也是獲益最多的珍貴資料。

（二）歸納分析法

祠廟制度自周代以迄民國，歷經漫長歷史長河的遞嬗，從宗廟到祠堂、墓廟，再到宗祠，這當中的變化可透過文獻的載錄，予以表格化，並以統計圖表呈現。相關文獻對這方面載述相當詳實，筆者盡其可能地逐條予以摘錄，並以附錄方式陳列。

（三）田野調查法

本研究以金門地區陳、蔡、許三姓家族爲取樣對象，爲求對禮俗間的不同屬性有進一步的瞭解，筆者曾投入長達十幾年時間，作持續且全面性的觀查，進而選取其中有功名作支撐，且頗具代表性的這三個家族作爲論文撰寫的素材。

（四）耆老訪談法

禮生是儒家執禮的尖兵。這批默默長期在基層社會執禮的禮生，以其無私犧牲奉獻的精神，累積了相當可貴的經驗。若能經由禮生的現身說法，與《家禮會通》、《家禮大成》相互印證，則祭祖儀典的觀察將可收事半功倍之奇效。

（五）綜合比較法

藉由相關文獻載述的資料，以表列方式，並經由綜合比較方式，可便於探索民間祭祖儀軌，與禮經間的異同點。且不同姓氏家族間祭儀的特殊屬性，乃至其間所代表的意涵皆可逐一呈現。

藉由上列五種方式相互參證，本研究乃得以順利完成。再則，爲保存祭典的禮文完整樣貌，俾能讓原貌得以重現，筆者特於祭典中拍攝許多珍貴畫面，冀能藉由圖文對照方式，讓傳統祭祖禮文能再現其生命力。

第四節　論文要義

基於上列的思惟脈絡，本研究首要任務就是將金門提升到閩南位階來看待，朱子過化金門是個重要的里程碑，整個金門地區祭祖禮的研究也以《家禮》對祭祖的影響層面爲主軸，進而依序介紹金門地區陳、蔡、許三姓家族的祭儀特色，並與相關禮經作比對，找尋出其間對應關係。爲求論文層次的分明及閱讀的便利，本研究共區分爲以下六章：

第一章緒論。本章首節從朱子簿同（安）期間對金門文風的影響談起，從而導引出《家禮》對金門深切的影響，屬於文獻史的回顧。第二節爲文獻回顧與檢討。《朱子學》的研究在晚近有日趨活絡現象，特別是朱子逝世八百周年後的今天，《朱子學》已成顯學，連帶以《家禮》爲研究主軸的論文也有明顯增多趨勢。本節盡可能依其屬性的不同，嘗試對相關論文作分類，俾便於材料的彙整與取捨。第三節爲研究文獻與方法。陳、蔡、許三個姓氏的祭祖禮是本研究的核心價値，攸關的譜牒及閩南一帶的地方志書，都是本研究不可或缺的重要參考資料。爲凸顯選題的屬性，筆者特地將這三個姓氏的科舉成就及文武宦績予以表格化，便於閱覽。第四節則是論文要義。

第二章論述的重心是《家禮》與庶民社會的互動性。本章有三個重點，第一個主題談宗法社會到宗族社會的源流與變遷。日本學者井上徹《中國的宗族與國家禮制——從宗法主義角度所作的分析・明代的祖先祭祀與家廟》論述的「宗法原理」觀點，是支撐本節理論的主架構。第二個主題則偏重在禮書源流的考辨：從《儀禮》到《書儀》到《家禮》的簡化過程；再從

《家禮》到《家禮會通》及《家禮大成》的俗世化變遷脈絡，即可明顯看出從禮經到俗禮，歷經歲月洗禮的簡易遞遷歷程。第三個主題談福建地區《家禮》與《家禮會通》、《家禮大成》……等禮書間的關係，再由朱熹的教化而影響金門長達七百多年歷史，直至今天《朱子家禮》仍是金門禮俗實踐的指南。

第三章爲金門宗祠祭典與宗族關係。第一節寫金門宗族社會，而影響金門宗族社會最重要的元素就是以朱熹爲首的「閩學」。歷經朱子教化，號稱「海濱鄒魯」〔註 795〕的金門，位處東南沿海，更經歷戰地政務制約，鮮少受到外力的衝擊影響，數百年來一直延續固有的閩南傳統運作模式，透過宗祠、族譜、族田等配套措施所建構的運作模式，迄今仍可看見以「爐主」（俗稱「頭家」）爲架構，所形成強而有力的組織運作模式，純樸的島縣金門仍是觀察禮樂文化的不二之選。

第三章第二節談金門宗祠。中國宗祠普及在明嘉靖朝以後，因此可以斷言金門地區宗祠的建蓋應在此同時。專攻福建地區宗族研究的中國學者鄭振滿，著有《明清福建家族組織與社會變遷》一書，和鑽研廣東地區宗族社會研究，別有卓見的英國學者科大衛（David Faure）〈祠堂與家廟：從宋末到明中葉宗族禮儀的演變〉等文獻，都是筆者這個單元理念的重要支撐依據。人多勢眾，呈現系統化組織，又有功名作支撐，是金門地區宗祠祭典最大特色。本文將從陳、蔡、許三姓家族大宗宗祠作爲研究主幹，並從其建蓋過程、宗祠牌位排序、匾額懸掛位置，以及如何展現其社會力、凝聚力……等不同面相來探索。第三節嘗試把金門放在閩南社會的位階來談論，以金門地區 169 間高密度而質精的閩南式宗祠，以及春冬祭典爲探討的主軸線，進而擴大其影響層面。陳、蔡、許三姓家族的祭祖儀典因各具特色，實難以作取捨，爲求兼籌並顧，每項祭典盡可能選取其中一個姓氏爲取樣對象，而以另外兩個姓氏作比較，或採三者並列模式，並從其異同處作深入剖析。

第四章探討金門陳、蔡、許三姓家族宗祠祭典的特質，這也是本研究的主軸論述。第一節介紹常例性祭典，含括四時祭、俗祭與飲福（除稱「食頭」）。金門祠祭仍保有傳統的「三獻禮」，身著長袍馬褂的主祭官與一襲青衫的禮生皆遵循古風行禮如儀，雖各姓氏間會有些許差異，但基本上差異性不大，這

〔註 795〕案，「海濱鄒魯」並非金門地區的專稱。閩南一帶，特別是泉州、同安兩地，皆因文風鼎盛，人才輩出而常以「海濱鄒魯」自況。

就是「標準化」〔註796〕的禮規。就以祭祖供品而言，有些宗祠執事者堅持得備妥全豬、全羊的「少牢禮」，以及「滿漢全席」等琳琅滿目的供品，有些則將全豬、全羊給簡化，甚至予以刪除。本節且嘗試解讀俗禮中的「食頭」（祭祖後族親間的餐敘），與禮經「收族」間的關係。「敬宗」與「收族」本爲一體的兩面，然其眞正的意涵卻往往被忽略或曲解。傳統的祭祖禮率皆由男性負責擔綱演出，就是族人間的餐敘婦女也缺乏參與的權利，形成明顯的性別歧視。目前觀念比較新潮的瓊林濟陽蔡氏，則採全體族人不分男女老少皆可參與盛典的方式。本單元以瓊林蔡姓爲主論述，陳、許兩姓固守傳統的作風，則可作爲鮮明的對照組，嘗試由其中差異性分析其不同處。

第四章第二節論述的是宗祠中特例祭典。宗祠的「慶成醮」（俗稱「奠安」）屬百年難得一見醮儀，故而禮典顯得特別隆重，醮期更長達兩、三天。整個醮儀分別由村廟乩童、主壇道士（或法師），以及儒家執禮的禮生共同主持。前二者事涉道教科儀，不在本文論述範疇，因而此一單元僅界定在儒家科儀的「進主」、「進匾」禮文樣貌的釋讀。進主、進匾皆是宗祠經費的主要來源途徑，屬性與族產頗有異曲同工之妙。選樣的對象以後浦西門陳氏大宗祠（忠賢祠）爲例。墓祭有吉、凶之分，本文僅就吉禮的部分作考辨，並以後浦許氏的清明墓祭禮爲探討的個案。至於家庭中的忌日祭、年節祭也一併放在本單元作檢視。

第五章介紹金門宗祠祭典的歷史地位。第一節描述金門宗祠祭典與儒家的關係，及禮生（祝官）團體的運作模式，同時考辨金門地區宗祠禮儀標準化的情況。標準化力量來源有二：其一爲知識精英所頒定的儀軌，這是傳統由上而下的教化方式，約束性高。其二是民間俗禮，係由下到上，並經約定俗成後的經驗法則，它不具強制性，卻能快速普面化。至於金門禮生的標準化過程則不可考，然標準化後的儀規仍會「同中有異」，此乃經由不同主事者執掌，導致有不同見解所致。國外學者華琛（James Watson）撰述的專文〈神祇標準化——華南沿岸天后地位的提昇（960～1960）〉對本單元理論的建構有所助益，筆者也因爲華琛該理念的觸發，而能進一步去探索宗祠禮儀標準

〔註796〕華琛(James Watson), "Standardizing the Gods: The Promotion of T'ien Hou (「Empress of Heaven」) Along the South China Coast," in David Johnson et al. (eds.), Popular Culture in Late Imperial China (Berkeley University of California Press.1985), pp. 292~324.（中譯：呂宇俊、鄧寶山，〈神祇標準化——華南沿岸天后地位的提昇〉，頁164）

化的嚴肅課題。談述金門禮儀服務人員（禮生）的傳承，基本上屬義務性質的禮生，大部分皆由退職的軍公教人員出任，就因爲純屬義務性的無私奉獻，因而也形塑其在社會上屬於「上九流」〔註 797〕崇高地位。朱熹《家禮》在金門之所以能深化於庶民社會，朱熹本身的教化自是主因，然禮儀的貫徹與執行，卻是代代薪傳的禮生所提供的貢獻。

第五章第二節探索祭典所使用的供品。供品有全體與部分的不同，有生與熟的差異，也有葷與素的特殊意涵。時有今古，地有南北。不同的時代，不同的地域，享祀先祖與祭拜神明的供品也會有不同的選項，這些都是本節探討的重心。金門以其海島的封閉屬性，現今的祭祖儀典中仍保有傳統的三獻禮，以及琳琅滿目的「滿漢全席」宴，延展成相當具有地域特色的禮文樣貌。

第五章第三節描摩陳、蔡、許三姓家族祭典的特色與時代意義。由於金門宗祠的普及化在明世宗嘉靖朝以後，金門科舉業也在同一時期大放異采。這批飽讀儒家詩書，並高中金榜的士大夫，在功成名就後首先考慮的課題就是光宗耀祖，而建宗祠、祭祖先，則是「敬宗」與「收族」的不二法門。金門陳、蔡、許三姓家族現存大、小宗祠間唇齒相依的緊密關係，以及族產管理運作模式，都是本單元探討的課題，並進一步解讀金門陳、蔡、許三姓家族祭典特色與時代意義。中國學者鄭振滿對宗族定義的建構，及日本學者清水盛光的《中國族產制度》都對是本章節的論述有著相當程度的影響。

第六章結論部分，主要是釋讀金門宗祠祭典與宗族之間的各種關係，包含硬體和軟體兩部分。晚近有關宗族和宗祠祭典方面的研究，在華南一帶正方興未艾，研究主題皆著重在宗族與宗祠兩個面相的梳理，相對於禮儀實踐課題的研究則顯得薄弱。金門地區因處海島，又遭受到「戰地政務」〔註 798〕的設限，而得以成爲禮儀踐履的新座標，就因爲這份地域封閉性，而使它成

〔註 797〕九流，指九品人物。《南史・梁武帝紀》:「自今九流常選，年未三十，不通一經，不得解褐。」唐・李延壽，《南史》卷六，臺北：鼎文書局，1981 年元月三版，頁 188。亦指九等人物。《漢書・古今人表》將人分爲「上上、上中、上下、中上、中中、中下、下上、下中、下下」九等。後以「九等人表」泛指各種人才。漢・班固，《漢書・古今人表》第八，臺北：鼎文書局，1981 年 2 月四版，頁 341～392。

〔註 798〕民國四十五年（1956 年）政府爲統一戰地前線指揮權，特將金門、馬祖兩地列爲「戰地政務」管制區域，實施嚴格軍管。直至民國八十一年（1992 年）11 月 7 日才解除長達三十六年的戰帝政務軍管。

爲海峽兩岸三地從事研究者鑽研的新園地。

小 結

曾是戰地的金門，在褪去神秘的外衣後，世人赫然驚見於它的純樸。南宋大儒朱熹的教化，是金門文風得以持久不衰的主因。科舉業的鼎盛，則是儒家禮文得以在海隅荒島代代相傳的利基。藉由朱子《家禮》的薰陶，以及業儒的禮生團體默默的奉獻，或透過手抄本，或透過口耳相傳，將嚴肅的禮文，化成通俗易行的儀軌，形塑成日常生活當中人人遵行的規範。特別是在《家禮會通》與《家禮大成》的問世與傳揚，其普及面更是無遠弗屆，也更深植人心。

對世代務農的金門鄉親而言，博大精深的禮典可都是陌生的概念，暢行易懂的俗禮，卻是生命禮俗不可或缺的生活座標，冠、婚、喪、祭人生四禮都離不開它，男女老少都需要仰賴它的規範。就宗族觀念濃郁的金門鄉親而言，祭禮毋寧是最受重視的儀軌環節。祭祖可以「敬宗」，祭典結束後的餐敘（食頭）則可以「收族」，更是展示族威，行使族權的重要活動。

金門高密度而優質的閩南式宗祠，以及依循古禮延展的祭祖禮文，都是金門地區鄉親最引以自豪的文化遺珍，也是促進觀光產業的厚實利基。本研究就是建構在這層面思考上，冀能藉由學術的探討，以及祭祖儀典持續運作，而廣獲世人的肯定與重視。

第二章　從禮經到朱子《家禮》

孔子曰：「不學禮，無以立。」〔註 1〕《三禮》是儒家垂範世人最重要的精神寶典。世人也都深知其重要性，然《儀禮》艱澀難懂的儀節，卻令人爲之卻步。宋儒朱熹有鑑及此，特祖述《儀禮》，並師法司馬氏《書儀》精神，同時參酌程頤、張載二家學說，制訂通俗化的《家禮》，讓原本隸屬貴族階級專享的禮典，得以普面化於社會各階層，成爲人人奉行的「生活公約」。普及於社會各階層的《家禮》，再經由清代的《家禮會通》與《家禮大成》的大力宣揚，其影響層面更是無遠弗屆，成爲家家必備，人人必讀的典籍。儒家禮經得以深化於庶民社會，朱熹《家禮》的倡首實居功厥偉。

第一節　從宗法社會到宗族社會

宗法制度是周代封建社會得以維繫於不墜的核心價值。而立嫡制又是宗法社會的結構性機制，藉由嫡庶親疏爲等級的制度，而區分爲百世不遷的大宗，與五世則遷的小宗，作爲其運作的基調（運作情況詳見書影 2-1、2-2）。秦漢以降，宗法社會隨著封建制度的解體而走進歷史長河，但立嫡制的精神卻仍深植人心。趙宋以後，藉由譜牒的聯繫，族產的建置，宗祠的廣建，與春秋祭典的普面化，以父系血緣關係爲紐帶，所建構的宗族社會，從此得以昌熾於全國各地，並成爲明清以降的社會組織形態常模。

〔註 1〕《論語・季氏》（阮元重刊宋本），魏・何晏等注；宋・邢昺疏，臺北：藝文印書館，1976 年 5 月六版。

一、宗法社會

《禮記・大傳》有云：「別子爲祖〔註 2〕，繼別爲宗〔註 3〕，繼禰者爲小宗〔註4〕。有百世不遷之宗，有五世則遷之宗。百世不遷者，別子之後也。宗其繼別子之所自出者，百世不遷者也；宗其繼高祖者，五世則遷者也。〔註5〕尊祖故敬宗。敬宗，尊祖之義也。」〔註6〕明儒羅洪先《念菴文集》則曰：「別子者，始封始徙之諸侯之嫡次子。繼別者，嫡次子之世嫡也。」〔註7〕王國維在〈殷周制度論〉亦說：「嫡庶者，尊尊之統也。由是而有宗法，有服術。」〔註 8〕王氏認爲始於周代的立嫡制，同時也爲宗法及喪服制構建理論基礎。

〔註 2〕《禮記・大傳》卷三十四（阮元重刊宋本），漢・鄭玄注；唐・孔穎達等正義，臺北：藝文印書館，1976 年 5 月六版，頁 620，鄭《注》云：「別子謂公子，若始來在此國者，後世以爲祖也。」另案，宋・呂祖謙，《東來別集・家範一・宗法》卷一，《文淵閣四庫全書本・集部》一一五〇冊，臺北：臺灣商務印書館，1986 年 7 月初版，頁 164～165，引以實例說：「別子爲祖，如魯桓公生四子。莊公既立爲君，則慶父、叔牙、季友爲別子。」

〔註 3〕「繼別爲宗」，《禮記・大傳》卷三十四（阮元重刊宋本），漢・鄭玄注；唐・孔穎達等正義，臺北：藝文印書館，1976 年 5 月六版，頁 620，鄭《注》云：「別子之世適也，族人尊之，謂之大宗，是宗子也。」另案，宋・呂祖謙，《東來別集・家範一・宗法》卷一，頁 165，則曰：「如公孫敖繼慶父是爲大宗」。

〔註 4〕案，《禮記・大傳》卷三十四（阮元重刊宋本），漢・鄭玄注；唐・孔穎達等正義，臺北：藝文印書館，1976 年 5 月六版，頁 620，鄭《注》云：「繼高祖者，亦小宗也。由繼禰、繼祖、繼曾祖到繼高祖凡有小宗四種，則小宗四，與大宗凡五」。宋・呂祖謙，《東來別集・家範一・宗法》卷一，頁 165，引以實例曰：「如季武子立悼子，悼子之兄曰公彌。悼子既爲大宗，則繼公彌者爲小宗。所以謂之繼禰者，蓋自繼其父爲小宗，不繼祖故也。」

〔註 5〕《禮記・喪服小記》亦云：「別子爲祖，繼別爲宗。繼禰者爲小宗。有五世而遷之宗，其繼高祖者也。」（阮元重刊宋本），卷三十二，頁 592。另清儒孫希旦云：「繼禰者爲小宗，以其五世則遷，宗之者少也。禰，即別子之庶子。繼禰者，即別子庶子之子也。別子庶子之子，一世爲繼禰之宗，二世爲繼祖之宗，三世爲繼曾祖之宗，四世爲繼高祖之宗，至五世則爲繼高祖之父，而同出於高祖之父者不復宗之矣。宗至於繼高祖而止，又一世則遷，故曰「有五世則遷之宗，其繼高祖者也。」見清・孫希旦，《禮記集解・喪服小記》卷三十二，臺北：文史哲出版社，1990 年 8 月，頁 868。

〔註 6〕《禮記・大傳》（阮元重刊宋本），漢・鄭元注；唐・孔穎達等正義，臺北：藝文印書館，1976 年 5 月六版，頁 620。

〔註 7〕明・羅洪先，《念菴文集・宗論上》卷七，《文淵閣四庫全書本・集部》一二七五冊，臺北：臺灣商務印書館，1986 年 7 月，頁 154。

〔註 8〕王國維，《定本觀堂集林・殷周制度論》卷十，臺北：世界書局，1961 年 3 月，頁 467。

〔註 9〕《禮記・大傳》亦云：「上治祖禰，尊尊也。下治子孫，親親也。旁治昆弟，合族以食，序以昭繆〔註 10〕，別之以禮義，人道竭矣。」〔註 11〕王國維在前揭文更進一步指陳：「周人以尊尊之義，經親親之義而立嫡庶之制；又以親親之義，經尊尊之義而立廟制。」〔註 12〕《周禮・大宗伯》也云：「以飲食之禮，親宗族兄弟。」鄭玄《注》云：「親者，使之相親。人君有食宗族飲酒之禮，所以親之也。」〔註 13〕受到「尊祖故敬宗，敬宗故收族」〔註 14〕的大前提催化，整個宗族就能形成強大的力量，也能不斷向外開疆拓土。所謂的「祖」，是指周天子的嫡長子之外的其他兒子，而繼承別子者即稱之爲「宗」。「祖者，且也」〔註 15〕，據考證「祖」的最初含義是男性生殖器，它所強調的是父系的傳宗接代社會功能。

《禮記・大傳》載稱：「同姓從宗，合族屬。」鄭玄《注》云：「合，合之宗子之家，序昭穆也。」〔註 16〕就整個周王朝而言，「王者天下之大宗」〔註 17〕。準此而言，則周天子就是整個周王朝的大宗。所謂的「宗子」，即王之適子也。〔註 18〕但針對個別諸侯國而言，始封始徙的諸侯的嫡次子，就是所謂的別子，而別子的世嫡，習慣上亦稱之爲「宗」。簡而言之，「宗，別子之世適〔註 19〕也。族人尊之，謂之大宗，是宗子也。小宗，父之適也，兄弟

〔註 9〕同註 8，頁 453。

〔註 10〕鄭玄《注》曰：「繆讀爲穆聲之誤也。」《禮記・大傳》卷三十四（阮元重刊宋本），頁 617。

〔註 11〕《禮記・大傳》卷三十四（阮元重刊宋本），頁 617。

〔註 12〕王國維，《定本觀堂集林・殷周制度論》卷十，臺北：世界書局，1961 年 3 月，頁 468。

〔註 13〕《周禮・春官・大宗伯》卷十八（阮元重刊宋本），頁 277。

〔註 14〕收族者，窮困者收而養之，不知學者收而教之。見宋・呂祖謙，《東來別集・家範一・宗法》卷一，《文淵閣四庫全書本・集部》一一五〇冊，臺北：臺灣商務印書館，1986 年 7 月初版，頁 165。

〔註 15〕《禮記・檀弓上》（阮元重刊宋本），漢・鄭玄注；唐・孔穎達等正義，臺北：藝文印書館，1976 年 5 月六版，頁 134。

〔註 16〕同註 11，頁 618。

〔註 17〕《詩經・大雅・板》毛公《傳》（阮元重刊宋本），臺北：藝文印書館，1976 年 5 月六版，頁 635。

〔註 18〕同註 17，頁 636。

〔註 19〕《毛詩・小雅・白華・序》（阮元重刊宋本）卷十五之二，頁 515：「以妾爲妻，以孽代宗。」鄭玄《箋》：「孽，支庶也。宗，嫡子也。」；《毛詩・大雅・板》（阮元重刊宋本）卷十七之四，頁 635：「懷德維寧，宗子維城。無俾城壞，無獨斯民。」鄭玄《箋》云：「宗子，謂王之適子。」

尊之，謂之小宗也。」〔註 20〕嫡長子繼承制是宗法制度的核心價值，它的主要目的，即在防止爲了爭奪君位而導致內亂的發生。嫡長子即嫡夫人所生之長子。若嫡夫人無子，則由妃妾之貴者之子依序繼承。〔註 21〕清人萬斯大（1633～1683）對此有更詳實的剖析：「宗之有大小之分，蓋在五世之後也。其謂之大宗者何？五世內外，凡族之同吾太祖者盡宗之，所宗者大也；謂之小宗者何，唯五世之內，族人之同高祖者宗之，所宗者小也。」〔註 22〕爲求族人間能深切體認「篤倫理，崇禮教，示宗法於一家」的根元價值，明人汪循〈迴峰汪氏祠堂記〉亦云：「支子有所爲，不敢專也，必取命於小宗子之家。小宗子有所爲，不敢專也，必取命於大宗子之家。」〔註 23〕由大宗、小宗所共構的綿密網絡，就是周王朝宗法社會的精神所在。（大宗與小宗關係，請參閱書影 2-1、2-2）

明儒呂坤（1536～1618）在《四禮翼》云：「宗子以嫡長。大宗子愚不肖者，族者率闔族告於大宗之廟而更之。小宗愚不肖者，家者率所宗告於小宗之廟而更之。宗子在廟，行宗子禮，法得行於尊長。他所止序長幼尊卑，行家人禮。」〔註 24〕肩負承上啓下的宗子「上奉祖考，下壹宗族，家長當極力教養。若其不肖，當遵橫渠、張子之說，擇次賢者易之。」〔註 25〕《鄭氏規範》已立下宗子不賢當以次賢取而代之的新機制。而立宗子態度必須嚴謹，清儒李巨來（李紱，1673～1750）就說：「欲立宗子，必須族置義田、立義學。凡分當爲宗子者，幼即延師嚴切教之，俾讀書立品，其既長而當嗣爲宗子者也，或自能致名位則已，否則公舉於官師，給以頂帶，如後世祀生社

〔註 20〕《禮記・大傳》（阮元重刊宋本），臺北：藝文印書館，1976 年 5 月六版，頁 620；《禮記・喪服小記》亦有相似論述：「別子爲祖，繼別爲宗，繼禰者爲小宗。」頁 592。

〔註 21〕錢玄，《三禮通論》，南京：師範大學出版社，1996 年 10 月，頁 441。另《公羊傳・隱公元年》（阮元重刊宋本）卷一，頁 11 亦言：「立適（嫡）以長，不以賢。」

〔註 22〕清・萬斯大，《宗法論・宗法一》，臺北：廣文書局，1968 年 1 月，頁 2b。

〔註 23〕明・汪循，《汪仁峰先生文集・迴峰汪氏祠堂記》卷十五（中國社會科學院文學研究所藏清康熙刻本），《四庫全書存目叢書・集部》四十七冊，1997 年 6 月初版一刷，頁 386～387。

〔註 24〕明・呂坤，《四禮翼・宗子》，北京大學圖書館藏明萬曆刻清同治光緒間補修呂新吾全集本，《四庫全書存目叢書・經部》一一五冊，頁 108～109。

〔註 25〕元・鄭太和，《鄭氏規範》（據清曹溶輯，陶越增訂《學海類編》本影印）載於《百部叢書集成》，臺北：藝文印書館，1967 年，頁 171。

生，庶可以配貴者而主祀事。其或資性愚劣，必不可教，則公眾廢之，擇以次當立者嗣焉。如是而立宗子，庶乎可行。」〔註 26〕任重道遠的宗子，身繫整個宗族命脈的安危，若所託非人，則宗族危矣。高瞻遠矚的鄭氏特別在《鄭氏規範》列出退場機制，挑選「次賢者」取而代之。

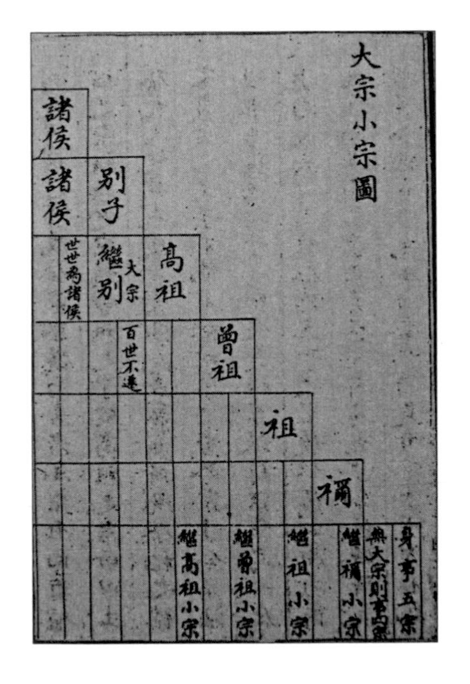

書影 2-1：大宗小宗圖（一）
（取材自《性理大全書》卷十八）

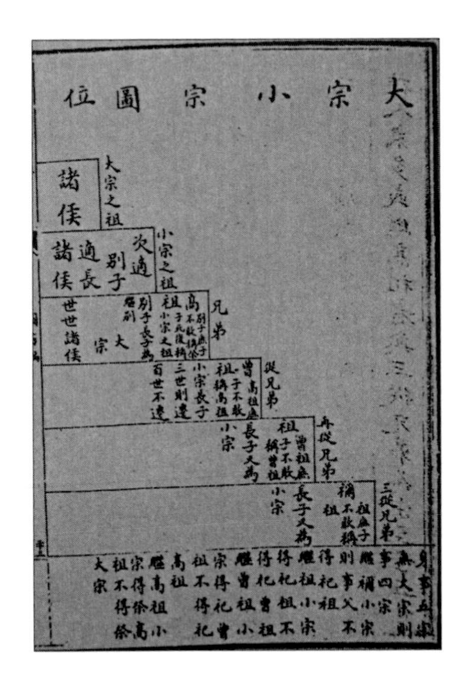

書影 2-2：大宗小宗圖位（二）
（取材自《圖書編》卷一〇八）

《白虎通》云：「宗者，尊也，爲先祖主者，宗人之所尊也。」〔註 27〕清人陸世儀（1611～1672）曾言：「宗者，所以統一族眾。無宗，則一族之人渙散無紀，故古人最重宗子。」〔註 28〕「宗」的古文則是人們在屋宇下從事祭祀活動。〔註 29〕《說文》也言：「宗，尊祖廟也。」段《注》曰：「凡言大宗

〔註 26〕清・李巨來，陳燿輯，載《切問齋文鈔・宗子主祭議》卷八，清乾隆四十年（1775 年）吳江陸氏家刊本，臺北：國圖善本室影像檢索系統，頁 5b～6a。

〔註 27〕漢・班固，清・陳立疏證，《白虎通疏證・宗族》卷八，臺北：廣文書局，2004 年 10 月再版，頁 466。

〔註 28〕清・陸世儀，〈論宗祭〉，載於清・賀長齡、魏源等編，《清經世文編》卷五十八，北京：中華書局，1992 年 4 月，頁 1479。

〔註 29〕周耀明，《明代、清代前期漢族風俗》，收入徐杰舜主編《漢族風俗史》（第四卷），上海：學林出版社，2004 年 12 月，頁 195。

小宗者，皆謂同所出之兄弟所尊也。尊莫尊於祖廟，故謂之宗廟。」〔註 30〕「禮，祖有功而宗有德，故不毀其廟。」〔註 31〕宗與祖廟實爲一體的兩面，也和祭祀有著密切的接軌溶合。〔註32〕宋儒伊川先生即言：「凡言宗者，以祭祀爲主，言人宗於此而祭祀也。」〔註33〕

《說文》云：「祖，始廟也。」〔註34〕今人陳大絡則有：「宗，就是祖」〔註 35〕的洞見。中國古代的宗法，就是以同一祖先的氏族家族爲中心的制度；而且是根據其血統的親疏遠近，區分爲嫡庶親疏不同等級。凡祭祀同一祖先者，即稱之爲同宗。古人以直系爲大宗，百世不遷；以支系爲小宗，五世即遷。〔註36〕《禮記・大傳》云：「同姓從宗，合族屬。」鄭玄《注》：「合之宗子之家序昭穆也」〔註37〕，孔子更直言「同姓爲宗，有合族之義。」〔註38〕

〔註30〕東漢・許慎，清・段玉裁注，《說文解字注》，臺北：天工書局，1998年8月，頁342。

〔註31〕魏・王肅註，《孔子家語・辨物第十六》卷四（明覆宋刊本），《中國子學名著集成——宋元明清善本叢刊》，1978年12月，頁174。

〔註32〕《尚書・大禹謨》（阮元重刊宋本），卷四，頁57：「正月朔旦，受命於神宗。」孔安國《傳》說：「神宗，文祖之宗廟。言神，尊之。」另《春秋左傳・成公三年》（阮元重刊宋本）卷二十六，頁437：「若從君之惠而免之，以賜君之外臣首，首其請於寡君，而以戮於宗，亦死且不朽。」
又魏・王肅編撰，《孔子家語・哀公問政》（明覆宋刊本）卷四，收入《中國子學名著集成——宋元明清善本叢刊》，中國子學名著集成編印基金會出版，1978年12月初版，頁185：「聖人因物之精，制爲之極，明命鬼神，以爲民之則，而猶以是爲未足也，故築爲宮室，設爲宗祧，春秋祭祀，以別親疏。」王肅《注》云：「宗，宗廟也。」上列「宗」字，皆指「祖廟」言。

〔註33〕宋・程顥、程頤，《二程遺書・伊川先生語》卷十八，上海：古籍出版社，2000年12月第一次印刷，頁294。另見（日）山根三芳，〈二程子禮說考〉，《吉岡義豐博士還曆紀念論集》，昭和52年6月，頁554。

〔註34〕東漢・許慎，清・段玉裁注，《說文解字注》，臺北：天工書局，1998年8月，頁4。

〔註35〕陳大絡，〈宗法、宗譜、宗族的遡源〉，收入《譜系與宗親組織》，中國地方文獻學會，1985年，頁187。另，清代阮元等，《春秋左傳・哀公十四年》（重刊宋本）卷五十九，晉・杜預注；唐・孔穎達等正義，臺北：藝文印書館發行，1976年5月六版，頁1032也有相似論述：「所不殺子者，有如陳宗。」孔穎達《疏》云：「陳宗，謂陳之先人。」

〔註36〕周耀明，《明代、清代前期漢族風俗》，收入徐杰舜主編《漢族風俗史》（第四卷），上海：學林出版社，2004年12月，頁195。

〔註37〕《禮記・大傳》（阮元重刊宋本），漢・鄭玄注；唐・孔穎達等正義，臺北：藝文印書館，1976年5月六版，頁618。

〔註38〕魏・王肅註，《孔子家語・曲禮子貢問第四十二》卷十，《文淵閣四庫全書本・

同姓間成員，彼此依照大宗、小宗的精神紐帶，以宗子爲軸心，確立從屬關係，以此聚合全宗族所屬成員於宗子之家，序昭穆，定尊卑。「庶子不祭，明其宗也」〔註 39〕庶子不得主祭，就是宗法森嚴最佳寫照。「廟中之事有所統則一，無所統則紛。公子之不得祭者，限於分也。其得助祭以致其誠者，情也，亦理也。」〔註 40〕藉由謹嚴的宗子法，將嫡庶親疏關係作清楚界定。唐人韋述〈服制議〉遂言：「天生萬物，惟人最靈。所以尊尊親親，別生分類，存則盡其敬愛，沒則盡其哀戚。緣情而制服，考事而立言，往聖討論，亦已勤矣。上自高祖，下至玄孫，以及其身，謂之九族。由近及遠，稱情而立文，差其輕重，遂爲五服。」〔註 41〕透過層級分明的服制，尊尊親親之誼將可由嫡而庶，由親而疏，逐次擴大爲綿密的人際網絡，也將宗法制度精神作徹底的發揮。

「古者聖人等人情之輕重，立爲五服以別親踈，以定上下。上以治祖禰，下以治子孫，旁以治兄弟。歲時之間，合族以食，序以昭穆，別以禮義，使之生則有恩以相懽（歡），死則有服以相哀，然後宗族之義重。」〔註 42〕古人之所以強調「宗」的重要性，主要的考量就是族親間彼此能「長和睦」，如此則「大宗能率小宗，小宗能率群弟，通其有無，所以紀理族人者也。」〔註 43〕《禮記・大傳》曾云：「自仁率親，等而上之至于祖；自義率祖，順而下之至

子部》六九五冊，臺北：臺灣商務印書館，1986 年 7 月，頁 102。再則，《周易・同人》（阮元重刊宋本）卷二，魏・王弼、韓康伯注；唐・孔穎達等正義，臺北：藝文印書館，1976 年 5 月六版，頁 45：「同人于宗，吝道也。」孔穎達《疏》云：「和同於人，在於宗族，不能弘闊，是鄙吝之道」。《左傳・定公四年》卷五十四，頁 952：「滅宗廢祀，非孝也。」杜預《注》「弒君罪應滅宗」。南朝宋・劉義慶；民國・楊勇，《世說新語校箋・規箴》卷十，臺北：平平出版社，1974 年 9 月初版，頁 417：「孫皓問丞相陸凱曰：『卿一宗在朝有幾人？』陸答曰：『二相、五侯、將軍十餘人。』皓曰：『盛哉！』」以上諸「宗」字，皆作宗族、同族解。

〔註 39〕《禮記・大傳》卷三十四，臺北：藝文印書館，1976 年 5 月六版，頁 620。另《禮記・喪服小記》卷三十三，頁 605，鄭玄《注》：「庶子，下適士也」。

〔註 40〕清・阮元輯，《皇清經解・公子宗道圖說》卷四十九，臺北：復興書局，1961 年 5 月，頁 749。

〔註 41〕唐・韋述，〈服制議〉，載於清・董誥等編《全唐文》三〇二卷，山西：教育出版社出版，2002 年 12 月山西第一次印刷，頁 1822。

〔註 42〕宋・鄭玉道，《琴堂諭俗編・睦宗族》卷上，《文淵閣四庫全書本・子部》八六五冊，臺北：臺灣商務印書館，1986 年 7 月初版，頁 230。

〔註 43〕漢・班固，清・陳立疏證，《白虎通疏證・宗族》卷八，臺北：廣文書局，2004 年 10 月再版，頁 467。

於禰。是故，人道親親也。親親故尊祖，尊祖故敬宗。敬宗故收族，收族故宗廟嚴。宗廟嚴，故重社稷。重社稷，故愛百姓。愛百姓，故刑罰中。刑罰中，故庶民安。」〔註44〕由宗族推廣至社會，再到國家，如此環環相扣，層層相因，則社會的祥和，國家的強盛將指日可待。

秦漢以降，宗法制度被徹底解構，有志之士紛紛提出建言，如北宋大儒蘇東坡就云：「今欲教民和親，則其道必始於宗族。」〔註45〕時値「天下無世卿，大宗之法不可以復立」〔註46〕，而「小宗之法存而莫之行」〔註47〕的轉折點，蘇氏遂提出「欲復古之小宗，以收天下不相親屬之心。」〔註48〕的沉重呼籲，因爲「不重族者，有族而無宗也。有族而無宗，則族不可合。族不可合，則雖欲親之而無由也。族人不相親，則忘其祖矣。」〔註49〕明人方孝儒《遜志齋集》也有「不知本謂之悖，不睦族謂之戾」〔註50〕的歷史性分析。悖祖欺宗，這在中國傳統價值觀中可是最嚴重的指控。

日本學者井上徹曾就程頤（1033～1107）的廟制觀，來剖析伊川先生對「宗法」所持的態度。就井氏的觀察，程頤不但肯定小宗的重要性，更希望能恢復大宗的角色功能。〔註51〕以下試引錄程頤對祭祖的觀點，他說：

> 每月必薦新（如仲春薦含桃之類）。四時祭用仲月。（用仲，見物成也。古者天子諸侯於孟月者，爲首時也。）時祭之外，更有三祭：冬至祭始祖（厥初生民之祖）。立春祭先祖，季秋祭禰。他則不祭。冬至，陽之始也。立春者，生物之始（一作初）也。季秋者，成物之始（一作時）也。祭始祖，無主用祝，以妣配於廟中，正位享之。

〔註44〕《禮記・大傳》（阮元重刊宋本），漢・鄭玄注；唐・孔穎達等正義，臺北：藝文印書館，1976年5月六版，頁622。

〔註45〕宋・蘇東坡於神宗熙寧四年辛亥（1071年）上呈的奏議，刊載於明儒黃淮、楊士奇等編著《歷代名臣奏議・治道》卷三十七，臺北：臺灣學生書局，1964年12月初版，頁512。

〔註46〕同註45。

〔註47〕同註45。

〔註48〕同註45。

〔註49〕同註45。

〔註50〕明・方孝儒，《遜志齋集・尊祖》卷一（上海涵芬樓景印明嘉靖辛酉王可大台州刊本），《四部叢刊・集部》，臺北：臺灣商務印書館，1979年11月，頁43。

〔註51〕（日）井上徹，錢杭譯，〈明代的祖先祭祀與家廟〉，收入《中國的宗族與國家體制——從宗法主義角度所作的分析》，上海：上海書店，2008年6月，頁89～90。

（祭只一位者，夫婦同享也。）祭先祖亦無主；先祖者，自始祖而下，高祖而上，非一人也，故設二位。（祖妣異坐，一云二位異所者，舅婦不同享也。）常祭止於高祖而下。（自父而推，至於三而止者，緣人情也。）旁親有後者自爲祭，無後者祭之別位。（爲叔伯父之後也。如殤，亦各祭）。〔註52〕

對於廟制，程頤也曾鉅細靡遺的詳加介紹：

家必有廟，（古者庶人祭於寢，士大夫祭於廟。庶人無廟，可立影堂。）廟中異位，（祖居中，左右以昭穆次序，皆夫婦自相配爲位，舅婦不同坐也。）廟必有主。（既祧，當埋於所葬處，如奉祀之人高祖而上，即當祧也。）其大略如此。且如豺獺皆知報本，今士大夫家多忽此，厚於奉養而薄於祖先，甚不可也。〔註53〕

細究程頤的廟制觀，顯然是將祭祖的方法，區分爲祭高祖〔註54〕以下四代祖先的「常祭」，和冬至祭始祖，立春祭先祖，季秋祭禰的「三祭」。常祭是以

〔註52〕宋・朱熹編輯，《二程語錄・遺書伊川先生語》卷十一，《叢書集成新編》二十一冊，臺北：新文豐出版社，1985 年元月，頁 184。再則宋・程頤，潘富恩導讀，《二程遺書・伊川先生語四》卷十八，上海：古籍出版社，2000 年 12 月，頁 292 内容亦雷同。案，程頤此說亦見於《近思錄》卷九，宋・朱熹、呂祖謙同編，《文淵閣四庫全書》，頁 92～93：「伊川先生曰，某嘗修六禮（六禮：冠禮、婚禮、喪禮、祭禮、鄉飲酒禮及鄉射禮、相見禮），大略家必有廟（《集解》云：「庶人立影堂」）。廟必有主（《集解》云：高祖以上即當祧也）。月朔必薦新（薦後方食），時祭用仲月，冬至祭始祖（冬至陽之始也。始祖，厥初生民之祖也。無主，於廟中正位設一位合考妣享之），立春祭先祖（立春生物之始也。先祖，始祖而下，高祖而上，非一人也，亦無主，設兩位分享考妣），季秋祭禰（季秋，成物之也）。忌日遷主祭於正寢。」案，游彪對程頤在《二程遺書》卷十八說：「先祖者，自始祖而下，高祖而上，非一人也，故設二位。常祭止于高祖而下。自父而推至于三而止者，緣人情也」有不同於程頤「設二位」的釋讀，他說，依據人情，「常祭」應當截止於高祖，但對高祖以上的先祖也要祭祀，所以要設兩個靈位：一爲先祖；一爲高祖以後祖先。游彪，〈宋代的宗族祠堂、祭祀及其它〉，《安徽師範大學學報》三十四卷第三期，2006 年 5 月，頁 322。

〔註53〕宋・程頤，民國・潘富恩導讀，《二程遺書・伊川先生語四》卷十八，上海：古籍出版社，2000 年 12 月，頁 293。

〔註54〕顧炎武，《日知錄二十四》云：「漢儒以曾祖之父爲高祖，考之於傳，高祖者，遠祖之名耳。」閻若璩，《潛丘箚記》四下云：「《左傳・昭公十七年》，郯子曰：『我高祖少皞摯之立也』，則以始祖爲高祖。」周・左丘明；晉・杜預注，唐・孔穎達疏；民國・楊伯峻編著，《春秋左傳・昭公十五年・傳》，高雄：復文書局，1991 年 9 月再版，頁 1373。

供奉在廟中的高祖以下的祖先爲主要祭祀的對象，井上徹認爲這是祭法的核心，並以「廟祭」〔註 55〕稱之。清儒黃宗羲《明文海・宗法議》載：「是士之祭高，自程氏始也。」〔註 56〕程頤和朱熹在常祭的觀點基本上是一致的，執行的細節則略有不同。程頤「每月朔必薦新（如仲春薦含桃之類）」〔註 57〕；朱熹則採「正至朔望必參」〔註 58〕的方式。四個季節的仲月（即二月、五月、八月、十一月）定期舉行祭禮的軸心線，兩者的觀點則有志一同。

就「常祭」機制的闡發，朱熹顯然比程頤來得精審些，思考層面卻未必盡周延，亦不一定能眞正普及於庶民大眾。明儒顧炎武對此有貫時性的鋪陳：

> 文公《家禮》所載《祭禮》，雖詳整有法，顧惟宗子而有官爵及富厚者方得行之，不能通諸貧士。又一歲四合族眾，繁重難舉，無差等隆殺之別。愚意欲倣古族食世降一等之意，定爲宗祭法，歲始則祭始祖，凡五服之外皆與，大宗主之。仲春則祭四代，以高祖爲主，曾祖以下，分昭穆，居左右，合同高祖之眾，繼高之宗主之。仲夏則祭三代，以曾祖爲主，祖考則分昭穆，居左右，合同曾祖之眾，繼曾之宗主之。仲秋則祭二代，以祖爲之，考妣居左右，合同祖之眾，祭祖之宗主之。仲冬則祭一代，以考爲主，合同父昆弟，祭禰之宗主之，皆宗子主祭，而其餘子，則獻物以助祭，不惟愛敬各盡，而祖考高曾，隆殺有等，一從再從，遠近有別，似於古禮，初無所倍。〔註 59〕

顧氏所建構的宗祭法，最大的長處在於區分等第隆殺，能眞正契合社會脈動，指涉每個階層的實際需要，確實發揮「敬宗」與「收族」的普世價值，且疏數有別的機制，又可爲大宗與小宗難以得兼，尋找到結構性的解套模式，誠

〔註 55〕參見（日）井上徹，錢杭譯，〈明代的祖先祭祀與家廟〉，《中國的宗族與國家體制——從宗法主義角度所作的分析》，上海：上海書店，2008 年 6 月，頁 91。

〔註 56〕清・黃宗羲，《明文海・議》卷七十五（涵芬樓藏鈔本影印），北京：中華書局，1987 年 2 月北京第一次印刷，頁 703。

〔註 57〕宋・朱熹編輯，《二程語錄・遺書伊川先生語》卷十一，《叢書集成新編》二十一冊，臺北：新文豐出版社，1985 年元月，頁 181。

〔註 58〕宋・朱熹，《家禮・通禮・祠堂》卷一（南宋淳祐五年（1245 年）五卷本加附錄一卷），《孔子文化大全》，山東：友誼書社，1992 年 11 月，頁 597。

〔註 59〕明・顧炎武，《日知錄・祭禮》卷五，臺北：臺灣商務印書館，1968 年 3 月，頁 102～103。

不失爲可行之道。

「常祭」祭及高祖是程、朱建構的祭祖儀軌基調。《明集禮》雖沿襲《家禮》的常模，然明初皇室曾採用行唐縣知縣胡秉中建言，將士大夫與庶民百姓的祭祖禮作了區隔，庶人僅能祭三代，曾祖居中，祖左、禰右。士大夫則可祭及四代，由高祖居中左，曾祖居中右，祖居左，禰居右的陳列方式。〔註 60〕與《家禮》爲四龕以奉先世神主，高祖居西，曾祖次之，祖次之，父次之，採由西向東排列〔註 61〕，有截然不同的排列組合，這是《家禮》祠堂制度的一大變革。

「宗子者，謂宗主祭祀也。」〔註 62〕《周易》云：「出，可以守宗廟社稷，以爲祭主也。」唐儒孔穎達《疏》言：「君出，則長子留守宗廟社稷，攝祭主之禮事也。」〔註 63〕程頤認爲祭祀的主體就該由宗子來主持。所謂的「宗」，就是「以祭祀爲主，言人宗于此而祭祀也。」〔註 64〕從宗法原理〔註 65〕的角度來看，祭祀的主體是宗子的小宗。據此吾人仍不能說程頤只談小宗，不談大宗。

> 今無宗子法，故朝廷無世臣。若立宗子法，則人知尊祖重本。人既重本，則朝廷之勢自尊。……且立宗子法亦是天理。譬如木必從根，直上一幹（如大宗），亦必有旁枝。又如水雖遠，必有正源，亦必有分派處，自然之勢也。〔註 66〕

程頤將大宗、小宗比擬成樹之主幹與分枝，河渠之幹流與支流，可見程頤既

〔註 60〕明・田藝蘅輯，《留青日札・祭三代四代》卷一，上海：古籍出版社，1985 年 9 月，頁 95～96。

〔註 61〕宋・朱熹，《家禮・通禮・祠堂》卷一，南宋淳祐五年（1245 年）五卷本加附錄一卷，收入《孔子文化大全》套書，山東：友誼書社，1992 年 11 月，頁 593。

〔註 62〕宋・程頤，民國・潘富恩導讀，《二程遺書・伊川先生語三》卷十七，上海：古籍出版社，2000 年 12 月，頁 228。

〔註 63〕清・阮元校勘，《周易・震》卷五（重刊宋本），魏・王弼、韓康伯注；唐・孔穎達等正義，臺北：藝文印書館，1976 年 5 月六版，頁 114。

〔註 64〕同註 62，《二程遺書・伊川先生語四》卷十八，頁 292。

〔註 65〕（日）井上徹，錢杭譯，〈明代的祖先祭祀與家廟〉，《中國的宗族與國家體制——從宗法主義角度所作的分析》，上海：上海書店，2008 年 6 月，頁 89。

〔註 66〕宋・朱熹編輯，《二程語錄・遺書伊川先生語》卷十一，收入《叢書集成新編》二十一冊，臺北：新文豐出版社，1985 年元月，頁 182。此說亦見於宋・程頤，民國・潘富恩導讀，《二程遺書・伊川先生語四》卷十八，上海：古籍出版社，2000 年 12 月，頁 294。

主小宗之可貴，又想恢復大宗的論點已相當明確。從宗法原理的角度來審視，則始祖嫡系的大宗只有透過始祖祭祀當觸媒，始能更直接而有效的統領源自始祖的親族，而恢復大宗的捷徑就是始祖的祭祀。〔註 67〕「祭先之禮，不可得而推者，無可奈何；其可知者，無遠近多少，須當盡祭之。祖又豈可不報？又豈可厭多？蓋報本在彼，雖遠，豈得無報？」〔註 68〕以程頤的觀點解讀，始祖之外所有可知的先祖都在祭祀之列，因此在「常祭」之外，他又提出冬至祭始祖，立春祭先祖，季秋祭禰等「三祭」。〔註 69〕「萬物本乎天，人本乎祖，故冬至祭天而祖配之。以冬至者，氣至之始故也。萬物成形於地，而人成形於父，故以季秋享帝而父配之。以季秋者，物成之時故也。」〔註 70〕始祖與先祖的祭祀，朱熹頗持保留的態度。就凝聚宗族的構面而言，宗族祭祀具有團聚族眾的天然功能，通過宗族祭祀，可以將全體族眾緊密地團聚在祖先靈魂的周遭，進而達到「收族」的積極性目的，這應是宋儒紛紛重構古老的祭祀制度，冀能恢復宗族制度的動源底蘊。〔註 71〕

宋人李覯也是推崇恢復大宗的學者，其〈教道第四〉云：「夫五服者，人道之大治也。然而上盡於高祖，旁盡於三從。上盡於高祖，則遠者忘之矣。旁盡於三從，則疏者忘之矣。故立大宗以承其祖，族人五世外皆合之宗子之家，序以昭穆，則是始祖常祀，而同姓常親也。始祖常祀非孝乎？同姓常親非睦乎？」〔註 72〕在李覯看來，五服親的原則是最爲可行的，但前提必須先確立宗子以承繼祖宗，進而整合族眾。〔註 73〕

程頤恢復大宗的構想在廟制已蕩然不存的宋代，是有其窒礙難行之處。明儒顧炎武（1613～1682）《日知錄》引陸中丞言：「廟制復宗法行，而後可舉始

〔註 67〕（日）井上徹，錢杭譯，〈明代的祖先祭祀與家廟〉，《中國的宗族與國家體制——從宗法主義角度所作的分析》，上海：上海書店，2008 年 6 月，頁 91～92。

〔註 68〕宋·程頤，潘富恩導讀，《二程遺書·伊川先生語三》卷十七，上海：古籍出版社，2000 年 12 月，頁 228。

〔註 69〕同註 67，頁 92。

〔註 70〕同註 68，《二程遺書·二先生語四》卷四，頁 121。

〔註 71〕劉欣，〈宋代「家禮」——文化整合的一個範式〉，載《河南理工大學學報》（社會科學版）第七卷第四期，2006 年 11 月，頁 332～333。

〔註 72〕宋·李覯，《李覯集》，《四部刊要·集部》，臺北：漢京文化事業公司，1983 年 10 月，頁 114。

〔註 73〕游彪，〈宋代的宗族祠堂、祭祀及其它〉，《安徽師範大學學報》（人文社會科學版）第三十四卷第三期，2006 年 5 月，頁 322。

祖之祭。雖祭始祖，士庶人必無祧主合食之禮。惟使人得各祭其高曾祖考，乃爲便于民而利于俗。」〔註74〕在廟制難復，宗法難行的宋代，《家禮》一書，摒棄冬至祭始祖、立春祭先祖，用意深遠。顧炎武以爲「始祖雖不盡當祭，而有祭其始遷之祖與始爲大夫者。報本追遠，誠亦不禁，其主宜百世不改。自此以下，則皆在遷毀之列。」〔註75〕顧氏卓見，頗能與時代脈動相契合，明、清以來庶民社會的宗祠，供奉的率皆以始遷祖爲對象，即不難見其端倪。

支子之所以不能主祭，程頤也有精闢的剖析：「古所謂支子不祭者，惟使宗子立廟，主之而已。」〔註76〕支子雖不能親自主持祭典，卻無可逃其應盡的祭祖義務，「支子雖不得祭，至于齋戒〔註77〕，致其誠意，則與主祭者不異。可與，則以身執事；不可與，則以物助，但不別立廟爲位行事而已。」〔註78〕宗子、支子身份地位雖有明顯差異，祭祀祖先卻是人人皆該奉行不渝的普世職能。

程頤於此僅強調宗子在宗族中的重要位元，而孔子、朱子則有更細膩的鋪陳。孔子以爲宗子有罪，居于他國，而「庶子爲大夫」，則庶子可代爲主持祭典。祭禱祝辭只須加註「孝子某（宗子名），使介子〔註79〕某（庶子名）執其常事」即可；若宗子去在他國，「庶子無爵可襲」，則只能採行「望墓而爲壇，以時祭。若宗子死，告於墓，而後祭於家」〔註80〕的方式處理。孔子論述的重心在庶子身份的尊卑，貴爲大夫的庶子自然有權代宗子主祭，而「無爵可居」者，則只能望墓爲壇。清儒孫希旦（1736～1785）以爲「無爵者」

〔註74〕明・顧炎武，《日知錄・祭禮》卷五，臺北：臺灣商務印書館，1968年3月，頁103。

〔註75〕同註74。

〔註76〕同註68，《二程遺書・伊川先生語一》卷十五，頁212。

〔註77〕宋・程顥、程頤，潘富恩導讀，《二程遺書・伊川先生語一》卷十五，上海古籍出版社出版，2000年12月第一次印刷，頁196：程頤強調說：「祭無大小，其所以交于神明、接鬼神之義一也。必齊，不齊何以交神明？」

〔註78〕同註77，頁212。

〔註79〕介子：庶子也。介，副貳之意。庶子不能主祭宗廟。若祭，則以宗子之名，而自稱介子。《禮記・曾子問》：「若宗子有罪，居于他國，庶子爲大夫，其祭也，祝曰：『孝子某，使介子某，執其常事。』孝子，指宗子。」詳見錢玄、錢興奇，《三禮辭典》，南京：江蘇古籍出版社，1998年3月第一版第二次印刷，頁174。

〔註80〕《禮記・曾子問》卷十九（阮元重刊宋本），漢・鄭玄注；唐・孔穎達等正義，臺北：藝文印書館，1976年5月六版，頁379～381。

兼謂士、庶人，「蓋凡言有爵者，皆據爲大夫也。」〔註81〕朱子也有類似的見解：「古人宗子承家主祭，仕不出鄉，故廟無虛主，而祭必於廟。」〔註82〕宗子若宦遊他鄉，而不得親自主持宗廟祭典，則可採行「庶子居者代之」〔註83〕的權宜措施，然祝禱詞仍應加註曰：「孝子某使介子某執其常事。」庶子代行主祭職權的前提是「不敢入廟，特望墓爲壇以祭。」〔註84〕古人尊祖敬宗謹嚴的程度如此。

在主祭者「宦遊四方，或貴仕於朝」〔註85〕的情況越來越頻繁之際，朱熹以「禮雖先王未之有，可以義起」〔註86〕的大原則，率先提出「以其田祿修其薦享尤不可闕，不得以身去國而使支子代之也」〔註87〕的變通辦法，蓋「禮意終始全不相似，泥古則闊於事情，徇私則無復品節。必欲酌其中制，適古今之宜。」〔註88〕程頤也提出「禮，孰爲大？時爲大，亦須隨時」〔註89〕的論見。程、朱二儒與時俱進的開明作風可謂不謀而合。

程頤論述的另項一重點，即寢祭的課題，「庶人祭於寢，今之正廳是也。」〔註90〕《禮記・王制》云：「庶人祭於寢。」鄭《注》「寢，適寢也。」孔《疏》「此庶人祭寢，謂是庶人在官府史之屬，及尋常庶人。此祭謂薦物，以其無廟，故惟薦而已。薦獻不可褻處，故知適寢也。」〔註91〕清儒胡培翬（1782～1849）也云：「士以上，有適寢、有下室，庶人則未必有適寢，但有下室而已，以適寢所以行禮，而禮不下庶人故也。此祭於寢，當爲廟之寢。士以上有廟有寢，祭在廟，薦在寢；庶人則但以寢以薦其先，其制與士廟後之寢當

〔註81〕清・孫希旦，《禮記集解・曾子問》卷十九，臺北：文史哲出版社，1990年8月，頁541。

〔註82〕宋・朱熹，《朱熹集・答劉平甫書》卷四十，四川：教育出版社，1997年5月初版二刷，頁1834。

〔註83〕同註82。

〔註84〕同註82。

〔註85〕同註82，頁1835。

〔註86〕同註85。

〔註87〕同註85。

〔註88〕同註85。

〔註89〕宋・程頤，潘富恩導讀，《二程遺書・伊川先生語一》卷十五，上海：古籍出版社，2000年12月，頁218。

〔註90〕同註89，《二程遺書・伊川先生語八上》卷二十二（上），頁341。

〔註91〕《禮記・王制》卷十二（阮元重刊宋本），漢・鄭玄注；唐・孔穎達等正義，臺北：藝文印書館，1976年5月六版，頁241～242。

亦不殊，但無廟爲異。」〔註 92〕禮儀的規範並非是一成不變的，它必須與時俱進，「凡禮，以義起之可也。如富家及士，置一影堂亦可，但祭時不可用影。……大凡影不可用祭，若用影祭，須無一毫差方可，多一莖鬚，便是別人。」〔註 93〕爲解決庶人僅能祭於寢的困擾，程頤甚至設計出「影堂」的概念，但他仍不主張用「影祭」。

「雖庶人，必祭及高祖。」〔註 94〕透過「常祭」的儀軌作質性探究，程頤與朱熹的看法也是一致的。

> 自天子至于庶人，五服未嘗有異，皆至高祖。服既如是，祭祀亦須如是。其疏數之節，未有可考，但其理必如此。七廟五廟，亦只是祭及高祖。士大夫雖或三廟二廟一廟，或祭寢廟，則雖異亦不害祭及高祖。〔註 95〕

朱子在〈答汪尚書論家廟〉文中，曾對程頤祭必及高祖的論見相當推崇，他說：「然考諸程子之言，則以爲高祖有服，不可不祭，雖七廟五廟，亦止於高祖，雖三廟一廟，以至祭寢，亦必及於高祖，但有疏數之不同耳，疑此最爲得祭祀之本。」〔註 96〕

二、宗族社會

《爾雅》有言：「父之黨爲宗族」〔註 97〕，《禮記》云：「親親以三爲五，以五爲九，上殺、下殺、旁殺而親畢矣。」〔註 98〕《尚書》亦云：「克明俊德，以親九族」。〔註 99〕因此只要是出自於同一祖宗的同姓族人，彼此間自然會有著「血濃於水」的親切感，也自然會對自己的宗族發揮高度的凝聚力和向心

〔註 92〕清・胡培翬，黃智明點校，《胡培翬集・庶人寢室考》，臺北：中研院文哲所，2005 年 11 月，頁 367。

〔註 93〕宋・程頤，潘富恩導讀，《二程遺書・伊川先生語八上》卷二十二（上），上海：古籍出版社，2000 年 12 月，頁 341。

〔註 94〕同註 93，《二程遺書・伊川先生語一》卷十五，頁 219。

〔註 95〕同註 94，頁 214。

〔註 96〕宋・朱熹，《朱熹集・答汪尚書論家廟書（癸巳）》卷三十，四川：教育出版社，1997 年 5 月初版二刷，頁 1283。

〔註 97〕《爾雅・釋訓》卷四（阮元重刊宋本），晉・郭璞注；宋・邢昺疏，臺北：藝文印書館，1976 年 5 月六版，頁 61～62。

〔註 98〕《禮記・喪服小記》卷三十二（阮元重刊宋本），漢・鄭玄注；唐・孔穎達等正義，臺北：藝文印書館，1976 年 5 月六版，頁 591。

〔註 99〕《尚書・堯典》卷二（阮元重刊宋本），漢・孔安國傳；唐・孔穎達等正義，臺北：藝文印書館，1976 年 5 月六版，頁 20。

力。我國的宗族組織，在人類學上稱之爲「世系群」（在此指 lineage）之一特例。所謂的世系群，乃指一群由同一祖先的後裔所組成的血緣團體。它既是以血緣爲主的親屬團體，又是「聚族而居」的地緣單位。此外，它還具有許多依據「共同興趣」而作的集體行爲，如建蓋紀念祖先的祠堂，並且擁有族產，以其所收之租，作爲祭祖及團結宗誼的常年經費。因此中國的宗族，成爲世界親屬組織不易多見的特殊個案。〔註 100〕

中國社會，向來就以家族爲本位。〔註 101〕族，是表示親屬的關係，且能相互連繫。〔註 102〕《白虎通》云：「族者，湊也，聚也，謂恩愛相流湊也。」〔註 103〕透過族親間高度的凝聚力，就能產生「上湊高祖，下至元孫。一家有吉，百家聚之，合而爲親，生相親愛，死相哀痛」〔註 104〕的仁愛襟懷，將族人間血濃於水的感情底蘊作充分的發揮，從而讓整個宗族成員，彼此都能更親密和睦，因此《尚書・堯典》才會有「以親九族」〔註 105〕的宏觀論述。明人方孝孺（1357～1402）亦有「爲家以正倫理、別內外爲本，以尊祖睦族爲先」〔註 106〕的具體鋪陳。今人莊英章則說：「中國是一個父系社會，傳統上是以父系親屬爲交往重心。」〔註 107〕宗族與家族其實是一體的兩面，它是同一個男性祖先的子孫，若干世代相聚在一起，按照一定的族規，以血緣關係爲紐帶結合而成的社會組織型態（攸關親族之間的關係，請參閱書影 2-3）。〔註 108〕

〔註 100〕唐美君，〈臺灣傳統的社會結構〉，《臺灣史蹟源流》，南投：臺灣省文獻委員會，1981 年 11 月，頁 228～230。

〔註 101〕楊亮功，〈中國家族制度與倫理思想〉，《譜系與宗親組織》，臺北：中國地方文獻學會，1985 年，頁 262。

〔註 102〕陳大絡，〈宗法、宗譜、宗族的遡源〉，《譜系與宗親組織》，中國地方文獻學會發行，1985 年，頁 190。

〔註 103〕漢・班固，清・陳立疏證，《白虎通疏證・宗族》卷八，臺北：廣文書局，2004 年 10 月再版，頁 472。

〔註 104〕同註 103。

〔註 105〕《尚書・堯典》卷二（阮元重刊宋本），漢・孔安國傳；唐・孔穎達等正義，臺北：藝文印書館，1976 年 5 月六版，頁 20。另見《禮記・喪服小記》卷三十二，頁 591：「親親以三爲五，以五爲九。」鄭《注》云：「己上親父，下親子三也。以父親祖，以子親孫五也。以祖親高祖，以孫親玄孫九也。」

〔註 106〕明・方孝儒，《遜志齋集・雜誡》，卷一（上海涵芬樓景印明嘉靖辛酉王可大台州刊本），《四部叢刊・集部》，臺北：臺灣商務印書館，1979 年 11 月，頁 30。

〔註 107〕莊英章，〈家族結構與生育模式——一個漁村的田野調查分析〉，《中央研究院民族所集刊》第五十九期，1985 年春季，頁 66。

〔註 108〕徐揚杰，《宋明家族制度史論》，北京：中華書局，1995 年 11 月，頁 1。

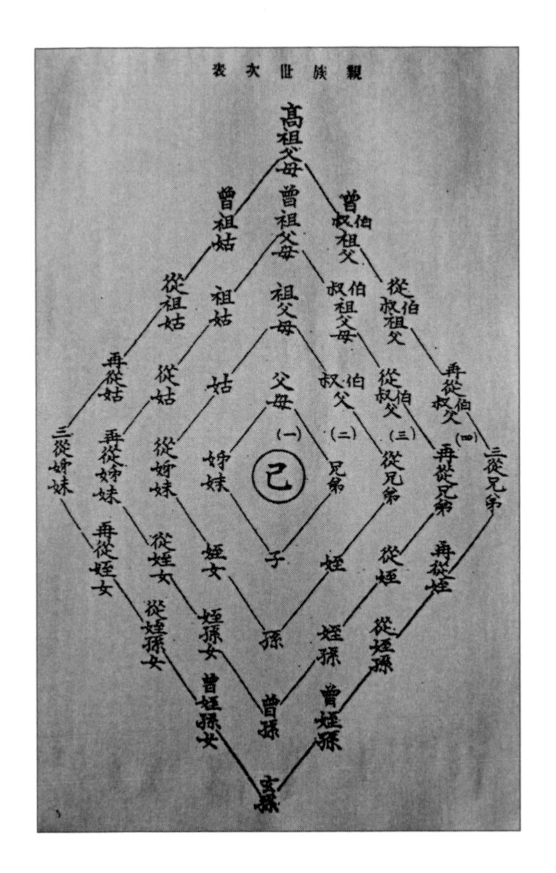

書影 2-3：親族世次表

（取材自「臨時臺灣舊慣調查會」編，《臺灣私法》第二卷下，頁 75）

《尚書・堯典》云：「克明俊德，以親九族。九族既睦，平章百姓。」漢・孔安國《傳》曰：「九族，上自高祖，下至玄孫，凡九族。」〔註 109〕「九族」說法頗爲紛歧。《白虎通疏證・宗族》說：「族所以有九何？九之爲言究也，親疏恩愛究竟，謂之九族也。父族四、母族三，妻族二。四者謂，父之姓爲一族也，父女昆弟適人有子爲二族也，身女昆弟適人有子爲三族也，身女子適人有子爲四族也。母族三者，母之父母爲一族也，母之昆弟爲二族也，母之女昆弟爲三族也。母昆弟者，男女皆在外親，故合而言之。妻族二者，妻之父爲一族，妻之母爲二族，妻之親略，故父母各一族。」〔註 110〕宋人王應

〔註 109〕《尚書・堯典》卷二（阮元重刊宋本），漢・孔安國傳；唐・孔穎達等正義，臺北：藝文印書館，1976 年 5 月六版，頁 20。

〔註 110〕漢・班固，清・陳立疏證，《白虎通疏證・宗族》（光緒元年（1875 年）春淮南書局刊）卷八，臺北：廣文書局，2004 年 10 月再版，頁 472～473。

麟（1223～1296）《小學紺珠》則云：「九族：外祖父，外祖母，從母子，妻父，妻母，姑之子，姊妹之子，女子之子，己之同族。」〔註 111〕在這林林總總說法之中，孔安國論述的九族應是目前接受度比較廣泛的一組。

中國古代的宗法，是以同一祖先的氏族爲中心的制度，而且是根據其血統的親疏遠近，區分爲嫡庶親疏的等級，並畫分爲大宗、小宗、近宗、遠宗等的不同區別。所謂的宗，就是祖的意思；古人把它分別爲嫡庶親疏的統系，稱所自出的祖叫做宗，有如大宗、小宗；所以凡是同姓的，都叫做同宗。〔註 112〕

今人林瑤棋則認爲宗族與家族在定義上還是有所不同，宗族是由眾多相同血緣家族聚集而成，而家族則是由許多相同血緣家庭聚集而成。質而言之，由家庭而家族而宗族，再由許多宗族聚合成社會或國家，它是環環相扣的。家族即是家庭的擴展，宗族則是家族的再擴展。擁有同一高祖血緣內眾體稱之爲家族，亦稱「五服內親人」，至於高祖以上同血緣親群體則稱爲宗族。中國人的宗族制度眞正推廣到庶民百姓是明朝後期以後，與此同時，庶民宗族開始走向組織化與制度化，這種庶民家庭以祠堂、族產、譜牒爲主要外顯標誌，其中更以祠堂爲最主要特徵。〔註 113〕對於祠堂的實質功能，《珠浦許氏族譜・金門始祖家廟整建落成誌》有如是的爬梳：「建家廟，立祠堂，所以明昭穆，光祖德，追木本，溯水源，俎豆馨香，崇宗祊之永耀，燕翼貽謀，冀世代以長光。」〔註 114〕中國學者徐揚杰在《宋明家族制度史論》亦云：家族就是同一個男姓祖先的子孫，經過若干世代相聚，並按照一定的規範，以血緣關係爲紐帶結合而成的一種特殊的社會組織形式。〔註 115〕

放眼全世界，中國的家族制度是相當特殊的。今人王崧興曾融合謝繼昌與 Kulp 的層次概念，認爲中國家族的研究必須建立在多層次的定義，始能眞正闡明其功能。因爲中國的家族制度是建立在兩個互爲矛盾的基礎上。一方面有著分裂的趨勢，表現在分家的過程；另一方面在分裂之中，則又有強而

〔註 111〕宋・王應麟，《小學紺珠・人倫類》卷三（據明崇禎毛晉校刊津逮秘書本影印），《百部叢書集成》，臺北：藝文印書館，1967 年，頁 1a～1b。

〔註 112〕陳大絡，〈宗法、宗譜・宗族的遡源〉，載《譜系與宗親組織》，中國地方文獻學會，1985 年，頁 187～188。

〔註 113〕林瑤棋，〈臺灣宗教制度瓦解之危機〉，《歷史月刊》第二三七期，2007 年 10 月，頁 46～49。

〔註 114〕金門許氏家廟整建委員會，〈金門始祖家廟整建落成誌〉，金門許氏宗親會出版，《珠浦許氏族譜・序誌》，1987 年 4 月，頁 216～217。

〔註 115〕徐揚杰，《宋明家族制度史論》，北京：中華書局，1995 年 11 月，頁 1。

有力的父系觀念而再結合的傾向，特別是表現在「家戶群家族」，「祭祀家族」或「慣習家族」的擴展。〔註116〕

據日本學者遠藤隆俊考辨，北宋時代的宗族制度並沒有在社會中被廣泛建立，宋皇室對族產的保護等優遇措施也還沒有眞正獲得落實。這個時候的士大夫們爲了維護自身的地位、身份和財產，於是「墳寺制度」就成爲賡續家族和宗族運作的機制。這種制度直到元朝還被沿用，當時的墳寺的確發揮了和祠堂一樣的功能。明代以後，墳寺的祭祀逐漸被家廟和祠堂所取代，而成爲「敬宗收族」的主流意識。〔註117〕明人楊榮《文敏集》認爲北宋時期「立祠於墓以祀者，禮從義起」〔註118〕誠不失爲過渡時期的權宜之計。

近代的宗族實質上是宋元時代以來宗族的延續和發展。宋代，由於社會經濟文化的高度發展而產生巨大的變化。在經濟領域上出現了新興的契約租佃制度，思想文化領域出現了由舊儒學改造而來的理學，而社會生活領域則是宗族組織在新條件下的恢復和重建。此一現象實得力於宋代理學家們的倡揚。當時諸如程顥（1032～1085）、程頤（1033～1107）、張載（1020～1077）、朱熹（1130～1200）等大儒都曾極力倡導。〔註119〕張載有鑑於宗族運作對社會的安定，國家的強盛有著無法取代的重要性，故而特別呼籲：「管攝天下人心，收宗族，厚風俗，使人不忘本，須是明譜系世族，與立宗子法。宗法不立，則人不知統系來處。古人亦鮮有不知來處者。宗子法廢，後世尙譜牒，猶有遺風。譜牒又廢，人家不知來處，無百年之家，骨肉無統，雖至親，恩亦薄。」〔註120〕程頤也對宗子法遭到破壞而深感憂心，因此特別提出類似的呼籲：「宗子法廢，後世譜牒，尙有遺風。譜牒又廢，人家不知來處，無百年之家，骨肉無統，雖至親，恩亦薄。」〔註121〕宋儒陳淳（1159～1223）亦云：

〔註116〕王崧興，〈論漢人社會的家戶與家族〉，《中央研究院民族所集刊》第五十九期，臺北：中央研究院，1985年春季，頁123～124。

〔註117〕（日）遠藤隆俊，〈宋元宗族的墳墓和祠堂〉，刊《中國社會歷史評論》第九卷，2006年，頁72。

〔註118〕明・楊榮，《文敏集・重修河南程氏三先生墓祠記》卷十，載《四庫全書珍本》四集，頁1。

〔註119〕鄧河，〈中國近代宗族組織探析〉，載《大同高等專科學校學報》（綜合版），1994年第三期，頁57～69。

〔註120〕宋・張載，《張子全書・宗法》卷四，《文淵閣四庫全書本・子部》六九七冊，臺北：臺灣商務印書館，1986年7月初版，頁154。

〔註121〕宋・程頤，《二程遺書・伊川先生語一》卷十五，上海：上海古籍出版社，2000年12月第一次印刷，頁209。

「故上有以事祖禰而盡尊尊之義，下有以合族屬而篤親親之恩，是雖歷世代愈遠，分枝系愈蕃，而人知宗派所自來，本支昭穆不亂，而宗廟常嚴，家有宗黨時相接，長幼疏戚有紀，而骨肉不離。」〔註 122〕宗法制度的落實，誠乃家族延續繁榮的不二法門。

范仲淹（989～1052）云：「吳中宗族甚眾，於吾固有親疎，然以吾祖宗視之，則均是子孫，固無親疎也。茍祖宗之意無親疎，則飢寒者吾安得不卹也？自祖宗來積德百餘年，而始發於吾得至大官，若獨享富貴而不卹宗族，異日何以見祖宗於地下，今何顏以入家廟乎？」〔註 123〕司馬光（1019～1086）〈禮部尚書張公墓志銘〉亦有「宗族雖甚疎遠，其貧窶者無不收恤，男女孤嫠者皆爲之婚嫁，無一人失所者」〔註 124〕的鋪陳。對一個宗族而言，「立家廟以薦烝嘗，設家塾以課子弟，置義田以贍貧乏，修族譜以聯疎遠」〔註 125〕應該是刻不容緩的當務之急，更是族中所有成員責無旁貸的神聖任務。

宋人黃幹（1152～1221）在〈書新淦郭氏敘譜堂記〉言：「族系之所自出，雖枝分派別，推而上之，皆吾祖宗之一氣耳，可不知所愛乎？不知所愛，則上負於天地，下愧於祖宗矣。」〔註 126〕卹宗濟族在宋代已成合族屬、篤親恩的世俗典律。朱熹〈集賢學士劉公〉與〈御史中丞呂公〉則分別載錄劉敞（1019～1068）「居家不問有無，喜賙宗族。既卒，家無遺財」〔註 127〕，以

〔註 122〕宋・陳淳，《北溪大全集・宗說上》卷十三，景印故宮博物院所藏文淵閣《四庫全書珍本》四集，臺北：臺灣商務印書館，1935 年，頁 4b。

〔註 123〕宋・劉清之，《戒子通錄・范文正》卷六，《文淵閣四庫全書本・子部》七〇三冊，臺北：臺灣商務印書館，1986 年 7 月，頁 71。另見宋・朱熹，《三朝名臣言行錄》卷七之二，《四部叢刊・史部》（上海涵芬樓借海鹽張氏涉園藏宋刊本景印），頁 356～357 亦載：（范文正公）語諸子弟曰：「吾吳中宗族甚眾，於吾固有親疎，然吾祖宗視之，則均是子孫，固無親疎也。吾安得不恤其飢寒哉？且自祖宗來積德百餘年，而始發於吾得至大官，若獨饗富貴而不恤宗族，異日何以見祖宗於地下，今亦何顏以入家廟乎？故恩例俸賜常均族人，并置義田宅云。」

〔註 124〕宋・司馬光，《傳家集・禮部尚書張公墓志銘》卷七十六，《文淵閣四庫全書本・集部》一〇九四冊，臺北：臺灣商務印書館，1986 年 7 月初版，頁 696。

〔註 125〕清・聖祖頒諭、清世宗繹釋，《聖諭廣訓》，《文淵閣四庫全書本・子部》七一七冊，臺北：臺灣商務印書館，1986 年 7 月，頁 594。

〔註 126〕宋・黃幹，《勉齋集・書新淦郭氏敘譜堂記》卷二十二，《文淵閣四庫全書本・集部》一一六八冊，臺北：臺灣商務印書館，1986 年 7 月初版，頁 241～242。

〔註 127〕宋・朱熹，《三朝名臣言行錄・集賢學士劉公》卷四之四，《四部叢刊・史部》（上海涵芬樓借海鹽張氏涉園藏宋刊本景印），頁 399。

及御史中丞呂公「常分俸之半以給宗族之孤嫠者，室無餘貲」〔註128〕濟助族人的感人事蹟。

宋代學者鄭玉道在《琴堂諭俗編·睦宗族》有言：「親者，身之所自出者。祖者，又親之所自出。則愛吾身與吾親者，不可不以不尊祖。推尊祖之心而下之，則宗族者，皆祖之遺體，可不敬乎？敬宗族者，尊祖之義也。古者聖人等人情之輕重，立爲五服以別親疎，以定上下。上以治祖禰，下以治子孫，旁以治兄弟。歲時之間，合族以食，序以昭穆，別以禮義，使之生則有恩以相懽（歡），死則有服以相哀，然後宗族之義重。」〔註129〕近人許清增在〈八罩風門山許氏修譜前言〉亦言：「吾身之所自出是親也，親之所自出是祖也，吾身之所同出是族也。」〔註130〕由身而親，由親而族，血緣鏈是如此的密切，吾人又豈可不敬宗、不睦族乎？

明人蕭雍也說：「世族瓜瓞綿遠，本支蕃盛。或同居，或析居。其初一人之身耳。譬之於樹，千枝萬葉而根同。譬之於水，九河百川而源同。」〔註131〕在宗族人口不斷地繁衍後，其後裔要想追溯「祖宗」根源將會日趨困難，特別是在年湮代遠後，族人因戰亂等種種因素而遷徙他方後，人們對「祖宗」僅能變成模糊的記憶與概念。儘管實務上有其困難度，但尊祖、敬宗的傳統卻仍是中國人數千年來根深柢固的價值觀。〔註132〕

宋代以降，以「敬宗收族」爲底蘊的宗族組織，在福建地區特別發達，究其因，除開理學家的倡揚外，遠自中原南遷移民的大舉遷入，也是造成這種血緣聚族而居的主因。〔註133〕據今人徐揚杰的辨析，這種承襲自宗子法精神的封建制度，已因應時代脈動而蛻變成爲兩種新形式：一是由個體小家庭組成的聚族而居的家族組織，這種家庭組織，就是已經分裂成個體小家庭的同一個祖先的子孫，用祠堂、家譜和族田這三種東西連結起來，世代相處在

〔註128〕同註127，《三朝名臣言行錄·御史中承呂公》卷五之三，頁461。

〔註129〕宋·鄭玉道，《琴堂諭俗編·睦宗族》卷上，《文淵閣四庫全書本·子部》八六五冊，臺北：臺灣商務印書館，1986年7月初版，頁230。

〔註130〕許清增，〈八罩風門山許氏修譜前言〉，金門許氏宗親會出版，《珠浦許氏族譜·序誌》，1987年4月，頁216。

〔註131〕明·蕭雍，《赤山會約·睦族》，《叢書集成新編》第二十五冊，臺北：新文豐出版社，1985年元月初版，頁488。

〔註132〕游彪、尚衍斌、吳曉亮等，鍾敬文主編《中國民俗史》（宋遼金元卷），北京：人民出版社，2008年2月，頁138。

〔註133〕陳啓鍾，《明清閩南宗族意識的建構與強化》，廈門：廈門大學出版社，2009年1月，頁30～31。

一起，聚族而居〔註134〕，如宋代光澤縣李呂宗族「聚族千指……爲會宗法，歲時設遠祖位，合族薦獻飲福。」〔註135〕這種「聚族而居」的宗族制度，就成爲明清以降的主流意識。目前金門地區的宗族社會形態基本上就是襲用此一精神。

二是累世同居共財的大家庭制度。重孝揚悌、同居共財，乃至官吏以薪俸散濟族眾，都是此一時期宗族觀念的集中體現，特別是魏晉以來相沿成習的良風美俗，如曹魏楊播「家世純厚，並敦義讓，昆季相事，有如父子。……一家之內，男女百口，緦服同爨，庭無間言。」〔註136〕晉代盧氏兄弟「淵、昶等並循父風，遠親疏屬，敘爲尊行，長者莫不畢拜致敬。閨門之禮，爲世所推。謙退簡約，不與世競。父母亡，然同居共財，自祖至孫，家內百口。……然尊卑怡穆，豐儉同之。」〔註137〕李几「七世共居同財，家有二十二房，一百九十八口，長幼濟濟，風禮著聞，至於作役，卑幼競進。」〔註138〕《鶴林玉露・陸氏義門》亦載：「陸象山（1139～1193）家于撫州金谿，累世義居。一人最長者爲家長，一家之事聽命焉。逐年選差子弟分任家事。或主田疇，或主租稅，或主出納，或主廚爨，或主賓客。……每晨興，家長率眾子弟致恭于祖禰祠堂，聚揖于廳，婦女道萬福于堂。」〔註139〕河東永樂「姚氏世爲農，無爲學者，家不甚富，田數十頃，聚族百餘口，子孫躬耕農桑，僅能給衣食，歷三百餘年，無一人辭異者。經唐末、五代兵戈亂離，子孫保守墳墓，骨肉不相離散，求之天下，未或有也。」〔註140〕這些都是透過同居共財的方式，廣收濟族宏效的實例。

再則，身膺公職的官員，散盡俸祿濟助族親的善舉義行，也是此一時期值得觀察之處，特別是受到「振贍匱乏，務先九族」〔註141〕慣習影響，官員

〔註134〕徐揚杰，《宋明家族制度史論》，北京：中華書局，1995年11月，頁13。

〔註135〕宋・周必大，《文忠集・澹軒集》卷七十五，《文淵閣四庫全書本・集部》一一四七冊，臺北：臺灣商務印書館，1986年7月初版，頁789～790。

〔註136〕北齊・魏收，《魏書・楊播傳》卷五十八，臺北：鼎文書局，1980年6月三版，頁1302。

〔註137〕同註136，《魏書・盧玄傳》卷四十七，頁1062。

〔註138〕同註136，《魏書・李几傳》卷八十七，頁1896。

〔註139〕宋・羅大經，《鶴林玉露・陸氏義門》卷五丙編，北京：中華書局，1983年8月，頁323～324。

〔註140〕宋・王闢之，《澠水燕談錄・忠孝》卷四，北京：中華書局，1981年3月，頁38。

〔註141〕東漢・崔寔，《四民月令・清明節》（大關唐鴻學輯刻于成都），《叢書集成續

紛紛以自己的俸給濟助族人而蔚為風尚，如東漢宋弘「所得租奉分贍九族，家無資產，以清行致稱」〔註142〕；韋彪「清儉好施，祿賜分與宗族，家無餘財」〔註143〕；南朝陳陸瓊「園池室宇，無所改作，車馬衣服，不尚鮮麗，四時俸祿，皆散之宗族，家無餘財」〔註144〕；南朝齊張稷「歷官無蓄聚，祿俸皆頒之親故，家無餘財」〔註145〕；北魏楊愔「輕貨財，重仁義，前後賞賜，積累巨萬，散之九族，架篋之中，唯有書數千卷」〔註146〕，此類散盡貲財，致力於濟助族親的義行，在魏晉南北朝期間史不絕書。〔註147〕流風所及，一時蔚為時尚。入唐以後仍代有其人，如唐代張公藝「九世同居」；五代江州陳氏「宗族七百口合席共食」〔註148〕；宋代建昌縣民洪文撫六世義居，室無異爨，就所居雷湖北側創建書院，提供學子就學館舍，宋太宗甚至賜以「義居人」的恩寵〔註149〕；徐承珪與兄弟三人及其族三十口同甘藜藿，彼此間衣服相讓，歷經四十年而不改其志〔註150〕；胡仲堯，累世聚居，人數多至數百口〔註151〕；陳昉十三世同居，長幼七百餘口，不畜僕妾，上下姻睦，人無間言。每食，必群坐廣堂，未成人者別為一席。家中有犬百餘隻，亦置一槽共食，一犬不至，群犬亦皆不食。為廣教化，更闢建書樓於別墅，「鄉里教化，爭訟

編》三十冊，臺北：新文豐出版社，1989年7月，頁634。

〔註142〕南朝宋・范曄，《後漢書・宋弘傳》卷二十六，臺北：鼎文書局，1981年4月四版，頁903～904。

〔註143〕同註142，頁920。

〔註144〕唐・李延壽，《南史・陸瓊傳》卷四十八，臺北：鼎文書局，1981年元月三版，頁1201。

〔註145〕唐・姚思廉，《梁書・張稷傳》卷十六，臺北：鼎文書局，1980年3月三版，頁272。

〔註146〕唐・李延壽，《北史・楊播傳》卷四十一，臺北：鼎文書局，1980年12月三版，頁1504。

〔註147〕王善軍，《宋代宗族和宗族制度研究》，河北：教育出版社，2000年1月第一次印刷，頁14～15。

〔註148〕宋・陳淳，《北溪大全集・食燕堂記》卷九，景印故宮博物院所藏文淵閣《四庫全書珍本》四集，臺北：臺灣商務印書館，1935年，頁12。

〔註149〕宋・李燾，《續資治通鑑長編》卷四十一（宋太宗至道三年，西元997年），《文淵閣四庫全書本・子部》三一四冊，臺北：臺灣商務印書館，1986年7月初版，頁539。另見元・脫脫等，《宋史・孝義傳》卷四五六，臺北：鼎文書局，1980年5月再版，頁13390。

〔註150〕元・脫脫等，《宋史・孝義傳》卷四五六，臺北：鼎文書局，1980年5月再版，頁13386。

〔註151〕同註150，頁13390。

稀少。」〔註 152〕對這批推廣教化不遺餘力的社會清流，宋王朝遂由減免賦稅與獎賞物品兩方面予以實質褒賞〔註 153〕，從太祖、太宗以來，「至於數世同居，輒復其家。」〔註 154〕眞宗天禧四年庚申（1020 年），侍御史韓億上書敦請朝廷對「同居七百口，凡八世，四百年」的方氏，優免稅錢四百餘千，獎賞米糧二千五百斛，眞宗乃下詔「本州（池州）凡有科率量優勉之。」〔註 155〕哲宗元祐七年壬申（1092 年）更旌獎青溪縣百姓宋安世「九代一門」，詔賜米絹各五十石匹。〔註 156〕或優以科舉，或賜以米絹，或予以旌揚，或減免傜役，寵錫均極其優渥。

有宋一代，因敦宗睦族而蔭及族人，甚至衍生成同居共財的大家族，已蔚爲爲社會流行習風。這些豪門巨族不但能獲得皇室敕封「義門」的令譽，成爲人人欽羡的對象，更可以享有減免傜役的特權。爲了能長期鞏固這得來不易的社會地位，身爲大家長者乃著爲家訓，傳之子孫。如宋代三朝元老王嗣宗就以「尤睦宗族，撫諸姪如己子，著遺戒以訓子孫勿得析居」〔註 157〕而馳名。黽勉子孫之餘，更不忘自身親體力行。臨終之前，還不忘遺命其後裔「以《孝經》、弓劍、筆硯置壙中。」〔註 158〕王氏生前死後用心之良苦，於此即可見其梗概。《幼學瓊林》言道：「非遵象山之三聽，焉能亢宗；必師公藝之百忍，斯堪裕後。」〔註 159〕陸象山一家世代同居，家中最年長者每晨必率子姪，到家祠內擊鼓三通，命子弟中一人唱「三聽之歌」，若不能體行陸象山的三聽之言，怎能護佑宗族的傳續？而能師法唐代張公藝凡事以忍爲先的美德，後代才能得庇蔭與安享豐裕的生活。〔註 160〕

〔註 152〕元・脫脫等，《宋史・孝義傳》卷四五六，臺北：鼎文書局，1980 年 5 月再版，頁 13391。

〔註 153〕王善軍，《宋代宗族和宗族制度研究》，河北：教育出版社，2000 年 1 月第一次印刷，頁 166。

〔註 154〕同註 152，頁 13386。

〔註 155〕宋・李燾，《續資治通鑑長編》卷九十六，《文淵閣四庫全書》，臺北：臺灣商務印書館，頁 490～491。

〔註 156〕同註 155，《續資治通鑑長編》卷四七二，頁 186。

〔註 157〕元・脫脫等，《宋史・王嗣宗傳》卷二八七，臺北：鼎文書局，1980 年 5 月再版，頁 9651。

〔註 158〕同註 157。

〔註 159〕簡美玲註譯，《幼學瓊林》，臺北：文國書局，1998 年 5 月第一版第一刷，頁 207。

〔註 160〕同註 159。

宋元以還，家族重視教育，主要表現在族學、義學的創辦。以本宗家族青少年爲招收對象的私學、義塾應始自宋代范仲淹。范氏以義田千畝爲辦學基金，創建了贍養宗族貧乏、養而兼教的義學，開族學教育風氣之先。家族興學經費率皆來自家族祭田，也有族人捐贈等渠道，辦學場所一般都以宗祠權充教室，藉此教育族眾，俾使人人皆成爲優質的社會精英。清末民初以降，許多家族族繁居異，要繼續維繫大家族運作，宗法觀念的倡揚，族譜的修撰，宗祠的肇建，更成爲刻不容緩的要圖。〔註 161〕《禮記．哀公問》云：「脩其宗廟，歲時以敬祭祀，以序宗族。」〔註 162〕《中庸》亦云：「春秋修其祖廟，陳其宗器，設其裳衣，薦其時食。」〔註 163〕唯有透過相關系列的宗族運作，方能具體發揮「敬宗收族」功能性機制。

據中國學者陳支平研究指出，宋明以來的中國家族制度及其組織，已逐漸演化成爲一個多種矛盾兼容並蓄，且又彼此相互協調的「多元性」結構。在組織觀念上，它既是精神道德層面的，同時又具有實用功利的面相；在經濟形態上，它既有家族的公有族產，又容許擁有家庭的私有財產；在階級觀念上，它既奉行敬宗睦族的平等價值觀，同時又強調「以宗以爵」、「以德以年」的族長領導權威性；在與官府的互動上，它既有割據、對抗的面相，又有相互支援，密切合作的情況；在家族對外關係上，家族間彼此均能發揮高度凝聚力；在家族內部成員互動上，卻又往往會出現強凌弱、眾暴寡的不和諧畫面。〔註 164〕這種「多元性」家族結構，歷經近千年的淬練與嘗試，並沒能隨著時空的轉換而有所改變，特別是在以傳統農村社會結構爲基調的島縣金門，這種「多元性」的家族特色更是展露無遺。

第二節　從禮經到朱子《家禮》的祭禮

禮樂文化是儒家思想相當重要的精神底蘊。儒家經典中除《周禮》、《儀

〔註 161〕于秀萍，〈晚清民國以來的河北宗族述略——以河北宗族族譜爲中心〉，《中國社會歷史評論》第九卷，2008 年，頁 153～165。

〔註 162〕《禮記．哀公問》卷五十（重刊宋本），臺北：藝文印書館，1976 年 5 月六版，頁 848。

〔註 163〕《禮記．中庸》卷五十二（重刊宋本），漢．鄭玄注；唐．孔穎達等正義，臺北：藝文印書館，1976 年 5 月六版，頁 886。

〔註 164〕陳支平，《民間文書與明清東南族商研究》，北京：中華書局，2009 年 7 月，頁 21。

禮》和《禮記》這三部禮典外，其它典籍如《詩經》、《左傳》、《論語》、《荀子》、《孟子》等，亦率皆以禮爲主要訴求，特別是以禮爲核心價值的荀子，更是時刻不忘以禮教化世人。而朱熹的《家禮》則祖述《儀禮》，參酌《開元禮》，及司馬溫公的《書儀》，並予以簡易化，將貴族的禮徹底普面化、平民化。

一、祖《儀禮》，因《書儀》

俗諺有云：「禮起於俗」。許愼（約公元 58 年～約公元 147 年）《說文解字》曰：「俗，習也。」段玉裁（1735～1815）《注》云：「凡相效謂之習。」〔註 165〕《漢書・王吉（？～公元 484 年）傳》：「百里不同風，千里不同俗。」〔註 166〕「風」是指地理環境的差別，「俗」是因地域之不同而產生的差異。〔註 167〕漢代設有風俗使，「常以時分適四方，覽觀風俗」〔註 168〕，皇室就以此作爲評鑑施政良窳的參考指標。源起於原始社會約定俗成的禮，並不是由少數人所制定〔註 169〕，而是經過長時間的實踐醞釀，才逐步形成一套固定的儀式。朱子云：「禮者，天理之節文，人事之儀則也。」〔註 170〕進入階級社會後，統治者則藉由禮來作爲推行政教的工具，所謂「禮，政之輿也。」〔註 171〕《左傳・隱公十一年・傳》說：「禮，經國家，定社稷，序民人，利後嗣者也。」〔註 172〕元人吳澄（1249～1333）《三禮考註・序》亦言：「禮也者，先王之所

〔註 165〕東漢・許愼，清・段玉裁注，《說文解字注》，臺北：天工書局，1998 年 8 月，頁 376。

〔註 166〕漢・班固，清・王先謙補注，《漢書補注・王吉傳》卷七十二，臺北：藝文印書館，1996 年 8 月初版四刷，頁 1365。

〔註 167〕吳安安，《五禮名義考辨》，臺北：花木蘭文化出版社，2010 年 3 月，頁 28。

〔註 168〕漢・應劭，民國・王利器注，《風俗通義校注》，臺北：漢京文化公司，1983 年 9 月，頁 1。

〔註 169〕甘懷眞，《皇權、禮儀與經典詮釋：中國古代政治史研究》，臺北：國立臺灣大學出版中心，2004 年 6 月，頁 10。

〔註 170〕宋・黃幹，〈家禮後〉，載《家禮》（宋刻本。南宋淳祐五年杭州刻（1245 年）五卷本加附錄一卷），1992 年 11 月第一次印刷，頁 573～577。

〔註 171〕《春秋左傳・襄公二十一年》卷三十四：「禮，政之輿也。政，身之守也。」（重刊宋本），晉・杜預注；唐・孔穎達等正義，臺北：藝文印書館，1976 年 5 月六版，頁 593；另同書《僖公十一年》卷十三則云：「禮，國之幹也。敬，禮之輿也。」頁 222。

〔註 172〕《春秋左傳・隱公十一年・傳》卷四（阮元重刊宋本），晉・杜預注；唐・孔穎達等正義，臺北：藝文印書館，1976 年 5 月六版，頁 81。

以爲教也。天之經也，地之義也，民之行也。」〔註 173〕《荀子（公元前 313～238）・大略篇》則云：「禮之於正國家也，如權衡之於輕重也，如繩墨之於曲直也。故人無禮不生，事無禮不成，國家無禮則不寧。」〔註 174〕是此乃見小自個人，大至社會、國家，禮都如同「繩墨之於曲直，規矩之於方圓」般的重要。

《說文》載錄：「禮，履也，所以祀神致福也。」〔註 175〕就文字學言，禮字從示從豊，示爲天垂象以示人，指神道而言。豊，象形爲祭器中有豐盛之禮品。能實踐而履行的始可謂之禮。禮爲實際行爲之表現，行爲必須合理，始可稱之爲禮。〔註 176〕劉勰（約 465 年～？）《文心雕龍・宗經篇》云：「禮以立體，據事制範，章條纖曲，執而後顯。」〔註 177〕體指事體而言，凡一切事皆當建立合理之制度，始能被芸芸眾生所接納。〔註 178〕

「禮」字的原始意義，當是指一切和祭祀有關的行爲和祭器。就「禮」的本義而言，則與祭祀時的鼓聲節奏有關。〔註 179〕至於「禮」的內容則由祭祀鬼神，再逐步擴大到人的一切行爲準則。由簡單而趨於複雜的科儀，於是需要有行禮的節目單，並由專責行禮的機構及人員掌控。歷經長時期的發展，始有今天《儀禮》篇章的問世。〔註 180〕案，《漢書・藝文志》有「《禮古經》五十六卷」〔註 181〕的記載。《隋書・經籍志》亦載稱，河間獻王〔註 182〕曾收

〔註 173〕元・吳澄，《三禮考註・序》（據明成化九年（1473 年），謝士元刻本縮印），《北京圖書館古籍珍本叢書》，北京：書目文獻出版社，頁 471。

〔註 174〕周・荀況，清・王先謙《荀子集解》卷十九，臺北：藝文印書館，2007 年 3 月初版八刷，頁 783～784。

〔註 175〕東漢・許慎，清・段玉裁注，《說文解字注》，臺北：天工書局，1998 年 8 月，頁 2。

〔註 176〕周紹賢，《荀子之禮論》，載《輔仁學誌》（文學院之部），新莊：輔仁大學輔仁學誌編輯委員會編輯，1979 年 6 月，頁 20。

〔註 177〕梁・劉勰，民國・王師更生注譯，《文心雕龍讀本》卷一，臺北：文史哲出版社，1986 年 11 月再版，頁 34。

〔註 178〕周紹賢，《荀子之禮論》，載《輔仁學誌》（文學院之部），新莊：輔仁大學輔仁學誌編輯委員會編輯，1979 年 6 月，頁 20。

〔註 179〕林素玟，《《禮記》人文美學探究》，臺北：文津出版社，2001 年 10 月，頁 246。

〔註 180〕錢玄，《三禮通論》，南京：師範大學出版社，1996 年 10 月，頁 10。

〔註 181〕漢・班固，《漢書・藝文志》卷三十，臺北：鼎文書局，1981 年 2 月四版，頁 1709。

〔註 182〕河間獻王劉德，公元前 155 年至公元前 129 年在位。見網頁：zh.wikipedia.org/zh-tw。

集得禮古經達五十六篇。〔註183〕《禮經》乃周朝時通行的禮制，即禮的本經，流傳至今者僅十七篇耳，此一數據蓋出於殘缺之餘。〔註184〕目前的《儀禮》雖僅剩十七篇，卻無損於其爲禮經源頭的卓越地位，舉凡冠、婚、喪、祭等禮儀皆應以《儀禮》爲濫觴，探討祭禮則應以《特牲饋食禮》,《少牢饋食禮》以及其下篇《有司徹》作爲習禮的範本。

《儀禮》不是古人預作一書，初始只是以義起，其後漸次相襲的行事準則。〔註185〕蓋「禮之本出於民之情，聖人因而道之耳。」〔註186〕《朱子語類》則言：「《儀禮》是經，《禮記》是解《儀禮》。」〔註187〕清儒李光地（1642～1718）《禮記纂編・序》亦云：「禮有經有傳。《儀禮》，禮之經也。《禮記》，禮之傳也。」〔註188〕據今人季旭昇考證，《儀禮》雖記周代之制，然僅存十七篇，又多爲士禮，且殘缺情況嚴重；《禮記》本爲補苴禮經、闡發禮義之記文，既非述禮之經，又文出多手，輯錄於漢代，其中難免參雜有秦漢學者之僞傳；《周禮》雖是周代官制，然經戰國諸儒之重組，恐非周代禮制原貌，是以後代學者探討周禮，除根據此三禮外，尚須輔以《易》、《書》、《詩》、《春秋》與「諸子百家」作旁證。〔註189〕儘管如此，《儀禮》仍是一切禮經之本源，故而《書儀》、《家禮》仍以《儀禮》爲本，同時又參考唐代《開元禮》中品官冠婚喪祭禮制的作法，〔註190〕自有其脈絡傳承之道理在。

朱子（1130～1200）一生重視考禮，而且把「禮」當作治國宏教的根本良方。朱子禮學思想的核心就在「因與時」的課題。所謂因，就是指因循、

〔註183〕唐・魏徵等，《隋書・經籍志一》卷三十二，臺北：鼎文書局，1980年6月三版，頁925。

〔註184〕邱衍文，《中國上古禮制考辨》，臺北：文津出版社，1990年6月，頁3。

〔註185〕宋・黎靖德編，《朱子語類・儀禮》卷八十五，湖南：岳麓書社，1997年11月，頁1970。

〔註186〕明・胡廣等，《性理大全書・禮樂》卷六十六，《四庫全書珍本・五集》，臺北：臺灣商務印書館，1935年，頁24b。

〔註187〕宋・黎靖德編，《朱子語類・儀禮》卷八十五，湖南：岳麓書社，1997年11月，頁1791。

〔註188〕清・李光地，《榕村集・禮記纂編・序》卷十，《文淵閣四庫全書本・集部》一三二四冊，臺北：臺灣商務印書館，1986年7月，頁677。

〔註189〕季旭昇，〈詩經吉禮研究〉，《國立臺灣師範大學國文研究所集刊》第二十八號，臺北：國立臺灣師範大學國文研究所，1984年6月，頁2。

〔註190〕楊志剛，〈《司馬氏書儀》和《朱子家禮》研究〉，《浙江學刊》，1993年第一輯，總第七十八期，頁111。

繼志承烈而言；所謂時，就是指變通、改革以契合時代脈動。〔註 191〕朱子說：「禮，時爲大。有聖人者作，必將因今之禮，而裁酌其中，取其簡易易曉而可行，必不至復取古人繁縟之禮，而施之於今也。古禮如此零碎繁冗，今豈可行？亦且得隨時裁損爾！」〔註 192〕《性理大全書》也云：「行禮不可全泥古，須當視時之風氣自不同，故所處不得不與古異，若全用古物亦不相稱，雖聖人作須有損益。」〔註 193〕禮的實踐當與時俱進，不可拘泥於窒礙難行的古禮，方能賦予禮新的生命。

「《家禮》一書，朱文公斟酌禮儀而爲之，簡便切當。不背於古，而宜於今。」〔註 194〕強調重今禮勝於重古禮的朱子也說：「居今而欲行古禮，亦恐情文不相稱，不若只就今人所行禮中刪修，令有節文制數等威足矣。」〔註 195〕朱熹就因爲體認到古禮難行於今世的實相，因此《家禮》的修撰，就以斟酌古今之宜爲最高指導原則。《家禮序》即云：「（熹）嘗獨究觀古今之籍，因其大體之不可變者，而少加損益於其間，以爲一家之書。大抵謹名分，崇愛敬，以爲之本。至其施行之際，則又略浮文，務本實。」〔註 196〕「《家禮》，有家之禮，非家家之禮也。」〔註 197〕以家庭禮儀爲經緯的《家禮》，全書共分五卷，一爲《通禮》，二爲《冠禮》，三爲《昏（婚）禮》，四爲《喪禮》，五爲《祭禮》。朱子承古而不泥古，並能針對不合時宜的儀節，以「從時俗」的角度作機動性調整。〔註 198〕《家禮》能夠普面化於社會各階層，通俗化、簡易化應

〔註 191〕蔡方鹿，〈朱熹之禮學〉，《朱子學刊》（總第八輯），1996 年第一輯，頁 73。

〔註 192〕宋・黎靖德編，《朱子語類・禮一》卷八十四，《文淵閣四庫全書・子部》七〇一冊，臺北：臺灣商務印書館，1986 年 7 月，頁 775。

〔註 193〕明・胡廣等，《性理大全書・禮樂》卷六十六，《四庫全書珍本》五集，臺北：臺灣商務印書館，1935 年，頁 24b。

〔註 194〕明・李時勉，《古廉文集》，卷三〈袁太守祠堂記〉（收錄於《四庫全書珍本》三集），頁 25。

〔註 195〕宋・黎靖德編，《朱子語類・禮一》卷八十四，《文淵閣四庫全書・子部》七〇一冊，臺北：臺灣商務印書館，1986 年 7 月，頁 774。

〔註 196〕宋・朱熹，《家禮・序》，載於《家禮》，宋刻本，南宋淳祐五年杭州刻（1245 年）五卷本加附錄一卷，1992 年 11 月第一次印刷，頁 587～590。案，本文亦見於郭齊、尹波點校，《朱熹集・家禮序》卷七十五，四川：四川教育出版社，1997 年 5 月第二次印刷，頁 3940。

〔註 197〕明・呂坤，《四禮疑・通禮》（北京大學圖書館藏明萬曆刻清同治光緒間補修呂新吾全集本），《四庫全書存目叢書・經部》一一五冊，臺北：莊嚴出版社，1995 年 9 月初版一刷，頁 39～40。

〔註 198〕林春梅，《宋代家禮家訓的研究》，臺北：花木蘭文化出版社，2010 年 3 月，

是箇中主因。

禮之在天下，本不可一日無有。秦火之後，禮文隳壞，王道蕩然。這期間好禮之士，如唐代孟詵（621～713）；宋代韓琦（1008～1075）、程顥（1032～1085）、程頤（1033～1107）、張載（1020～1077）諸位禮儀大家，也都曾編訂「家禮」。〔註 199〕「家禮」是一種規範家族成員之間彼此活動交際的行爲準則，包括婚、喪、冠、祭等內容，它貫穿著親親、尊尊、長長的等層級思想，其核心觀念就是「孝道」。〔註 200〕「雖或有著述，皆略而未備，駁而不純。」〔註 201〕在諸多禮家之中，唯獨宋儒司馬光（1019～1086）能在「從俗」、「從眾」、「從簡」、「從簡易」的前提下，對傳統「士禮」進行系列性簡省工作，並結合社會現況作調整，撰寫成最能契合時代脈動的《書儀》。〔註 202〕

朱熹認爲「橫渠（張載）所制禮，多不本諸《儀禮》，有自杜撰處。如溫公卻是本諸《儀禮》，最爲適古今之宜。」〔註 203〕朱子又言：「二程（程顥、程頤）與橫渠多是古禮，溫公（司馬光）則大槩本《儀禮》，而參以今之可行者。要之溫公較穩，其中與古不甚遠，是七八分好。若伊川禮，則祭祀可用，婚禮惟溫公者好。大抵古禮不可全用，如古服、古器，今皆難用。」〔註 204〕依此，「文公先生因《溫公書儀》，參以程、張二家之說，而爲《家禮》一書，實萬世人家通行之典也。」〔註 205〕朱熹撰述《家禮》，有參考前賢之處，也有獨到的創見，更有自己的堅持。他說：朱熹一方面汲取溫公《書儀》的精華，一方面又參酌古今禮儀，編訂一部融合冠、婚、喪、祭和日常家居必備的生

頁 33。

〔註 199〕楊志剛，〈《司馬氏書儀》和《朱子家禮》研究〉，《浙江學刊》，1993 年第一輯，總第七十八期，頁 109。

〔註 200〕劉欣，〈宋代「家禮」——文化整合的一個範式〉，《河南理工大學學報》（社會科學版）第七卷第四期，2006 年 11 月，頁 332。

〔註 201〕宋・朱熹；明・丘濬重編，《文公家禮儀節》（共八卷），明萬曆戊申三十六年（1608 年）常州府推官錢時刊本，常州府出版。臺北：國家圖書館，頁（序 1a～1b）。

〔註 202〕楊志剛，〈《司馬氏書儀》和《朱子家禮》研究〉，《浙江學刊》，1993 年第一輯，總第七十八期，頁 109。

〔註 203〕宋・黎靖德編，《朱子語類・禮一》卷八十四，《文淵閣四庫全書本・子部》，臺北：臺灣商務印書館，1986 年 7 月，頁 779。

〔註 204〕同註 203。

〔註 205〕宋・朱熹；明・丘濬重編，《文公家禮儀節》（共八卷），丘濬撰〈家禮儀節序〉，明萬曆戊申三十六年（1608 年）常州府推官錢時刊本，常州府出版。臺北：國家圖書館，頁（序 1a～1b）。

活禮儀於一爐的《家禮》，其中有一半以上的文字語句援引自《書儀》，甚至把《書儀》的《司馬氏居家雜儀》直接搬用〔註 206〕，從朱熹的堅持，與選錄態度的嚴謹，則朱熹對溫公《書儀》推崇的程度當不難想像。

「朱子言義理尊二程，而於溫公與二程兩家所定家禮，則多從溫公。」〔註 207〕朱熹對張載、二程、溫公諸位禮家的觀點是採持平，且是有選擇性的接納，而不是一味的襲取。家、鄉、侯、國、王朝諸禮，專以《儀禮》爲經。至於《家禮》部分，則以「通之以古今之宜」的宏觀角度作篩選，如「冠禮多取司馬氏。昏（婚）禮則參諸司馬氏、程氏。喪禮本之司馬氏，後又以高氏爲最善，及論祔遷，則取橫渠遺命。治喪，則以《書儀》踈畧而用《儀禮》。祭禮則兼用司馬氏、程氏，而先後所見，又有不同。節祠則以韓魏公（韓琦）所行者爲法。」〔註 208〕朱熹的《家禮》祖《儀禮》，因《書儀》，又能秉持「依時尚、因情循俗，作損益、變通」〔註 209〕精神，所以能成就其集宋代禮書之大成的歷史高度。

明人楊慎（1488～1559）〈朱子家禮・序〉言：「（文公）先生於《周禮》、《儀禮》外，集《家禮》五卷，而瓊山先生〔註 210〕（明儒丘濬）復爲衍以圖式，參酌而編次之，凡係家之中冠昏喪祭，咸極其微細而周至。其極微細而周至者，正極其鄭重而鴻鉅者也。……（文）公定《家禮》，以補《周官》之未備，是姬公修之於朝，而文公修之於野。修之於朝者，其類博，而其法嚴；而修之於野者，其制約，而其義廣。《周禮》、《家禮》二經並重，如日月之代明。人不熟二經者，猶之人不爲《周南》、《召南》，面牆而立，跬步行不去，何以申孝思？何以裕後昆？何以敦化理？何以厚風俗？」〔註 211〕清儒宋犖（1634～1713）〈重刻朱子家禮・序〉亦云：「昔周公（？～公元前 1095）以

〔註 206〕楊志剛，〈論《朱子家禮》及其影響〉，《朱子學刊》（總第六輯），1994 年 12 月，頁 2～3。

〔註 207〕錢穆，《朱子新學案・朱子之禮學》第四冊，臺北：三民書局，1980 年 9 月初版，頁 114。

〔註 208〕同註 205。宋・楊復，〈家禮・序〉，頁（序 6a～6b）。

〔註 209〕楊志剛，〈《朱子家禮》：民間通用禮〉，《傳統文化與現代化》，1994 年第四期，頁 41。

〔註 210〕丘（邱）濬（1421～1495），字仲深，號瓊臺，別號海山道人，世稱「瓊山先生」。卒後謚文莊。瓊山府城金花村人。詳見網頁：travel.msra.cn/30002536/2。

〔註 211〕明・楊愼，〈朱子家禮序〉，錄自宋・朱熹著《家禮》，清康熙四十年（1701 年）線裝書。紫陽書院定本，臺北：中央研究院傅斯年圖書館珍藏，頁（楊序）1b～3a。

《周禮》致太平，而冠昏喪祭之文又詳載《儀禮》，至孔子（公元前 551～公元前 479）折衷諸說，如《曲臺》所記〈冠義〉、〈昏義〉、〈祭義〉、〈喪大記〉諸篇，有本有文，昭然日星。洎乎世教衰微，鮮克由禮。有宋大儒朱子出而集其大成，命曰《家禮》。明丘文莊公（丘濬）又衍之爲《儀節》。」〔註 212〕是則《家禮》這部書，誠乃萬世人家通行之寶典。〔註 213〕

朱子認爲社會之所以動盪不安，是出自於社會道德的淪喪；而社會道德的淪喪，卻又導源於社會生活規範價值的未能被確立。〔註 214〕榮膺同安主簿的朱熹，於宋紹興二十三年（1153 年）七月至同安履新（參見書影 1-2），隨即選邑之秀民充弟子員，並訪求地方清流名士以爲表率，日與其講授聖賢修己治人之道，受朱子教化的同安社會風尚頓時爲之丕變。紹興二十五年（1155 年）朱熹又定釋奠禮。「求《政和五禮新儀》印本於縣無之」的挫折感，觸發朱子撰修禮書的強烈動機，乃「取《周禮》、《儀禮》、《唐開元禮》、《紹興祀令》更相參考」〔註 215〕，親繪禮儀器用衣服等圖樣，並詳加考訂，以備執事、學生得以旦夕觀覽。朱熹尤感於州縣之間士大夫庶民之家，行禮爲難的窘境，於是他又將州縣官民所應遵循的儀節，纂錄成《禮略》一書，提供州縣士民行禮時的便利與依據。〔註 216〕

《家禮・序》云：「三代之際，禮經備矣，然其存於今者，……皆已不宜於世。世之君子，雖或酌以古今之變，更爲一時之法，然亦或詳或略，無所折衷。……是以嘗獨觀古今之籍，因其大體之不可變者，而少加損益於其間，以爲一家之言。」〔註 217〕〈乞修三禮箚子〉亦云：「欲以《儀禮》爲經，而取

〔註 212〕宋・朱熹，《家禮》（清康熙四十年（1701 年）線裝書。紫陽書院定本），臺北：中央研究院傅斯年圖書館珍藏，頁 1a～2b。

〔註 213〕同註 205，頁 1～4。

〔註 214〕高明，〈朱子的禮學〉，載《輔仁學誌》（文學院之部），新莊：輔仁大學輔仁學誌編輯委員會編輯，1982 年 6 月，頁 35。

〔註 215〕清・王懋竑編，《朱子年譜》（清道光光緒間刻本），收入于浩輯，《宋明理學家年譜》，北京：北京圖書館出版社，2005 年 4 月，頁 68。另見清・鄭士範編，《朱子年譜》，清光緒六年（1880 年）刻本，收入丁浩輯《宋明理學家年譜》，北京：北京圖書館，2005 年 4 月，頁 579。

〔註 216〕清・王懋竑編，《朱子年譜》（清道光光緒間刻本），收入于浩輯，《宋明理學家年譜》，北京：北京圖書館出版社，2005 年 4 月，頁 68。另見清・鄭士範編，《朱子年譜》，清光緒六年（1880 年）刻本，收入丁浩輯《宋明理學家年譜》，北京：北京圖書館，2005 年 4 月，頁 579。

〔註 217〕宋・朱熹，《家禮・序》，《文淵閣四庫全書本》，臺北：臺灣商務，1986 年 7

《禮記》及諸經史雜書所載有及於禮者，皆以附本經之下。」〔註218〕足見朱熹撰修禮書之志早定矣。《朱子語類》云：「古禮難行後世，苟有作者，必須酌古今之宜。若是古人如此繁縟，如何教令人要行得？」〔註219〕《文集・答劉平甫書》亦言：「禮意終始全不相似，泥古則闊於事情，徇私則無復品節。必欲酌其中制，適古今之宜。」〔註220〕錢穆（1895～1990）即言：「蓋禮之難行，不外兩事。一則泥古而不適時，一則古今累積，卒至於日繁而不勝舉。」〔註221〕朱熹整部《家禮》就在不泥古，不徇私的客觀立場，一以「酌古今之宜」爲撰述的大原則，去蕪存精，故能成爲禮書的代表作。

《文公家禮儀節序》更進一步指陳：「文公因《溫公書儀》，參以程（頤）、張（載）二家之說，而爲《家禮》一書，實萬世人家通行之典也。……《家禮》一書，誠闢邪說，正人心之本也。使天下之人，人誦此書，家行此禮。愼終有道，追遠有儀，則彼自息矣。」〔註222〕爲求匡時振俗，明儒章潢（1527～1608）在《圖書編・四禮總敘》亦曾大聲疾呼：「宜倣朱子《家禮》，及丘文莊公《儀節》，損益行之，以爲齊民表，行於家，興於鄉，漸於邑，達於天下，章軌貞俗。」〔註223〕清人汪紱（1692～1759）《六禮或問・序》亦有如是的鋪展：「惟我文公朱子，特起於宋，哀禮教之式微，病繁文之寡當，獨任世教，斟酌群書，祖述《儀禮》，參以《司馬書儀》，折衷古今之權，以成《家禮》一書。」〔註224〕朱熹何以要撰修《家禮》，其動機與目的皆見之於《三家禮範〔註225〕・跋語》：

月，頁530。

〔註218〕宋・朱熹，〈乞修三禮劄子〉，載朱傑人、嚴佐之、劉永翔主編，《朱子全書》冊二（全書共二十七冊），上海：古籍出版社，2002年12月，頁25。

〔註219〕宋・黎靖德編，《朱子語類・禮一》卷八十四，《文淵閣四庫全書・子部》，臺北：臺灣商務印書館，1986年7月初版，頁775。

〔註220〕宋・朱熹，《朱熹集・答劉平甫書》卷四十，四川：教育出版社，1997年5月初版二刷，頁1835。

〔註221〕錢穆，《朱子新學案・朱子之禮學》第四冊，臺北：三民書局印行，1980年9月初版，頁115。

〔註222〕明・邱濬，〈文公家禮儀節序〉，載於汪紱著，《六禮或問》，收入《叢書集成三編》，臺北：新文豐出版社，1996年，頁82～83。

〔註223〕明・章潢，《圖書編・四禮總敘》卷一〇八，《文淵閣四庫全書本・子部》九七二冊，臺北：臺灣商務印書館，1986年7月，頁314。

〔註224〕清・汪紱，《六禮或問・序》，載《叢書集成三編》二十三冊，臺北：新文豐出版社，1996年，頁83。

〔註225〕案，《三家禮範》係宋代學者張栻，輯錄司馬光、張載、程頤關於家禮的相關

嗚呼！禮廢久矣。士大夫幼而未嘗習於身，是以長而無以行於家。長而無以行於家，是以進而無以議於朝廷，施於郡縣；退而無以教於閭里，傳之子孫，而莫或知其職之不修也。長沙郡博士邵君囦，得吾亡友敬夫所次《三家禮範》之書，而刻之學宮，蓋欲吾黨之士相與深考而力行之，以厚彝倫而新陋俗，其意美矣！然程、張之言，猶頗未具，獨司馬氏爲成書。而讀者見其節文度數之詳，有若未易究者，往往未見習行，而已有望風退怯之意。又或見其堂室之廣，給使之多、儀物之盛，而竊自病其力之不足。是以其書雖布，而傳者徒爲篋笥之藏，未能舉而行之者也。殊不知禮書之文雖多，而身親試之，或不過於頃刻；其物雖博，而亦有所謂不若禮不足而敬有餘者。今乃以安於驕佚，而逆憚其難。以小不備之故而反就於大不備。豈不誤哉？故熹嘗欲因司馬氏之書，參考諸家之說，裁訂增損，舉綱張目，以附其後，使覽之者得提其要以及其詳，而不憚其難行之者。雖貧且賤，亦得以具其大節，略其繁文，而不失其本意也。顧以病衰，不能及已。今感邵君之意，輒復書以識焉。嗚呼！後之君子，其尚有以成吾之志也夫！紹熙五年甲寅（1194年）八月己丑朔，新安朱熹書。〔註226〕

朱文公就因爲「闢邪說，正人心之本」的強烈使命感，特祖述《儀禮》，並爲了「使覽之者得提其要以及其詳，而不憚其難行之者」，特因《溫公書儀》，同時參酌程頤、張載二家之說，而親撰《家禮》一書。朱子高足黃幹（1152～1221）於《書晦庵先生家禮後》也有詳實論述：

先儒取其施於家者，著爲一家之書，爲斯世慮至切也。晦庵朱先生以其本末詳略猶有可疑，斟酌損益，更爲《家禮》，務從本實以惠後學。……迨其晚年討論家、鄉、侯、國、王朝之禮，以復三代之墜典，未及脫藁而先生歿矣。此百世之遺恨也。則是書以就，而切於人倫日用之常，學者其可不盡心與？〔註227〕

著作，而刊行於世的禮書。

〔註226〕宋·朱熹，《朱熹集·跋三家禮範》卷八十三，四川：教育出版社，1997年5月第二次印刷，頁 4284～4285。本引文亦載錄於宋·朱熹，《晦庵集·跋三家禮範》卷八十三，《文淵閣四庫全書本·集部》一一四六冊，臺北：臺灣商務印書館，1986年7月，頁731～732。

〔註227〕宋·朱熹；明·丘濬重編，《文公家禮儀節》；明·弘治三年（1490 年），順德知縣吳廷舉刊；嘉靖己亥十八年（1539年）修補本。臺北：國家圖書館微

黃幹文中所說的「先儒」，指的就是司馬溫公及其鉅著《書儀》。黃幹說，司馬溫公的《書儀》立意雖佳，但朱夫子卻有「本末詳略猶有可疑」〔註 228〕的缺憾。陳淳（1484～1544）在〈《家禮》跋〉云：「以爲依據者，在昔程子（程頤）、張子（張載）嘗有意乎此，皆未及成書。司馬公有成書，而讀者又厭其長篇浩瀚，未及習行而已望風畏縮。」〔註 229〕；陳淳另在〈代陳憲跋《家禮》〉也有如是的描繪：「溫公有成儀，罕見行於世者，只爲閒詞繁冗，長篇浩瀚，令人難讀，往往未及習行而已畏憚退縮，蓋嘗深病之，欲爲之裁訂增損，舉綱張目，別爲一書，令人易曉而易行。」〔註 230〕故而幾經「斟酌損益」、「裁訂增損」，以《書儀》爲基礎，「舉綱張目」，親撰《家禮》一書，爲的就是要讓行禮者「易知而易從」〔註 231〕，蓋「此書酌古通今，綱條節目甚簡易明白，最有關於風教之大。人人當服習，而家家當講行也。」〔註 232〕朱子《家禮》已成爲人人奉行，家家遵循的「生活公約」。

《文集‧與蔡季通書》云：「祭禮只是於溫公書儀內少增損之，正欲商訂」〔註 233〕；《文集‧答張欽夫書》則云：「（祭禮）修定處甚多，大抵多本程氏而參以諸家，故特取二先生（程頤）說今所承用者，爲《祭說》一篇，而《祭儀》、《祝文》又各爲一篇，比之昨本，稍復精密。」〔註 234〕《文集‧答汪尚書書》更云：「嘗因程氏之說，草具祭寢之儀，將以行於私家，而連年遭喪，未及盡試。」〔註 235〕視禮教的實踐爲終身職志的朱熹，對禮樂的宣揚可謂不遺餘力。

《家禮》除因襲溫公《書儀》外，朱熹編次喪祭禮的思想根源處，主要仍以《儀禮》爲經，以《戴記》爲傳，以《周禮》和《通典》作旁證。〔註 236〕

卷，頁（序 9a～9b）。

〔註 228〕陳來，〈朱子《家禮》眞僞考議〉，《中國經學史論文選集》，臺北：文史哲出版社，1993 年 3 月，頁 259～260。

〔註 229〕宋‧陳淳，《北溪大全集‧《家禮》跋》卷十四，《四庫全書珍本》四集，臺北：臺灣商務印書館，1935 年，頁 4a。

〔註 230〕同註 229，《北溪大全集‧代陳憲跋《家禮》》，頁 1a～1b。

〔註 231〕同註 229，《北溪大全集‧《家禮》跋》，頁 4a。

〔註 232〕同註 229，〈代鄭寺丞跋《家禮》〉，頁 6a～6b。

〔註 233〕宋‧朱熹，《朱熹集‧與蔡季通書》卷四十四，四川：教育出版社，1997 年 5 月初版二刷，頁 2067。

〔註 234〕同註 233《朱熹集‧答張欽夫書》卷三十，頁 1302。

〔註 235〕同註 233《朱熹集‧答汪尚書書》卷三十，頁 1284。

〔註 236〕宋‧黎靖德編，《朱子語類‧訓門人一》卷一一三，《文淵閣四庫全書本‧子

至於闡明宗法意涵，以寄寓「愛禮存羊」〔註237〕之意，更是《家禮》全書精神之所在，也是「諸書所未暇及，而先生於此尤拳拳」〔註238〕的根元處，應是朱熹著墨最深的位元。元人黃瑞節也認同這樣的觀點，他說：「《家禮》以宗法爲主。所謂非嫡長子不敢祭其父皆是也。至於冠昏喪祭，莫不以宗法行其間。」〔註239〕

宋淳熙元年（1174年）五月，朱熹於《古今家祭禮・跋語》曾對其纂次家祭禮的動機與目的，有如是的載述：

> 《古今家祭禮》，熹所纂次，凡十有六篇。蓋人之生無不本乎祖者，故報本反始之心，凡有血氣者之所不能無也。古之聖王，因其所不能無者，制爲典禮，所以致其精神，篤其恩愛，有義有數，本末詳焉。遭秦滅學，《禮》最先壞，由漢以來，諸儒繼出，稍稍綴緝，僅存一二。以古今異便，風俗不同，雖有崇儒重道之君，知經好學之士，亦不得盡由古禮，以復于三代之盛。其因時述作，隨事討論，以爲一國一家之制者，固未必皆得先王義起之意。然其存于今者，亦無幾矣。惜其散脱殘落，將遂泯沒于無聞。因竊蒐輯敘次，合爲一篇，以便觀覽，庶其可傳於後。然皆無雜本可參校，往往闕誤，不可曉知。雖《通典》、《唐書》、博士官舊藏版本，亦不足據。則他固可知已。諸家之書，如荀氏、徐暢、孟冼翊、周元陽、孟詵、徐潤、孫日周等儀，有錄而未見者，尚多有之，有能采集附益，并得善本通校而廣傳之。庶幾見聞有所興起，相與損益折衷，共成禮俗，于以上助聖朝敦化導民之意，顧不美哉！〔註240〕

部》七〇二冊，臺北：臺灣商務印書館，1986年7月，頁308。

〔註237〕《論語・八佾》卷三，魏・何晏等注；宋・邢昺疏，臺北：藝文印書館，1976年5月六版，頁29：「子貢欲去告朔之餼羊。子曰：『賜也，爾愛其羊，我愛其禮。』」何晏《注》：：「羊存猶以識其禮，羊亡禮遂廢。」後遂以「愛禮存羊」比喻爲維護根本而保留有關儀節。

〔註238〕宋・楊復，〈家禮・序〉，載於宋・朱熹；明・丘濬重編，《文公家禮儀節》（共八卷），明萬曆戊申三十六年（1608年）常州府推官錢時刊本，常州府出版。臺北：國家圖書館，頁（序6a～6b）。

〔註239〕元・黃瑞節，〈家禮・序〉，載宋・朱熹；明・丘濬重編，《文公家禮儀節》（共八卷），明萬曆戊申三十六年（1608年）常州府推官錢時刊本，常州府出版。臺北：國家圖書館，頁（序9b）。

〔註240〕宋・朱熹撰，民國・陳俊民校編，《朱子文集・古今家祭禮》卷八十一，臺北：財團法人德富文教基金會，2000年2月，頁3993～3994。

此文成於宋孝宗淳熙元年（1174 年），時朱子年四十五。《古今家祭禮》與《家禮》不同。《家禮》乃修定之書，係朱熹汲取溫公、伊川兩家學說精華，加以增損而成。陳振孫（？1183～？1262）《直齋書錄解題》云：《古今家祭禮》二十卷，係朱熹集《通典》、《會要》所載，以及唐本朝諸家祭禮而成〔註 241〕，文公廣爲蒐輯網羅諸家祭禮學說，俾廣爲流傳，兩者質性有別。〔註 242〕

人之生皆本乎祖，則報本反始之心亦人之所固有。人子之於親，應「生事之以禮，死葬之以禮，祭之以禮。」〔註 243〕而祭祀的眞諦，「非徒儀文之備具，乃其心之不容自己者也。是故祖考精神，即是自家精神。惟子孫能盡誠敬以奉祭祀，則己之精神既聚，而祖考之精神亦聚，洋洋乎如在其上，如在其左右，乃其感應之必然者。」〔註 244〕祭祖禮在個人與家族間扮演著維繫倫理的功能。〔註 245〕職是之故，朱子才會有「祭先祖固是以氣而求」〔註 246〕的論述。

朱子於經學中，於禮特所重視；朱子治禮，則以社會風教實際應用爲主。〔註 247〕考禮向以嚴謹著稱的朱子，「有考之夷虜苗傜者，有考之窮鄉僻土者。所謂禮失求之野，不僅注意當前社會而已。又考禮必通其情。」朱子考證古禮，「當重其於今可行否，而尤貴能加以變通也。」〔註 248〕宋孝宗乾道七年（1171 年），朱子居喪盡禮，乃「參酌古今，咸盡其變，因成喪祭禮，又推之於冠婚，共爲一篇，命曰《家禮》。」〔註 249〕朱子的禮學運用於現實社會生

〔註 241〕宋・陳振孫，《直齋書錄解題・禮注類》卷六，清光緒九年（1883 年）江蘇書局刊本，載於李學勤主編《中華漢語工具書書庫》，安徽：教育出版社，2002 年 1 月，頁 79。

〔註 242〕錢穆著，《朱子新學案・朱子之禮學》第四冊，臺北：三民書局，1980 年 9 月初版，頁 168。

〔註 243〕《論語・爲政》卷二，魏・何晏等注；宋・邢昺疏，臺北：藝文印書館，1976 年 5 月六版，頁 16。

〔註 244〕明・章潢，《圖書編・祭禮敘》卷一一一，《文淵閣四庫全書本・子部》九七二冊，臺北：臺灣商務印書館，1986 年 7 月，頁 373。

〔註 245〕林素玟，《《禮記》人文美學探究》，臺北：文津出版社，2001 年 10 月，頁 297。

〔註 246〕明・胡廣等，《性理大全書・論祭祀神祇》卷二十八，《四庫全書珍本》五集，臺北：臺灣商務印書館，1935 年，頁 46b。

〔註 247〕錢穆，《朱子新學案・朱子之禮學》第四冊，臺北：三民書局，1980 年 9 月初版，頁 112～113。

〔註 248〕同註 247，頁 125～126。

〔註 249〕清・鄭士範編，《朱子年譜》，清光緒六年（1880 年）刻本，收入丁浩輯《宋

活的，首推《家禮》一書。現實的社會生活會隨著時代而變遷的，禮自然也會隨著時代的更迭而有不同的詮釋。〔註250〕《禮記・樂記》說：「三王異世，不相襲禮。」鄭《注》曰：「言其有損益也。」〔註251〕《禮記・禮器》也說：「禮，時爲大。」〔註252〕禮應該隨著時代的腳步而調整。「禮時爲大。有聖人者作，必將因今之禮，而裁酌其中，取其簡易易曉而可行，必不至復取古人繁縟之禮，而施之於今也。」〔註253〕唐代的《開元禮》已不能盡行於宋代，更遑論是年代久遠的《儀禮》。司馬光之所以要作《書儀》，與朱子之所以要作《家禮》，其理一也。〔註254〕

有鑑於禮儀規範的重要性，朱熹在淳熙七年（1180年）〈申乞頒降禮書狀〉即慨言：「臣民之家冠昏喪祭，亦無頒降禮文可以遵守。」〔註255〕然而就在禮部符下《政和五禮》祭祀儀式中，朱熹卻有「其間頗有未詳備處」的缺憾，因此他又再呈〈乞增修禮書狀〉。〔註256〕前後兩次的奏章中，朱子都曾大聲疾呼，籲請宋皇室應速「頒降禮書」與「增修禮書」，其用心之積極令人感佩。在〈跋三家禮範〉中，朱熹也極力推崇司馬光的《書儀》，進而親撰《家禮》、《儀禮經傳通解》與《三禮注疏》等相關禮書，爲的就是要讓世人能對社會的生活規範有充分的理解，進而增進其實踐決心。〔註257〕

周復云：「《儀禮》存乎古，《家禮》通於今；《儀禮》備其詳，《家禮》舉其要，蓋兩行而不悖也。」〔註258〕文公雖著《家禮》，卻仍拳拳服膺於《儀禮》之書的編集整理，因此遺命治喪必令參酌《儀禮》、《書儀》而行，其「好古

明理學家年譜》，北京：北京圖書館，2005年4月，頁591～592。

〔註250〕高明，《朱子的禮學》，《輔仁學誌》（文學院之部），新莊：輔仁大學輔仁學誌編輯委員會編輯，1982年6月，頁43。

〔註251〕《禮記・樂記》卷三十七（阮元重刊宋本），漢・鄭玄注；唐・孔穎達等正義，臺北：藝文印書館，1976年5月六版，頁670。

〔註252〕同註251。《禮記・禮器》卷二十三，頁450。

〔註253〕宋・黎靖德編，《朱子語類・禮一》卷八十四，《文淵閣四庫全書・子部》，臺北：臺灣商務印書館發行，1986年7月初版，頁775。

〔註254〕同註250，頁43。

〔註255〕宋・朱熹，《朱熹集・乞頒降禮書狀》卷二十，四川：教育出版社，1997年5月初版二刷，頁840～841。

〔註256〕同註255，頁841～842。

〔註257〕同註250，頁35～36。

〔註258〕宋・朱熹；明・丘濬重編，《文公家禮儀節》（共八卷），常州府推官錢時刊本，常州府出版。臺北：國家圖書館，頁（序8a）。

而欲盡禮」的用意尤令人印象深刻。〔註 259〕朱子認為前賢常患《儀禮》難讀的原因，「只是經不分章，記不隨經，而注疏各為一書，故使讀者不能遽曉。」〔註 260〕宋寧宗慶元二年（1196 年）朱熹撰修《儀禮經傳通解》，為的就是「盡去此諸弊」，該書是朱子禮學著述中最重要的鉅作，其「大要以《儀禮》為本，分章附疏，而以《小戴》諸義，各綴其後。其見於他篇及他書可相發明者，或附於經，或附於義。」〔註 261〕計有《家禮》，《鄉禮》，《學禮》、《邦國禮》、《王朝禮》、《喪禮》、《祭禮》等，總計二十三卷、四十二篇。這部朱熹亡故後，才在南康刊版的禮書，其中「喪禮」部份是由他的弟子黃幹與張慮〔註 262〕接力續修，「祭禮」部分則由另一弟子楊復（1866～？）修訂完成。該書雖由朱熹與弟子合力撰述而成，然基本上仍以朱熹的禮學精神為依歸。〔註 263〕由《儀禮經傳通解》的命名，可見朱熹寓「經國之志業」〔註 264〕於其中的深沉用意。

二、學界對朱子《家禮》真偽辨

宋代時《朱子家禮》已有五卷與十卷兩種不同版本行世，唯《宋史・藝文志》〔註 265〕與陳振孫《直齋書錄解題》〔註 266〕均作一卷本。嘉定（1208～1224 年）之後廣為流行刊布的《家禮》，朱門高弟與朱子哲嗣朱在（1169～？），對朱子親撰的說法皆持正面而肯定的態度。〔註 267〕元至正年間（1341

〔註 259〕同註 258，頁（序 8a）。

〔註 260〕宋・朱熹，《朱熹集・答杜仁仲書》卷六十二，四川：教育出版社，1997 年 5 月初版二刷，頁 3234。

〔註 261〕清・王懋竑編，《朱子年譜》（清道光光緒間刻本），于浩輯，《宋明理學家年譜》，北京：北京圖書館出版社，2005 年 4 月，頁 684。

〔註 262〕張慮，字子宓，號壽張，慈谿人。宋寧宗慶元二年（1196 年）進士。生卒年待考。

〔註 263〕高明，〈朱子的禮學〉，《輔仁學誌》（文學院之部），新莊：輔仁大學輔仁學誌編輯委員會編輯，1982 年 6 月，頁 37。

〔註 264〕林美惠，《朱子學禮研究》，國立高雄師範學院國文研究所碩士論文，1986 年 5 月，頁 42。

〔註 265〕元・脫脫等，《宋史・藝文志一》卷二〇四，臺北：鼎文書局，1980 年 5 月再版，頁 5134。

〔註 266〕宋・陳振孫，《直齋書錄解題・禮注類》卷六，清光緒九年（1883 年）江蘇書局刊本，李學勤主編《中華漢語工具書書庫》，安徽：教育出版社，2002 年 1 月，頁 79。

〔註 267〕陳來，〈朱子《家禮》真偽考議〉，《中國經學史論文選集》，臺北：文史哲出版社，1993 年 3 月，頁 260。

～1368 年）武林應氏《家禮辨》率先提出質疑。

> 文公先生於紹熙甲寅（1194 年）八月〈跋三家禮範〉云：「嘗欲因司馬公之書，參考諸家之說，裁訂增損，舉綱張目，以附其後，顧以衰病不能及已。」勉齋先生〈家禮後序〉云：「文公以先儒之書，本末詳略猶有可疑，斟酌損益，更爲《家禮》，迨其晚年討論家鄉侯國王朝之禮，未及脫藁而先生沒（歿），此百世之遺恨也。」今且以其書之出不同置之，如以年月考之，宋光宗紹熙甲寅文公已於〈三家禮範〉自言「顧以衰病不能及已，豈於孝宗乾道己丑（1169 年）已有此書？況勉齋先生亦云，未及脫藁而文公沒（歿），則是書非文公所編，不待辨而明矣。」〔註 268〕

應氏此說在元、明兩代並沒引起太多人的注意。直至清代學者王懋竑（1668～1741）於《白田雜著・家禮考》提出「《家禮》非朱子之書也」的說法，乃至《四庫全書總目》的熱烈呼應〔註 269〕，始成爲學界討論的新焦點。王氏所持的理由爲：「《家禮》載於《行狀》，其〈序〉載於《文集》，其成書之歲月載於《年譜》，其書亡而復得之由載於《家禮・附錄》。自宋以來遵而用之，其爲朱子之書，幾無可疑者。乃今反復考之，而知決非朱子之書也。」〔註 270〕

爲反駁王懋竑的觀點，清代學者夏炘（1789～1871）在《述朱質疑・跋家禮》則說：

> 《家禮》一書，朱子所編輯。以爲草創之所未定則可，以爲他人之所僞託，則不可也。黃勉齋、楊信齋、李果齋、陳安卿、黃子耕諸公，皆朱子升堂入室之高第弟子也，敬之先生亦能傳朱子之家學者也，甫易簀而此書即出，六先生不以爲疑。直至元至正間（1341～1368），武林應氏作《家禮辨》，以爲非朱子之書，斷斷出於門人附會無疑。明邱瓊山斥之爲妄，而以〈家禮序〉決非朱子不能作，其見卓矣。乃王白田復拾應氏之唾餘，以爲徧檢《文集》、《語錄》，自

〔註 268〕宋・朱熹；明・丘濬重編，《文公家禮儀節》（共八卷），明萬曆戊申三十六年（1608 年）常州府推官錢時刊本，常州府出版。臺北：國家圖書館，《家禮・序》，頁 4b～5a。

〔註 269〕清・紀昀纂，《欽定四庫全書總目・禮類四》卷二十二（武英殿版），臺北：藝文印書館，1997 年 9 月初版七刷，頁 469～470。

〔註 270〕清・王懋竑，《白田雜著・家禮考》卷二，《文淵閣四庫全書本・子部》八五九冊，臺北：臺灣商務印書館，1986 年 7 月，頁 662。

〈家禮序〉外無一語及《家禮》者。又謂〈家禮序〉依仿〈三家禮範跋〉後爲之，以發明應氏之說。〔註271〕

王、夏兩位學者的論述各有其理論根據，然從宋代以後的學者一面倒的辯證，顯然夏炘的論點較佔優勢。一代鴻儒錢穆即言：「比觀王懋竑（白田）與夏炘雙方，夏說爲允。即邱濬《家禮序》非朱子不能作一語，已足爲此案定讞。若謂序中絕不及居憂，或是先定喪祭，後增冠昏，隔時稍久，故不復提。此實無足深疑。若謂所亡乃《祭禮》，非《家禮》，則無法說於《文集・家禮序》一文。又此《喪禮》究爲手書，似亦不當避去不提。故知當以夏說爲允。」〔註272〕

今人陳來撰〈朱子《家禮》眞僞考議〉的觀點，相當具有建設性，似可爲這樁學界歷史懸案，找尋更合理的釋讀：

考定今《家禮》一書中之祭禮部分確爲朱子所作，雖然還不就是百分之百地證實了《家禮》全書爲朱子所作，但在證實《家禮》爲朱子之書方面進了一大步。因爲《祭禮》可以說是《家禮》中最重要的部分。在證實了《家禮》中之《祭禮》部分爲朱子所作的基礎上，我們才有根據確信《語類》中「某今所定冠昏之禮」、「某向定昏禮」是指曾有《家禮》一書，而不只是行於私家之禮數。事實上，如果黄幹和朱在不是生前確實知道朱子曾著過《家禮》一書，是絕不可能僅憑某人在葬日攜來的書本即輕易相信的。〔註273〕

陳來氏從《家禮》的核心單元祭禮部分作切入點，雖未能「百分之百地證實了《家禮》全書爲朱子所作」的論述，卻也不失爲平息爭論的持平觀。

今人束景南的〈朱熹《家禮》眞僞辨〉，也是考辨此一課題不可或缺的識見。束氏認爲《家禮》眞僞之所以會成千年懸案而未解，皆因世人未能熟讀陳淳之集子故然。由陳淳的二則〈跋〉語，束氏得到下列四項關鍵性考辨：

(1)《祭儀》一書首列《程子祭說》，即據張栻意見改定，證明該書正是本二程之說；而朱熹所說本溫公《儀》「裁訂增損，舉綱張目」一段話，證明《家禮》是一司馬氏之說，與前考全合。(2)陳淳〈跋〉

〔註271〕清・夏炘，《述朱質疑・跋家禮》卷七，咸豐壬子新鐫，景紫山房藏板，《續修閣四庫全書》，上海：古籍出版社，2003年5月，頁78。

〔註272〕錢穆，《朱子新學案》第四冊，臺北：三民書局，1980年9月，頁166～167。

〔註273〕陳來，〈朱子《家禮》眞僞考議〉，《中國經學史論文選集》，臺北：文史哲出版社，1993年3月，頁274。

所說《家禮》被僧童竊失與陳淳《錄》所記乃指一事，證明王懋竑據陳淳《錄》認為竊失之書是《祭儀》的推斷完全錯誤。(3)《家禮》後附陳淳語，與陳淳此二〈跋〉完全相同，證明《家禮》所附各家語絕非如王懋竑所說是偽造。(4)陳淳早在紹熙元年（1190 年）于臨漳已聽到朱熹親口說曾作《家禮》，並非《家禮》失而復得以後才從朱在處得知，證明王懋竑以為朱在「但據所傳，不加深考」而誤信復出《家禮》為眞，黃幹、陳淳等又從而聽信附和的說法，完全不符合事實。〔註 274〕

藉由諸家反覆地辯證，《家禮》為朱熹所撰述應已成歷史定論。今人高明氏即曾明確指陳《家禮・序》是由朱子親自撰寫的，而且載錄在《文集》中，這是毋庸置疑的；《行狀》、《年譜》、《家禮・附錄》不出於一人之手，自難免會有參錯不一的見解，這卻並不能否定朱子曾寫這部《家禮》的客觀事實。〔註 275〕李師豐楙於〈朱子《家禮》與閩臺家禮〉文中所論：「朱子確有撰修家禮之事，只是未能在生前定稿，並通行於論學諸友及門弟子間」一語，應可為此一歷史公案譜下最公允定見。〔註 276〕

為強化朱熹生前確曾親自撰修《家禮》的歷史厚度，本文特將宋代以還的相關論述作系統性彙整，俾便於還原事實眞相：

其一、李方子曰，乾道五年（1169 年）九月，先生丁母祝令人憂，居喪盡禮，參酌古今，因成喪葬祭禮，推之於冠昏共為一編，命曰《家禮》。〔註 277〕

其二、清人鄭士範編，《朱子年譜》：「乾道七年（1171 年）十二月，朱子居喪盡禮，既葬，日居墓側，旦望則歸奠几筵，蓋自始死至祥禫，參酌古今，

〔註 274〕束景南，〈朱熹《家禮》眞偽考辨〉，《朱子學刊》（總第五輯），合肥：黃山書社，1993 年 5 月，頁 119。

〔註 275〕高明，〈朱子的禮學〉，《輔仁學誌》（文學院之部），新莊：輔仁大學輔仁學誌編輯委員會編輯，1982 年 6 月，頁 38。

〔註 276〕李師豐楙，〈朱子家禮與閩臺家禮〉，「朱子學與東亞文明研討會——紀念朱子逝世八百週年朱子學會議」，臺北：漢學研究中心、文哲所、清華大學中文系共同主辦，2000 年 11 月，頁 28。

〔註 277〕宋・朱熹；明・丘濬重編，《文公家禮儀節》（共八卷），明萬曆戊申三十六年（1608 年）常州府推官錢時刊本，常州府出版。臺北：國家圖書館，頁 4b。另清・王懋竑，《白田雜著・家禮後考》卷二，《文淵閣四庫全書本・子部》八五九冊，頁 663 也有相同的載記。

咸盡其變，因成喪祭禮。又推之於冠婚，共爲一編，命曰《家禮》。既成，爲一童行竊去，至易簀後，其書始出。」〔註 278〕

其三、黃幹〈書家禮後〉云：「(《家禮》) 是書之作，無非天理之自然，人事之當然，而不可一日缺也。見之明，信之篤，守之固，禮教之行，庶乎有望矣。」〔註 279〕該文寫於宋寧宗嘉定九年（1216 年），時距朱熹去世後十六年，據此楊志剛認爲這也是朱熹親撰《家禮》的明證。〔註 280〕

其四、丘濬撰，〈朱子家禮序〉云：「文公先生因溫公《書儀》，參以程、張二家之說，而爲《家禮》一書，實萬世人家通行之典也。議者乃謂此書初，爲人所竊去。」〔註 281〕

其五、黃杲云：「其書始成，爲一行童竊以逃。先生易簀，其書始出，今行於世，然其間有與先生晚歲之論不合者，故未嘗爲學者道也。」〔註 282〕

其六、陳淳〈代陳憲跋家禮〉云：「(宋) 紹熙庚戌（元年～公元 1190 年）於臨漳郡齋，嘗以冠婚喪祭禮請諸先生，先生曰：溫公有成儀，罕見行於世者，只爲閒詞繁冗，長篇浩瀚，令人難讀，往往未及習行，而已畏憚退縮，蓋嘗深病之，欲爲之裁訂增損，舉綱張目，別爲一書，令人易曉而易行，舊亦略有成編矣，在僧寺爲行童竊去，遂亡本子，更不復修。」〔註 283〕

其七、陳淳云：「嘉定辛未歲（嘉定四年，1211 年），過溫陵，先生季子敬之倅郡，出示《家禮》一編云，此往年僧寺所亡本也，有士人錄得，會先生葬日攜來，因得之。」〔註 284〕

〔註 278〕清・鄭士範編，《朱子年譜》，清光緒六年（1880 年）刻本，收入丁浩輯《宋明理學家年譜》，北京：北京圖書館，2005 年 4 月，頁 591～592。

〔註 279〕宋・朱熹，《家禮》，日本慶安元年（1648 年）風月宗知刊本，臺北：國圖四樓善本室，頁 2～3。

〔註 280〕楊志剛，〈論《朱子家禮》及其影響〉，《朱子學刊》（總第六輯），1994 年 12 月，頁 13。

〔註 281〕宋・朱熹，《家禮・朱子家禮序》（清康熙四十年（1701 年）線裝書，紫陽書院定本），臺北：中央研究院傅斯年圖書館，頁（丘序 1）。

〔註 282〕宋・朱熹；明・丘濬重編，《文公家禮儀節》；明・弘治三年（1490 年），順德知縣吳廷舉刊；嘉靖己亥十八年（1539 年）修補本。臺北：國家圖書館微卷，頁（序 10）。清・王懋竑，《白田雜著・家禮後考》卷二，《文淵閣四庫全書本・子部》八五九冊，頁 663 也有相同的載記。

〔註 283〕宋・陳淳，《北溪大全集・代陳憲跋家禮》卷十四，《四庫全書珍本》四集，臺北：臺灣商務印書館，1935 年，頁 1b。

〔註 284〕宋・朱熹；明・丘濬重編，《文公家禮儀節》；明・弘治三年（1490 年），順德知縣吳廷舉刊；嘉靖己亥廿八年（1539 年）修補本。臺北：國家圖書館微

其八、楊復云：「《家禮》始成而失之，不及再加考訂。先生既歿而書始出。愚嘗竊取先生後來之考訂議論，以與朋友共參考云。」〔註 285〕

其九、《性理大全・注》：「楊氏復曰，先生服母喪，參酌古今，咸盡其變，因成喪葬祭禮，又推之於冠昏，名曰《家禮》。既成，爲一行童竊之以逃，先生易簀，其書始出行於世。又云：惜其書既亡，至先生沒（歿）而後出，不及再脩以幸萬世。於是竊取先生平日去取折衷之言，有以發明《家禮》之意者，若昏禮親迎用溫公，入門以後則從伊川之類是也。有後來議論始定，若祭始祖、初祖，而後不祭之類是也。有不用疏家之說，若深衣續衽鉤邊是也。有用先儒舊義與經傳不同，若喪服辟領，婦人不杖之類是也，凡此悉附於逐條之下云。」〔註 286〕

其十、黃幹在〈朱子行狀〉說：「又嘗編次禮書，用工尤苦，竟亦未能脫藁。所輯《家禮》，世多用之，然其後亦多損益，未遐更定。」〔註 287〕據此足見朱熹生前曾親撰《家禮》，也曾風行於當世，只是迭有增減，最後在來不及定稿前即已辭世。《家禮・附錄》載述該書失而復得的詳實經過。

其十一、朱子季子在《跋儀禮經傳通解・目錄》云：「先君所著《家禮》五卷，《鄉禮》三卷，《學禮》十一卷，《邦國禮》四卷，《王朝禮》十四卷，其曰《經傳通解》者凡二十三卷。蓋先君晚歲之所親定，是爲絕筆之書。」〔註 288〕

其十二、明人楊慎《家禮序》云：「（文公）先生于《周禮》、《儀禮》外，集《家禮》五卷，而瓊山先生復爲衍以圖式，參酌而編次之。凡係家之中，冠昏喪祭，咸極其微細而周至。其極微細而周至者，正極其鄭重而鴻鉅者也。……文公定《家禮》以補《周官》之未備，是姬公修之于朝，而文公修

卷，頁（序 8～序 9）。另清・王懋竑，《白田雜著・家禮後考》卷二，《文淵閣四庫全書本・子部》八五九冊，頁 663 也有相同的載記。

〔註 285〕清・王懋竑，《白田雜著・家禮後考》卷二，《文淵閣四庫全書本・子部》八五九冊，臺北：臺灣商務印書館，1986 年 7 月，頁 663。

〔註 286〕明・胡廣等，《性理大全書》卷十九，《四庫全書珍本》五集，子部，臺北：臺灣商務印書館，1935 年，頁 3a～3b。另見清・王懋竑，《白田雜著・家禮後考》卷二，《文淵閣四庫全書本・子部》八五九冊，臺北：臺灣商務印書館，1986 年 7 月，頁 664。

〔註 287〕宋・黃榦，《朱文公（熹）行狀》（一名《宋侍講朱文公行狀》），《叢書集成續編》二六〇冊，臺北：新文豐出版社，1989 年 7 月，頁 23。

〔註 288〕錢穆，《朱子新學案》第四冊，臺北：三民書局，1980 年 9 月，頁 150。

之于野。修之于朝者，其類博而其法嚴；修之于野者，其制約而其義廣。《周禮》、《家禮》二經並重，如日月之代明。」〔註 289〕

其十三、明・馮善編集，《家禮集說・序》：「按楊氏復附註，謂《家禮》爲朱子初年本，其書甫成，未及脩改，被一童行竊之以逃。至朱子葬日，陳安卿袖至葬所，其書始出，多與朱子後來所行不同。故楊氏復於不同處，特詳註之。後世因其同異，莫之適從，或遂棄置。」〔註 290〕

其十四、《宋史・禮志》卷九十八：「其後朱熹講明詳備，嘗欲取《儀禮》、《周官》、《二戴記》爲本，編次朝廷公卿大夫士民之禮，盡取漢晉而下及唐諸儒之說，考訂辨正，以爲當代之典，未及成書而沒。」〔註 291〕

其十五、清・宋犖，《重刻朱子家禮序》云：「洎乎世教衰微，鮮克由禮。有宋大儒朱子出而集其大成，命曰《家禮》。明丘文莊公又衍之爲《儀節》。」〔註 292〕

晚近鑽研《家禮》的學者，也都一面倒傾向相信朱熹生前撰修《家禮》的眞實性。高明氏在〈朱子的禮學〉文中就說，古禮本來就不宜於世，朱文公參酌古今之變，成就一家之言，自然不會拘泥於「不合時宜」的古禮，王懋竑〈家禮考〉不知「古今之變」的眞諦，而據此駁斥朱子親撰家禮之說，自是不攻自破。〔註 293〕高明氏的辯證可謂一語中的。《家禮》的規定在朱熹的家庭活動中基本上得到了實踐，這不但印證了《家禮》確爲朱熹所作的事實，而且也說明朱熹言行相顧，不僅是一位突出的家禮理論探索者，注意家禮的意義思索、禮文條貫和行爲設計，而且也是一位堅決的實踐者，十分重視家禮的躬行踐履。〔註 294〕朱熹生前的確親撰《家禮》應是歷史定論。

〔註 289〕明・楊愼輯，《文公家禮儀節・家禮序》，明啓禎間（1621～1644 年間）刻本，美國：國會圖書館珍藏，頁 1a～5b。

〔註 290〕明・馮善編集，《家禮集說・序》，明成化己亥（十五年，公元 1479 年）刊本，臺北：國家圖書館善本書室珍藏微卷，頁 5。

〔註 291〕元・脫脫等，《宋史・禮志》卷九十八，臺北：鼎文書局，1980 年 5 月再版，頁 2424。

〔註 292〕宋・朱熹，《家禮・重刻朱子家禮序》，清康熙四十年（1701 年）線裝書，紫陽書院定本，臺北：中央研究院傅斯年圖書館，頁 1b。

〔註 293〕高明，〈朱子的禮學〉，載《輔仁學誌》（文學院之部），新莊：輔仁大學輔仁學誌編輯委員會編輯，1982 年 6 月，頁 38。

〔註 294〕粟品孝，〈文本與行爲：朱熹《家禮》與其家禮活動〉，《安徽師範大學學報》（人文社會科學版）第三十二卷第一期，2004 年 1 月，頁 104。

宋元以來，隨著朱子歷史地位的不斷提昇，《家禮》在明、清兩代更成爲家家奉行、人人遵循的「生活寶典」，其影響力則持續擴大至社會各個層面。〔註 295〕《明會要・禮九》載，洪武元年（1368 年），明太祖朱元璋曾親頒婚禮必須按遵照《朱子家禮》行儀的敕令。〔註 296〕洪武三年（1370 年）撰修的《大明集禮》〔註 297〕，內容多有採納《家禮》的部分。〔註 298〕「永樂中，頒《文公家禮》於天下。」〔註 299〕明成祖將《家禮》延展至全國各地，並由官方將《家禮》分發至各級行政官僚體系，藉由行政力量大加倡揚，並普及於全國各地。永樂十三年（1415 年）更將《家禮》刊印在《性理大全書》，成爲儒學新教材，普面化深耕於各級學校，成爲莘莘學子研讀的教材。〔註 300〕至此，《家禮》已全然被官方禮制所接納，其性質也由私家撰述禮儀，一躍而成官方認可，體現官方意志的國家禮典，其重要性自是不可同日而語。有明一

〔註 295〕張文昌，《唐宋禮書研究——從公禮到家禮》，臺北：國立臺灣大學歷史研究所博士論文，2006 年 7 月，頁 32。

〔註 296〕清・龍文彬纂，《明會要・禮九》卷十四，臺北：世界書局，1972 年 10 月三版，頁 235 載：「洪武元年，令：民間婚娶，並依《朱子家禮》。又令：男女婚姻各以其時。或有指腹、割衫襟爲親者，並行禁止。」
再則，美國學者伊佩霞在其專著中也提及此事。Patricia Buckley Ebrey. *Confucianism and Family Rituals in Imperial China: A Social History of Writing about Rites*: The Ming government went considerably further. The year it was founded the first emperor declared that marriages among the people should conform to Chu His's Family Rituals, and this rule was incorporated into the "Great Ming Commandment" of the same year.（P151）

〔註 297〕清・龍文彬纂，《明會要・禮一》卷六，臺北：世界書局，1972 年 10 月三版，頁 76 載：「(洪武）二年（1369 年），詔諸儒臣脩禮書，明年（1370 年）告成，賜名《大明集禮》。」

〔註 298〕楊志剛，〈論《朱子家禮》及其影響〉，《朱子學刊》（總第六輯），1994 年 12 月，頁 13。

〔註 299〕清・張廷玉等，《明史・禮志一》卷四十七，臺北：鼎文書局，1980 年 1 月三版，頁 1224；清・龍文彬纂，《明會要・禮一》卷六，臺北：世界書局，1972 年 10 月三版，頁 80 也有相同載述。

〔註 300〕（美）伊佩霞 Patricia Buckley Ebrey. *Confucianism and Family Rituals in Imperial China: A Social History of Writing about Rites*: During the Yung-le period, the Wen-kung chia-li was distributed throughout the realm. Perhaps copies were sent to prefects or magistrates, or perhaps this is a reference to the fact that the Family Rituals was included in the officially sponsored compendium of Neo-Confucian writings, the Hsing0li ta-ch'uan first issued in 1415. This work was distributed to schools and academies throughout the country and became a basic source for orthodox Neo-Confucianism, widely read by those studying for the examinations.（P152）

代士子更把《家禮》奉爲親體力行的金科玉律。〔註 301〕明儒楊愼甚至把《家禮》與《周禮》等量齊觀，且「《家禮》可以補《周官》之未備」。研讀《家禮》可「申孝思、裕後昆、敦化理、厚風俗」，尤可引人于「孝子慈孫之列、端人正士之林、安分循理之地。」〔註 302〕隨著明政權官方的大肆倡導，朱子《家禮》已深植於普羅大眾日常生活當中。

第三節　朱子《家禮》於福建地區的實踐

宋代鴻儒朱熹一生大部分時間都待在福建，與福建結下不解之緣。朱熹的門生也以福建人居多。問世後的《家禮》，最先付諸施行的地區，亦以閩、浙一帶爲主，之後才逐次普及於全中國各地，甚至影響的鄰近的韓、日諸國。

一、朱熹與福建地區淵源

福建原有「八蠻七閩」之說，其最古原始名稱即爲「閩」。〔註 303〕《山海經》有「閩在海中」〔註 304〕的載述。《周禮・夏官・職方氏》也言：「辨其邦國、都、鄙、四夷、八蠻、七閩、九貉、五戎、六狄之人民。」〔註 305〕《周禮・夏官・職方氏・疏》亦道：「叔熊居濮如蠻，後子從分爲七種，故謂之七閩也。按，《經》閩雖與蠻七、八別數，本其是一，俱屬南方也。」〔註 306〕《說文解字》亦載述：「閩，東南越。」〔註 307〕《釋名》且曰：「越，夷蠻之國也。度越禮義，無所拘也。」〔註 308〕福建在戰國以前稱「東越」，戰國時稱

〔註 301〕楊志剛，〈論《朱子家禮》及其影響〉，《朱子學刊》（總第六輯），1994 年 12 月，頁 13。

〔註 302〕明・楊愼輯，《文公家禮儀節》，明啓禎間（1621～1644 年間）刻本，美國：國會圖書館珍藏，頁（家禮序 1～7）。

〔註 303〕劉樹勛主編，《閩學源流》，福建：教育出版社，1993 年 12 月，頁 1。

〔註 304〕東晉・郭璞；清・郝懿行注；民國・袁珂譯注，《山海經・海內南經》卷十，臺北：臺灣古籍出版社，2001 年 6 月初版二刷，頁 315。

〔註 305〕《周禮・夏官・職方氏・疏》卷三十三（重刊宋本），漢・鄭玄注；唐・賈公彥疏，臺北：藝文印書館，1976 年 5 月六版，頁 498。

〔註 306〕同註 305。

〔註 307〕東漢・許愼；清・段玉裁注，《說文解字注》，臺北：天工書局，1998 年 8 月，頁 673。

〔註 308〕漢・劉熙，《釋名・釋州國》卷二（上海涵芬樓《古今逸史》叢書本），李學勤主編，《中華漢語工具書書庫》五十一冊，安徽：教育出版社，2002 年 1

「閩越」。〔註 309〕地處中國東南，與中原地區相比較，原是十分落後的。春秋時，越人的一支閩越族散居在福建北部和浙江南部一帶。〔註 310〕秦始皇二十六年（公元前 221 年）於該地設「閩中郡」。漢高祖五年（公元前 202 年）封閩越國，立無諸爲閩越王，轄有閩中故地。〔註 311〕南朝陳武帝永定年間（557～559 年間）置閩州。唐玄宗開元二十一年（733 年）置福建經略使，首次出現「福建」名稱。唐代宗大曆十二年（777 年）始用古閩中或閩之稱。五代（907～960）時，王審知自立爲閩王。審知貴固始人，故閩人至今稱其祖籍，皆言由光州固始來，這種說法有待商榷。明人洪受《滄海紀遺・光州固始辯》即明白指稱：「夫閩祖光州，相傳之謬也。」〔註 312〕南宋時福建的行政單位爲一府，即建寧府；二軍，即邵武軍、興化軍；五州，即南劍州、福州、泉州、漳州、汀州，因合稱爲「八閩」。〔註 313〕

《八閩通志・序》：「閩雖爲東南僻壤，然自唐以來，文獻漸盛。至宋，大儒君子接踵而出，仁義道德之風于是乎可以不愧于鄒魯矣。」〔註 314〕在朱子學諸學系中，就屬福建朱子學勢力最龐大，使福建得以因文風鼎盛而享有「海濱鄒魯」美稱。〔註 315〕宋代以後福建文化迅速昌盛起來，甚至超越而趕上全國步伐，有謂當時福建「冠帶詩書，翕然大肆；人才之盛，遂甲於天下。」〔註 316〕而「閩南」〔註 317〕又是其中之佼佼者。究其因，除兩宋中州人士再次

月，頁 459。

〔註 309〕高令印、陳其芳，《福建朱子學》，福建：人民出版社出版，1986 年 10 月第一次印刷，頁 2。

〔註 310〕高令印，〈朱熹與福建文化〉，載《國際朱子學會議論文集》，臺北：中央研究院中國文哲研究所籌備處，1993 年 5 月，頁 23。

〔註 311〕漢・司馬遷，《史記・東越列傳》卷一一四，臺北：藝文印書館，2005 年 2 月初版四刷，頁 1219。

〔註 312〕金門縣政府，《金門縣志・人民志》卷三，1999 年初版二刷，頁 352。

〔註 313〕陳師慶元，〈福建古代地方文學鳥瞰〉，《福建學刊》第二期，1991 年。轉引自高令印撰，〈朱熹與福建文化〉，《國際朱子學會議論文集》，1993 年 5 月出版，頁 24。

〔註 314〕明・黃仲昭修纂，《八閩通志・序》，福建：人民出版社，1996 年 2 月第二次印刷，頁 1。

〔註 315〕高令印、陳其芳，《福建朱子學》，福建：人民出版社，1986 年 10 月第一次印刷，頁 4。

〔註 316〕宋・洪邁，《容齋四筆・饒州風俗》卷五，《叢書集成三編》七十一冊，臺北：新文豐出版社，1996 年，頁 183。

〔註 317〕閩南，若就地域概念言，當指福建的南部，與閩北、閩西、閩東相對而言：若就語言的概念來劃分，則泛指福建省境內以閩南語爲主要溝通語言的廈門

大量南遷，中國政治經濟中心南移、和閩地商品經濟發達、航海對外貿易繁榮等外，就是由於楊時、朱熹及其後學極力提倡和發展理學（新理學），創立「閩學」。宋元時期的福建航海事業所以特別發達的主因，是因爲泉州港是當時世界第一流海港，更是「海上絲綢之路的起點」。〔註 318〕

唐大曆十二年（777 年）起，「閩」就一直成爲福建的代稱。〔註 319〕「文公溯源洙泗，倡道東南，集諸儒之大成。」〔註 320〕《福建朱子學・序》云：「朱熹的學說被稱爲閩學，這是因爲朱熹的學術活動主要是在福建一帶。『閩學』與北宋的濂、洛、關之學並稱爲『濂、洛、關、閩』，這是宋明時代占統治地位的思想。」〔註 321〕一般說來，閩學是以朱熹爲首，包括其門人在內的南宋朱子學派的思想，以及其後福建理學家的一些思想。福建朱熹閩學是相對於其他地域性學派，如江西廬山濂溪周敦頤的濂學；河南洛陽程顥、程頤的洛學；陝西關中張載的關學，乃至浙東、江西等學派而言的。〔註 322〕「閩學」這個名稱，最早流行於明代。〔註 323〕

朱熹的一生中，除三年多出省從政、遊學外，一直在福建從事學術著述和講學教育活動。他在福建各地鼓勵學堂的設置，先後創辦了同安縣學、武夷精舍（武夷紫陽書院）、竹林精舍、滄州精舍（考亭書院）等。他著書立說、編輯教科書、擬定學規、提倡移風易俗的社會教育，培養了大批知識分子。因此，在朱子學諸學系中，福建朱子學派最爲強大；朱子門人，也以福建最多。〔註 324〕

市、泉州市、漳州市，以及龍岩市和三明市的大田部分地區而言。詳見施宣圓撰，〈閩南・閩南人・閩南學〉，福建省炎黃文化研究會編，《第二屆閩南文化研討會論文選編》，2003 年 9 月，頁 175。

〔註 318〕明・何喬遠編撰，《閩書・校點前言》，福建：人民出版社，1994 年 6 月，頁 2。

〔註 319〕高令印、陳其芳，《福建朱子學》，福建：人民出版社，1986 年 10 月第一次印刷，頁 2。

〔註 320〕（中）鄭振滿、（美）丁荷生編纂，《福建宗教碑銘彙編・重修溫陵書院記》（上），福建：人民出版社，2003 年 12 月第一次印刷，頁 252。

〔註 321〕張岱年，〈序〉，高令印、陳其芳，《福建朱子學》，福建：人民出版社，1999 年 7 月初版二刷。

〔註 322〕高令印，〈朱熹與福建文化〉，載《國際朱子學會議論文集》，臺北：中央研究院中國文哲研究所籌備處，1993 年 5 月，頁 24～25。又見高令印、陳其芳，《福建朱子學》，福建人民出版社，1986 年 10 月第一次印刷，頁 1。

〔註 323〕劉樹勛主編，《閩學源流》，福建：教育出版社，1993 年 12 月，頁 1。

〔註 324〕高令印、陳其芳，《福建朱子學》，福建：人民出版社，1999 年 7 月初版二刷，

書院創始於唐而盛行於宋。書院的功能初始僅爲保存和編纂書籍的空間場域，之後才逐步演變成講習黌宮。〔註 325〕朱熹與他的學生們紛紛致力於書院制度的擘畫，和倡導民間自由講學風氣。南宋書院大興是從朱熹修復白鹿洞書院開始的，宋代福建書院教育的蓬勃應歸功於朱熹的倡首。《朱子行狀》云：「一日不講學，便惕然以爲憂。」〔註 326〕朱熹等歷代閩學學者皆以教育爲己任。朱熹和其門人，分布於福建各地，創辦官學和私學，著書授徒，提攜後學。朱子在世時，曾親自辦了多處縣學、精舍、書院。〔註 327〕就朱熹說法，精舍原爲學者群居講習之所，其後爲政者乃或就而褒表之，乃變而爲書院。〔註 328〕朱熹在《文集・滄洲精舍告先聖文》即言：「恭修釋菜之禮」〔註 329〕，而《朱子語類》則云：「新書院告成，明日欲祀先聖先師，古有釋菜之禮。」〔註 330〕則朱熹時精舍與書院實爲一體之兩面。

朱子在福建地區停留時間，前後長達五十年之久，期間大部分都待在閩北建陽、崇安等武夷山一帶。而在閩南同安、漳州從政時間則僅四年多時間，卻能在文教事業方面展現出亮麗的成績。〔註 331〕據《年譜》載，南宋紹興二十三年（1153 年）七月朱子至同安（見書影 1-2：朱文公授同安主簿像）。

> 紹興十八年（1148 年）登進士第，以左迪功郎主泉州同安簿。蒞職勤敏，纖悉必親。群縣長吏〔註 332〕，事倚以決。苟利於民，雖勞無憚。職兼學事。選邑之秀民，充弟子員。訪求名士以爲表率，日與

頁 69。

〔註 325〕陳榮捷，《朱子新探索》，上海：華東師範大學，2007 年 7 月，頁 325～344。

〔註 326〕宋・黃榦，《朱文公（熹）行狀》（一名《宋侍講朱文公行狀》），《叢書集成續編》二六〇冊，臺北：新文豐出版社，1989 年 7 月，頁 23。

〔註 327〕高令印，〈朱熹與福建文化〉，載《國際朱子學會議論文集》，臺北：中央研究院中國文哲研究所籌備處，1993 年 5 月，頁 31～32。

〔註 328〕陳榮捷，《朱子新探索》，上海：華東師範大學，2007 年 7 月，頁 326。

〔註 329〕宋・朱熹，《朱熹集・滄洲精舍告先聖文》卷八十六，四川：教育出版社，1997 年 5 月初版二刷，頁 4446。

〔註 330〕宋・黎靖德編，《朱子語類》，《文淵閣四庫全書本・子部》七〇二冊，臺北：臺灣商務印書館，1986 年 7 月，頁 870。

〔註 331〕洪銀娥，《朱熹在金門之意象及其影響研究》，銘傳大學應用中國文學研究所碩士論文，2006 年 5 月，頁 75。

〔註 332〕案，《年譜》引《行狀》作「郡縣長吏」。清・王懋竑編，《朱子年譜》（清道光光緒間刻本），收入于浩輯，《宋明理學家年譜》，北京：北京圖書館出版社，2005 年 4 月，頁 61。

> 講説聖賢修己治人之道。年方踰冠，聞其風者已知學之有師而尊慕之。〔註333〕

事必躬親的朱子，顯然在簿同的短暫歲月中，有著豐碩成果。《泉州府志・名宦》也給予朱熹治績極高評價：

> 蒞官以教養爲先務，革弊興利，緩急有序。事無大小，必親裁決。賦稅簿籍，逐日點對，以防吏弊。利於民者，雖勞不憚。民欲爲僧尼者，禁之。選秀民充弟子員，一時從學者眾。建經史閣，作教思堂，訪求名士徐應中、王賓等以爲表率，日與講論。正學規矩甚嚴。五載秩滿，士思其教，民思其惠。至今以斯邑爲過化之地。其作述、政績之詳具載于《大同集》。立祠在學宮之東，配以許升、王力行、呂大奎、邱葵四子。〔註334〕

朱子之所以會成爲宋、明以來學界泰斗，其學說之所以能蔚爲學術界主流，除本身是福建理學創始人的卓越地位，其門人弟子的盡心闡揚也是不容忽略的因素。「閩中之學，在有宋孝（宗）、寧（宗）之世（1163～1224）爲最盛。迨明以來，朱子之書布四方，家傳而人誦之。然時習其說以獵取科名，影響剽竊，而朱子之宗旨轉晦。夫自蔡虛齋（蔡清，1452～1508）、陳紫峰（陳琛，1477～1545）兩先生相繼出，乃始一洗俗儒之陋習，獨採朱子之精微，而閩中之學，在明正（德）、嘉（靖）之間（1506～1566）又最盛。」〔註335〕

據《福建朱子學》一書統計，南宋時期弘揚朱子學重要學者依序爲黃幹、蔡元定、陳淳、眞德秀四人。黃幹（1152～1724），字直卿，號勉齋，學者稱勉齋先生，福建長樂人，後徙居閩縣。黃幹是朱熹女婿，與朱熹最爲親密，從二十五歲起至朱熹卒，始終跟朱熹學習。蔡元定是朱熹最接近的朋友和學生，蔡元定之父和子與朱子學關係都很密切。蔡元定（1135～1198），字季通，因登西山絕頂忍饑讀書，學者稱西山先生，建寧府建陽人。陳淳（1153～1217），字安卿，又字功夫，學者稱北溪先生，福建龍溪人，晚年授泉州安

〔註333〕宋・黃榦，《朱文公（熹）行狀》（一名《宋侍講朱文公行狀》），《叢書集成續編》二六〇冊，臺北：新文豐出版社，1989年7月。

〔註334〕清・懷蔭布總裁黃任、郭賡武纂修，《泉州府志・名宦》卷二十九，泉州志編纂委員會辦公室1984年據泉山書社民國十六年（1927年）乾隆版補刻本影印，頁43～44。

〔註335〕清・李清馥，《閩中理學淵源考》卷六十，《文淵閣四庫全書本・子部》，臺北：臺灣商務印書館，1986年7月，頁608。

溪主簿。眞德秀（1178～1235），字實夫，改字景元，更字希元，號西山，學者稱西山先生，福建浦城人。〔註 336〕

有元一代，朱子學已執全國學術界泰山牛耳。當時福建朱子學的主要學者爲熊禾、陳普、吳海等人。這些學者當中或因民族氣節的緣故，不僅不肯仕宦于元廷，有的還積極進行反抗。其中最具代表性的當屬丘葵、莊圭復、韓信同、歐陽光等人。〔註 337〕

同安〔註 338〕自朱子簿邑以來，「禮義風行，習俗淳厚，士多穎異能文，以氣節自勵。」〔註 339〕《閩中理學淵源考》引滄浯（金門）盧若騰（1598～1664）〈序詩集〉即云：「吾邑丘釣磯先生，品著於宋末元初，論定於昭代，既列祀鄉先賢，且配享朱文公祠矣。」〔註 340〕「莊圭復，字生道，號容齋。晉江青陽人，篤志勵行，以文學名，少從遊於丘葵，值宋季流亂，手未嘗釋卷，誠信孝友，建祠宇、立祭田，入元隱於青陽，吟咏自如。」〔註 341〕丘葵（1244～1333）師徒二人就是最具典型的代表人物，其高風亮節的情操亦將永留青史。而明列金門鄉賢的丘葵，則是小嶝嶼〔註 342〕人。

清人雷鋐（1696～1760）在《蔡文莊公集・序》指稱：「有明開二百七十年之基，尊朱子以定一宗。典禮治法，亦多本之朱子。」〔註 343〕朱子閩學在明代得以昌熾，皆蔡清之功也。明人王愼中（1509～1559）云：「自明興之來，

〔註 336〕高令印、陳其芳，《福建朱子學》，福建：人民出版社，1999 年 7 月初版二刷，頁 73～131。

〔註 337〕同註 336，頁 176。

〔註 338〕「同安」乃沿用晉太康三年（282 年）設縣時舊有的名稱。當時「同安」尚屬未經開發的海濱地區，經濟文化較爲落後，社會秩序也不夠安定，因而設縣時取「安」字，寓有「平安」之意。初設縣的同安縣，其轄境有今同安縣、廈門市郊區、長泰縣、龍海縣部分及金門島。詳見顏立水撰，〈同安的沿革〉，《同安文史資料》（精選本），福建省同安文史資料精選本編委會編，1996 年 11 月，頁 1。

〔註 339〕清・黃佐、郭賡武纂修，《泉州府志・同安縣・風俗》卷二十，泉州：編纂委員會辦公室 1984 年據泉山書社民國十六年乾隆版補刻本影印，頁 11a。

〔註 340〕清・李清馥，《閩中理學淵源考》卷三十三，《文淵閣四庫全書本・史部》四六〇冊，臺北：臺灣商務印書館，1986 年 7 月，頁 438。

〔註 341〕同註 340，頁 441。

〔註 342〕小嶝嶼在民國三十八年（1949 年）以前皆轄屬金門縣。

〔註 343〕清・雷鋐，〈序〉，載於明・蔡清撰，《蔡文莊公集》（武漢大學圖書館藏清乾隆七年逐免敏齋刻本），《四庫全書存目叢書・集部》四十二冊，臺北：莊嚴文化公司，1997 年 2 月，頁 587。

盡心于朱子之學者，虛齋先生一人而已。」〔註 344〕《明儒學案》載：「蔡清，字介夫，號虛齋，福之晉江人。……蓋居常一念及靜字，猶覺有待於掃去煩囂之意。唯念個虛字，則自覺安。……傳其學者有同邑陳琛（1477～1545），同安林希元（1482～1567）。其釋經書，至今人奉之如金科玉律。」〔註 345〕清人莊延裕於〈重脩文莊蔡先生祠小言〉亦云：「吾閩朱夫子出，因周程之微言，釋先聖之遺緒，折衷群說，究其指歸，車而爲之轡，舟而爲之楫。後數百年，而文莊先生復起於溫陵，作爲蒙引，以闡朱子之秘，是攬其轡，而操其楫者也。」〔註 346〕蔡清（1452～1508）是朱子學術發展史上的重要學者，他的學說出現於朱子學的發展由獨盛到稍衰的轉變時刻。蔡清不僅繼承了朱熹的學說，還捍衛和發展了朱熹的學說。〔註 347〕

清人蔡廷魁說：「文莊公（蔡清）崛起于明，遠尋墜緒，殫畢生心力，著《易》、《四書蒙引》，闡孔、孟之微言，發明濂、洛、關、閩之正學，刊黌宮而播天下，至今學士文人確守其說毋變。鈎深括奧，振落扶衰，文莊公豈非紫陽（即朱熹）功臣哉？」〔註 348〕「朱熹有功於聖人，而（蔡）清則有功於朱氏」〔註 349〕，鏗鏘有力的論斷，更是對蔡清弘揚朱子學的高度推崇與肯定。

清代學者李光地（1642～1718）說：「自時厥後，紫峰陳先生〔註 350〕，次崖林先生〔註 351〕，皆以里閈後進，受業私淑，泉州經學，遂蔚然成一家言。時則姚江之學大行於東南，而閩士莫之遵，其掛陽明弟子之錄者，閩無

〔註 344〕清・李光地，《榕村集・重修蔡虛齋先生祠引》卷十三，《文淵閣四庫全書本・集部》一三二四冊，臺北：臺灣商務印書館，1986 年 7 月，頁 16a～18b。

〔註 345〕明・黃宗羲，《明儒學案・諸儒學案上四・司成蔡虛齋先生清》卷四十六，臺北：世界書局，2009 年 6 月初版七刷，頁 480～481。

〔註 346〕清・莊延裕，〈重脩文莊蔡先生祠小言〉，載於明・蔡清撰，《蔡文莊公集》（武漢大學圖書館藏清乾隆七年遜免敏齋刻本），《四庫全書存目叢書・集部》四十二冊，臺北：莊嚴文化公司，1997 年 2 月，頁 18。

〔註 347〕高令印、陳其芳，《福建朱子學》，福建：人民出版社，1999 年 7 月初版二刷，頁 278。

〔註 348〕同註 347。

〔註 349〕明・蔡清，《蔡文莊公集・都察院左僉都御史咫亭詹先生疏稿》卷七（武漢大學圖書館藏清乾隆七年遜免敏齋刻本），《四庫全書存目叢書・集部》四十二冊，臺北：莊嚴文化公司，1997 年 2 月，頁 9。

〔註 350〕陳琛（1477～1545），字思獻，因曾結廬於紫帽峰下，號紫峰，學者稱紫峰先生，福建晉江人。

〔註 351〕林希元（1482～1567），字茂（或懋）貞，號次崖，學者稱次崖先生，福建同安人。

一焉。此以知吾閩學者守師說，踐學規，而非虛聲浮談之所能奪。然非虛齋先生其孰開之哉？」〔註352〕

把蔡清（虛齋）推爲明代朱子學的第一人，是明清兩代學界一致公認的識見。就因爲蔡清首開風氣之先，使得僻居天末的閩地，能藉由朱子的教化，而得以成爲「道學之正，爲海內宗」的領袖地位，甚至能與吳越爭雄。明成化、弘治年間（1465～1505），「虛齋先生（蔡清）崛起溫凌（陵），首以窮經析理爲事，非孔孟之書不讀，非程朱之說不講，其於傳註也，句談而字議，務得朱子當日所以發明之精意。蓋有勉齋、北溪諸君子得之於口授而訛誤者，而先生是評是訂。故前輩遵巖王氏謂，自明興以來，盡心於朱子之學者，虛齋西生一人而已。」〔註353〕

明代福建朱子學在虛齋先生的倡首，紫峰先生和次崖先生的接續弘揚光大，而得以推向歷史高峰。清代學者李光地，經由朱子學的「道學之正」來定義一系列的學術系譜，由朱熹、蔡清（虛齋）、陳琛（紫峰）、林希元（次崖），形成一道堅實的閩地認同基礎，並以「時則姚江之學大行於東南，而閩士莫之遵，其掛陽明弟子之錄者，閩無一焉」作對比，塑造一條類比於漢儒的學術系譜鏈。〔註354〕

明人王志道在〈虛臺蔡先生文集序〉云：「萬曆以來，同安蓋有兩蔡先生，其一清憲公敬夫（蔡復一），其一則體國先生（蔡獻臣），二先生皆以文學魁天下。」〔註355〕蔡復一、蔡獻臣兩人，是金門鄉賢中道德文章最令人景仰的碩學鴻儒。明代的金門仍轄屬於同安，王志道故有「同安兩蔡先生」之說。王氏在該〈序〉文中也說：「吾鄉自蔡文莊公（蔡清）而後，未有若斯之篤也，（蔡獻臣）即與虛齋（蔡清）、敬夫（蔡復一），俱稱溫陵（泉州別稱。

〔註352〕清・周學增等纂修，《晉江縣志》，福建：人民出版社，1990年7月，頁390。

〔註353〕清・李光地，《榕村集・重修蔡虛齋先生祠引》卷十三，《文淵閣四庫全書本・集部》一三二四冊，臺北：臺灣商務印書館，1986年7月，頁16a～18b。此段引文亦見於明・蔡清，《蔡文莊公集・重脩文莊蔡先生祠序》卷七（武漢大學圖書館藏清乾隆七年遜免敏齋刻本），《四庫全書存目叢書・集部》四十三冊，莊嚴文化公司，1997年2月，頁17。

〔註354〕王一樵，《從「吾閩有學」到「吾學在閩」：十五至十八世紀福建朱子學思想系譜的形成及實踐》，國立臺灣師範大學歷史學系碩士論文，2006年6月，頁95。

〔註355〕明・王志道，〈虛臺蔡先生文集序〉，明・蔡獻臣撰，《清白堂稿》，金門：金門縣政府發行，1999年11月，頁13。

蓋其地少寒，故曰溫陵）〔註356〕三蔡先生可也。」〔註357〕清人李清馥〈少司寇蔡體國先生獻臣〉一文，對金門鄉賢蔡獻臣也多所推崇。蔡獻臣爲紫溪先生（蘇濬）門徒，公忠體國，常言人所不敢言，著有《清白堂稿》、《仕學潛學講義筆記》等稿行世。〔註358〕李氏於《閩中理學淵源考》還提到金門另一位鄉賢黃偉，字孟偉，號逸叟。金門俗諺云「品德黃逸叟，文章許鍾斗（許獬）」〔註359〕有「品德完人」稱譽的黃偉，「性敏而愨，貌古心淳」，曾授業於陳紫峰（琛）之門，正德九年甲戌（1514 年）成進士。致仕後「晨興率子弟展拜家廟。冠昏喪祭盡革舊俗，鄉人顧化不敢爲不義。」〔註 360〕明人洪受《滄海紀遺》亦載，浯洲（金門）冠禮之行，自逸叟黃先生始也。婚、喪儀節亦在黃偉手中建立制度，「或奠或祭，一依《家禮》。」〔註 361〕是則朱熹《家禮》對金門地區的影響已達數百年之久。

僻居同安東南一隅的金門（古稱浯洲，或浯洲嶼）〔註362〕，與縣城同安僅一水之隔，南宋有朱夫子的施教化於前，明代又有「溫陵（泉州別稱）三蔡」（蔡清、蔡獻臣、蔡復一）、「同安二蔡」（蔡獻臣、蔡復一），及「品德完人」黃偉、「文章俊彥」許獬等鄉賢的倡揚於後，朱子學說就此被引進金門，更深化於金門知識分子；朱子的禮學鉅著《家禮》則因士大夫的墾拓，而爲金門社會各階層人人奉行的「生活準繩」。再則，各個地區儒士依《家禮》爲濫觴而修訂的禮書，更是《家禮》得以普世化的最大功臣。其中盛行於閩臺一帶庶民社會的，則爲清代張汝誠《家禮會通》和呂子振《家禮大成》二

〔註356〕清・和珅等，《欽定大清一統志》卷三二八，《文淵閣四庫全書本・史部》四八一冊，臺北：臺灣商務印書館，1986 年 7 月，頁 566。

〔註357〕同註 355，頁 15。

〔註358〕清・李清馥，《閩中理學淵源考・少司寇蔡體國先生獻臣》卷七十，《文淵閣四庫全書本・子部》，臺北：臺灣商務印書館，1986 年 7 月，頁 460。

〔註359〕楊天厚、林麗寬，《金門匾額人物》，金門：金門縣文化局，2005 年 3 月，頁 154：「許獬，字子遜，號鍾斗，初明行周，後因夢更明行周。金門後浦人，族裔分居后湖。生於明穆宗隆慶四年，九歲能文，且多驚人之語。明萬曆二十九年（1601 年）會試第一名（會元），廷試二甲第一名（傳臚），授庶吉士。萬曆三十一年晉陞翰林院編修。卒於萬曆三十四年。」

〔註360〕清・李清馥，《閩中理學淵源考・郡守黃孟偉先生偉》卷六十，《文淵閣四庫全書本・史部》四六〇冊，臺北：臺灣商務印書館，1986 年 7 月，頁 613。

〔註361〕明・洪受，《滄海紀遺・風俗之紀第四》，金門：縣文獻委員會，1970 年 6 月再版，頁 49。

〔註362〕據《欽定大清一統志》卷三二八，頁 572 載：「浯洲嶼，即金門，在同安縣東南海中，去縣陸行九十里，水行五十里，廣袤五十餘里。」

書。準此以觀，則明、清兩代閩南地區暢行於民間的禮書，實融《書儀》、《家禮》、《家禮會通》、《家禮大成》於一爐〔註 363〕，也爲官方禮典庶民化寫下最好見證。

二、朱子《家禮》影響下的金門宗族社會

金門地區漢人開發史始於晉，時五胡亂華，中原大家巨族紛紛南渡。據《金門縣志》載述，時避居浯洲（金門）者有蘇、陳、吳、蔡、呂、顏六姓，成爲開發金門的第一批移民。唐德宗貞元十九年（803 年），柳冕爲閩觀察使，奏置「萬安監」，滋養馬匹，泉中置牧馬區五，金門其一。陳淵以牧馬監之職，率將佐李俊、衛傑，錢、王二舍人，及民戶十二姓氏：蔡、許、翁、李、張、黃、王、呂、劉、洪、林、蕭。牧馬侯陳淵與將士用命，終能「化荒墟爲樂土，自是耕稼漁鹽，生聚日蕃。」〔註 364〕時至今日，金門鄉親仍以「恩主公」暱稱之，足見島民感念之深。

《周禮・秋官・小司寇》有云：「孟冬祀司民，獻民數於王，王拜受之，以圖國用，而進退之。」鄭《注》：「司民，星名。小司寇於祀司民而獻民數於王，重民也。」〔註 365〕民之眾寡，事關國家之盛衰，民生之榮枯，關係不可謂不密切。浯地金門居民，其先世來源大抵有六種途徑：一爲亂世遺民，爲避戰亂而避居海島以爲世外桃源。一爲官方墾植闢場牧馬，隨帶民眷而來者。一爲泉屬世家大族，來金門開發漁鹽之利者。一爲鹽場民戶之後裔。一爲久戍軍人之子孫。一爲附近各邑商賈農漁之民，久客而定居於此者。途徑有不同，時間有先後。然考之《縣志》及各姓氏譜牒，金門現住居民，其先世來金門開發者，最早不出自宋代。〔註 366〕宋、元、明三代人口數，囿限於文獻之不足，未能窺其堂奧。唯光緒版《金門志・戶口》卷三，載錄有金門清光緒年間總人口數「通共一萬二千一百四十六戶，男三萬六千九百四十二丁，女二萬二千五百五十口」〔註 367〕的珍貴數據。

〔註 363〕李師豐楙，〈朱子家禮與閩臺家禮〉，「朱子學與東亞文明研討會——紀念朱子逝世八百週年朱子學會議」，臺北：漢學研究中心、中研院中國文哲所、清華大學中國文學系共同主辦，2000 年 11 月，頁 34～42。

〔註 364〕金門縣政府，《金門縣志・人民志》卷三，1999 年初版二刷，頁 354。

〔註 365〕《周禮・秋官・小司寇》卷三十五（重刊宋本），漢・鄭玄注；唐・賈公彥疏，臺北：藝文印書館，1976 年 5 月六版，頁 525。

〔註 366〕金門縣文獻委員會，《金門縣志・人民志》卷三，1979 年 6 月，頁 323。

〔註 367〕清・林焜熿，《金門志・戶口》卷三（光緒版），光緒壬午八年（1882 年）十

宋太平興國元年，島民始納戶鈔。神宗熙寧、元豐間（1068～1085），始立都圖，其統圖九，爲翔風里，並統於同安縣綏德鄉，則其時人口已眾矣。宋室南渡後，渡海來金者益眾。孝宗乾道中（1165～1173）有泉州世族梁克家、傅自德；寧宗慶元間（1195～1200），有曾從龍兄弟等，率眾來金門設堰築埭，劃海爲田，金門漁業得以因之倡興。元成宗大德元年（1297），建「浯洲鹽場」。明太祖洪武二十年（1387 年）〔註 368〕，派江夏侯周德興於金門城村置守禦千戶所城，屬永寧衛，又築峰上、田浦、官澳、陳坑、烈嶼五處巡檢司城。〔註 369〕這段開發史，《泉州府志》有更詳實的描記：

> 洪武二十年，命江夏侯周德興入福建，抽三丁之一爲沿海戍兵防倭，移置衛所當要害處。時泉州設衛一，曰永寧。守禦所五，曰福全、曰崇武、曰中左、曰金門、曰高浦。又設巡檢司一十九。是年設浯嶼水寨。洪武二十一年，命湯和行視閩、粵瀕海地，築城增兵，置永寧指揮使，及崇武、福全、金門、高浦千户所。〔註 370〕

金門地區之漢人開發始於晉朝，而後歷經唐、宋、元、明、清各時期文治武功的整飭經營，積累了豐厚的歷史時期之文化資產，而成爲華南文化東傳的首站及中原文化的保存區。〔註 371〕兩宋以後泉州一躍而爲當代世界最大的港口，而金門、澎湖等地更是向外移民的據點之一。〔註 372〕

同安與金門，就如同唇齒之相依般。《泉州府志》引《明隆慶府志》言：「同安自朱子簿邑以來，禮義風行，習俗淳厚，士多穎異能文，以氣節自勵，其民亦守分，能任眞性無矯飾，男子力稼穡，婦女皆勤紡績。東方地磽，民多貧，能習勞苦。」〔註 373〕男勤耕、女勤織，是受朱夫子教化的同安子民生

月開雕，版藏浯江書院，頁 4。

〔註 368〕案，明人洪受，《滄海紀遺》載述時間點爲明洪武二十五年（1392 年）。金門：縣文獻委員會，1970 年 6 月再版，頁 5。

〔註 369〕金門縣政府，《金門縣志・人民志》卷三，1999 年初版二刷，頁 354。

〔註 370〕清・懷蔭布總裁黃任、郭賡武纂修，《泉州府志・海防》卷二十五，泉州志編纂委員會辦公室一九八四年據泉山書社民國十六年（1927 年）乾隆版補刻本影印，頁 4～5。

〔註 371〕江桂珍，〈試論金門地區歷史考古之意義〉，《史博館學報》第二十三期，臺北：國立歷史博物館，1998 年 9 月，頁 99。

〔註 372〕黃永川，〈台閩與中原文化〉，《史博館學報》第十期，臺北：歷史博物館，1998 年 9 月，頁 10。

〔註 373〕清・黃任、郭賡武纂修，《泉州府志・同安縣・風俗》卷二十，泉州：編纂委員會辦公室 1984 年據泉山書社民國十六年乾隆版補刻本影印，頁 11a～11b。

活寫照。而僻居海島中的浯洲（金門），素有風沙之苦，然「其俗尤敦儉素，業儒者多，科目恆不乏人，最下乃精習法律耳。西方地腴民逸，亦不至怙侈，巫覡浮屠間亦用之，但儒者亦多不惑，祭奠用《朱文公家禮》。」〔註374〕時屬同安分縣的金門，禮義得以風行，士子得以穎異能文，《家禮》得以深植人心，皆朱子教化之功也。

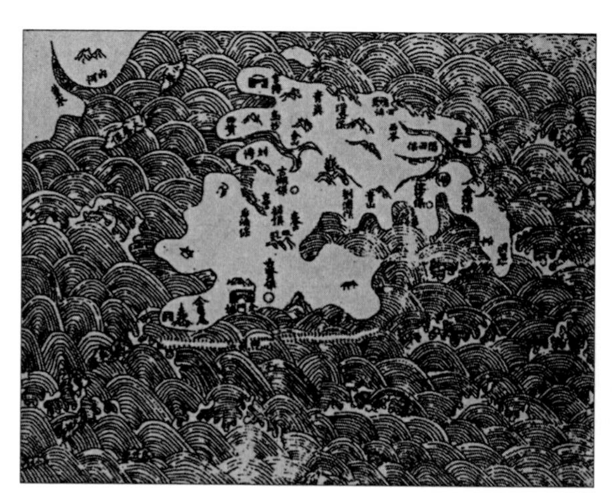

書影 2-4：金門山海圖

資料來源：取材自清光緒癸巳年（1893年）校補《馬巷廳志》，頁10。

書影 2-5：清乾隆年間金門島位置圖

（右上方爲明代千户所城位置）

資料來源：《福建通志》，頁62。

沿襲閩南習風的金門，宗族社會的慣習與閩南並無多大差異。宗族之下又有房派，房派之下又有俗稱「祧」的支派，由疏而親，井然有序。今人鄭振滿從不同層面，將宗族組織區分爲：以血緣關係爲基礎的繼承式宗族；以地緣關係爲基礎的依附式宗族；和以利益關係爲基礎的合同式宗族等三種基本類型。〔註375〕目前金門地區宗族組織以前二者爲大宗。繼承式宗族所有權利及義務均取決於各自的繼嗣關係。某些家庭爲緩和分家析產時對於傳統家

〔註374〕同註373。

〔註375〕鄭振滿，《明清福建家族組織與社會變遷》，河南：教育出版社，1992年6月，頁62。

庭所造成的立即性衝擊，往往採取「分家不分祭、分家不分戶或分家不析產」的變通方式以因應，對宗祧或家產實行共同繼承，使分家後的族人仍可繼續保持原有的協作關係。〔註 376〕繼承式宗族以房祧爲主，祭祀空間以俗稱「祖廳」的「家堂」爲主，成員較簡單；依附式宗族則由少數宗老「倡首」捐資，通過修祖墳、建祠堂、編族譜、置族產等系列方式，對已經解體或行將解體的宗族組織重新進行整合，成員涵蓋整個聚落〔註 377〕；合同式宗族則是以彼此利益關係爲基礎的宗族組織，所有族人間的權利及義務均取決於既定的合同關係，它是以地緣關係爲基礎的宗族組織〔註 378〕，成員間同姓卻不一定同宗。

探索金門地區的宗族社會，須先由聚落談起。血緣聚落是金門大部分村落的共同樣貌。金門舊屬同安，去縣城百里，而氏族觀念與內地無異，鄉村大率聚族而居，永世不移，城市則百姓雜處，遷徙不定。〔註 379〕民國八十一年（1992 年）解除「戰地政務」戒嚴令後，隨著遷徙頻率的持續擴大，原本單姓血緣聚落情況雖有逐漸質變趨勢，基本上仍保有同宗聚族而居的舊傳統。爲凸顯各村落姓氏特色，有些直接以姓氏爲村落名，如：吳厝、歐厝、林厝、蔡厝、呂厝、何厝、蕭厝、羅厝、楊厝、黃厝、莊厝、趙厝、宋厝、高厝、謝厝、顏厝、辛厝、李厝……等。有些村落則以村落周遭環境爲命名依據，如俗諺所稱「九頭、十八坑」，以「頭」字命名村落，如：水頭、新頭、後浦頭、後水頭、湖井頭、後頭、埔頭、山頭、古龍頭、下塘頭、塘頭、田頭、湖頭、浦頭、西浦頭、砂頭等村落。以「坑」字命名村落，如：東坑、陳坑、下坑、英坑、高坑、浯坑、東坑（大金門）、東坑（烈嶼）、李厝坑、上下坑等村落名。藉由不同村落名，即可輕易辨識聚落姓氏特色。〔註 380〕

宋代以後，由於社會經濟文化的發展孕育了深刻而巨大的變化。在經濟領域上出現了新興的契約租佃制度，思想文化領域出現了由舊儒學改造而來的理學，而社會生活領域則是宗族組織在新條件下的恢復和重建。〔註 381〕於

〔註 376〕同註 375，頁 63。
〔註 377〕同註 375，頁 85。
〔註 378〕同註 375，頁 81。
〔註 379〕金門縣政府，《金門縣志・人民志》卷三，1999 年初版二刷，頁 390。
〔註 380〕《金門縣志・土地志》卷二，1999 年初版二刷，頁 228～232。
〔註 381〕鄧河，〈中國近代宗族組織探析〉，載《大同高等專科學校學報》（綜合版），

此同時，程頤、朱熹等理學家的倡導，逐漸形成了一種「庶民化」的宗教理論，爲民間宗族組織的普遍發展提供了意識形態方面的前提條件。〔註 382〕程頤有言：「管攝天下人心，收宗族，厚風俗，使人不忘本，須是明譜系世族與立宗子法。」〔註 383〕朱熹則著《家禮》，倡導建宗祠，設祭田，爲後世宗族祭祖敬宗樹立楷模。又如范仲淹「置義莊里中，以贍族人」首開義田之風。較重視教育的宗族，主要表現在族學、義學的建立上。民間私人講學收徒始於孔子，漢唐時私學大興，爲社會培養了不少人才，而以本家族少年爲對象的私學義塾應始自宋代范仲淹，他以義田千畝挹注資金，創建了贍養宗族貧乏的義學，開族學教育風氣之先。〔註 384〕

宋儒歐陽修、蘇洵所作《歐氏譜》與《蘇氏譜》被後世尊爲修譜典範，〔註 385〕兩者有其相同處，亦有其相異點，清儒萬斯大在〈宗法八〉有精闢的考辨：

> 自宋以來，爲譜者首歐陽氏。蘇氏考歐譜，采史記表、鄭氏詩譜，依其上下旁行，作爲譜圖。其五世則遷，實古者小宗之法，故其圖上自高祖，下至玄孫，而別自爲世。蘇譜明言從小宗之法，故其譜自高祖而下，而高祖之父遂遷。兩家所本則同。而其異者：歐譜則別爲世者，上承高祖爲玄孫，下系玄孫爲高祖，凡世再別，而九族之親備，是其譜世增而不世變。蘇法，凡族人適子易世皆自爲譜，同高祖者其譜同，遷高祖之父而世存先譜，子孫得合而考之，其譜世遷而世變。要而觀之，歐譜合收而易考；蘇譜散見而難稽，故世之爲譜者，多從歐陽而不從蘇氏。〔註 386〕

宗譜最大功能在「誌族人之世次也，追已往之祖，而收見（現）在之族。祖分而族不分，故一族可同一譜。」阮元認爲修譜「蘇法宜舍（捨），而歐法宜

1994 年第三期，頁 57。

〔註 382〕鄭振滿，《明清福建家族組織與社會變遷》，湖南：教育出版社出版，1992 年 6 月第一次印刷，頁 229。

〔註 383〕宋·張載，《張子全書》，《文淵閣四庫全書本·子部》六九七冊，臺北：臺灣商務印書館，1986 年 7 月，頁 154。

〔註 384〕于秀萍，〈晚清民國以來的河北宗族述略——以河北宗族族譜爲中心〉，載《中國社會歷史評論》第九卷，2008 年，頁 153～165。

〔註 385〕鄧河，〈中國近代宗族組織探析〉，載《大同高等專科學校學報》（綜合版），1994 年第三期，頁 57～58。

〔註 386〕清·萬斯大，《宗法八》卷四十九，阮元輯，《皇清經解》，臺北：復興書局，1961 年 5 月，頁 754。

廣。」〔註 387〕明人李時勉對譜牒機能性也有如是論述:「譜者,記先世所自出,與夫長幼尊卑遠近親疎之序,所以明昭穆,而著彝倫之道也。善者紀之,而不善者諱之。仕宦者書之,而隱處者不遺,所以存忠厚而示勸懲之義也。然則故家大族,又豈可以無譜哉?無譜則不惟無以考觀前人之所遺,而效法之,以盡承先裕後之道,且將無以辨昭穆、別長幼,而盡敦宗睦族之意。」〔註 388〕在譜牒中,「堂號」是一個姓氏的特殊標識,具有聯繫姓氏與宗族關係的意義,也是後代尋根問祖的重要線索。〔註 389〕只要看到懸掛民宅門楣的堂號,即可輕易判定主人的姓氏,如「穎川衍派」〔註 390〕爲陳姓,「四知世第」〔註 391〕爲楊姓,「隴西衍派」〔註 392〕爲李姓,「紫雲衍派」〔註 393〕爲黃姓……等,已成爲金門傳統閩南聚落中特殊景觀。

歷經元明,迄于清代,宗族組織已達極盛時期。清代前期,宗族組織歷經了前所未有的繁榮。由於清朝統治者標榜以孝治天下,對宗族組織積極倡導,朝野士紳更是親體力行,因此宗族組織日益發展,宗族觀念漸入人心。這時期的宗族組織,已發展成爲血緣關係與地緣關係相結合爲紐帶,而系聯起來的同姓聚落體。時至民國以後的今天,血緣與地緣結合而爲一的聚落更成爲閩南聚落群的常態。在漢族居住的地方,人們聚族而居的現象已相當普

〔註 387〕同註 386。

〔註 388〕明·李時勉,《古廉文集》,卷四〈南岡李氏族譜序〉,收錄於《四庫全書珍本》三集,頁 19。

〔註 389〕張育闓、涂志偉,〈漳台宗祠傳承對接〉,載《漳臺族譜對接成果展——譜牒中的漳台緣》第九期,2008 年,頁 18。

〔註 390〕陳氏族人來自河南穎川陳軫後裔,故而以「穎川衍派」爲其堂號。穎川堂金門陳氏宗祠奠安委員會發行,《金門陳氏宗祠穎川堂建祠八十週念奠安紀念特刊》,1985 年正月,頁 66。

〔註 391〕楊氏「四知世第」或「四知堂」堂號,取材於東漢楊震(?~124),任荊州刺史時,夜拒「四知金」(天知、地知、爾知、我知)的著名典故,反映了楊姓人家廉潔清白的傳世家風。詳見近人田松清,《中華姓氏叢書·楊·清白世家·楊姓堂號》,香港:中華書局,2002 年,頁 94~115。

〔註 392〕隴西李氏自始祖李崇以下,子孫世代顯達。唐李淵建國,更是李氏成就最輝煌歲月,故李氏以「隴西衍派」爲堂號。李錫回主編,《古寧頭李氏族誌——李氏家廟整建落成奠安慶典紀實》,金門縣古寧頭李氏宗親會發行,1996 年 10 月,頁 6。

〔註 393〕唐武則天垂拱二年(686 年),黃氏始祖黃守恭樂善好施,獻地建寺。初號「白蓮寺」。唐玄宗開元二十六年(738 年)始更名爲「開元寺」。寺成之初,有紫雲蓋頂之瑞,黃氏族裔因以「紫雲衍派」爲堂號。《尚義黃氏家譜》,金門縣尚義黃氏宗親會編印,1985 年,頁 301。

遍，起建宗祠遂成爲各姓氏流行的時尚風。祠堂是安放祖先神靈牌位之地，也是宗族祭祖敬宗、議決大事、教育族眾的重要場所。〔註 394〕從大宗祠到小宗祠，從總祠到支祠，歲時宴饗，無分貴賤皆齊聚一堂暢敘宗誼，而作爲宗族經濟支柱的義田、義莊，更爲清代宗族特色。近代的宗族實質上是宋元以來宗族的延續和發展。〔註 395〕

對金門鄉親個人而言，建宗祠、修祖墳、蓋豪宅、闢私塾，是生平最重要的四件大事。就整個宗族而言，「定世系，辨昭穆，尊祖而敬宗，敦親以睦族，死生相顧，守望相助」〔註 396〕，庶幾能「上不辱及祖宗，下亦不遺惡於子孫，揚名於後世，無忝爾所生。」〔註 397〕目前金門庶民社會中，宗族意識仍極其強烈，每個姓氏都會極盡可能的建蓋自己專屬的宗祠，春秋享祀先祖亦成爲孝子賢孫行禮如儀的年度大事，依傳統「三獻禮」行儀，及古意盎然的「滿漢全席」供品，都是最大的賣點。爲教育族姓子弟，利用宗祠閒置空間延師授課，是金門地區明、清兩代科舉功名得以揚名立萬主因。在法律觀念尚未普面化時代，嚴謹的族規，以及族長至高無上的權威，都是解決族人間爭端的利器。爲團結族親，增強宗族力量，許多宗族都會成立社團法人或財團法人，凝聚族親間的力量，將「敬宗」、「收族」的固有傳統作更具體發揮。

小　結

綜觀相關文獻研判，朱熹簿同期間多次過化金門是可以討論的公共議題。就金門鄉親而言，卻毋寧相信是不爭的事實。《家禮》因朱熹教化緣故而得以深植於金門各階層，且成爲金門鄉親的行禮準繩。「禮不下庶人」古有明律，庶民社會囿限於諸多外在客觀環境的制約，各種儀節的展演往往會有因陋就簡的情況。經由田野調查發現，庶民行禮雖以《家禮》爲最高指導原則，朱熹編纂《家禮》也以「從俗」、「從簡」爲原則。但對庶民百姓而言，《家禮》

〔註 394〕張育閩、涂志偉，〈漳台宗祠傳承對接〉，載《漳臺族譜對接成果展——譜牒中的漳台緣》第九期，2008 年，頁 18。

〔註 395〕鄧河，〈中國近代宗族組織探析〉，載《大同高等專科學校學報》（綜合版），1994 年第三期，頁 58。

〔註 396〕金門許氏宗親會出版，《金門珠浦許氏族譜》，1987 年 4 月，頁 1078。

〔註 397〕同註 396。

相關儀節仍有其窒礙難行之處，特別是僻處閩南的漳、泉兩地鄉親，率皆以《家禮會通》及《家禮大成》兩書爲庶民行禮的指針。《家禮會通・序》言：該書「大自冠婚喪祭，小自（至）贈遺稱呼，無不詳載而考核明備，文質得宜，觀其《會通》，自可行夫典禮。」〔註 398〕《家禮大成・序》亦言：「《家禮》一書，自紫陽夫子所折衷攷定，或酌風氣異同，或參正俗習尚，務使禮之行於天地間者，犁然有當於人心。漳俗親承紫陽遺澤，雖世代數易，縉紳士類秉禮者不少，特山陬海隅，平素少詩書之澤者，未必盡能通曉。年來漳之士君子，起而增刪之，使冠婚喪祭之禮，復昭於世。」〔註 399〕《家禮會通》以「詳載而考核明備，文質得宜」，而「祖朱子《家禮》之法」〔註 400〕的《家禮大成》卻能以簡明扼要的方式，讓執禮的禮生易記易行，這也是《家禮會通》、《家禮大成》會成爲庶民社會普及率最高的生命禮儀專書的緣由。

金門地區每個村落都有自己養成的禮生，其養成管道除家傳的道士（法師）外，其餘執禮人員（通、贊、引）率皆由退休的軍公教人員轉任。這些教育水平較高的軍公教人員，素孚人望，社會地位崇高，對相關儀節演展亦較爲熟稔。秉持回饋鄉梓的精神，這批離開職場後的「士大夫」無不以其高度熱忱投入服務鄉親的行列，他們不支薪、不計酬，不論是祭祖儀典，或是葬儀，都可以看到這批「禮儀尖兵」。

〔註 398〕清・戴翊清，張汝誠輯，《家禮會通》，雍正甲寅（1734 年）序刊本，臺北：大立出版社，1985 年 7 月，頁 1～2。

〔註 399〕清・呂子振輯，楊鑑重校，《家禮大成》，臺灣：竹林書局，1971 年 5 月五版，頁 1。

〔註 400〕同註 399，頁 2。

第三章　金門宗祠祭典與宗族關係

金門地區目前仍保有閩南色彩相當濃厚的宗族文化。她擁有傳統的血緣聚落，也有量多而質精的宗祠，更有古味盎然的春秋祭祖儀典。「戰地政務」軍管雖曾造成經濟建設的停滯不前，卻也因之而使她保有宗族社會的原貌，從硬體的宗祠，到軟體的祠祭，在在都形塑出特色獨具的人文色彩。要瞭解金門地區的宗族文化，就得從宗祠祭典，族權的運作，及族產的管理等諸多層面去解析。而每年春秋祭典族眾齊聚一堂的盛況，則是觀察金門地區宗族文化的最佳契機。

第一節　歷代祠廟的流變

從周代的宗法社會，到宋代以降的宗族社會；從封建社會貴族階級嚴謹的宗廟制度，到各階層普面化的祠堂、家廟、宗祠。歷經二千多年歷史歲月的浸染，其實就是一部完整的祠廟流變史。爲求文獻探討的便利，本研究特以追本溯源的方式，從周朝封建社會的宗廟談起，直到秦代封建社會的解構，乃至歷代廟制的變化，藉由文獻的探索，逐一登錄，並予以表格化處理（相關文獻的載述請詳參附錄）。藉由系統化的整理，俾能對中國歷代廟制的沿革史，得以有更清楚的脈絡可尋。

一、漢唐時代及之前的祠廟

周代封建制度的宗廟制度，隨著秦帝國時代的誕生而被解構。漢代初年，在廟制混沌不明情況，致使王公大臣無敢言建廟者。爲突破困境，許多士大夫家紛紛選擇於墓旁建廟，作爲祀先場域的變通之計，遂成爲流行的新寵兒。流風所及，墓廟的建蓋，乃成爲漢代官宦士人趨之若鶩的首選。於此同時，由民間自發性紀念聖賢豪傑的專祠，也在這股時尚風的吹襲應運而生。

（一）漢代以前宗廟

廟者，何也？《說文》有云：「廟者，尊先祖皃（貌）也。」段《注》曰：「尊其先祖而以是儀皃之，故曰宗廟。諸書皆曰廟，皃也。」〔註1〕《祭法・注》亦云「廟之言皃也。宗廟者，先祖之尊皃也。」〔註2〕由此據見「古者廟以祀先祖。凡神不爲廟也。爲神立廟者，始三代之後。」〔註3〕《詩・周頌・清廟・序箋》載道：「廟之言貌也，死者精神不可得而見，但以生時之居，立宮室象貌爲之耳。」〔註4〕《古今注》且云：「廟者，貌也。所以彷彿先人之容貌也。」〔註5〕劉熙《釋名・釋宮室》也言：「廟，貌也。先祖形貌所在也。寢，寢也。所寢息也。」〔註6〕因此，「廟所以象生之有朝也，寢所以象生之有寢也。建之觀門之內，不敢遠其親也，位之觀門之左，不忍死其親也。」〔註7〕這是陳祥道對廟、寢的質性研究。對於廟的意涵，《公羊傳・桓公二年・注》做如此刊記：「廟者，緣生時有宮室也。孝子三年喪畢，思念其親，故爲之立宗廟，以鬼享之。廟之爲言貌也，思想儀貌而事之。」〔註8〕《藝文類聚・禮部》引《尚書・大傳》則云：「廟者，貌也，其以貌言之也。」〔註9〕《白

〔註1〕東漢・許愼，清・段玉裁注，《說文解字注》，臺北：天工書局，1998年8月20日，頁446。

〔註2〕《禮記・祭法》卷四十六（阮元重刊宋本），漢・鄭玄注；唐・孔穎達等正義，臺北：藝文印書館，1976年5月六版，頁799。

〔註3〕東漢・許愼，清・段玉裁注，《說文解字注》，臺北：天工書局，1998年8月20日，頁446。

〔註4〕《詩・周頌・清廟・序箋》卷十九之一（阮元重刊宋本），漢・毛公傳，鄭玄箋；唐・孔穎達等正義，臺北：藝文印書館，1976年5月六版，頁706。

〔註5〕晉・崔豹，《古今注上》，上海：涵芬樓影印宋刊本，頁6。

〔註6〕漢，劉熙，明・吳琯校，《釋名》（上海涵芬樓《古今逸史》叢書本），載《中華漢語工具書書庫》第五十一冊，安徽教育出版社，2002年1月第一次印刷，頁473。

〔註7〕宋・陳祥道，《禮書・廟制》，載《文淵閣四庫全書》，臺北：臺灣商務印書館，1986年7月初版，頁432。

〔註8〕《春秋公羊傳・桓公二年・注》卷四（阮元重刊宋本），漢・何休注；唐・徐彥疏，臺北：藝文印書館，1976年5月六版，頁49。

〔註9〕唐・歐陽詢等，《藝文類聚・禮部上・宗廟》卷三十八，上海：中華書局，1959

虎通・宗廟》言述：「宗者，尊也。廟者，貌也。象先祖之尊貌也。」〔註10〕《歷代名臣奏議・郊廟》亦云：「廟者，貌也，神靈所憑依也，事亡如存，若常在也。」〔註11〕眾上所列文獻，大抵將「廟」訓為「貌」。〔註12〕

《爾雅・釋宮》則由建築形制立論：「室有東西廂曰廟，無東西廂，有室曰寢。」宋・邢昺《疏》曰：「凡大室有東西廂夾室，及前堂有序牆者曰廟，但有大室者曰寢。」〔註13〕《月令・仲春》且云：「寢廟必備。」鄭《注》云：「凡廟前曰廟，後曰寢者，廟是接神之處，其處尊，故在前。寢，衣冠所藏之處，對廟為卑，故在後。」〔註14〕《周禮・春官・小宗伯》亦曰：「小宗伯之職，掌建國之神位，右社稷，左宗廟。」賈公彥《疏》引何休云：「質家〔註15〕宗廟，尚親親。文家〔註16〕右社稷，尚尊尊。」〔註17〕《周禮・冬官・考工記・匠人》亦云：「左祖右社，面朝後市。」鄭《注》言：「王宮所居也。祖，宗廟。面，猶鄉也。」賈公彥《疏》引《祭義》注道：「周尚左。」〔註18〕《蔡邕・獨斷》則有更進一步地說明：「左宗廟，東曰左。……右社稷，西曰右。宗廟、社稷，皆在庫門之內，雉門之外。」〔註19〕禮經對廟寢的定

年9月第二次印刷，頁9。

〔註10〕漢・班固，清・陳立疏證，《白虎通疏證・宗廟》卷十二，光緒元年（1875年）春淮南書局刊，臺北：廣文書局，2004年10月再版，頁670。

〔註11〕明・楊士奇等，《歷代名臣奏議・郊廟》卷十四，《文淵閣四庫全書本・史部》四三三冊，臺北：臺灣商務印書館，1986年7月，頁350。

〔註12〕章景明，《殷周廟制論稿》，臺北：學海出版社，1979年4月初版，頁2～3。

〔註13〕《爾雅・釋宮第五》卷五，晉・郭璞注；宋・邢昺疏，臺北：藝文印書館，1976年5月六版，頁75。

〔註14〕《禮記・月令》卷十五（阮元重刊宋本），漢・鄭玄注；唐・孔穎達等正義，臺北：藝文印書館，1976年5月六版，頁300。

〔註15〕質家，指尚實的人士或學派。《白虎通・三軍》卷五：「王者受命，質家先伐，文家先改正朔。」漢・班固，清・陳立疏證，《白虎通疏證》（光緒元年（1875年）春淮南書局刊），臺北：廣文書局，2004年10月再版，頁243。

〔註16〕文家，指崇尚文禮的朝代。《公羊傳・隱公元年》卷一（阮元重刊宋本），漢・何休注；唐・徐彥疏，臺北：藝文印書館，1976年5月六版，頁11：「立適以長不以賢，立子以貴不以長。」漢・何休《注》：「嫡子有孫而死，質家親親先立弟，文家尊尊先立孫。」

〔註17〕《周禮・春官・小宗伯》卷十九（阮元重刊宋本），漢・鄭玄注；唐・孔穎達等正義，臺北：藝文印書館，1976年5月六版，頁290。

〔註18〕《周禮・冬官・考工記・匠人》卷四十一（阮元重刊宋本），漢・鄭玄注；唐・孔穎達等正義，臺北：藝文印書館發行，1976年5月六版，頁643。

〔註19〕漢・蔡邕，《獨斷》（卷上），載《文淵閣四庫全書》，臺北：臺灣商務印書館，1986年7月初版，頁81。

義雖明晰，然實際上「古者廟寢之分，蓋不甚嚴。」〔註 20〕文獻上常會有寢廟並稱，實源之於此。

「禮有以多爲貴」〔註 21〕的慣習。《禮記・王制》上也有相近的說法：「天子七廟，三昭三穆，與太祖之廟而七。諸侯五廟，二昭二穆，與太祖之廟而五。大夫三廟，一昭一穆，與太祖之廟而三。士一廟。庶人祭於寢。」鄭玄《注》曰：「寢，適寢也。」〔註 22〕從《王制》的士一廟，乃至《祭法》的適士二廟，官師一廟，足見漢代的廟制有更細致的劃分。所謂的「昭穆」，乃源自於周代的一種宗廟排序的遷祧制度，亦即在宗廟群中，始祖廟當然居中，其餘的宗廟按照「由近及遠」的鐵律，採隔代分列左右的慣習，左爲昭廟，右爲穆廟，井然有序。〔註 23〕《禮記・祭統》即云：「夫祭有昭穆，昭穆者，所以別父子、遠近、長幼、親疏之序而無亂也。」〔註 24〕意即在此。

《荀子・禮論》稱：「有天下者事十（「十」疑爲「七」之誤）〔註 25〕世，有一國者事五世，有五乘之地者事三世，有三乘之地者事二世，持手而食者〔註 26〕，不得立宗廟」〔註 27〕的說法，爲的就是要鋪展「積厚者流澤廣，積

〔註 20〕民國・王國維，《觀堂集林・明堂廟寢通考》卷三，《叢書集成續編》六十七冊，臺北：新文豐出版社，1989 年 7 月，頁 51。

〔註 21〕唐・杜佑，《通典・天子宗廟》卷四十七（冊二），北京：中華書局，2003 年 5 月，頁 1300。

〔註 22〕《禮記・王制》卷十二（阮元重刊宋本），漢・鄭玄注；唐・孔穎達等正義，臺北：藝文印書館，1976 年 5 月六版，頁 241。另《禮記・祭法》卷四十六，頁 799；魏・王肅編撰，《孔子家語・廟制》卷八（明覆宋刊本），《中國子學名著集成——宋元明清善本叢刊》，頁 320，也都有類似的刷法。

〔註 23〕梅新林，〈《詩經》中的祭祖樂歌與周代宗廟文化〉，《浙江師大學報》（社會科學版），1999 年第五期，頁 2。

〔註 24〕《禮記・祭統》卷四十九（阮元重刊宋本），漢・鄭玄注；唐・孔穎達等正義，臺北：藝文印書館，1976 年 5 月六版，頁 836。

〔註 25〕「十」當爲「七」之誤。《史記・禮書》卷二十三，頁 462：「故有天下者事七世，有一國者事五世，有五乘之地者事三世，有三乘之地者事二世，有特牲而食者不得立宗廟。所以辨積厚者流澤廣，積薄者流澤狹也。」宋・裴駰《集解》：「《穀梁傳》曰：天子至于士皆有廟，天子七、諸侯五、大夫三、士二。」考之（日）瀧川龜太郎編著，《史記會注考證・禮書》卷二十三，頁 414《考證》則云：「《王制》天子七廟，三昭三穆，與太祖之廟而七，諸侯五廟，二昭二穆，與太祖之廟而五。《荀子》七作十，誤。」

〔註 26〕「持手而食」一詞，楊倞《注》曰：「持其手而食，謂農工。」意即指庶民百姓而言。周・荀況，《荀子・禮論》卷十三，《文淵閣四庫全書本・子部》六九五冊，臺北：臺灣商務印書館，1986 年 7 月，頁 235。

〔註 27〕同註 26。

薄者流澤狹」〔註 28〕的禮儀分際。《大戴禮記・禮三本》亦云：「待年而食者，不得立宗廟，所以別。積厚者流澤光，積薄者流澤卑也。」〔註 29〕《禮記・王制》載錄「庶人祭於寢。春薦韭，夏薦麥，秋薦黍，韭以卵、麥以魚、黍以豚，稻以雁。」〔註 30〕案，待年而食者，農夫力田者也。古士以上始得立廟，庶人無廟祭於家，且祭品亦不得用大牲，貴賤之界分如此。〔註 31〕元人黃瑞節云：「《家禮》以宗法爲主，所謂非嫡長子不敢祭其父，皆是意也。」〔註 32〕今人龔鵬程則認爲宗法的骨架在於姓氏，氏由賜土而來，無土則無氏，無氏則無廟，這是禮經上爲何會有庶民只能祭於寢的謹嚴禮規。〔註 33〕

據章景明考證，殷商卜辭率皆以「宗」爲「廟」，且此一用法，直到周代仍在持續沿用。《詩經・大雅・鳧鷖》言：「鳧鷖在潀，公尸來燕來宗。既燕于宗，福祿攸降。公尸燕飲，福祿來崇。」〔註 34〕《易・震・彖》則曰：「出可以守宗廟社稷，以爲祭主也。」〔註 35〕《儀禮・士昏禮》且云：「命之曰：往迎爾相，承我宗事。」鄭《注》云：「宗事，宗廟之事。」〔註 36〕《周禮・春官・肆師》道：「凡師甸用牲于社宗，則爲位。」鄭《注》：「社，軍社也。宗，謂宗廟。」〔註 37〕凡此皆可見周人還保有殷人稱廟爲宗的習慣和用法。〔註 38〕

〔註 28〕同註 26，頁 234～235。

〔註 29〕漢・戴德；清・王聘珍解詁，《大戴禮記解詁・禮三本》卷四十二，臺北：世界書局，1974 年 5 月三版，頁 12。

〔註 30〕《禮記・王制》卷十二（阮元重刊宋本），漢・鄭玄注；唐・孔穎達等正義，臺北：藝文印書館，1976 年 5 月六版，頁 241。

〔註 31〕尚秉和，《歷代社會風俗事務考・古庶人不得立宗廟不能用牛羊豕祭服則尚黃》，臺北：臺灣商務印館，1985 年 12 月臺六版，頁 209。

〔註 32〕宋・朱熹；明・丘濬重編，《文公家禮儀節》（共八卷），明萬曆戊申三十六年（1608 年）常州府推官錢時刊本，常州府出版。臺北：國家圖書館，頁（序 9b）。

〔註 33〕龔鵬程，〈宗廟制度論略〉（上），《孔孟學報》第四十三期，1982 年 4 月，頁 250～251。

〔註 34〕章景明，《殷周廟制論稿》，臺北：學海出版社，1979 年 4 月初版，頁 5。

〔註 35〕《周易・震・彖》卷五（阮元重刊宋本），魏・王弼、韓康伯注；唐・孔穎達等正義，臺北：藝文印書館，1976 年 5 月六版，頁 114。

〔註 36〕《儀禮・士昏禮》卷六（阮元重刊宋本），漢・鄭玄注；唐・賈公彥疏，臺北：藝文印書館，1976 年 5 月六版，頁 61。

〔註 37〕《周禮・春官・肆師》卷十九（阮元重刊宋本），漢・鄭玄注；唐・賈公彥疏，臺北：藝文印書館，1976 年 5 月六版，頁 297。

〔註 38〕章景明，《殷周廟制論稿》，臺北：學海出版社，1979 年 4 月初版，頁 5。

秦帝國完成大一統後，原在中國施行長達數百年之久的封建制度，至此徹底被解構。「古者廟於大門內，秦出寢於陵側，故王公亦建廟於墓。」〔註 39〕攸關此一時期的廟制，宋儒司馬光在〈文潞公家廟碑〉就說，在禮文隳壞的秦代，無人敢營宗廟，廟制遭受到空前浩劫。〔註 40〕入漢之後，時人爲祀先而於墓旁闢建祠堂的風尚就此獲得展演。《太平御覽》有云：「鄧晨，南陽人，與上起兵新野，吏乃燒晨先祖祠堂，污池室宅，焚其冢墓，宗族皆怒曰：『家自富足，何故隨婦家入湯鑊中？』晨終無恨色。」〔註 41〕從叛軍火燒鄧晨先祖祠堂所引起的鄧氏族人的公憤，可證鄧氏祠堂乃奉先的祭祀空間。

漢王朝建國後，雖有過「郡國廟」的出現，然與原先的封建宗廟精神已大相逕庭。此一時期的廟制上自天子，下至庶民，均採用墓旁立廟的方式。流風影響所及，不僅庶民百姓建祠堂，就是貴爲宗室的王公貴人也爭相建蓋祠堂。

「古者，庶人魚菽之祭，春秋脩其祖祠。士一廟，大夫三，以時有事于五祀，蓋無出門之祭。」〔註42〕《禮記・王制》云：「大夫三廟，一昭一穆，與大祖之廟而三。士一廟，庶人祭於寢。」〔註 43〕《風俗通義・怪神篇》則云：「禮：天子祭天地、五嶽、四瀆，諸侯不過其望也，大夫五祀，士門戶，

〔註 39〕宋・歐陽修，《新唐書・禮樂志三》，臺北：鼎文書局，1979 年 2 月二版，頁 347。

〔註 40〕宋・司馬光，《溫國文正司馬公文集・碑誌五・文潞公家廟碑》卷七十五，《四部叢刊・集部》卷七十九，頁 570。另司馬光又於《傳家集・河東節度使守太尉開府儀同三司潞國公文公先廟碑》也有相同的載錄：「先王之制，自天子至於官師皆有廟。君子將營宮室，宗廟爲先，居室爲後。及秦，非笑聖人，蕩滅典禮，務尊君卑臣，於是天子之外，無敢營宗廟者。漢室公卿貴人，多建祠堂於墓所在，都邑則鮮焉。」的說法。詳見《文淵閣四庫全書本・集部》一〇九四冊卷七十九，臺北：臺灣商務印書館，1986 年 7 月初版，頁 722。

〔註 41〕宋・李昉等，《太平御覽・人事部一二四・怒》卷四八三，臺北：臺灣商務印書館，1968 年 1 月臺一版，頁 2340。另《後漢書・鄧晨傳》卷十五，頁 583，對這段史實也有如是的載記：「漢兵退保棘陽，而新野宰乃汙晨宅，焚其冢墓。宗族皆恚怒曰：『家自富足，何故隨婦家人入湯鑊中？』晨終無恨色。」

〔註 42〕漢・桓寬，王利器校注，《鹽鐵論校注》（定本），北京：中華書局，1992 年 7 月第一次印刷，頁 351。相近載述亦見《公羊傳・哀公六年》（阮元重刊宋本），頁 345：「常之母，有魚菽之祭」何休《注》：「齊俗婦人首祭事，言魚豆者，示薄陋無所有。」另相同內容亦見諸於漢・司馬遷，《史記・齊太公世家》卷三十二，宋・裴駰集解，臺北：藝文印書館，2005 年 2 月，頁 593。

〔註 43〕《禮記・王制》卷十二（阮元重刊宋本），漢・鄭玄注；唐・孔穎達等正義，臺北：藝文印書館，1976 年 5 月六版，頁 241。

庶人祖。蓋非其鬼而祭之，諂也。」〔註 44〕漢以前的庶民百姓，雖然僅能以簡陋的「魚菽之祭」祭祀其先祖，且須謹遵「不得有出門之祀」〔註 45〕的嚴謹制約，然「春秋脩其祖祠」卻被士庶人視爲天職的年度大事，祠堂的設置彌補了庶民祭祖的不便與缺憾。〔註 46〕

《漢書‧張湯傳》有言：「安世，字子孺。……安世尊爲公侯，食邑萬戶。……將作穿復土，起冢祠堂。」王先謙《補注》引錢大昭見解說：「祠堂起於漢」。〔註 47〕然若考之《楚辭‧天問》則曰：「見楚有先王之廟及公卿祠堂」〔註 48〕的載記，則「祠堂」一詞出現的時間點，應可再往前上推至戰國時代。屈原當時所見的「祠堂」定義爲何？恐有待相關文獻的進一步審視。《漢書‧龔勝傳》曰：「勿隨俗動吾冢種柏作祠堂。」〔註 49〕明人楊士奇《東里續集‧茨溪劉氏祠堂記》則云：「漢世公卿或作祠於墓。」〔註 50〕《後漢書‧馬援傳》言道：「援夫人卒，乃更修封樹，起祠堂。」〔註 51〕《東觀記》云：「漢但修里宅，不起第。夫人先死，薄葬小墳，不作祠堂。」〔註 52〕東漢‧王符《潛夫論‧浮侈》云：「廬舍祠堂，崇侈上僭。」〔註 53〕足見漢時期的「祠堂」最大的特色就是建蓋在墳墓旁側。《朱子語類》說：「今之廟制，出於漢明帝。」

〔註 44〕漢‧應劭，民國‧王利器校注，《風俗通義校注》卷九，臺北：漢京文化事業公司，1983 年 9 月 16 日初版，頁 386。

〔註 45〕同註 44，頁 401～402：「時太守司空第五倫到官，……遂移書屬縣，曉諭百姓：『民不得有出門之祀』。」

〔註 46〕師瓊珮，《朱子《家禮》對家的理解——以祠堂爲探討中心》，臺北：中國文化大學史學研究所碩士論文，2002 年 6 月，頁 14。

〔註 47〕漢‧班固，王先謙補注，《漢書補注‧張湯傳》，臺北：藝文印書館，1996 年 8 月，頁 1226～1227。

〔註 48〕東漢‧王逸，《楚辭章句‧天問》卷三，《文淵閣四庫全書本‧集部》一〇六二冊，臺北：臺灣商務印書館，1986 年 7 月初版，頁 25。另見宋‧洪興祖，《楚辭補注》，臺北：藝文印書館，1977 年 9 月五版，頁 145。

〔註 49〕漢‧班固，王先謙補注，《漢書補注‧龔勝傳》卷七十二，臺北：藝文印書館，1996 年 8 月初版四刷，頁 1372。

〔註 50〕明‧楊士奇，《東里續集‧茨溪劉氏祠堂記》卷一，《文淵閣四庫全書本‧集部》一二三八冊，臺北：臺灣商務印書館，1986 年 7 月，頁 372。

〔註 51〕南朝宋‧范曄，《後漢書‧馬援傳》卷二十四，臺北：鼎文書局，1981 年 4 月四版，頁 852。

〔註 52〕南朝宋‧范曄，《後漢書‧吳蓋陳臧列傳》卷十八，臺北：鼎文書局，1981 年 4 月四版，頁 684。

〔註 53〕東漢‧王符，龔祖培校點，《潛夫論‧浮侈第十二》卷三，瀋陽：遼寧教育出版社，2001 年 2 月第一版第一次印刷，頁 23。

〔註54〕墓廟建蓋在墓前，自然沒有昭穆秩序可言。〔註55〕

（二）魏晉南北朝祠廟

以儒家經典精神頒受新法典的晉代，一反秦、漢以來長期以法家思想體系所制定的律令，特別是晉武帝太康年間（280～289年），由官方第一次向天下頒示的國家禮典，其涉獵的範圍更普及到社會各階層，與漢代窄化的皇家朝儀之禮迥然不同，特別具有劃時代意義，也讓「五禮」〔註56〕首次列入

〔註54〕宋・黎靖德編，《朱子禮類》卷九十，載《文淵閣四庫全書》，臺北：臺灣商務印書館，1986年7月初版，頁872。

〔註55〕甘懷眞，《唐代家廟禮制研究》，臺北：臺灣商務印書館，1991年11月第一次印刷，頁12。

〔註56〕《史記・五帝本紀三》卷一：虞舜時「脩五禮」。裴駰《集解》引馬融語云：「五禮，吉、凶、賓、軍、嘉也。」張守節《正義》云：「《周禮》以吉禮事邦國之鬼神祇，以凶禮哀邦國之憂，以賓禮親邦國，以軍禮同邦國，以嘉禮親萬民也。《尚書・堯典》云，類于上帝吉禮也，如喪考妣凶禮也，群后四朝賓禮也。《大禹謨》云，汝徂征軍禮也。《堯典》云，女于時嘉禮也。」漢・司馬遷，《史記》，宋・裴駰集解，臺北：藝文印書館，2005年2月，頁34。案，此爲五禮見於文獻之始，則五禮源起時間應該更早。吉、凶、軍、賓、嘉謂之「五禮」，五禮中又以吉禮爲首。《周禮・均人》（阮元重刊宋本）卷十四，頁212：「五禮，吉、凶、軍、賓、嘉也。」；《禮記・祭統》（阮元重刊宋本）：「凡治人之道，莫急於禮。禮有五經，莫重於祭。」鄭《注》：「禮有五經，謂吉禮、凶禮、賓禮、軍禮、嘉禮。莫重於祭，謂以吉禮爲首；《儀禮》又將先秦禮儀制度的內容詳細記錄下來，共分爲十七篇，依序爲：士冠禮、士昏禮、士相見禮、鄉飲酒禮、鄉射禮、燕禮、大射儀、聘禮、公食大夫禮、覲禮、喪服、士喪禮、既夕禮、士虞禮、特牲饋食禮、少牢饋食禮、有司徹等十七種不同禮儀，見《十三經注疏——儀禮》。」再則，《大戴禮・本命》，則又將古禮歸納爲九類，稱爲「九禮」，分別爲：冠、昏、朝、聘、喪、祭、賓主、鄉飲酒、軍旅。清儒王聘珍《大戴禮記解詁・注》曰：「九者，五禮之別也。冠、昏、賓主、鄉飲酒，嘉禮也。朝、聘，賓禮也。喪、凶禮也。祭，吉禮也。軍旅，軍禮也。賓主，謂賓射饗燕之類」，臺北：世界書局，1974年5月三版，頁4。所以，《禮記・中庸》（阮元重刊宋本）卷五十三，頁897，才會有「禮儀三百，威儀三千」的說法。《大戴禮記解詁・本命》卷十三，頁4，也有「禮經三百，威儀三千」的論述。清儒凌廷堪在《禮經釋例・復禮上》，對此有精闢的辯證，他說：「其事蓋不僅父子、君臣、夫婦、長幼、朋友也。即其大者而推之，而百行舉不外乎是矣。其篇亦不僅《士冠》、《聘》、《覲》、《士昏》、《鄉飲酒》、《士相見》也。即其存者而推之，而五禮舉不外乎是矣。」臺北：中研院中國文哲所，2002年12月，頁60。古禮的儀節、形式、器用、場合、對象……等既複雜而又繁瑣，牽涉範圍又廣。不同的禮儀，不同的身份，各有等差，亦各有隆殺，一切都得依禮行事，絲毫馬虎不得。詳見今人姬秀珠，《儀禮飲食禮器研究》，臺北：里仁書局，2005年7月15日

官方的成文禮典，封建廟制體系至此才眞正被落實，尤其是諸侯的五廟制。〔註57〕

針對晉代以降廟制的被確立，宋儒司馬光在〈文潞公家廟碑〉就有如是的解讀：「魏晉以降，漸復廟制，其後遂著於令，以官品爲所祀世數之差。」〔註58〕法制化後的禮典，爲廟制的多寡，及建廟者的身份訂下嚴謹的規範。《明集禮．品官家廟》對此則有著更具體的載錄：「漢世公卿貴人多建祠堂於墓所。魏晉以降，漸復廟制，其後遂著爲令，以官品爲所祀世數之差。」〔註59〕設於墓所享祀祖先的「祠堂」，在漢代頗有與「宗廟」互別苗頭的意味。

隨著成文禮典的問世，原本只能「祭於寢」的士庶人，只好選擇在家中客廳祭祀先祖，且須謹守祭祀祖、禰二代的禮文框限。《太平御覽》就有如是的描記：「（西晉）盧諶《祭法》曰：『凡祭法，有廟者置之於座；未遑立廟，祭於廳事可也』。」〔註60〕在「禮法不外乎人情」的普世價値觀驅動下，廟制已有明顯鬆動的狀況。盧諶的《祭法》顯然爲不克建廟者開了扇方便之門，讓「祭於廳事」成爲晉代祀祖的另一道選項。爲此晉朝曾撰寫過《祭儀》的禮學家賀循，就曾對未能建廟者提供解決祔祭的難題。〔註61〕

祔祭的禮儀都可尋求變通之道，時祭、節儀，甚至每月初一、十五皆可於「客堂」祭祀先祖，更是理所當然之事，久之自然相沿成習。這種迎請先祖牌位於客堂座位祀拜，拜過即撤的權宜之計，一直延續到南北朝時期。彼時的「客堂」應與「廳事」定義相同。魏晉南北朝期間，一般士大夫階

初版二刷，頁21。

〔註57〕甘懷眞，《唐代家廟禮制研究》，臺北：臺灣商務印書館，1991年11月初版，頁16～19。

〔註58〕宋．司馬光，《四部叢刊集部．溫國文正司馬公文集．文潞公家廟碑》卷七十九（上海涵芬樓借常熟瞿氏鐵琴銅劍樓藏宋紹熙刊本景印），臺北：臺灣商務印書館，頁570。

〔註59〕明．徐一夔等，《明集禮．品官家廟》，載《文淵閣四庫全書》子部六四九冊，臺北：臺灣商務印書館，1986年7月初版，頁171。另見宋．司馬光，《四部叢刊集部．溫國文正司馬公文集．文潞公家廟碑》卷七十九（上海涵芬樓借常熟瞿氏鐵琴銅劍樓藏宋紹熙刊本景印），臺北：臺灣商務印書館，頁570。

〔註60〕宋．李昉等，《太平御覽．居處部十三．廳事》卷一八五，臺北：臺灣商務印書館，1968年1月臺一版，頁973。

〔註61〕唐．杜佑，《通典．祔祭》卷八十七，北京：中華書局，2003年5月第四次印刷，頁2374。

層，立廟者不多，大部分的人都選擇在自家內廳堂作爲祭祀祖先的祭祀空間〔註 62〕，如南朝宋崔凱就說：「今代皆無廟堂，於客堂設其祖座。」〔註 63〕

隋代一統天下後，南北朝時期祭祖於自家客廳的禮規，是否仍相沿成習？囿於隋代廟制不見載諸典籍的框限，詳情有待日後作進一步考證。

（三）唐代家廟

歷經魏晉南北朝，以及隋代漫長歲月的演展與賡續，封建宗廟到唐代再次大放異采，並首次出現以「家廟」或「私廟」取代行之有年的「宗廟」的歷史新紀元。〔註 64〕依大唐禮制規定：凡文武百官二品以上，可祠四廟。三品以上須兼爵，四廟外有始封祖者，通祠五廟。五品以上，祠三廟。牲皆用少牢。六品以下，達於庶人，只能祭祖禰於正寢。縱使祖、父官有高下，皆用子孫之牲，准用少牢。〔註 65〕據《新唐書・禮樂志》載稱，開元十二年甲子（724 年）唐室曾著令：

> 一品、二品四廟，三品三廟，五品二廟，嫡士一廟，庶人祭於寢。及定禮，二品以上四廟，三品三廟，三品以上不須爵者亦四廟，四廟有始封爲五廟，四品、五品有兼爵亦三廟，六品以下達于庶人，通祭於寢。〔註 66〕

唐玄宗天寶十年辛卯（751 年）又作補充：「京官正員四品清望及四品、五品清官，聽立廟，勿限兼爵。雖品及而建廟未逮，亦聽寢祭」〔註 67〕。另依《明

〔註 62〕甘懷眞，《唐代家廟禮制研究》，臺北：臺灣商務印書館，1991 年 11 月初版第一次印刷，頁 23。

〔註 63〕唐・杜佑，《通典・祔祭》卷八十七，北京：中華書局，2003 年 5 月第四次印刷，頁 2374～2375。

〔註 64〕甘懷眞，《唐代家廟制度研究》，國立臺灣大學歷史研究所碩士論文，1988 年 6 月，頁 25。

〔註 65〕唐・杜佑，《通典・諸侯大夫士宗廟》卷四十八，北京：中華書局，2003 年 5 月第四次印刷，頁 1344。另見《大唐開元禮》卷三，頁 34。

〔註 66〕宋・歐陽修、宋祁等，《新唐書・禮樂志三》，臺北：鼎文書局，1979 年 2 月二版，頁 345。另據宋・王溥，《唐會要》卷十九載稱：「開元十三年（725 年）勅一品許祭四廟，三品許祭三廟，五品許祭二廟，嫡士許祭一廟，庶人祭於寢。」《文淵閣四庫全書本・史部》六〇六冊，臺北：臺灣商務印書館，1986 年 7 月，頁 290～291。

〔註 67〕宋・歐陽修、宋祁等，《新唐書・禮樂志三》，臺北：鼎文書局，1979 年 2 月二版，頁 345。《唐會要》卷十九：（天寶）十載正月十日許「京官正員四品清望官及四品、五品清官並許立私廟」於此一載記中已出現「私廟」的稱號。另據宋代官拜節度掌書記的石介在《徂徠集・祭堂記》卷十八有：「天寶十四

集禮・品官家廟》的禮文制約，有唐一代官員廟制，純以官品的高低爲所祀世數多寡的準繩。唐初禮文雖有如此詳實地載述，然此時營構家廟的普及度並不高。例如當時侍中王珪宦績顯達，卻不營私廟，「四時蒸嘗，猶祭於寢」〔註 68〕爲法司所彈劾。〔註 69〕魏晉以降，儘管朝廷曾多次敕令官僚建立家廟，然建廟風氣一直未能普及。〔註 70〕自王珪事件以後，唐代王公貴臣都在京師長安建有自己的家廟〔註 71〕，士大夫建廟一時蔚爲流行時尚風。五代時隨著局勢的板蕩，廟制禮文遂因此而走進歷史。〔註 72〕

綜觀有唐一代廟制，雖迭有更動，然變動幅度不大，始終以五品官職爲重要分水嶺。官銜在五品以上者，皆屬國家法制認可的貴族，地位最是崇高。家廟體制所顯現出的，是這批「貴族」之家，在整個國家身分中所占有的特殊地位。〔註 73〕唐代一般所說的家廟，指的就是將相大臣的家廟（也稱「私廟」），這些象徵身份、地位的家廟大都建蓋在繁華熱鬧的京師。〔註 74〕儘管

年（755 年），四品清望官亦許立廟」的說法。詳見《文淵閣四庫全書本・集部》一〇九〇冊，臺北：臺灣商務印書館，1986 年 7 月初版，頁 325。

〔註 68〕宋・王溥，《唐會要》卷十九，《文淵閣四庫全書本・史部》六〇六冊，臺北：臺灣商務印書館，1986 年 7 月，頁 290。後晉・劉昫等，《舊唐書・王珪傳》卷七十，臺北：鼎文書局，1981 年元月三版，頁 2530。唐・杜佑，《通典》卷四十八，北京：中華書局，2003 年 5 月，頁 1344。宋・司馬光，《溫國文正司馬公文集》（上海涵芬樓借常熟瞿氏鐵琴銅劍樓藏宋紹熙刊本景印），《四部叢刊集部》，臺北：臺灣商務印書館，1979 年 11 月，頁 570。上列四種文獻皆有相關載述。

〔註 69〕唐・杜佑，《通典・諸侯大夫士宗廟》卷四十八（冊二），北京：中華書局，2003 年 5 月第四次印刷，頁 1344。另見司馬光，《資治通鑑・唐紀》第一九五卷〈太宗文武大聖大廣孝皇帝中之上〉也說：「禮部尚書永寧懿公王珪薨。珪性寬裕，自奉養甚薄。於令，三品已上皆立家廟，〔唐制：三品已上得立廟，祭三代〕珪通貴已久，獨祭於寢。爲法司所劾，上不問，命有司爲之立廟以愧之。」臺北：文化圖書公司，1976 年 11 月 1 日再版，頁 1309。

〔註 70〕左雲鵬，〈祠堂族長族權的形成及其作用說明〉，《歷史研究》，1964 年第五～六期，頁 102。

〔註 71〕宋・司馬光，《溫國文正司馬公文集》（上海涵芬樓借常熟瞿氏鐵琴銅劍樓藏宋紹熙刊本景印），《四部叢刊集部》，臺北：臺灣商務印書館，1979 年 11 月，頁 570。

〔註 72〕宋・司馬光，《溫國文正司馬公文集》（上海涵芬樓借常熟瞿氏鐵琴銅劍樓藏宋紹熙刊本景印），《四部叢刊集部》，臺北：臺灣商務印書館，1979 年 11 月，頁 570。

〔註 73〕甘懷眞，《唐代家廟禮制研究》，臺北：臺灣商務印書館，1991 年 11 月第一次印刷，頁 51。

〔註 74〕章群，《唐代祠祭論稿・家廟》，臺北：學海出版社，1996 年 6 月初版，頁 37

如此，然「唐室貴臣皆有廟」〔註 75〕已成廟制演化過程的重要里程碑。

就目前廟制文獻（請參看附錄之附表 7-1 歷代相關文獻載錄各種祠廟情形一覽表）來看，唐代的祠廟稱謂仍以「家廟」爲大宗，約占 42.89%，其次依序是比例占 37.40% 的「祠堂」，和 12.23% 的「生祠」（請參見附錄之附表 2：歷代相關文獻載錄各種祠廟統計表）。「唐以後士大夫各立家廟，祠堂名遂廢」〔註 76〕是清儒趙翼在《陔餘叢考》全相觀察。事實上遠自漢魏以來，祠堂的功能就不僅是祀先的場所，更大部分是對聖賢豪傑的神格崇拜殿堂，所以不能視此一質性的「祠堂」爲唐代「家廟」的淵源。宋儒司馬光就說：「漢世公卿貴人，多建祠堂於墓所，在都邑則鮮，如成都外諸葛祠堂，蓋一二而已。」〔註 77〕家廟一詞並非始於唐代，如《晉書・范甯傳》就有范甯「自置家廟」〔註 78〕的載記。然家廟一詞被法制化，進而被廣泛使用則始自唐代，殆無疑問。〔註 79〕

唐代也是中國禮制發展過程中承上啓下的關鍵時期，即禮儀制度逐步由士大夫階層擴及庶民百姓，如《大唐開元禮》即建置了庶人之禮，也爲宋代以後禮制的下移奠下厚實根基。〔註 80〕「古命士得立家廟。家廟之制，內立寢廟，中立正廟，外立門，四面牆圍之。非命士止祭於堂上，只祭考妣」是《朱子語類》對廟制的考辨。〔註 81〕朱熹《家禮》的祠堂規制，實應濫觴於

～39。

〔註 75〕宋・司馬光，《傳家集・河東節度使守太尉開府儀同三司潞國公文公先廟碑》卷七十九，《文淵閣四庫全書本・集部》一〇九四冊，臺北：臺灣商務印書館，1986 年 7 月初版，頁 722。

〔註 76〕清・趙翼，《陔餘叢考・祠堂》卷三十二（咸豐壬子新鐫，景紫山房藏版），載《續修閣四庫全書・子部・雜家類》，上海：古籍出版社，2003 年 5 月第一次印刷，頁 738。

〔註 77〕清・趙翼，《陔餘叢考・祠堂》卷三十二（咸豐壬子新鐫，景紫山房藏版），載《續修閣四庫全書・子部・雜家類》，上海：古籍出版社，2003 年 5 月第一次印刷，頁 738。

〔註 78〕唐・房玄齡等，《晉書・范汪傳》卷七十五五，臺北：鼎文書局，1980 年 8 月三版，頁 1988。

〔註 79〕甘懷眞，《唐代家廟禮制研究》，臺北：臺灣商務印書館，1991 年 11 月第一次印刷，頁 51。

〔註 80〕羅小紅，《唐代家禮研究》，廣西師範大學中國古代史研究所博士論文，2006 年 4 月 1 日，頁 3。

〔註 81〕宋・黎靖德編，《朱子禮類》卷九十，載《文淵閣四庫全書》，臺北：臺灣商務印書館，1986 年 7 月初版，頁 877。

唐代的家廟建築風格。

二、宋元以後祠堂

五代時因社會的動蕩不安，及禮文的隳壞，導致行之有年的廟制受到空前嚴峻挑戰。宋初的士大夫也因無爵可襲，只能如同平民般，四時寓祭先祖於寢屋的窘境。這種廟制蒙塵的情況，直持續到南宋大儒朱熹的《家禮》問世後才獲得徹底改善，特別是以祠堂或宗祠命名的廟制，更有後來居上的態勢。

（一）宋代祠堂

宋儒司馬光（1019～1086）說：「五代蕩析，士民求生有所未遑，禮頹教侈，廟制遂絕」〔註82〕。五季之亂，禮文隳壞，廟制蕩析。士大夫無爵可襲，故不得建廟，四時僅能寓祭於室屋。攸關此一時期的廟制，宋儒穆修在〈任氏家祠堂記〉也有如是的描繪：「惟家廟事，自唐人修尚舊禮，粗復其製，時衣冠家襲行之，始著唐德而既往，旋又廢於五代之兵興。自是以來，將相文武之家，無復有言之者。」〔註83〕廟制在五代兵荒馬亂之際，顯然已徹底被解構。

五代禮文隳壞，廟制蕩析，宋初從官員到庶民百姓，皆因廟制法令的不明確，祀先之禮只能因陋就簡，或選擇在宅邊建蓋「家祠堂」之類的祀先場所，或直接採取「祭於寢」的權宜措施。這種簡化的家祭禮儀，直持續到宋季，如南宋愛國詩人陸游〈示兒〉詩：「王師北定中原日，家祭無忘告乃翁。」就是最佳寫照。〔註 84〕宋代的群臣家廟，基本上仍遵循周制禮文儀軌，適士以上祭於廟，庶士以下祭於寢的禮規。〔註 85〕「本朝（宋代）惟文潞公法唐杜佑制，立一廟在西京。雖如韓司馬家亦不曾立廟。杜佑廟祖宗時尚在長安。」〔註86〕是宋儒朱熹對宋代建廟風尚的鋪陳。

〔註82〕宋．司馬光，《傳家集．河東節度使守太尉開府儀同三司潞國公文公先廟碑》卷七十九，《文淵閣四庫全書本．集部》一〇九四冊，臺北：臺灣商務印書館，1986 年 7 月初版，頁 722。

〔註83〕宋．穆修，《穆參軍集．任氏家祠堂記》卷下，《文淵閣四庫全書本．集部》一〇八七冊，臺北：臺灣商務印書館，1986 年 7 月，頁 21。

〔註84〕王善軍，《宋代宗族和宗族制度研究》，河北：教育出版社，2000 年 1 月第一次印刷，頁 89；馮爾康，《中國古代宗族與祠堂》，臺北：臺灣商務印書館，1998 年 9 月，頁 42。

〔註85〕元．托克托等，《宋史．禮志十二》卷一〇九，臺北：鼎文書局，1980 年 5 月再版，頁 2632。

〔註86〕宋．黎靖德編，《朱子禮類》卷九十，載《文淵閣四庫全書》，臺北：臺灣商務印書館，1986 年 7 月初版，頁 877。

慶曆元年辛巳（1041 年），仁宗皇帝有鑑於貴極人臣的公卿將相，仍需與庶人同祭祖禰於寢的悖理亂象，實有欠妥。爲回應中外文武官員建請，乃敕令並許依舊式禮文建家廟：「自平章事以上立四廟，東宮少保以上立三廟，餘官並祭于寢」的禮文樣貌。〔註 87〕宋仁宗慶歷十一年（1051 辛卯）丙寅皇家又對此作補充：「自今功臣不限品數，賜私門立戟，文武臣僚許立家廟。已賜門戟者，仍給官地修建。」〔註 88〕敕令雖已頒布，奈因「古今異宜，封爵殊制，因疑成憚」〔註 89〕而未能眞正落實。至和初（1054～1055），文彥博知長安時，訪得杜岐公舊廟一堂四室及旁兩翼，旋於嘉祐元年丙申（1056 年）「倣而營之」〔註 90〕。司馬光這一段載記，爲宋代的廟制留下相當珍貴的史料。

北宋名臣韓琦就曾說：「自唐末至於五代，兵革相仍，禮樂廢缺，故公卿大夫之家，歲時祀饗，皆因循便俗，不能少近古制。」〔註 91〕此一窘況直持續到「慶曆初年，始詔文武官并許依舊式創立家廟」，無奈「事下禮官裁處，而迄今不聞定議」〔註 92〕，導致臣民無所適從。此一時期的廟制，《宋史・本紀》也有「宋仁宗慶曆元年辛巳（1041 年）十一月，臣僚許立家廟，功臣不限品數賜戟。」的相同論述。〔註 93〕尚書工部侍郎參知政事王曙，也適時奏

〔註 87〕明・徐一夔等，《明集禮・品官家廟》，載《文淵閣四庫全書・子部》六四九冊，臺北：臺灣商務印書館，1986 年 7 月初版，頁 171。

〔註 88〕宋・李燾，《續資治通鑑長編》卷一三四（宋仁宗慶歷十一年丙寅），《文淵閣四庫全書本・史部》三一六冊，臺北：臺灣商務印書館，1986 年 7 月初版，頁 201。

〔註 89〕宋・司馬光，《溫國文正司馬公文集・文潞公家廟碑》卷七十九（上海涵芬樓借常熟瞿氏鐵琴銅劍樓藏宋紹熙刊本景印），臺北：臺灣商務印書館，頁 570。

〔註 90〕同註 89。攸關此一時期廟制，清・乾隆官修《續通典・諸侯大夫士家廟》有更詳實梳理：「宋仁宗慶歷元年（1041 年）南郊赦書，中外文武官並許依舊式立家廟，功臣不限品數賜戟。至和二年（1055 年）宰臣宋庠請詳定家廟制度，下兩制。禮官議定：正一品平章事以上立四廟。樞密使、知樞密院事、參知政事、樞密副使同知、樞密院事、簽書院事，見（現）任、前任同。宣徽使、尚書、節度使、東宮少保以上皆立三廟，餘官祭於寢。」，浙江：古籍出版社，2000 年 1 月第一次印刷，頁 1441。

〔註 91〕宋・韓琦，《韓魏公集・韓氏參用古今家祭式序》卷一（據清康熙張伯行輯編同治左宗棠增刊正誼堂全書本影印），《百部叢書集成・集部》，臺北：藝文印書館，1969 年，頁 17a。

〔註 92〕宋・韓琦，〈韓氏參用古今家祭式序〉，詳見李之亮、徐正英校箋，《安陽集編年箋注》卷二十二，四川：巴蜀書社，2000 年 10 月第一次印刷，頁 745。

〔註 93〕元・脫脫等，《宋史・本紀》第十一，臺北：鼎文書局，1980 年 5 月再版，頁

請三品以上立家廟，以恢復唐代舊有禮文的議案。〔註94〕

古之君子「不敢以私褻交於神明，故制（製）器服，立宗廟以祀其先，示誠潔也。」〔註95〕爲此民間早就以「家祠堂」、「祭堂」等名義取代規制謹嚴的「家廟」。仁宗天聖六年（1028 年），山東曹州宦績顯赫一時的任氏，基於「奉先之道，得一時之禮」的強烈使命感，特一反前代置廟於京師的傳統作法，於居里中肇建家祠堂一所，「治其第之側隅，起作新堂者敞三間，而闢五位，前後左右皆有宇」〔註96〕的奉先處所，更因「前代私廟並置京師，今本不從廟稱，而復設於居里，敢請號曰家祠堂」〔註97〕，「其嚴慈之尊，長幼之序，煌煌遺像，堂堂如生，宗屬以之視瞻，精爽以之馮（憑）附，烝祀有所，不瀆其虔，斯肅其神，斯饗孝之至也。」〔註98〕對任氏而言，礙於古禮的嚴謹規範，此舉不失爲「信適事中而允時義」的兩全措施。〔註99〕

南宋時福建莆田黃仲元、黃仲固賢昆仲，對其族伯通守府君諱時之舊廳事，希望藉由完整保留，做爲供奉其族祖所自出的十三代先祖牌位，並命名爲「敬思堂」，冀能「上治祖禰，尊尊也。下治子孫，親親也。旁治昆弟，合族以食。序以昭穆，別之以禮義」，俾能達到「敬宗收族」的積極性目標。〔註100〕該祠堂祭祀始祖，及始祖以下十三代祖先牌位的作法，已具備有明清以降的宗祠特色。這也說明了南宋時期的祠堂，已出現由家祠轉向宗祠化的明顯傾向。〔註101〕

慶曆元年（1041 年）十一月，時任節度掌書記的石介，也以自己官職未至於適士，「在周制得立廟一，唐制則未得立廟」的尷尬身份，只得採行「緣古禮而出新意也，推神而本人情也」〔註102〕，「於宅東北隅作堂三楹，以烈考

213。

〔註94〕同註93，《宋史．列傳》第四十五〈王曙傳〉，頁9633。

〔註95〕宋．穆修，《穆參軍集．任氏家祠堂記》卷下，《文淵閣四庫全書本．集部》一〇八七冊，臺北：臺灣商務印書館，1986年7月，頁21。

〔註96〕同註95，頁20～22。

〔註97〕同註95。

〔註98〕同註95。

〔註99〕同註95。

〔註100〕宋．黃仲元，《四如集．族祠思敬堂記》卷一，《文淵閣四庫全書本．集部》一一八八冊，臺北：臺灣商務印書館，1986年7月，頁595～596。

〔註101〕馮爾康等，《中國宗族史》，上海：人民出版社，2009年2月，頁173。

〔註102〕宋．石介，《徂徠集．祭堂說》卷十九，《文淵閣四庫全書．集部》一〇九〇冊，臺北：臺灣商務印書館，1986年7月初版，頁325。

及馬夫人、劉夫人，楊夫人、後劉夫人居焉。」這種稱之爲「祭堂」的祭祀空間，事實上就是仿傚家廟制度的折衷方式，石介此舉，實肇因於「品賤未應於式，貴賤之位不可犯，求其中而自爲之制」〔註 103〕，誠乃不得不爾的權宜措施。

任氏家祠堂和石氏祭堂起建的時間點相當接近，而且都有一個共同特點，就是謹守「左廟、右社」的家廟禮軌，建蓋地點都選在居室之東，供奉父輩先祖，屬於家祭性質的祠堂。〔註 104〕官方或囿於禮文的不夠明確而不敢冒然建廟，然民間依據實際需要興建家廟的風氣已有逐漸普及的趨勢。

宋人葉夢得在《石林燕語》對宋時廟制，有如是的描記：「嘉祐初（1056～1063 年間），（平潞公）遂仿爲之。兩廡之前，又加以門，以其東廡藏祭器，西廡藏家牒。祊在中門之右，省牲展饌滌濯等在中門之左。別爲外門，置庖廚於中門外之東南。堂中分四室，用晉荀安昌公故事，作神板而不爲主。」〔註 105〕葉氏不但勾勒出家廟的藍圖，也爲祀先禮文留下難能可貴的文化遺珍。

宋皇室對廟制的規範，到這段期間已有明顯的鬆綁現象。〔註 106〕「士大

〔註 103〕同註 102。

〔註 104〕馮爾康等，《中國宗族史》，上海：人民出版社，2009 年 2 月，頁 173。

〔註 105〕宋・葉夢得，《石林燕語》卷一，載《宋元筆記小説大觀》，上海：古籍出版社，2007 年 3 月第一次印刷，頁 2475～2476。

〔註 106〕元・托克托等，《宋史・禮制》，臺北：鼎文書局，1980 年 5 月再版，頁 2632～2633；另見《宋史・宋庠傳》：「皇祐中，（宋庠）拜兵部侍郎、同中書門下平章事、集賢殿大學士。享明堂，遷工部尚書。嘗請復群臣家廟，曰：『慶曆元年赦書，許文武官立家廟，而有司終不能推述先典，因循顧望，使王公薦享，下同委巷，衣冠昭穆，雜用家人，緣偷襲弊，甚可嗟也。請下有司論定施行。』而議者不一，卒不果復。」另《續資治通鑑・北宋紀》第五十一卷，仁宗皇祐二年庚寅（遼重熙十九年，西元 1050 年），臺北：文化圖書公司版本，頁 254，也有相類似的論述：「初，宰臣宋庠請令諸臣建立家廟，下兩制與禮官詳定審度。翰林學士承旨王堯臣等定議：『官正一品、平章事以上，立四廟；樞密使、知樞密院事、參知政事、樞密副使、同知樞密院事、簽署院事，見（現）任、前任同。宣徽使、尚書、節度使、東宮少保以上，皆立三廟；餘官祭于寢。凡得立廟者，許嫡子襲爵，世降一等。死即不得作主祔廟，別祭于寢；自當立廟者，即祔其主。其子孫承代，不計廟寢祭，祭並以世數親疏遷祧。始得立廟者不祧，以比始封；有不祧者，通祭四廟、五廟。廟因眾子立而嫡長子在，則祭以嫡長子主之；嫡長子死，即不傳其子，而傳立廟者之子。凡立廟，聽於京師或所居州縣；其在京師者，不得於裏城及南郊御路之側。仍別議襲爵之制。』其後終以有廟者之子孫或官微不可以承祭，而

夫必建家廟」〔註 107〕程頤說：「某嘗修六禮〔註 108〕，大略家必有廟（庶人立影堂）」〔註 109〕，廟制的普化面在宋代中葉以降雖有明顯地解縛樣貌，卻因擁有家廟的官員後裔官微職卑，而面臨無以承祭的窘境，以及朝廷無法善盡推恩襲爵的種種配套措施，致使自三代以來行之有年的廟制，到了必須徹底改弦更張的地步。〔註 110〕

為挽救五代以來的「禮頹教陊」的亂象，也為徹底解決庶人不得建廟祭祖的禮儀框限，歷代大儒或考諸文獻，或由理論與實務運作中，設法尋求突破貴族始能建廟制約。明儒丘濬在〈南海亭崗黃氏祠堂記〉〔註 111〕就有如是的釋讀：「漢魏以來，知經好禮之士，如晉荀氏、賀氏，唐杜氏、孟氏，宋韓氏、宋氏，或言於公朝，或創於私家，然議之而不果行，行之未久而遽變；或為之於獨而不能同之於眾，或僅卒其身而不能貽於後。此無他，泥于古便於私而不可通行也。至宋司馬氏始以意創為影堂。」〔註 112〕宋儒程頤也說：「家必有廟（古者庶人祭于寢，士大夫祭于廟。庶人無廟，可立影堂）。」〔註 113〕

朝廷又難盡推襲爵之恩，遂不果行。」

〔註 107〕宋・程顥、程頤，朱熹編，《二程外書・朱公掞錄拾遺》卷一，載《文淵閣四庫全書》子部六九八冊，臺北：臺灣商務印書館，1986 年 7 月初版，頁 285。

〔註 108〕六禮，指冠、昏、喪、祭、鄉、相見等六種禮儀。《禮記・王制・疏》（阮元重刊宋本），卷十三，漢・鄭玄注；唐・孔穎達等正義，臺北：藝文印書館，1976 年 5 月六版，頁 256～257：「六禮：謂冠一，昏二，喪三，祭四，鄉五，相見六」。周・荀況原著；清・王先謙《荀子集解・大略篇》卷十九，臺北：藝文印書館，2007 年 3 月初版八刷，頁 787 云：「立大學，設庠序，修六禮」。宋・王應麟，《小學紺珠・六禮》卷四，臺北：藝文印書館，1967 年，頁 16b～17a 也作：「冠、昏、喪、祭、鄉、相見」解。

〔註 109〕宋・朱子、呂祖謙同編，《近思錄》卷九，《文淵閣四庫全書・子部》第六九九冊，臺北：臺灣商務印書館，1986 年 7 月，頁 93。

〔註 110〕明・徐一夔等，《明集禮・品官家廟》，載《文淵閣四庫全書》子部六四九冊，臺北：臺灣商務印書館，1986 年 7 月初版，頁 171。

〔註 111〕明・邱濬，《丘文莊公叢書・會稿重編》卷十七，臺北：丘文莊公叢書輯印委員會輯印，1972 年 2 月，頁 380～381。

〔註 112〕案，司馬氏「影堂」概念，當來自於晉・崔豹《古今註・都邑第二》：「廟者，貌也。所以髣髴先人之靈貌也。」（上海涵芬樓影印宋刊本），《四部叢刊・三編》（子部）臺北：臺灣商務印書館，1966 年，頁 6。

〔註 113〕宋・程顥、程頤，民國・潘富恩導讀，《二程遺書・伊川先生語四》，上海：古籍出版社。2000 年 12 月第一次印刷，頁 293。又明・丘濬，《重編瓊臺藁・莆田柯氏重修祠堂記》卷十七，對此一階段的廟制沿革，則有這樣的鋪陳：「古者盛時天子至於官師皆得立廟以祀其先。天子以萃天下之人心，諸侯以萃一

司馬光於《書儀》說：「仁宗時嘗有詔，聽太子少保以上，皆立家廟，而有司終不爲之定制度。惟文潞公立廟於西京，佗（他）人皆莫之立，故今但以影堂言之。」〔註 114〕可見「影堂」乃過渡時期的權宜措施。司馬氏在《書儀・影堂制度》有如是的規範：

影堂門無事常閉，每旦子孫詣影堂前唱喏，出外歸亦然。出外再宿以上，歸則入影堂，每位各再拜。將遠適，及遷官大事，則盥手焚香，以其事告。退，各再拜。有時新之物，則先薦于影堂。遇水火盜賊，則先救先公遺文，次祠版，次影，然後救家財。〔註 115〕

朱熹在《家禮・通禮》對「祠堂」的定義則爲：

君子將營宮室，先立祠堂於正寢之東，爲四龕以奉先世神主，旁親之無後者以其班祔。置祭田，具祭器，主人晨謁於大門之內，出入必告，正至朔望必參，俗節則獻以時食，有事則告。或有水火盜賊，則先救祠堂，遷神主、遺書，次及祭器，然後及家財，易世則改題主而遞遷之。〔註 116〕

「惟宗祠之制始創於司馬溫公，繼詳於程正公，終定於我文公朱子者，已行於當時，可傳於後世。」〔註 117〕由明人汪循的考辨，再對照司馬光《書儀》中的「影堂」制度，及朱熹《家禮・通禮》的「祠堂」制度，不難發現司馬溫公的影堂，就是朱熹祠堂制度的雛型。然最早從理論突破以往只有貴族才能建家廟制約的卻是張載（1020～1077），他認爲一般庶民百姓，也可以將家中的正廳，作爲祭祀祖先的專門場所：「凡人家正廳，似所謂廟也，猶天子之受正朔之殿，人不可長居，以爲祭祀吉凶冠婚之事於此行之。」〔註 118〕

國之人心，大夫以下則萃其一家一族之人心也。自封建廢而世祿族居無常制，私家之廟議卒莫定。宋儒始殺廟制以爲影堂，既而又以祀影非禮而更爲祠堂」，《文淵閣四庫全書本・集部》，臺北：臺灣商務印書館，1986 年 7 月初版，頁 345。

〔註 114〕宋・司馬光，《溫公書儀・喪儀六・祭》卷十（據清嘉慶張海鵬輯刊學津討原本影印），臺北：藝文印書館，頁 1。

〔註 115〕同註 114，頁 9b。

〔註 116〕宋・朱熹，《家禮》，《文淵閣四庫全書本・經部》一四二冊，臺北：臺灣商務印書館，1986 年 7 月，頁 531～533。

〔註 117〕明・汪循，《汪仁峰先生文集・迴峰汪氏祠堂記》卷十五（中國社會科學院文學研究所藏清康熙刻本），《四庫全書存目叢書・集部》四十七冊，臺北：莊嚴文化公司，1997 年 6 月初版一刷，頁 386～387。

〔註 118〕張載，《張子全書》卷八〈祭祀〉，《文淵閣四庫全書・子部》六九七冊，臺北：

明人章潢《圖書編》云：「古者庶人祭於寢，士大夫祭於廟，庶人無廟可立影堂。今文公先生乃曰，祠堂者，蓋以伊川先生謂，祭時不可用影，故改影堂曰祠堂。」〔註 119〕朱文公先生易「影堂」為「祠堂」，並參酌伊川程氏所創之木主說，朱熹認為雖然廟制不見於經，但是「士庶人之賤，亦有所不得為者。」〔註 120〕朱熹此舉主要是考慮到社會中下層家庭的祭祖需要。至於祠堂的規模結構和祭告儀節，《家禮》則「多用俗禮」。」〔註 121〕而且，朱熹反對用畫像，故而把這種採用俗禮的士庶祭祖場所，不稱之為「廟」，改稱為「祠堂」，就真正意義之上，並為後世普遍接受的祠堂制度則完成於朱熹。〔註 122〕

針對由「宗廟」到「祠堂」、「宗祠」的衍化過程，明儒顧炎武（1613～1682）在《日知錄》引陸中丞的話，有相當精闢的梳理：

> 古者廟寢相連，神人互依，必在中門之外，正寢之東。一世自為一廟，各有門有堂有寢，後始變為同堂異室之制，而其世數，必視官爵之卑高為準，仕宦雖至宰相，于古僅為大夫，得立三廟而已，緣其制度繁重，難以遵行。經程朱大儒，準情酌理，創為祠堂，得祀高曾祖考四代，而其地必仍在正寢之東。正寢者，今之廳堂也。或一間，或三間，中為四龕，龕中置櫝，櫝中藏主。龕外垂簾，以一長桌盛之。其位以西為上，如是而已。〔註 123〕

清人陸燿在〈答王惺齋論家祭書〉說：「古者大夫、適士始得立廟，今無世祿世官，父為大夫，子為庶人者多矣，非旋建而旋毀之不可。子為庶人，孫又為大夫，則旋毀而又旋建」，因此傳統的廟制難以為繼。「漢、唐以來，非有功烈於朝，奉詔特祀，不得立廟也。先儒酌為同堂異室之制，而號為祠堂，

臺灣商務印書館，1986 年 7 月，頁 182。

〔註 119〕明・章潢，《圖書編・四禮總敘・祠堂》卷一〇八，《文淵閣四庫全書本・子部》九七二冊，臺北：臺灣商務印書館，1986 年 7 月，頁 315。

〔註 120〕宋・朱熹，《家禮・通禮・祠堂》卷一（南宋淳祐五年（1245 年）五卷本加附錄一卷），《孔子文化大全》，山東：友誼書社，1992 年 11 月，頁 591。

〔註 121〕粟品孝，〈文本與行為：朱熹《家禮》與其家禮活動〉，《安徽師範大學學報》（人文社會科學版）第三十二卷第一期，2004 年 1 月，頁 99。

〔註 122〕劉欣，〈宋代「家禮」——文化整合的一個範式〉，載《河南理工大學學報》（社會科學版），第七卷第四期，2006 年 11 月，頁 332。

〔註 123〕明・顧炎武，《日知錄・祭禮》卷十四，臺北：臺灣商務印書館，1968 年 3 月臺一版，頁 104。

以宜民而善俗，誠不易之常經也。」〔註 124〕明人林希元於〈瑤山周氏祠堂記〉即言：「庶人無廟祭於寢，至宋始有祠堂之祭。」〔註 125〕大體來說，家廟或依循古禮建蓋的宗廟，基本上都是祀先的場所，但宋儒朱熹卻認爲依俗禮的祭祀空間應該稱爲「祠堂」。〔註 126〕變制以後的祠堂，合數世爲一廟，一堂有數龕，這與周代宗廟的原貌已不可同日而語。清代學者毛奇齡（1623～1713）在《辨定祭禮通俗譜》有如是的考辨：「朱文公熹創爲《家禮》一書，間取文潞公、司馬溫公祠堂之制以爲祭典，謂廟不可得，則姑以祠堂代之，而不知祠堂似廟，而實非廟。廟衹一主，而祠堂無限主。廟必有名（如祖廟、禰廟類），而祠堂無可名，其中所祭之主，與主祭之人俱周章無理，即揆之于今，準之于古，而百不一當。」〔註 127〕宋代以降，遍布各地的諸姓宗祠，基本上都仿傚此一基調，各房各系（柱）都有祠，合族又有總祠，祭時由大宗宗子或族長主祭，族人則各從其族系尊卑，排列助祭。〔註 128〕

《朱子家禮》中的「祠堂」，就是《明集禮》中所說的「家廟」。〔註 129〕爲凸顯祠堂特色，朱熹特以「通禮」〔註 130〕形式，置於《家禮》首章。並於自《注》中說：「今以報本反始之心，尊祖敬宗之意，實有家名分之守，所以開業傳世之本也，故特著此，冠于篇端」〔註 131〕，特著於《家禮．通禮》之首，成爲通乎上下永恆不變，也是「貴賤皆通得用之」〔註 132〕的禮規。自是

〔註 124〕清．陸燿，〈答王惺齋論家祭書〉，清．賀長齡、魏源等編，《清經世文編》卷六十六，北京：中華書局，1992 年 4 月，頁 1666。

〔註 125〕明．林希元，《同安林次崖先生文集．瑤山周氏祠堂記》卷十（遼寧省圖書館藏清乾隆十八年陳臚聲詒燕堂刻本），《四庫全書存目叢書．集部》七十五冊，臺北：莊嚴文化公司，1997 年 6 月初版一刷，頁 625。

〔註 126〕（日）牧野巽，〈宗祠とその發達〉，《東方學報》東京第九冊，頁 237。

〔註 127〕清．毛奇齡，《辨定祭禮通俗譜．祭所》卷一，《文淵閣四庫全書本．經部》一四二冊，臺北：臺灣商務印書館，1986 年 7 月，頁 746。

〔註 128〕龔鵬程，《宗廟制度論略》（上），《孔孟學報》第四十三期，1982 年 4 月，頁 251～252。

〔註 129〕（英）科大衛，〈祠堂與家廟——從宋末到明中葉宗族禮儀的演變〉，載《歷史人類學學刊》第一卷第二期，2003 年 10 月，頁 2～3。

〔註 130〕據朱子《家禮》自《注》云：「『通禮』此篇所著，皆所謂有家日用常體，不可一日而不脩者。」爲通諸四海而皆準的禮文。宋．朱熹，《家禮》（南宋淳祐五年（1245 年）五卷本加附錄一卷），《孔子文化大全》，山東：友誼書社，1992 年 11 月，頁 591。

〔註 131〕宋．朱熹，《家禮．祠堂》，《文淵閣四庫全書》，臺北：臺灣商務印書館，1986 年 7 月，頁 531。

〔註 132〕清．張履祥，〈家堂〉，清．賀長齡、魏源等編，《清經世文編》卷六十六，北

厥後，閩浙一帶的士大夫家往往倣其制而行之者。〔註 133〕（廟制圖請參見書影 3-1）。

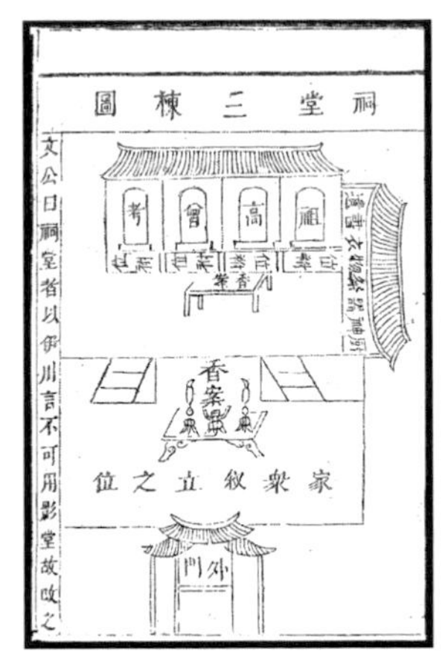

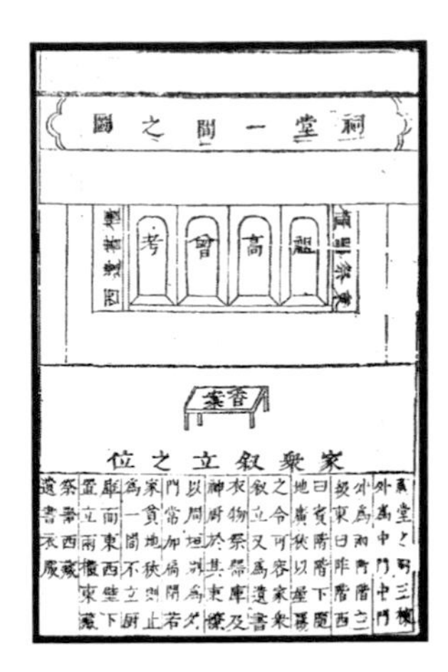

書影 3-1：家廟、祠堂圖

（由左至右依序爲：《明集禮》卷六，頁 173「家廟圖」；明・丘濬，《家禮儀節》（乾隆庚寅三十五年版）卷一，頁 4「祠堂三棟圖」、「祠堂一棟圖」）

張載（1020～1077）從理論上去突破貴族才能建家廟的罩門。他以爲一般庶民可將自家客廳當作祭祖的場所。〔註 134〕「凡人家正廳，似所謂廟也，猶天子之受正朔之殿，人不可常居，以爲祭祀吉凶冠婚之事於此行之。廳後謂之寢。」〔註 135〕張氏雖用古禮，然以居家正廳作爲祀先拜神之所，則爲日後「家祭」正當性提供完備的理論基礎。「客廳」自此也如同「祠堂」空間一般，同樣具有禮儀的「非常性」、「神聖性」特質。〔註 136〕

明人嚴嵩有言：「祠堂宗廟也。古者天子、諸侯、大夫至於士皆有廟，庶

京：中華書局，1992 年 4 月，頁 1660。

〔註 133〕明・丘濬，《重編瓊臺藁・南海亭崗黄氏祠堂記》卷十七，《文淵閣四庫全書本・集部》一二四八冊，臺北：臺灣商務印書館，1986 年 7 月初版，頁 346。

〔註 134〕劉欣，〈宋代「家禮」——文化整合的一個範式〉，載《河南理工大學學報》（社會科學版）第七卷第四期，2006 年 11 月，頁 332～333。

〔註 135〕宋・張載，朱熹注，《張子全書》，《文淵閣四庫全書本・子部》六九七冊，臺北：臺灣商務印書館，1986 年 7 月初版，頁 182。

〔註 136〕李師豐楙，〈朱子家禮與閩臺家禮〉，「朱子學與東亞文明研討會——紀念朱子逝世八百週年朱子學會議」，臺北：漢學研究中心、中研院中國文哲所、清華大學中國文學系共同主辦，2000 年 11 月，頁 44。

人祭于寢。後世廟非賜不得立。先儒以爲情靡伸也，於是斟酌古禮爲祠堂之制，以廣夫士庶人者之孝，而達卿貴仕得通行之。是故奉先則幽者歆，以合族則渙者萃，以建宗則統者一。」〔註 137〕明人徐溥在〈何氏家廟記〉也有如是的照見：「古之祭其先者，庶人祭於寢，士大夫祭於廟。至朱子《家禮》，首言君子將營宮室，先立祠堂於正寢之東。其曰祠堂者，通庶人士大夫而言也。」〔註 138〕而朱熹在《家禮》所創設的祠堂，雖不以家廟名，功能卻遠超過以往的家廟。〔註 139〕根據《家禮》所定的祠堂，其規制爲：

> 祠堂之制三間。外爲中門。中門外爲兩階，皆三級。東曰阼階，西曰西階，階下隨地廣狹，以屋覆之，令可容家眾敘立。又爲遺書、衣物、祭器庫，及神廚於其東。繚以周垣，別爲外門，常加扃閉。若家貧地狹，則止立一間，不立廚庫，而東西壁下置立兩櫃，西藏遺書、衣物，東藏祭器亦可。正寢謂前堂也。地狹則於廳事之東亦可。凡祠堂所在之宅。宗子世守之，不得分析。〔註 140〕

據日人室直清檢視：「祠堂即古之家廟也。但古之家廟，後有寢，前有廟。祠堂有堂無寢。古之家廟分爲房室，藏主於室，奉一世爲一廟，而祠堂爲四龕室，祭四主於一堂，此其異也。……祠堂之制三間，言東西之廣容三間也。至南北之深，則未嘗言之。然觀於朱子《儀禮釋》及《語類》之言，則祠堂之深，亦當以五架爲度。」〔註 141〕就功能性而言，祠堂雖優於家廟，卻不等同於家廟。清儒毛奇齡就說：「朱文公熹創爲《家禮》一書，間取文潞公、司馬溫公祠堂之制，以爲祭典，謂廟不可得，則姑以祠堂代之，而不知祠堂似廟，而實非廟。」兩者最大差異在於「廟祗一主，而祠堂無限主；廟必有名，而祠堂無可名，其中所祭之主，與主祭之人，俱周章無理，即揆之於今，準之於古，而

〔註 137〕明・嚴嵩，《鈐山堂集・潘氏祠堂記》卷三十三（北京大學圖書館藏明嘉靖二十四年刻增修本），《四庫全書存目叢書・集部》五十六冊，臺北：莊嚴文化公司，1997 年 6 月初版一刷，頁 202。

〔註 138〕明・徐溥，《謙齋文錄》，卷二〈何氏家廟記〉，《四庫全書珍本》四集，頁 62～63。

〔註 139〕楊志剛，〈論《朱子家禮》及其影響〉，《浙江學刊》，1994 年第一輯（總第六輯），頁 3。

〔註 140〕宋・朱熹，《家禮》，南宋淳祐五年（1245 年）五卷本加附錄一卷，《孔子文化大全》，山東：友誼書社，1992 年 11 月，頁 592。

〔註 141〕（日）室直清，《文公家禮通考・祠堂》，載《叢書集成續編》第六十六冊，臺北：新文豐出版社，1989 年 7 月臺一版，頁 699。

百不一當。」〔註 142〕清人陸燿也云：「若今世之祠堂，既不與寢相連，神不依人，而又祀至數十世之遠，其旁親不問愚智，一皆奉主入祠，其子孫不分貴賤，居然執鬯主祭，徒廣其宮室，不以僭逾爲恥，此何足倣效乎？」〔註 143〕

清儒毛奇齡在《家禮辨說》亦曾對古之家廟，與《家禮》當中祠堂的不同屬性有著全相的觀察：「漢唐以來俱無建廟之文。……於是朱文公熹創爲《家禮》一書，間取文潞公、司馬溫公祠堂之制，以爲祭典，謂廟不可得，則姑以祠堂代之，而不知祠堂似廟，而實非廟。廟祇一主，而祠堂無限主；廟必有名，而祠堂無可名，其中所祭之主，與主祭之人，俱周章無理，即揆之於今，準之於古，而百不一當。」〔註 144〕藉由古今中外不同學者的結構性解讀，祠堂的屬性將因之而獲得具體的定調與透析。《家禮．序》云：「三代之際，禮經備矣。然其存於今者，宮廬器服之制，出入起居之節，皆已不宜於世。」〔註 145〕有鑑於此，朱子乃「酌以古今之變，更爲一時之法。」〔註 146〕蓋「泥古則闊於事情，徇私則無復品節。必欲酌其中制，適古今之宜」〔註 147〕，採「從俗」的宏觀調控，將不合時宜的古禮，作革命性的更新。《家禮》的祠堂，就是朱子融合前代庶人祭於寢，以及士大夫立廟，兩種性質不盡相同的作法，取得折衷式的新措施，創設適合各階層使用的「祠堂」。〔註 148〕

朱熹對家廟與祠堂的差異性當瞭解於胸，然囿於漢唐以來就無建廟之文，而且士庶人之賤，亦有不得立廟的苦衷，故司馬溫公立爲影堂，以奉祭祀。而古者廟無二主，又無用影者。今廟主用影，既非古禮，而當必別書屬稱以標識之，故《家禮》特用伊川先生所制（製）木主，去影不用，因改影堂曰祠堂。〔註 149〕明人嚴嵩《鈐山堂集》對祠堂的內涵有如是的考辨：「祠堂

〔註 142〕清．毛奇齡，《家禮辨說．祭禮》卷十一，《叢書集成續編》第六十六冊，臺北：新文豐出版社，1989 年 7 月臺一版，頁 387。

〔註 143〕清．陸燿，〈祠堂示長子〉，清．賀長齡、魏源等編，《清經世文編》卷六十六，北京：中華書局，1992 年 4 月，頁 1664。

〔註 144〕同註 142。

〔註 145〕朱熹，《家禮．序》（載錄《性理大全書》），《景印故宮博物院所藏文淵閣四庫全書珍本》五集，臺北：臺灣商務印書館，1935 年，頁 1b。

〔註 146〕同註 145。

〔註 147〕宋．朱熹，《朱熹集．答劉平甫》卷四十，四川：教育出版社，1997 年 5 月第二次印刷，頁 1835。

〔註 148〕楊志剛，〈《司馬氏書儀》和《朱子家禮》研究〉，載《浙江學刊》（雙月刊），1993 年第一期（總第七十八期），頁 109。

〔註 149〕（日）室直清，《文公家禮通考．祠堂》，載《叢書集成續編》第六十六冊，

古宗廟也。古者天子、諸侯、大夫至於士皆有廟，庶人祭于寢。後世廟非賜不得立。先儒以爲情靡伸也，於是斟酌古禮爲祠堂之制，以廣夫士庶人者之孝，而達卿貴仕得通行之。是故奉先則幽者歆，以合族則渙者萃，以建宗則統者一。」〔註150〕自南宋迄明代初葉，所謂的「祠堂」，係指祀于寢左之祠堂。事實上將朱子《家禮》當中所定義的那種附於居室之左的祠堂，搬遷到居室之外，成爲獨立的「家廟」或「宗祠」，那是明代中期以後才逐漸蔚爲流行風潮的。〔註151〕

（二）元代祠堂

就廟制發展儀軌言，元朝是近代表現較不突出的時期。儘管如此，文獻相關載錄仍多，如《元史・仁宗本紀一》就有：「乙丑，命河南省建故丞相阿术祠堂。」〔註152〕的載記。《英宗本紀二》更有：「命有司建木華黎祠於東平，仍樹碑」〔註153〕，及「賜淮安忠武王伯顏祠祭田二十頃」〔註154〕的鋪寫。據此清儒趙翼（1727～1814）在《陔餘叢考》就曾釋讀：「《元史》仁宗建阿术祠堂，英宗建木華黎祠堂。朝廷所建，亦以爲名，則士大夫私廟可知矣」〔註155〕的全相觀察。

有元一代，民間自發性的宗族祠堂，卻因朱熹《家禮》的催化而得以蓬勃發展。〔註156〕《家禮》的祠堂制度的設計，爲以後現實生活中的祠堂發展提供可資遵循的藍本。至遲到元代，已有人按照《家禮》的設計建立祠堂〔註157〕，浦江《鄭氏規範》則有「立祠堂一所，以奉先世神主，出入必告，

臺北：新文豐出版社，1989年7月臺一版，頁699。

〔註150〕明・嚴嵩，《鈐山堂集・潘氏祠堂記》卷三十三（北京大學圖書館藏明嘉靖二十四年刻增修本），《四庫全書存目叢書・集部》第五十六冊，臺北：莊嚴文化公司，1997年6月初版一刷，頁202。

〔註151〕左雲鵬，〈祠堂族長族權的形成及其作用試說〉，刊《歷史研究》，1964年第五～六期，頁102。

〔註152〕明・宋濂、王禕，《元史・元仁宗本紀一》，臺北：鼎文書局，1981年3月三版，頁551。

〔註153〕同註152，《元史・元英宗本紀二》（二年三月己丑），頁621。

〔註154〕同註152，《元史・元英宗本紀二》（三年十二月丙戌），頁626。

〔註155〕清・趙翼，《陔餘叢考》卷三十二，河北：人民出版社，2003年12月第二次印刷，頁661～662。

〔註156〕馮爾康等，《中國宗族史》，上海：人民出版社，2009年2月，頁173。

〔註157〕楊志剛〈論《朱子家禮》及其影響〉，載《浙江學刊》，1994年第一輯（總第六輯），頁6。

正至朔望必參，俗節必薦時物，四時祭祀，其儀式竝遵《文公家禮》，然各用仲月望日行事。事畢，更行會拜之禮。」〔註 158〕的載述。據此可斷言，近世祠堂之稱，蓋起於有元之世。

元人興建宗族祠堂的原因有兩點：其一是「敬宗」，報答祖恩，即把科舉功名、出仕任官、宗族興旺看成是祖先的庇蔭，族人爲報祖德而廣建祠堂以祭祖。其次是爲「收族」，藉由祭祖的外顯形式，表達對祖先永恆的追思，並透過祖先的血緣紐帶聚合族人。元人建祠的原因雖一如《家禮》的制約，質性卻已有明顯的改變，除開祭祀四世祖先的小宗祠堂外，祭祀始遷祖的大宗祠堂已悄然問世。〔註 159〕然大宗合建祠堂普及於中國各地，則在明世宗嘉靖朝以後。

漢代以來墓旁建祠的慣習，直持續到元代仍可見其歷史軌蹤，如元人李祁在〈澤存祠記〉：「其七世孫周將構祠於大夫之墓以虔祭掃」〔註 160〕，另在〈新安節士俞君墓誌銘〉也有：「（俞天榮）嘗別建青蓮寺於節士之墓左，而買田以供祠祀」〔註 161〕的描記。明儒顧炎武（1613～1682）〈楊氏祠堂記〉也有：「於是即祖墓之旁，建屋三楹爲祠堂，以奉其先人，竝諸父兄子姓之亡者，其下爲田若干畝，以供歲時之祭。定其儀，秩其品，簡而文，約而不陋」〔註 162〕的爬梳，《朱子家禮》在元代社會深植人心盛況於此即不難想像。

日本學者遠藤隆俊對宋元之際於墳前建祠的便宜作風，他以爲北宋時代的宗族制度並沒有在社會中被廣泛建立，宋政府對族產的保護等優遇措施也還沒有眞正獲得落實。這個時候的士大夫們爲了維護自身的地位、身份和財產，於是就利用「墳寺制度」，來賡續家族和宗族的運作。這種具有強烈道教和佛教色彩的墳寺（也稱爲墓祠）直到元朝還被沿用，而且它的確發揮了和祠堂一樣的功能。宋元之際，伴隨家廟、祠堂、墳寺（墓祠）、影堂同時出現的，還有宗祠，名稱雖有不同，扮演祀先空間的角色功能卻一。明代以降，墳寺的祭祀逐漸被家廟、祠堂和宗祠所取代，而成爲「敬宗收族」

〔註 158〕宋・鄭太和，《鄭氏規範》，載《叢書集成新編》第三十三冊，臺北：新文豐出版社，1985 年元月初版，頁 170。

〔註 159〕馮爾康等，《中國宗族史》，上海：人民出版社，2009 年 2 月，頁 175。

〔註 160〕元・李祁，《雲陽集・澤存祠記》卷六，《文淵閣四庫全書本・集部》一二一九冊，臺北：臺灣商務印書館，1986 年 7 月初版，頁 698～699。

〔註 161〕同註 160，《雲陽集・新安節士俞君墓誌銘》卷八，頁 723。

〔註 162〕清・顧炎武，《亭林文集・楊氏祠堂記》卷五，《續修四庫全書・集部》一四〇二冊，上海：古籍出版社，頁 117。

的主流意識，因此宋元時代是祖先祭祀方法由墳寺到祠堂變更的重要時代。〔註 163〕此一梳理爲元代以後祠堂在中國各地普化的樣貌，作了最強而有力的論述。

若考之相關文獻，則明代於墳前建祠享祀先人的案例仍時有所聞，如明人楊榮就有：「立祠於墓以祀者，禮從義起」、「墓側有祠，後人以爲享嘗之所」、「而墓又有祠，蓋墓祠則猶廟祭一家之私祀」〔註 164〕的載記，明人徐有貞也有「漢立原廟，後世因之。而卿大夫士庶人始有爲祠以享於墓者。其於禮則遠矣，然原其爲心則固有，孝子順孫，追遠報本之意焉」、「始建享祠於墓左，春秋合族而祭，即今之襲慶菴是也」〔註 165〕等相關載述以觀，雖然祠堂已成流行新風尚，墓前建祠以爲享嘗之所的慣習，雖有僭禮之嫌，然於奉先之道的根元價值，卻是萬世不易的普世觀，也被長期沿用。

（三）明以後祠堂

明洪武三年庚戌（1370 年）九月由徐一夔等人奉敕撰修，並由朱元璋賜名《大明集禮》的禮書，是有明一代禮儀實踐的風標。明儒管志道說：「(《大明集禮》) 其定品官庶人之四大禮，大槩以《儀禮》爲主，而取節於朱子之《家禮》者也。」〔註 166〕該書卷六《吉禮・宗廟》有品官家廟、家廟圖、祠堂制度、神主式、櫝韜藉式、櫝式、品官家廟儀等諸條目，這是明朝完備的祠廟祭祖規定，應該作爲討論明朝祭祖禮制的出發點。《大明集禮》中的「家廟圖」就是祠堂圖；而「品官享家廟儀」則襲取《家禮・祭禮》等相關規定，所謂「品官家廟」，事實上就是「品官祠堂」。〔註 167〕《明史・群臣家廟》即詳實地載錄：

〔註 163〕（日）遠藤隆俊，〈宋元宗族的墳墓和祠堂〉，刊《中國社會歷史評論》第九卷，2006 年，頁 63～72。

〔註 164〕明・楊榮，《文敏集・重修河南程氏三先生墓祠記》卷十，《四庫全書珍本》四集，頁 1～4。

〔註 165〕明・徐有貞，《武功集・徐氏襲慶菴重修記》卷四，《四庫全書珍本》四集，頁 35。

〔註 166〕明・管志道，《從先維俗議・訂四大禮議》卷三（影印明刊本），《叢書集成續編》六十一冊，臺北：新文豐出版社，1989 年 7 月臺一版，頁 578。

〔註 167〕常建華，《明代宗族研究・明代宗族祠廟祭祖禮制與禮俗》，上海：人民出版社，2005 年 2 月第一次印刷，頁 6。另常氏刊載於《南開學報》，2001 年第三期，頁 60，〈明代宗族祠廟祭祖禮制及其演變〉文中也有相類似的載述。

明初未有定制，權倣朱子祠堂之制，奉高、曾、祖、禰四世神主，以四仲之月祭之。又加臘月、忌日之祭，與歲時俗節之薦。其庶人得奉祖父母、父母之祀，以著爲令。至時享於寢之禮，略同品官祠堂之制。堂三間，兩階三級，中外爲兩門。堂設四龕，龕置一桌。高祖居西，以次而東，藏主櫝中。兩壁立櫃，西藏遺書衣物，東藏祭器。旁親無後者，以其班祔。庶人無祠堂，以二代神主置居室中間，無櫝。〔註 168〕

《明史》對廟制的載述，與《大明集禮》如出一轍：

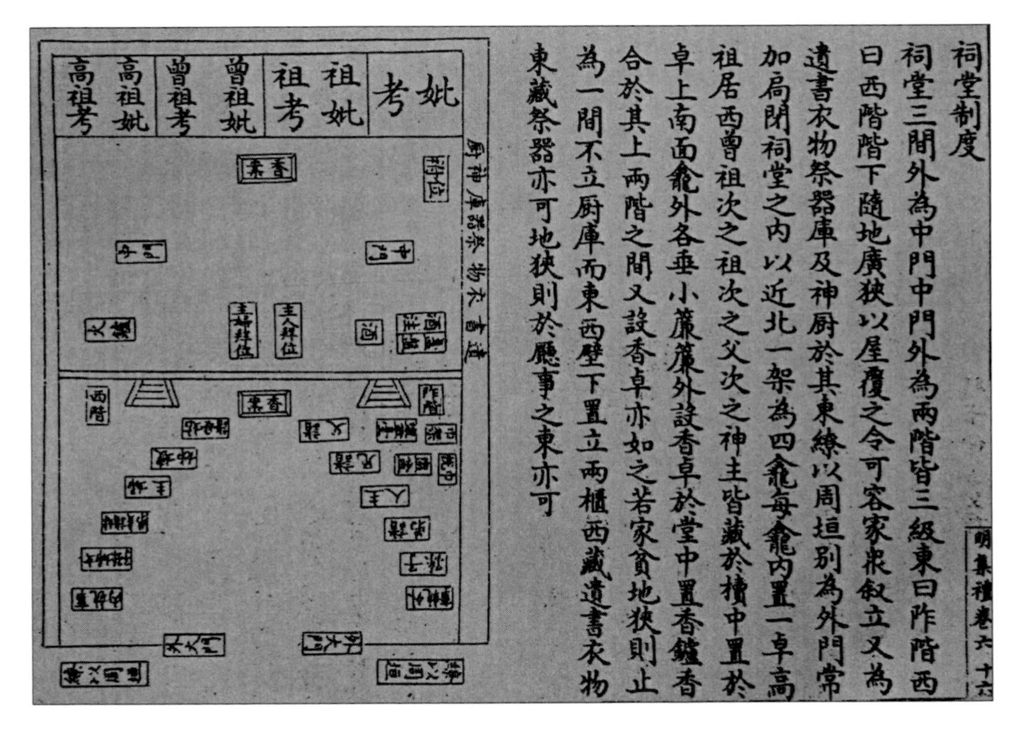
祠堂制度

祠堂三間外為中門中門外為兩階皆三級東曰阼階西曰西階階下隨地廣狹以屋覆之令可容家衆敘立又為遺書衣物祭器庫及神厨於其東繚以周垣別為外門常加扃閉祠堂之內以近北一架為四龕每龕内置一卓高祖居西曾祖次之祖次之父次之神主皆藏於櫝中置於卓上南面龕外各垂小簾簾外設香卓於堂中置香爐香合於其上兩階之間又設香卓亦如之若家貧地狹則止為一間不立厨庫而東西壁下置立兩櫃西藏遺書衣物東藏祭器亦可地狹則於廳事之東亦可

書影 3-2：《大明集禮》祠堂制度

資料來源：翻拍自《大明集禮》卷六十六，頁 173。

對於祠堂的設立，明儒顧亭林有如是的考辨：「古之君子，慮先人之德久而弗昭，於是爲之祠堂以守之，其盛者及於始祖。古之君子，慮宗人之渙散而無統，於是歲合子姓於祠而教之孝，奠爵獻俎畢而餕食以教之禮。其子孫

〔註 168〕清・張廷玉等，《明史・禮志》，臺北：鼎文書局，1980 年 1 月三版，頁 1341。

之眾，或至數千百人，此祠堂之所由興，而祭法之所由傳也。」〔註 169〕基於昭先人之德，慮宗人渙散無統，及獻俎畢餕食的宏觀調控，祀祖的祠堂就此被廣泛闢建，周代以來相沿成習的祭禮也得以被保存。〔註 170〕藉由明儒的精闢析論，明代初期的廟制即可於此窺其梗概。

明成化十一年乙未（1475 年），國子監祭酒周洪謨曾向憲宗皇帝提出整頓祠堂之制的建議案：「今臣庶祠堂之制，悉本《家禮》，高曾祖考四代設主，俱自西向東。考之神道向右，古無其說。惟我太祖高皇帝太廟之制，允合先王左昭右穆之義。宜令一品至九品止立一廟，但以高卑廣狹爲殺，神主則高祖居左，曾祖居右，祖居次左，考居次右，於禮爲當。……事下有司議，聞禮部覆奏，洪謨所言祠堂之制，乞命翰林院參酌更易，具奏處置。……從之。」〔註 171〕周氏議案的重點有二：一爲祠堂神主的擺設，宜按尊卑依序由左至右排列，與《家禮》由右至左排列的慣習大相逕庭；其二是品官止立一廟，高卑純以廣狹爲殺。周氏的說法雖獲得憲宗皇帝的首肯，但明武宗正德四年己巳（1509 年）由李東陽重刊的《大明會典》則完全遵循《家禮》由西向東的禮文：

> 祠堂三間，外爲中門。中門外爲兩階，皆三級。東曰阼階，西曰西階。階下隨地廣狹，以屋覆之，令可容家眾敘立。又爲遺書、衣物、祭器庫，及神廚於其東。繚以周垣，別爲外門，常加扃閉。祠堂之內，以近北一架爲四龕，每龕內置一卓。高祖〔註 172〕居西，曾祖次之，祖次之，父次之。神主皆藏於櫝中，置於卓上南面。龕外各垂小簾，簾外設香卓於堂中，置香爐、香合於其上。兩階之間，又設香卓亦如之。若家貧地狹，則止爲一間，不立廚庫，而東西壁下置立兩櫃，西藏遺書、衣物，東藏祭器亦可。地狹，則於廳事之

〔註 169〕清・顧炎武，《亭林文集・楊氏祠堂記》卷五，《續修四庫全書・集部》一四〇二冊，上海：古籍出版社，頁 117。

〔註 170〕陳寶良、王熹，《中國風俗通史・宗族與生育風俗》（明代卷），上海：文藝出版社，2005 年 2 月第一次印刷，頁 608。

〔註 171〕《明憲宗實錄》卷一三七（成化十一年正月丙子條），頁 2576。

〔註 172〕漢・劉熙，《釋名・釋親屬》卷三（上海涵芬樓《古今逸史》叢書本），李學勤主編，《中華漢語工具書書庫》五十一冊，安徽：教育出版社，2002 年 1 月第一次印刷，頁 464 載：「父，甫也，始生己也。母，冒也，含生己也。祖，祚也。祚，物先也。又謂之王父、王睢也，家中所歸睢也。王母亦如之。曾祖，從下推上祖位，轉增益也。高祖，高，皐也，最在上皐韜諸下也。」

東亦可。〔註173〕

就「祠堂制度」而言，《大明會典》比《大明集禮》更貼近《家禮·祠堂》的精神。《家禮》深植民心的儀軌，並未因爲朝代的更迭，或禮文的釐訂而有太大幅度的改變。《大明會典》神主的擺設仍因襲《家禮》尚右說的傳統，然周洪謨「祠堂神主的擺設，宜按尊卑依序由左至右排列」的建議案已被《家禮儀節》，乾隆庚寅（三十五年）版所接納：

> 祠堂並列四龕，高祖居中東第一龕，曾祖居中西第一龕，祖居近東壁一龕，禰居近西壁一龕。按《大明會典》祠堂圖下云，朱子祠堂神主位次以西爲上，自西遞列而東，豈不知左昭右穆之義哉？然朱子明謂非古禮，特以其時宋太宗皆然，嘗欲獻議而未果，《家禮》之作，姑從前制，故我聖祖太廟之制，出自獨斷，不沿於舊，可謂酌古準今，得人心之正者矣，故今品官士庶祭祀遵用時制，奉高祖居廟中，曾祖而下，則以次而列，故更列立位次於右。〔註174〕

由《大明集禮》到《大明會典》的廟制內容大同小異，基本上都沿襲《家禮·通禮·祠堂》之說：「君子將營宮室先立家廟於正寢之東，爲四龕以奉先世神主」〔註175〕的精神。唯一的不同點，是後者比前者少了「旁親之無後者以其班祔」的內容，而且關於龕位神主的規定，《大明會典》比《大明集禮》更遵守《家禮》的規定。清·乾隆官修，《續文獻通考》載記：「明初群臣家廟未有定制，權倣朱子祠堂之制，奉高曾祖禰四世神主……庶人無祠堂，以二代神主置居室中間，無櫝」〔註176〕的禮文，明人李時勉稱讚說：「《家禮》一書，朱文公斟酌禮儀而爲之，簡便切當，不背於古，而宜於今。」〔註177〕因此他

〔註173〕明·徐溥，《大明會典》，明神宗萬十五年丁亥（1587年）司禮監刊本，臺北：東南書報社，1964年3月再版，頁1481。另《文淵閣四庫全書·明集禮卷六十六》，頁173載錄的內容亦雷同。兩者間唯一差別在香罏（鑪）兩字。《會典》作「香罏」；《集禮》作「香鑪」。

〔註174〕明·丘濬，《邱公家禮儀節·通禮》卷一，乾隆庚寅三十五年（1770年）重修，板藏寶勅樓，載《丘文莊公叢書》，臺北：丘文莊公叢書輯印委員會，1972年5月，頁5。

〔註175〕宋·朱熹，《家禮·通禮·祠堂》卷一，《文淵閣四庫全書本·經部》一四二冊，臺北：臺灣商務印書館，1986年7月，頁531。

〔註176〕清·乾隆官修，《續文獻通考·群廟二》卷八十六，浙江：古籍出版社出版發行，2000年1月第一次印刷，頁3559。

〔註177〕明·李時勉，《古廉文集》，卷三〈袁太守祠堂記〉，《四庫全書珍本》三集，頁25～26。

「欲依文公《家禮》，立祠堂於正寢之東。」〔註 178〕明人汪循在〈迴峰汪氏祠堂記〉曾云：「惟我聖明，治教休美，其頒制示，則每以《家禮》爲準，宜乎聲教溢乎四海，而家置一廟矣。」〔註 179〕李維楨也說：「朱文公制《家禮》，位不同而家廟同，本朝因之載在《會典》，則宗祠所由始也。」〔註 180〕李氏的「宗祠所由始」，更爲廟制的源流寫下重要變貌。

明嘉靖十五年丙申（1536 年），禮官夏言在「九廟告成，祀典明備」〔註 181〕的歷史性時刻，爲讓斯禮能「著爲一代全經，以告萬世」〔註 182〕，特奏呈〈請明詔以推恩臣民用全典禮疏〉（內文請參閱附錄之附圖部分——原文引錄），夏氏於該疏文中臚列的三項建議案分別爲：「請定功臣配享議」、「乞詔天下臣民冬至日得祀始祖議」及「請詔天下臣工立家廟議」，其中又以後兩者與廟制及祭祖儀典，有著相當密切的關係。〔註 183〕在「乞詔天下臣民冬至日得祀始祖議」中，夏氏建議明皇室應允許「臣民冬至日得祀始祖」；在「請詔天下臣工立家廟議」，夏氏對家廟體制提出契合時代脈動的宏觀調控。（請詳參附錄附圖 1：禮官夏言奏章書影）身爲禮官的夏言，不但在奏摺中細數歷代廟制沿革，更提出「不規規於往古之迹，而亦不失先王之意」〔註 184〕的全相觀察，更爲明、清以後的廟制立下可長可久的藍圖。明嘉靖朝的廟制，已有明顯放寬現象，明人羅虞臣即有如是的解釋：「至於神位之制，國初時用知縣胡秉中言，定庶人三代之禮，以曾祖居中，祖左禰右，斯蓋聖代之懿規也。今士夫祭及四代，亦宜以此爲準。」〔註 185〕

〔註 178〕同註 177〈潘氏祠堂記〉，頁 30～31。

〔註 179〕明・汪循，《汪仁峰先生文集・迴峰汪氏祠堂記》卷十五（中國社會科學院文學研究所藏清康熙刻本），《四庫全書存目叢書・集部》四十七冊，臺北：莊嚴文化公司，1997 年 6 月初版一刷，頁 386～387。

〔註 180〕明・李維楨，《大泌山房集・臨溪程氏宗祠記》卷五十六（北京師範大學圖書館藏明萬曆三十九年刻本），《四庫全書存目叢書・集部》一五一冊，臺北：莊嚴文化公司，1997 年 6 月初版一刷，頁 702。

〔註 181〕明・夏言；明・徐階等編輯，《桂洲夏文愍公奏議二十一卷・補遺一卷》，清乾隆甲申二十九年（1764 年）忠禮書院重刊本（叢書名：《烏石山房文庫》；其他書名：《夏桂洲奏議》、《桂洲奏議》），珍藏臺大圖書館，本引文在該叢書第十冊。

〔註 182〕同註 181。

〔註 183〕同註 181。

〔註 184〕明・羅虞臣，《羅司勳文集・祠堂章》卷八下，《四庫存目・集部》第九十四冊，頁 488。

〔註 185〕同註 184，頁 488。

針對嘉靖朝以後祭祀規制的放寬，明人田藝衡也有縱深的考辨：「庶人祭及三代，曾祖居中，祖左禰右；士大夫祭四代，高居中左，曾居中右，祖左禰右，乃國初用行唐縣胡秉中言也，人多不知。」〔註186〕明代學者宋纁於《四禮初稿四卷》亦言：「祠堂之制，當遵《大明會典》以左為上，高曾祖禰分左右，以次而列，設四龕。如止一間者，總置一龕，隔為四代亦可。」〔註187〕祭祖禮文的普化，清人毛奇齡更有精闢的洞見：「明初禮官用行唐縣知縣胡秉中議，許庶人祭及三代。今俗祭祝詞尚有稱三代尊親者。」〔註188〕清人楊名時〈家廟記〉亦對祠堂祖龕排列順序提出說明：「唐宋皆以西為上，溫公謂神道尚右，而朱子以為亦非古禮。明制許庶人祭及三代，以曾祖居中，左祖右禰。品官家廟得祀四世，左右並列而同一向。」〔註189〕

拜夏言上疏之賜，民間正式得祭始祖、興建祠堂，嘉靖、萬曆、天啓年間，建祠之風已普及全國。明代祠堂的起建，則以嘉靖十五年（1536 年）為分野，在此之前官方對於「敬宗收族」的祠廟制度雖有放寬傾向，卻未落實；此後則因夏言的鼓舞，而蔚為時尚風潮而普及於全國各地。夏言於奏摺中提及「不得立廟以逾分」，於是許多宗族「合眾小祠堂為一大祠堂」，稱之為「宗祠」，緣情宜義，起義合禮。所謂「宗祠」，即以始遷祖為「宗」的宗族祠堂，不同於朱熹《家禮》設計的祭祀四代祖的祠堂，也不同於以《家禮》祠堂之制為藍圖的家廟。〔註190〕清人陳宏謨言：「宗祠者，尊祖敬宗之地」〔註191〕，明代《永樂大典》則言：「宗廟之間，不恭而肅；墟墓之間，不哭而

〔註186〕明・田藝衡，《留青日札・祭三代四代》卷一，上海：古籍出版社，1985 年 9 月，頁 95～96。

〔註187〕明・宋纁，《四禮初稿》卷四（上海圖書館藏清康熙四十年宋氏刻本），《四庫全書存目叢書・經部》一一四冊，臺北：莊嚴文化事業有限公司，1997 年 10 月初版一刷，頁 704。

〔註188〕清・毛奇齡，《辨定祭禮通俗譜・所祭者》卷一，《文淵閣四庫全書本・經部》一四二冊，臺北：臺灣商務印書館，1986 年 7 月，頁 749。

〔註189〕清・楊賓實（名名時），陳燿輯，載《切問齋文鈔・家廟記》卷八，清乾隆四十年（1775 年）吳江陸氏家刊本，臺北：國圖善本室古籍掃瞄影像檢索系統，頁 7a～7b。

〔註190〕明代宗祠的興起在於嘉靖皇帝採納禮部尚書夏言的建議案，允許臣民祭始祖和先祖。常建華，《明代宗族研究》，上海：人民出版社，2005 年 2 月第一次印刷，頁 82～83。

〔註191〕清・陳宏謨，《培遠堂偶存稿・文檄》（清乾隆間培遠堂刊本）卷十三，珍藏國家圖書館善本書室，頁 27。

哀」〔註192〕透過這兩則文獻載錄，則宗祠的定義，乃至肅穆祭祀空間屬性，皆可瞭然於胸。

清人楊名時〈家廟記〉刊錄：「宋司馬溫公『家禮』祭及曾祖。程子謂服及高祖，則祭亦必及高祖，即士庶不容有異，朱子從之。後之講禮者，遠取別子爲祖之禮，近依程、朱祭及高祖之義，以爲宜推先世始遷，或初受封爵者爲始祖世祀，而統祀高曾祖禰爲一堂五龕之制，庶幾援據古今，備追遠之道，爲士大夫家可酌而行者。蓋合數世爲一廟奉之，比於古人三廟二廟之規模，既爲簡略，則雖祀及遠祖，固不嫌於越分矣。又況今之所謂祭者，豈能如古禮所云，索牛而祭，鼎俎豆籩之盛乎，則亦薦焉而已。田祿無常，豐約從宜，固其所也。」〔註193〕

祠堂在族人心目中有不可替代的象徵意義與現實功能。以視覺感官言，祠堂就如同全體族人的「家」一般，它既給族人一種彼此休戚相關、榮辱與共的強烈暗示，又間接提供族人心理上的庇護意識。祠堂內舉行的祭祖儀典亦是對族人共同情感之提升與強化。做爲祭祀祖先與家族重大事務決策的載體，祠堂亦是承接過去、開創未來的象徵性空間，可以爲族人提供某種歷史穩定與未來確定感。再者，做爲祖先崇拜與家族認同的外顯形式，祠堂也可以成爲某種共同情感的提示與共同命運的象徵。〔註194〕祠堂（或宗祠）及其所屬的田地、財產均爲全體族人所共有，即連設立族長之家族也不能單獨擁有其產權。主持祭祀的族長可以由血（親）緣關係者擔當，亦可以由族中俊彥出任，或是由族親之間以平等輪值方式產生，任期則可區分爲終身制或期間制。〔註195〕

據今人林曉平調查，明代中葉，贛南客家宗族祠堂的興建進入到一個高潮時期，當時擁有一百男丁以上的宗族，只要經濟條件許可，一般都會興建本宗族的祠堂。〔註196〕就現存客家祠堂而言，一半以上都是建於明代。明儒

〔註192〕明・姚廣孝、解縉等奉敕編纂，《永樂大典・禮》卷一〇四五八（第五十七冊），臺北：世界書局，1962年2月初版，頁5。

〔註193〕清・楊賓實（名名時），陳燿輯，載《切問齋文鈔・家廟記》卷八，清乾隆四十年（1775年）吳江陸氏家刊本，臺北：國圖影像檢索系統，頁又7a～又7b。

〔註194〕余師光宏、蔣俊、趙紅梅合編，《閩西庵埧人的社會與文化》，廈門：廈門大學出版社，2008年9月，頁183。

〔註195〕（日）牧野巽，〈宗祠とその發達〉，《東方學報》東京第九冊，頁237～239。

〔註196〕林曉平，〈贛南客家宗族制度的形成與特色〉，《贛南師範學院學報》，2003年

顧亭林（1613～1682）在〈楊氏祠堂記〉遂有：「即祖墓之旁，建屋三楹為祠堂，以奉其先人，竝諸父兄子姓之亡者，其下為田若干畝，以供歲時之祭。定其儀，秩其品，簡而文，約而不陋。」〔註 197〕的撰述，則此可見明末清初之際，墓旁建祠之風仍未完全根絕。

清代以後，品官家廟（請詳見下表 3-1、3-2；書影 3-3、3-4）仍活躍在歷史舞台上。清儒黃品驥《三禮從今》據《大清通禮》所繪製「品官家廟圖」（詳見書影 3-3），直到民國以後仍被沿用，此可由日據時代由「臨時臺灣舊慣調查會」編的《臺灣私法》見端倪（詳見書影 3-4），可見家廟制度影響之深遠。清代官方禮典雖沿襲舊例，然民間祠堂興建之風則已進入另一個新里程碑，其中最具代表性的當屬徽州地區的祠堂，有些宗族，除總祠、支祠外，還修有女祠。〔註 198〕於此同時，贛南客家廣建祠堂也是這段期間值得觀察的現象。〔註 199〕據清人陳宏謀在〈諭議每族各設約正〉的載錄，乾隆七年（1742 年壬戌），「（江西）通省祠堂有四千二百之多，是各屬境內大半皆有祠堂之戶」〔註 200〕，則其他地區建祠之風必也十分興盛。就是蕞爾小島的金門縣，亦有高達 169 間的宗祠。

表 3-1：清・林柏桐品官家廟表

品官秩級	家廟規制級別	備　　考
一品至三品官	家廟五間，中三間為堂，左右各一間隔以牆，北為夾室，南為房。堂南檐三門，房南檐各一門，階五級，庭（俗謂天井），東西廡各三間（俗謂兩廊）。東廡藏遺衣，西廡藏祭器。庭繚以垣，南為中門，又南為外門，左右各設側門（俗謂橫門，方便執事人員出入，及雜物轉移）	堂後楣北皆設四室奉高曾祖禰四室，每世居一室，皆昭左穆右。妣皆以適配，皆南向。高祖以上親盡則祧。由昭祧者藏主於東夾室；由穆祧者藏
四品至七品官	家廟三間。中一間為堂，左右各一間，北為夾室南為房。堂南檐三門，房南檐各一門，階三級。東西廡各一間。庭繚以垣，南為中門，又南為外門，左右各設側門。	

第一期，2003 年 2 月，頁 83～84。

〔註 197〕明・顧炎武，《亭林文集・楊氏祠堂記》卷五，《續修四庫全書・集部》一四〇二冊，上海古籍出版社出版發行，頁 117。

〔註 198〕王國鍵，〈徽州宗族立祠修譜活動及其文書〉，《中國典籍與文化》，頁 72。

〔註 199〕林曉平，〈客家祠堂與客家文化〉，《贛南師範學院學報》第四期，1997 年，頁 50。

〔註 200〕清・陳宏謀，《培遠堂偶存稿・諭議每族各設約正》（清乾隆間培遠堂刊本）卷十三，頁 46a～48a。

八品、九品官	家廟三間。中一間廣爲堂，左右各一間狹北爲夾室、南爲房。堂南檐一門，階一級。庭之東西不設廡，以篋分藏遺衣物、祭器，陳於東西房。庭繚以垣，南爲中門，又南爲外門。	主於西夾室。遷室祔廟均依昭穆之次。
註：在籍進士、舉人視同七品；恩拔、歲副、貢生視同八品。顧炎武《日知錄》則載：「恩拔、歲副、貢生視九品。」〔註201〕		

資料來源：林柏桐撰，《品官家儀考》，載《叢書集成三編》第二十五冊，頁431。明・顧炎武著，《日知錄・祭禮》卷十四，頁105。

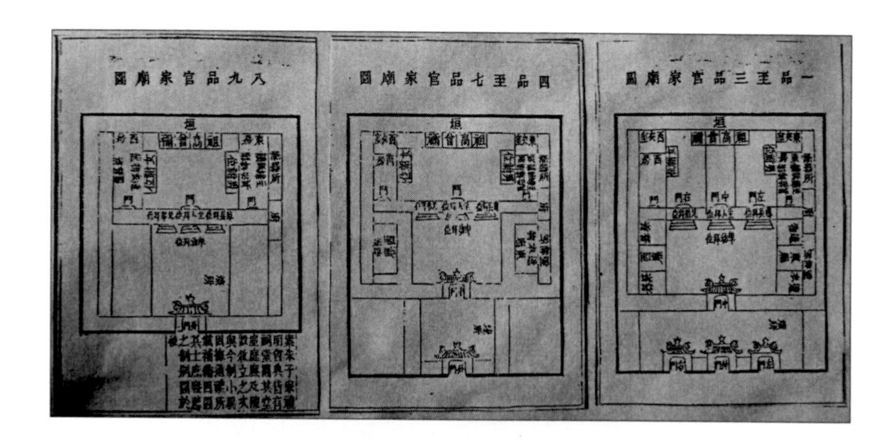

書影3-3：《三禮從今》繪製清代品官家廟圖

資料來源：清・黃品驥，《三禮從今》三輯卷二，頁407～408。

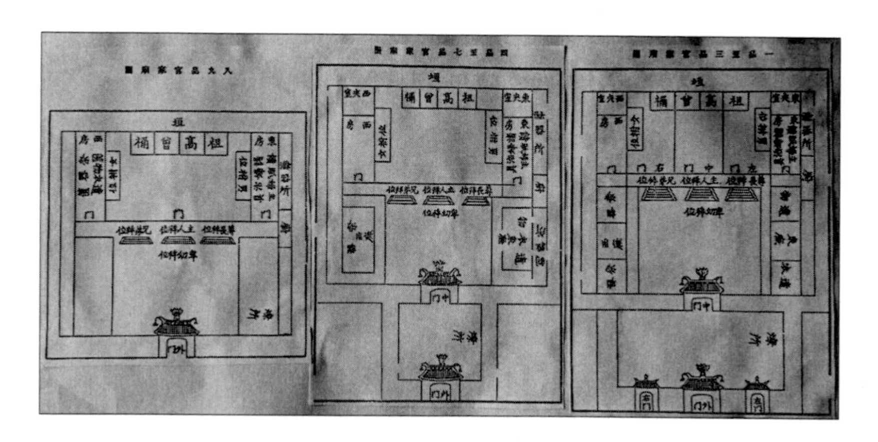

書影3-4：《臺灣私法》繪製清代品官家廟圖

資料來源：臨時臺灣舊慣調查會編，《臺灣私法》第卷上，頁121～123。

〔註201〕明・顧炎武，《日知錄・祭禮》卷十四，臺北：臺灣商務印書館，1968年3月臺一版，頁105。

表 3-2：家廟、祠堂與宗祠質性異同表

	品官家廟	《家禮》祠堂	宗　　祠
建廟地點	左宗廟右社稷	正寢之東	不限特定地點
身份設限	品官或有功名者	士庶人皆可	士庶人皆可
廟　　數	一品至三品官家廟五間；四品至九品官家廟三間	祠堂三間。若家貧地狹，則僅蓋一間亦可	大宗祠堂一間，小宗祠堂不限
牌位供奉	設四室奉高曾祖禰四室，每世居一室，皆昭左穆右	爲四龕以奉四世，高祖居西，曾祖以下以次而東	不限世代，同龕供奉，始祖居中，餘採左昭右穆依序排列

資料來源：朱熹撰，《家禮》。林柏桐撰，《品官家儀考》。

第二節　金門宗族與宗祠的連結及其運作

據日本學者井上徹研究指出，在中國的東南與嶺南一帶，特別是福建與廣東兩省，常會出現宗族與村落明顯重疊現況，以致許多村落都成爲單一宗族，這種男系集團（agnatic）與地域聚落合而爲一的現象，雖也曾出現在中國其他省份，諸如華中地區各省，雖也曾出現類似的案例，然其普及率終究不如東南地區的發達。特別是具有邊陲性地區或海島地區，更因具有遠離中央政權干擾的便利而愈發明顯。〔註 202〕金門氏族率皆來自中土，其中又以福建人居多，其風俗與福建本土相同。〔註 203〕金門地區農村社會，目前仍保有這種鮮明的血緣聚落色彩，金門的祠祭之所以有可觀之處，這應該是最大的主因。

專攻福建宗族社會議題研究的學者鄭振滿，在《明清福建家族組織與社會變遷》書中，將中國宗族組織的基本類型，區分爲以血緣關係爲基礎的繼承式宗族，以地緣關係爲基礎的依附式宗族，和以利益關係爲基礎的合同式宗族。繼承式宗族的基本特徵，在於族人間的權利和義務完全取決於各自的繼承關係，毫無選擇餘地，成員則大部分以自己房柱內的近親爲主，有些家族爲緩和分家析產所造成的衝擊，常會選擇「分家不分祭、分家不分戶或分家不析產」的權宜措施來因應。依附式宗族的基本特徵，在於族人間的權利

〔註 202〕（日）井上徹，錢杭譯，錢聖音校，《中國的宗族與國家體制——從宗法主義角度所作的分析》，上海：上海書店，2008 年 6 月，頁 266～269。

〔註 203〕（日）鹿又光雄氏、鳥居敬造氏，《日據時期金門調查實錄》，南洋協會臺灣支部發行，昭和十三年（1938 年），頁 22。

及義務，均取決於彼此間的相互支配或依附關係，成員則擴大至聚族而居的族親，由親而疏，彼此間不一定有血緣關係，地緣關係則相對明顯。依附式宗族形成的另一種途徑，則是透過捐資興建宗祠、整修祖墳、闢設私塾等公共議題爲手段，對已經解體或行將解體的宗族進行再整合，進而發揮宗族力量。合同式宗族的基本特徵，則建立在彼此訂定的合同上面，透過集資方式，參與地方公共事務，成員間既沒有血緣的關係，就是地緣關係也不一定存在。〔註 204〕金門地區的宗族社會，以血緣關係爲主的繼承式宗族，和以地緣關係爲主的依附式宗族仍屬主流。

據《金門縣志》載述，晉代五胡亂華，中原板蕩之際，隨晉室南渡義民，有蘇、陳、吳、蔡、呂、顏等六姓逃抵金門開基落戶，成爲金門住民的濫觴。《舊唐書》刊記，唐德宗貞元十三年（797 年），柳冕爲福建都團練觀察使，奏置萬安監牧於泉州界〔註 205〕。《新唐書》在該年也有如是的鋪陳：「會冕奏閩中本南朝畜牧地，可息羊馬，置牧區於東越，名萬安監，又置五區於泉州，悉索部內馬驢牛羊合萬餘游畜之。」〔註 206〕泉州一帶的牧馬區計有五處，金門乃得以成爲有唐一代的牧馬場域，並委命陳淵爲牧馬監來金門牧馬，從陳淵來者有將佐李俊、衛傑，錢、王二舍人及民戶蔡、許、翁、李、張、黃、王、呂、劉、洪、林、蕭十二姓，此一史實，考之《同安縣志》與《金門縣志》，則載錄的時間都出現在貞元十九年（803 年）。「貞元十九年（803 年），析南安縣西南四鄉鎮置大同場，同安爲大同場地。同年置浯洲（金門島）爲牧馬地，派陳淵爲牧馬監」即是《同安縣志・大事記》對該事件的剖述。〔註 207〕今依《金門縣志》的檢視，時間點與《新唐書》略有出入，或者可推斷爲十三年（797 年）規劃設置，至十九年（803 年）始奉准設牧馬區於浯洲（金門古地名）亦不無可能〔註 208〕，然確實時間應當以正史爲依準。

〔註 204〕鄭振滿，《明清福建家族組織與社會變遷》，河南：教育出版社，1992 年 6 月，頁 62～103。

〔註 205〕後晉・劉昫等，《舊唐書・列傳》第一三二，臺北：鼎文書局，1981 年元月三版，頁 4032。

〔註 206〕宋・歐陽修、宋祁等，《新唐書》，臺北：鼎文書局，1979 年 2 月二版，頁 4538。

〔註 207〕同安縣地方志編纂委員會編，《同安縣志》，北京：中華書局，2000 年 10 月，頁 12。

〔註 208〕金門縣政府發行，《金門縣志》，1999 年初版二刷，頁 354。

一、金門陳氏家族源流

金門地區有「十三陳」之稱的陳姓，其宗派依《金門縣志》、《潁川堂建祠八十週年奠安紀念特刊》、《金門陳氏志略》三書刊錄，大抵可區分爲十五支。茲據各村落可見之陳姓祖譜言述，作簡要概述如下：

其一、陳達是陽翟浯陽始祖，乃開漳聖王陳元光十世孫，於五代後梁乾化三年（913 年）時奉命掌理金門鹽事，卜居於陽翟村，此爲陳氏入浯開基之始。〔註 209〕族裔陳綱，宋淳化三年（992 年）進士，爲同安登第之始。陳達族裔派衍同安陽翟，與金門庵前、中蘭、后珩、料羅、東洲（一部分）等地。陽翟陳氏除「浯陽」派外，尚有「七郎」一派。浯陽派的燈號爲「浯陽世科第」；七郎派的燈號則爲「南陳欽點縣正堂」（參見《浯陽陳氏家譜》）。

其二、陳復萃是庵前始祖，爲陳健（滄江）三子甫旻（避諱改甫文）之後裔。清康熙二十年（1681 年）由同安朱紫市（北門）回遷祖籍地金門上后垵。道光年間再徙庵前定居迄今（參見《浯陽庵前陳氏家譜》）。

其三、陳一郎是湖前始祖，與六郎、八郎爲兄弟行。〔註 210〕於宋代自晉江基開碧湖（湖前）。湖前、陽翟、上坑（亦名陳坑、成功）、下坑（夏興）四個村落陳姓祖先爲堂兄弟。五世陳添滿時，支分塔后，成爲塔后開基始祖。湖前陳氏族裔又分支潮陽、臺灣（台中、台南）、澎湖、古田、河南、漳州等地（參見《金門浯江湖前碧湖潁川陳氏族譜》）。

其四、陳八郎是陳坑（成功村）始祖和陳九郎，於南宋時自晉江甆頭（今圍頭）來金門開基，族裔又支分福建漳州島美田墘鄉，及臺灣竹北東勢。定居金門的族裔則部分住居夏興、后園一帶（參見《金門陳坑、竹北東勢八郎公派陳氏族譜》）。

其五、陳六郎是下坑（夏興村）始祖。與成功村始祖陳八郎、陳九郎爲親兄弟。夏興陳姓歷經九傳至「忠臣」陳顯。陳顯四子致祥，再支分山外，成爲山外開基始祖。夏興陳氏族裔遍布臺灣、澎湖、金門，大陸各地。金門本島主要以小徑、東洲、東宅、下廳、山外等地爲住居地。大陸地區則以福建的永春、島美、大嶼、德化高洋、銀厝、西浦、後溝、東嶺大路等區域爲主（參見《浯卿陳氏世譜》）。

〔註 209〕楊天厚、林麗寬主編，《金門縣金沙鎮志》，金門：金沙鎮公所，2002 年，頁 135。

〔註 210〕金門縣政府，《金門縣志・人民志》卷三，1999 年初版二刷，頁 382。

其六、隸屬「漳湖派」的山外陳，陳致祥是其始祖，於明成祖永樂十六年（1418 年）戊戌歲，自夏興支分山外。後裔分支漳州赤水、大嶼、島美、德化高洋等地（參見《浯江下坑開支山外世譜》）。

其七、斗門陳姓有兩個派別，皆來自漳州拱斗。一稱「官路派」，爲宋進士陳大育之後，燈號「三省提學」。另一稱「學考派」，則爲宋二十五郎之後，燈號「文賢世家」（參見《永春小岵南山陳氏譜誌》、《斗門學考甲派族譜》）。

其八、陳良顯是高坑始祖，明初自嘉禾陳寮洗馬坑入浯，再支分金門營山（洋山）、新前墩、何厝等村落，以及大陸潮洲等地（參見《高坑陳姓族譜》）。

其九、陳興仁是埔後陳的始祖，元季避禍入浯。初居後浦，再遷埔後。族裔支分營山（洋山）（參見《上學陳氏世系族譜》）。

其十、陳德宗仕元是後山（碧山）陳的始祖，官居一品平章事，以建言被禍而舉家逃難，途中長子存志，流過福清牛田驛。三子存義，流過於南安縣四十六都洶潯深溝山邊鄉。次子存仁與妻柳氏漂抵碧山村，成爲碧山陳姓開基始祖（參見《碧山陳氏族譜》）。

其十一、陳肇基（字垂裕）是古坵（古區）陳的始祖：明代初葉，與妣趙氏自泉州入浯，基開古坵陳氏一族。三傳至孫陳必性基開新頭一族（參見《新頭陳氏族譜》）。

其十二、陳必性是新喉（新頭）陳氏的始祖，妣呂氏，於明代分支新頭，成爲新頭村陳姓開基始祖。清初族裔再分支新垵（參見《新頭陳氏族譜》）。

其十三、後浦陳：清季自安南溪尾遷徙來金門開基。

其十四、金門城（北門）陳姓：清代，陳朝陽自安南洪瀨入浯。

其十五、營山（洋山）陳：陳文定於明代自埔後支分營山（洋山）（參見《浯江營東陳氏家譜》）。

其十六、陳丙是前水頭陳氏始祖，係陽翟陳田後裔，先遷居北溪長泰東門內，再移居水頭村（參見《前水頭陳氏族譜》）。

其十七、烈嶼鄉湖下陳：明代中葉，由廈門店前遷徙來金門烈嶼鄉湖下村定居，族眾再分居後井、中墩、上庫等地。〔註 211〕

〔註 211〕陳爲學，《金門陳氏志略》，金門：潁川堂金門縣陳氏宗親會，2003 年 11 月

其十八、另有於清季先後自南安溪尾來金者，率皆聚居後浦。〔註212〕

金門縣陳氏宗親會執事，與陳姓宗親為充分發揮「敬宗收族」、「慎終追遠」的積極性作為，遂採用「分股輪值」方式，有效統合分居在金門五個鄉鎮各村落間的宗親，建構起一套可長可久的「祭祖」運作模式，以宗親人數多寡區分成「十三股」。人數多的村落自成一股，如「成功」、「斗門」、「夏興」等村。人數少的就整合幾個村落為一股，如「古城、庵前、古坵」各佔三成的比例。扣掉自己當值的一股，其餘就以十二股來計算。這種聯合祭祖機制的建置，也讓「十三陳」之名成為金門陳姓宗族文化中深層的照見（詳見表3-3）。

表3-3：金門陳氏十三股「做頭」輪值一覽表

東洲（5／12）	頂埔下（4／12）	湖尾（1／12）	后垵（1／12）	水頭（1／12）	一股
后浦（12／12）					一股
古城（4／12）	庵前（4／12）	古坵（古區）（4／12）			一股
夏興（下坑）（12／12）					一股
成功（陳坑）（12／12）					一股
新頭（新喉）（12／12）					一股
山外（12／12）					一股
湖前（8／12）	塔后（4／12）				一股
碧山（後山）（12／12）					一股
陽翟（12／12）					一股
營山（5／12）	高坑（5／12）	何厝（2／12）			一股
斗門（12／12）					一股
烈嶼湖下（8／12）		金門埔後（4／12）			一股

資料來源：《潁川堂建祠八十週年奠安紀念特刊》、《金門陳氏志略》。

二、金門蔡氏家族源流

「相宅瓊林，歷宋歷元歷明歷清，祖德千年不朽；敷功帝闕，為伯為卿

第一版，頁43～44。

〔註212〕金門縣政府，《金門縣志・人民志》卷三，1999年初版二刷，頁382。

爲臬爲憲，孫謀百世長光。」案，聯語的「伯」爲官拜雲南布政使，世稱藩伯的蔡守愚。「卿」指榮膺南京光祿寺少卿，卒贈刑部右侍郎的蔡獻臣。「臬」指出任浙江按察使司，俗稱臬臺的蔡貴易。「憲」指官授禮科給事中，職掌教令的蔡國光。〔註 213〕這是高懸在金門縣金湖鎮瓊林村蔡氏家廟拜殿的抱柱聯。它描記瓊林村濟陽蔡氏詳實開發史，也爬梳出蔡氏歷代先祖赫赫事功，誠爲研究瓊林村史不可或缺的重要史料。再則，《浯江瓊林蔡氏族譜》對此也有歷史性分析：「其入閩也，當在五季之初，已遷于同（同安）之西市，又遷於浯（金門）之許坑（今之金城鎮古崗村）。贅於平林（今之瓊林村）之陳，則自十七郎始。以其世推之〔註 214〕，蓋在南渡之初，迄今萬曆壬寅（明神宗萬曆三十年，公元 1602）四百有餘年矣。於茲所居多樹木，遠望森然如蓋，故世稱瓊林蔡氏云。」〔註 215〕此一載述，爲原名「平林村」的瓊林留下可資珍貴的文獻史料。

據《金門縣志・人民志》指稱，晉代五胡亂華時，即有蘇、陳、吳、蔡、呂、顏等六姓居民渡海前來金門避難，成爲金門有住民之始。唐德宗貞元十九年（803），復有蔡、許、翁、李、張、黃、王、呂、劉、洪、林、蕭等十二姓氏隨同牧馬侯陳淵來金門牧馬，成爲開發金門的先驅。〔註 216〕晉、唐兩次的移民潮中皆有「蔡」姓居民出現，他們與瓊林蔡氏家族間的關聯性如何，似可藉由《金門縣志》與《浯江瓊林蔡氏族譜》等文獻窺見端倪。金門目前蔡姓住民來源最早者爲宋代，而以明代爲移入的全盛時期，就移民的時間點來看，約可區分爲四個支系，依序爲平林蔡〔註 217〕，山兜蔡，埔下蔡，以及

〔註 213〕漢寶德，《金門縣古蹟瓊林蔡氏祠堂修護研究計畫》，金門縣政府委託，1992 年 7 月，頁 5。

〔註 214〕金門民間習慣上率皆以一世三十年爲推算標準。

〔註 215〕《浯江瓊林蔡氏族譜》，清・道光元年（1821）國學生蔡鴻略（字尚溫）脩，頁 13。

〔註 216〕《金門縣志》，1999 年，頁 353～354。另據《新唐書・柳冕傳》記載，金門奉准設置牧馬區的時間點應在唐德宗貞元十三年（797）。

〔註 217〕蔡鴻略（字尚溫）脩，〈瓊林蔡氏族譜序〉，頁 1：「蔡之始祖，本於光州固始。後遷於同（安）。自同（安）而遷於浯（金門）之許坑（今之金城鎮古崗村）。十七郎即其裔也。贅於瓊林之陳家，斯爲之始祖矣。」另於頁 13〈瓊林蔡氏遷移後重修族譜序〉言：「其入閩也，當在五季之初，已遷于同（安）之西市。又遷於浯之許坑，贅於平林之陳則自十七郎始。以其世推之，蓋在（宋室）南渡之初，迄今萬歷壬寅（1602 年）四百有餘年。於茲所居多樹木，遠望森然如蓋，故世稱瓊林蔡氏云。」則現之瓊林，即明代之平林也。明熹宗天啓

清季陸續遷至烈嶼，及後浦經營魚鹽之利的蔡姓住民。若以派衍作區分，則有「濟陽」與「青陽」兩派。「濟陽」派以瓊林村爲大本營，即《金門縣志》所稱的「平林蔡」，之後又派衍至金城鎮後浦街道、金門城村、前水頭（金水村）；金寧鄉嚨口村；金湖鎮小徑村、下新厝村；金沙鎮下蘭、下新厝等各村落；烈嶼（小金門）西吳、埔頭、南塘、下田等村落；及大嶝島之北門、蔡、溪墘等村落。部分蔡姓族裔並移民至澎湖、臺灣各地。〔註 218〕

「青陽」派以金沙鎮蔡厝村爲始居地，此即《金門縣志》載稱的「山兜蔡」。宋代末年，蔡一郎由同安蔡厝遷徙來金門，卜居於太武山兜（今稱蔡厝），明代科第直可媲美瓊林濟陽蔡氏，其族裔再派衍至金門本島的安岐、湖美西堡、營山、田墩等村落，以及臺灣各地。據《金門青陽蔡氏族譜・族譜記》承載：「蓋自王潮（846～897）割據，就封吾一世祖父避居江淮，始卜築於武山之陽後峰，而前潮山水之極觀備焉，且其地居滄浯（金門舊稱）之中，無風沙海戎之患，而足爲奠安計矣，然地尚荒蕪，未及開拓，刱始之艱，歷三、四傳五世祖二十一郎，再闢混淪，廣拓土宇，始克就功，因而號之曰開山祖云，始有銘以載其平生行事。」〔註 219〕另據該族譜〈浯祖跡來厝論〉纂述：「浯人之祖者，乃蘇、陳、呂、蔡也，其姓有餘，無如此四姓大家。小徑、碧湖、林兜、本處（今之蔡厝村）四姓，地理莫若吾地（蔡厝村），后有來龍武山，前有入懷汶水，兼鴻漸照影文筆，后世子孫文武相承。」〔註 220〕據此以推，青陽蔡氏渡海來金門的時間點，應在九世紀末葉，與陳淵來金門牧馬的論述似較爲吻合。〔註 221〕

瓊林濟陽蔡姓始祖十七郎來金門墾拓的時間點在宋室南渡之初，但何時自許坑（古崗村）入贅瓊林村陳家，則是有待詳細考證的地方。據《浯江瓊林蔡氏族譜》載稱，遷居瓊林的蔡氏在四世以前人丁尚稱單薄，五世的靜山可說是瓊林濟陽蔡氏承先啓後的靈魂人物。靜山育有四子：長子諱一禾，字嘉仲，號竹溪，開「坑墘」和「大厝」二房，後裔復衍派爲「上坑墘」、「下

年間，以蔡獻臣學問純正，由福建巡撫鄒維璉奏請御賜里名「瓊林」。該匾額現仍高懸瓊林村「樂圃六世宗祠」樑椽上。

〔註 218〕金門縣政府，《金門縣志人民志》卷三，金門：金門縣政府，1999 年初版二刷，頁 384。

〔註 219〕蔡環碧手抄，《金門青陽蔡氏族譜・族譜記》，頁 4。

〔註 220〕同註 219，《金門青陽蔡氏族譜・浯祖跡來厝論》，頁 1。

〔註 221〕參見楊天厚，〈金門瓊林蔡氏宗祠祭典儀式探究〉，《2006 民俗暨民間文學學術研討會論文集》，臺北：文津出版社，2006 年 7 月，頁 212。

坑墘」、「前坑墘」與「大厝」四房柱。次子諱一蓮，字愛仲，號樂圃，開「新倉」和「前庭」二房，後裔又衍開「新倉長房」、「新倉上二房」、「新倉下二房」、「新倉三房」與「前庭」五個房柱。三子諱一梅，字魁仲，早逝。四子諱一蜚，字鳴仲，號藍田，贅銀同劉家。瓊林蔡氏已由六世的兩房，派衍成十世的九房，昌熾的人丁遍布在村中的「大厝」、「大宅」、「坑墘」、「樓仔下」及「東埔頂」等五個「甲頭」〔註 222〕居住。至此，瓊林蔡氏已儼然成爲金門島上望族，自蔡靜山以後的蔡姓族人不但人丁興旺，且自六世以後開始簪纓世胄，人才輩出（請詳見下圖 3-1）。

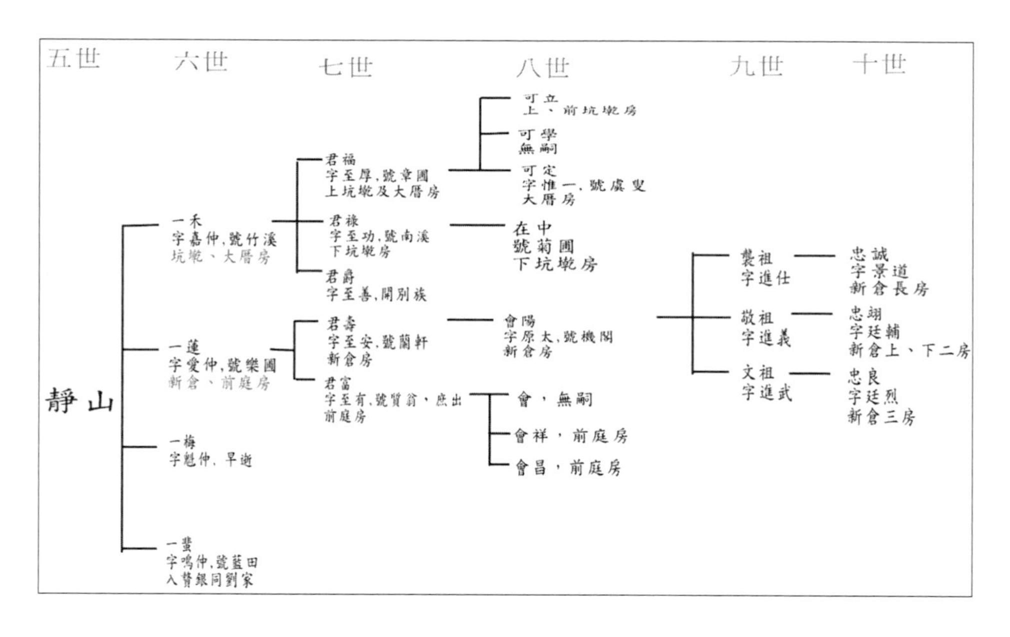

圖 3-1：瓊林蔡氏五世至十世房系圖

資料來源：本研究據《浯江瓊林蔡氏族譜》製作蔡氏世系圖（楊天厚，〈金門瓊林村「七座八祠」研究〉，《2003 閩南文化學術研討會論文集》（二），金門：金門縣政府主辦，國立金門技術學院承辦，2003 年 12 月，頁 18～13。（鄭允順電腦繪圖）

據《金門縣古蹟瓊林蔡氏祠堂修護研究計畫》〔註 223〕一書統計指出，自明穆宗隆慶二年戊辰（1568），到明思宗崇禎七年甲戌（1634），在短短六十

〔註 222〕民國初期以前的金門，村里之中又因地緣之便而區分爲許多次團體，號稱「甲頭」，其性質略似宗族間的「房支」一般，其間的差異在「甲頭」不一定有血緣關係，而「房支」則一定是同宗的族裔。

〔註 223〕漢寶德主持，計劃單位：漢光建築師事務所，《金門縣古蹟瓊林蔡氏祠堂修護研究計畫》，金門縣政府委託，1992 年 7 月，頁 4～5。

六年之中，瓊林蔡氏榮登進士的就高達五位之多：分別爲明穆宗隆慶戊辰科（1568）進士蔡貴易，官至貴州學政、陞浙江按察使司，位居臬臺要職。明神宗萬曆十四年丙戌（1586）登進士，官至雲南布政使司的蔡守愚，世稱藩伯。明神宗萬曆十七年己丑（1589）登進士、殿試二甲第六名，官至浙江學政、陞光祿少卿、晉贈刑部侍郎的蔡獻臣，位列公卿，才稱「江南夫子」，與蔡厝村青陽蔡復一齊名，世稱「同安二蔡」，譽滿天下。明神宗萬曆十七年己丑（1589）二甲第五名進士蔡懋賢，官拜刑部山西司主事。明思宗崇禎七年甲戌（1634）進士蔡國光，官拜禮科給事中，職司風憲，權傾一時。入清以後，瓊林蔡氏族裔又再傳捷報，新倉三房移居澎湖的族裔蔡廷蘭，於道光二十四年甲辰科（1844）會試中式第二百零九名，殿試二甲獲第六十一名進士榮銜。

總計明、清兩代近三個世紀中，瓊林村共高中六位進士。這就是目前高懸在瓊林蔡氏大宗祠抱柱聯「敷功帝闕，爲伯爲卿爲臬爲憲」的典故由來。此外，擁有七位舉人、十六位貢生、六位武將的亮麗成績，確爲該村寫下傲人的輝煌紀錄，其中最値得稱道的是清高宗乾隆年間，上坑墘房二十世裔孫蔡攀龍，以驍勇善戰榮膺福建水陸提督軍門職銜，尤其難能可貴的是因平定臺灣諸羅山（嘉義）林爽文之亂，而欽命賜予參贊大臣健勇巴圖魯、畫像入紫光閣功臣的榮寵。清廷爲借重其濟世長才，而一度暫降補狼山鎭，之後又署江南全省提督，爲瓊林蔡氏寫下彪炳戰功，如今高懸在十世伯崖宗祠的「畫像功臣」匾，就是歌頌蔡攀龍偉大事功的見證。〔註224〕

三、金門許姓家族源流

望出高陽、汝南的許氏，乃中原氏族最早入閩之姓。西漢武帝建元初，閩越爲亂，朝廷曾派遣左翊將軍許濙（字元亮，謚武靖）率師征討，亂事平定後，武帝以閩越反覆無常，屢爲邊患，勅旨許濙永鎭斯土，許氏遂定居在同安的五壚山下，故俗諺有云：「未有同安，先有許督」。濙育子十五人，分鎭閩地各處，其墓園在從順里五虎山之西，子孫皆世守其地。〔註225〕

〔註224〕楊天厚，〈金門瓊林村「七座八祠」研究〉，載《2003閩南文化學術研討會論文集》（二），金門縣政府主辦，國立金門技術學院承辦，2003年12月6～8日，頁18～1到18～37。

〔註225〕據民國・林學增等修，吳錫璜纂，民國十八年鉛印本影印，《同安縣志》，臺北：成文出版社印行，頁224。

金門之許姓，據《金門縣志・人民志》釋讀，係宋末自丹詔（今詔安）遷徙而來，因此將初居之村落取名爲丹詔（後訛音爲山竈），後再區分爲數系：一爲後浦許，宋末，許五十郎名忠輔者，自丹詔來爲陳姓贅婿，遂定居塗山（今之後浦），其族蕃衍滋大，成爲「後浦許」始祖，再世傳二子，因有東、西菊圃之號，並有大、小教諭令稱。傳之四世始析分爲六房：長房深井頭房，二房東厝房，三房大前廳房，四房小前廳房，五房後翰房，六房西宅房，其族乃日益蕃衍滋大。至明世宗嘉靖間（1522～1566 年間）丁口已達四千餘指（意指四千多人）。「歲在庚申（嘉靖三十九年，西曆 1559 年）。……倭寇知情，乃於三月二十三日，舟從料羅登岸劫掠。……次及十九都後浦；後浦許姓爲望族，新築城堡，家殷人眾，勢未易動，故以爲後圖，至城下，而城中鳥銃四發，傷者甚多。」〔註 226〕明代碩學鴻儒洪受在《滄海紀遺・災難之紀》對明季倭寇爲害有如此沉痛的描記。

後浦許姓族裔派衍金城鎮後浦、官裡（裏）、山前、庵前、舊金城。金寧鄉后湖、榜林。金湖鎮小徑、新市里、料羅。金沙鎮官澳、浯坑。烈嶼東林、湖井頭等處。明崇禎二年己巳（1629 年），時海寇賊氛方熾，許氏鄉親渡海徙居澎湖的地區：馬公市有烏崁里、鎖港里、山水里。白沙鄉有後寮村、瓦硐村、大赤崁村、小赤崁村、鎮海村、城前村。湖西鄉有澤邊村、許家村（別名港仔尾）、湖西村、湖東村、北寮村、南寮村、果葉村、龍門村、白猿村、紅羅村、後淈潭。西嶼鄉有竹高灣。望安鄉有東安村、西安村（別名西浦）、中社村（別名花宅）、將軍澳嶼、東吉嶼、西吉嶼。七美鄉有東湖村、西湖村、中和村、南滬崎頭村、海豐村等地。臺灣本島則散居全省各地。部分族眾並遠赴新加坡、馬來西亞等南洋一帶僑居地，海內外到處都遍佈有許氏鄉親足跡，且一脈同源。據〈珠浦許氏後寮重興家廟籌建碑記〉載稱，旅居澎湖的許姓宗親，每年冬至之日，必僱船趕回金門祭祖，直至日據時代，都從未間斷。後因有感於路途遙遠，交通不便，始改由各地宗親自行在住居地舉行祭祖儀典。

後浦許姓外，其他世居金門的許氏鄉親尚有數支：一爲後倉許，其始祖名少闢（或作少辟），宋末爲倉吏於後倉（即今之後沙），遂家居當地，後裔

〔註 226〕明・洪受，《滄海紀遺》，金門：金門縣文獻委員會，1978 年元月三版。按，此段文獻載錄亦見於許氏〈金門始祖家廟整建落成誌〉，金門縣許氏宗親會、金門珠浦許氏族譜編輯委員會，1987 年 4 月 5 日首版，頁 216～217。

並蕃衍成村，其派下或分居金沙鎮劉澳、營山（洋山）、浯坑、官澳；或旅居臺灣、呂宋等海內外各地。二爲後岐（今之安岐）許，其始祖許貽遠，號四十九郎，係三十六郎之次子〔註227〕，與四十八郎、五十郎俱爲兄弟行輩，其族裔派衍金寧鄉後岐（安岐）、湖南、榜林等地，及金城鎮後浦南門里、西門李等處。三爲山竈許，其始祖四十八郎，爲四十九郎、五十郎之兄長，派下分居金寧鄉山灶（山竈）、湖下，金城鎮舊金城等地。四爲鹽埕許，苗裔移居臺北中、永和一帶。另有自鄰縣之同安、南安、惠安等地，於清代陸續遷來金門定居者，大部分均定居於金城鎮後浦一帶。每年冬至許氏族人皆聚集金城南門許氏家廟與許氏宗祠（高陽堂），致祭開閩始祖許元亮暨列祖考妣，並與族親餐敘（俗稱「吃頭」）飲福酒，共敘慎終追遠，敦親睦族之誼。〔註228〕

第三節　金門宗祠現況

「紅宮黑祠堂」是金門地區相當通俗的一句俗諺，它凸顯出同屬閩南建築的寺廟與宗祠間不同屬性：即象徵喜慶的寺廟以紅色系列爲主軸，給人喜氣洋洋的感覺；而慎終追遠，祭祀祖先爲訴求的宗祠，則以黑色系列爲主色系，給人肅穆的氛圍。然而在金門地區閩南建築群中，最耀眼的建物仍非宗祠莫屬，無論是建築體，或是祭祖禮，都具有特殊的地域色彩。目前金門地區現有宗祠 169 間（案，若加上刻正施工中的金沙鎮官澳村黃氏家廟，則總數已達 170 間），而且都是保有閩南原鄉風味的傳統建築。

一、金門宗祠概要

就閩南〔註229〕地區而言，一個宗族又可區分爲若干「房」，房下又有俗稱「柱」的「亞房」，「房柱」就是「房支」的俗稱。透過不同的稱謂，將祠堂的屬性，依序排列，由大而下，層級分明。與房、柱相對應的祠堂，則有宗祠、支祠、祖公廳等不同級別，由大宗到小宗，再到祖公廳（或簡稱祖廳），

〔註227〕許嘉立編，《金門縣許氏大宗族譜》，2004 年歲次甲申續修四版，頁 143。

〔註228〕金門縣許氏宗親會，《金門珠浦許氏族譜・吾族源流》，1987 年 4 月 5 日首版，頁 175。另許金龍，〈吾族金門許氏居地分佈〉一文，載許嘉立編，《金門縣許氏大宗族譜》，2004 年，頁 99。

〔註229〕案，此處的閩南，概指以閩南語系爲主的廈門市、泉州市、漳州市，及龍岩市和三明市的大田部分。施宣圓，〈閩南・閩南人・閩南學〉，，2003 年 9 月，頁 175。金門舊屬同安轄區。

建構成一套綿密的祀先體系。〔註230〕宗祠也好，支祠也罷，基本上都嚴守「紅宮黑祠堂」〔註231〕的鐵律，呈現宏敞華貴的氣勢，在閩南聚落中成為最強眼的建築。（詳見表3-4、3-5）。

表3-4：金門地區宗祠一覽表

編號	宗祠名稱	形制	坐落位置	宗別	備註
001	陳氏祠堂	二進	金城鎮後浦西門里莒光路	合族	忠賢祠
002	陳氏宗祠	一進	金城鎮庵前村32號民宅前	大宗	
003	陳氏宗祠	二進	金城鎮古坵村	大宗	
004	陳氏家廟	一進	金城鎮埔後村	大宗	
005	陳氏宗祠	二進	金湖鎮陳坑（成功村）64-1號	大宗	北方宗祠
006	陳氏宗祠	一進	金湖鎮陳坑（成功村）56號	小宗	南方宗祠
007	陳氏宗祠	二進	金湖鎮下坑（夏興村）	大宗	忠賢廟
008	陳氏宗祠	一進	金湖鎮湖前村49民宅左側	大宗	
009	陳氏宗祠	二進	金湖鎮塔后村20-1宅左側	小宗	
010	陳氏宗祠	二進	金湖鎮新頭村91號宅對面	小宗	
011	陳氏宗祠	一進	金湖鎮山外村38號	小宗	
012	陳氏家廟	二進	金湖沙后山（碧山村）6號民宅後方	大宗	
013	陳氏宗祠	洋樓	金湖沙后山（碧山村）14號	小宗	東祖厝
014	陳氏宗祠	一進	金湖沙后山（碧山村）39號民宅右側	小宗	西祖厝
015	陳氏家廟	一進	金沙鎮后珩村3號民宅左側	小宗	
016	陳氏宗祠	二進	金沙鎮陽翟村2號	大宗	五恆祠堂
017	陳氏宗祠	一進	金沙鎮陽翟村10號	小宗	永思堂
018	陳氏宗祠	洋樓	金沙鎮陽翟村44號宅右側	小宗	永昌堂
019	陳氏宗祠	一進	金沙鎮東埔村8-1號宅左側	小宗	
020	陳氏宗祠	二進	金沙鎮高坑村17號	小宗	

〔註230〕郭志超、林瑤棋主編，《閩南宗族社會》，福州：福建人民出版社，2008年8月，頁65～103。

〔註231〕供奉神佛的宮廟屬慶典系列，建築外觀以紅色系列為主軸；慎終追遠，供奉祖先的牌位講究的是肅穆的氛圍，主體棟架以黑色呈現，故而俗諺才有「紅宮黑祠堂」或「紅宮黑祠堂」的說法。

021	陳氏宗祠	一進	金沙鎮洋山（營山村）63號	小宗	
022	陳氏家廟	二進	金沙鎮斗門村15號宅右側	大宗	學考甲
023	陳氏家廟	二進	金沙鎮斗門村35-1號	小宗	三公甲
024	陳氏家廟	二進	金沙鎮斗門村45號宅右側	小宗	橋頭甲
025	陳氏家廟	一進	金沙鎮斗門村69-2宅後側	大宗	官路頂甲
026	陳氏宗祠	二進	烈嶼鄉湖下村22-1號	大宗	
027	許氏家廟	三進	金城鎮後浦南門珠浦南路28號	大宗	
028	許氏宗祠	二進	金城鎮後浦南門珠浦南路23號	大宗	高陽堂
029	許氏宗祠	二進	金城鎮後浦北門珠浦北路29巷1-1到1-4	小宗	已坍毀
030	許氏宗祠	二進	金城鎮官裡村1號	小宗	
031	許氏宗祠	洋樓	金寧鄉后湖村60號	小宗	會元紀念館
032	許氏宗祠	一進	金寧鄉安岐60號宅附近	小宗	
033	許氏家廟	二進	金寧鄉後沙村41號	大宗	長四房
034	許氏家廟	一進	金寧鄉後沙村12號	小宗	五房
035	蔡氏家廟	二進	金湖鎮瓊林村155號	大宗	濟陽派
036	蔡氏宗祠	一進	金湖鎮瓊林村1號	小宗	坑乾六世竹溪宗祠
037	蔡氏宗祠	二進	金湖鎮瓊林村91號	小宗	新倉下二房六世樂圃宗祠
038	蔡氏宗祠	一進	金湖鎮瓊林村91號	小宗	新倉下二房十世樂圃宗祠
039	蔡氏宗祠	一進	金湖鎮瓊林村36號	小宗	前庭房六世宗祠
040	蔡氏宗祠	二進	金湖鎮瓊林村156號	小宗	大厝房十世栢崖宗祠
041	蔡氏宗祠（蔡守愚專祠）	二進	金湖鎮瓊林村112號	小宗	十六世藩伯宗祠（布政祖厝）
042	蔡氏宗祠	三進	金湖鎮瓊林村13號	小宗	新倉上二房十一世宗祠
043	蔡氏宗祠	一進	金城鎮水頭村57-5號	大宗	
044	蔡氏宗祠	一進	金沙鎮蔡厝村3號	大宗	青陽派
045	蔡氏家廟	二進	金寧鄉西堡25民宅右側	大宗	
046	蔡氏家廟	一進	金寧鄉下埔下6號民宅右側	大宗	
047	蔡氏家廟	一進	金寧鄉安岐村	大宗	已坍毀

048	蔡氏家廟	一進	烈嶼鄉西口村西吳	小宗	
049	蔡氏宗祠	一進	烈嶼鄉西口村後宅	小宗	民宅式祖厝
050	蔡氏宗祠	一進	烈嶼鄉西口村下田	小宗	民宅式祖厝
051	王氏宗祠	二進	金城鎮後浦街東門里莒光路 26 巷 9 號民宅右側	大宗	閩王祠
052	王氏家廟	一進	金城鎮東沙村 28 號	大宗	
053	王氏家廟	一進	金寧鄉后盤山 37 號宅旁	小宗	
054	王氏家廟	一進	金寧鄉后盤山 43 號宅右側	小宗	
055	王氏家廟	二進	金湖鎮尙義村 24-1 號宅後	小宗	
056	王氏家廟	二進	金湖鎮珩厝村	大宗	
057	王氏宗祠	二進	金沙鎮山后民俗村 66 號民宅左側	大宗	
058	王氏宗祠	一進	金沙鎮后宅村 1 號民宅左側	大宗	
059	王氏家廟	二進	金沙鎮何厝村 3 號宅左側	大宗	
060	王氏宗祠	一進	金沙鎮洋山村 1 號民宅左側	大宗	
061	王氏宗祠	一進	金沙鎮田浦村 5 號宅左側	大宗	
062	王氏宗祠	一進	金沙鎮中蘭村 20 號宅右側	大宗	
063	楊氏祖廟	二進	金沙鎮官澳村 164 號	大宗	達山堂
064	楊氏家廟	二進	金沙鎮官澳村 82 號	小宗	八房家祠
065	楊氏宗祠	一進	金沙鎮塘頭村 17 號	小宗	
066	楊氏家廟	二進	金寧鄉西堡 25 號民宅右側	小宗	
067	楊氏家廟	二進	金寧鄉東堡 18 號民宅左側	大宗	
068	楊氏家廟	一進	金寧鄉湖下村 90 號	小宗	
069	楊氏家廟	二進	金寧鄉湖下村 116 號	大宗	
070	楊氏家廟	洋樓	金寧鄉湖下村 114 號宅右側	小宗	
071	楊氏宗祠	二進	金寧鄉榜林村 117 號	大宗	
072	李氏家廟	二進	金寧鄉古寧頭南山村 13 號	大宗	（東）
073	李氏宗祠	二進	金寧鄉古寧頭南山 88 號宅後方	小宗	振房三世二房（西）
074	李氏宗祠	二進	金寧鄉古寧頭南山村	小宗	奇房西林派（中）
075	李氏宗祠	一進	金寧鄉古寧頭北山村 39 號民宅右側	小宗	興房宗祠
076	李氏宗祠	二進	金寧鄉古寧頭北山村 173 號	小宗	三世主房

077	李氏宗祠	二進	金寧鄉古寧頭北山村 44 號	小宗	四公宗祠
078	李氏宗祠	二進	金寧鄉古寧頭北山村 69 號	小宗	雄房宗祠
079	李氏宗祠	一進	金寧鄉古寧頭北山村 89-2 號	小宗	順房宗祠
080	李氏宗祠	二進	金寧鄉古寧頭林厝村	小宗	三奇宗祠
081	李氏家廟	一進	金城鎮前水頭村 79 號宅右	大宗	
082	李氏家廟	二進	金沙鎮山西村 6 號	大宗	
083	李氏家廟	二進	金沙鎮西山前村 22 號	大宗	
084	李氏家廟	二進	金沙鎮官澳 71-1 號宅右側	小宗	
085	黃氏家廟	二進	金城鎮前水頭村 29 號宅右	大宗	
086	黃氏宗祠	二進	金城鎮前水頭村 88 號	小宗	世澤堂
087	黃氏宗祠	一進	金城鎮前水頭村 134 號	小宗	世懋堂
088	黃氏家廟	一進	金沙鎮西園村 150-1 號	大宗	中甲宗祠
089	黃氏家廟	一進	金沙鎮西園村 106 號	大宗	西甲宗祠
090	黃氏家廟	一進	金沙鎮西園村 21 號宅左側	大宗	東甲宗祠
091	黃氏家廟	一進	金沙鎮西園村	大宗	北甲宗祠
092	黃氏宗祠	一進	金沙鎮後水頭村 11 號	大宗	
093	黃氏祖公廳	一進	金沙鎮後水頭村 35 號	大宗	
094	黃氏家廟	二進	金沙鎮後水頭村 69 號	小宗	
095	黃氏宗祠	一進	金沙鎮後水頭村 23 號南側約 120 公尺處	小宗	已坍毀
096	黃氏宗祠	一進	金沙鎮後水頭村	大宗	邦伯宗祠
097	黃氏家廟	二進	金沙鎮後浦頭村 41 號	大宗	
098	黃氏宗祠	一進	金沙鎮英坑村 1 號	大宗	燕山堂
099	黃氏家廟	一進	金沙鎮東店村 3 號	大宗	
100	黃氏家廟	一進	金湖鎮后壠村 23-1 宅右側	大宗	
101	黃氏家廟	一進	金沙鎮尚義村 24 號	小宗	
102	張氏宗祠	待考	金寧鄉古寧頭村南山	大宗	已坍毀
103	張氏家廟	二進	金沙鎮青嶼村 46 號	大宗	忠勤第。敕賜褒忠祠
104	張氏宗祠（重恩堂）	二進	金沙鎮青嶼村 46 號宗祠左側馬路對面	大宗	已坍毀

105	張氏宗祠	二進	金沙鎮青嶼村 13 號	小宗	
106	張氏宗祠	二進	金沙鎮沙美街勝利路 9 號	大宗	
107	張氏宗祠	一進	金沙鎮沙美街 5 號	小宗	現坍毀待修
108	張氏宗祠	一進	金沙鎮洋山村 18-1 號右側	大宗	
109	張氏宗祠	一進	烈嶼鄉后宅村	小宗	民宅式祖厝
110	吳氏家廟	二進	金城鎮吳厝村郊	合族	
111	吳氏宗祠	一進	金城鎮吳厝村	小宗	
112	吳氏家廟	二進	金沙鎮大地村 33 號宅左後	大宗	
113	吳氏宗祠	一進	金沙鎮大洋村東山 27 號後	小宗	
114	吳氏宗祠	一進	金寧鄉安岐村 71 號宅附近	大宗	
115	吳氏宗祠	一進	金湖鎮昔果山村	小宗	
116	吳氏家廟	一進	金湖鎮料羅村 101 民宅前方	小宗	
117	吳氏家廟	二進	烈嶼鄉上庫村 14 號宅附近	大宗	
118	林氏宗祠	一進	金城鎮後浦南門西海路 3 段	合族	忠孝堂。前殿爲天后宮
119	林氏宗祠	待考	金城鎮庵前村	小宗	已坍毀
120	林氏宗祠	待考	金城鎮後浦北門里	大宗	已坍毀
121	林氏宗祠	一進	金沙鎮呂厝村 11 號民宅旁	大宗	
122	林氏宗祠	一進	金湖鎮后壠村 28 號	大宗	
123	林氏宗祠	一進	金寧鄉上后垵村 24 號	大宗	
124	林氏家廟	一進	金寧鄉安岐村 42 號宅附近	大宗	
125	林氏家廟	一進	烈嶼鄉東林 23 號	大宗	忠孝堂
126	林氏家廟	二進	烈嶼鄉上林 45-1 號	大宗	
127	林氏宗祠	一進	烈嶼鄉上林村下林	大宗	
128	林氏家廟	二進	烈嶼鄉西路 20 號宅附近	大宗	
129	林氏家廟	二進	烈嶼鄉西宅	大宗	
130	林氏宗祠	一進	烈嶼鄉雙口村	大宗	
131	劉林家廟	一進	烈嶼鄉上林村 7 號民宅右側	聯宗	位於高厝
132	呂氏宗祠	二進	金湖鎮蓮庵村西村 29 號	大宗	
133	呂氏家廟	一進	金湖鎮下湖村 44 號	小宗	

134	呂氏宗祠		金湖鎮林兜村	小宗	已坍毀
135	呂氏家廟	一進	金湖鎮蓮庵村東村 22 號	小宗	
136	呂氏宗祠	一進	金湖鎮庵邊村 23 號	小宗	
137	呂氏家廟	一進	金湖鎮西埔村	小宗	
138	呂氏家廟	一進	烈嶼鄉東坑 14 號	大宗	
139	翁氏宗祠	二進	金寧鄉頂堡 34 號民宅右側	大宗	長房宗祠
140	翁氏家廟	一進	金寧鄉頂堡村 101 號	大宗	
141	翁氏宗祠	一進	金寧鄉頂堡村 73 號	小宗	頂東宗祠
142	翁氏宗祠	二進	金寧鄉下堡村 127 號	小宗	
143	翁氏宗祠	二進	金寧鄉下堡村 48 號	小宗	
144	洪氏宗祠	三進	金城鎮後豐港村 10 號	大宗	
145	洪氏家廟	二進	烈嶼鄉青岐村 96-1 號	大宗	
146	洪氏家廟	二進	烈嶼鄉黃厝村	小宗	
147	洪氏宗祠	一進	烈嶼鄉上林村后井	小宗	民宅式祖厝
148	洪氏宗祠	待考	金沙鎮田墩村	小宗	已坍毀
149	六桂家廟	店屋三樓	金城鎮莒光路 164 號 3 樓	聯宗	汪、江、方、翁、龔、洪
150	莊氏家廟	一進	金寧鄉西浦頭村 43-1 號	小宗	
151	莊氏家廟	一進	金寧鄉西浦頭村 47 號	大宗	
152	鄭氏家廟	二進	金沙鎮大洋村東溪 2 號左側	大宗	
153	鄭氏宗祠	一進	金沙鎮浯坑村 23 號宅左側	大宗	
154	鄭氏家廟	一進	金湖鎮溪邊村 44 號	大宗	
155	董氏家廟	二進	金城鎮大古崗村 57 號	大宗	豢龍祠
156	董氏家廟	一進	金城鎮小古崗村 5 號	小宗	
157	薛氏家廟	二進	金城鎮珠山村 60 號	大宗	
158	薛氏家廟	二進	金城鎮珠山村 60 號左側	小宗	
159	戴氏家廟	一進	金城鎮小西門村	大宗	
160	戴氏宗祠	一進	金沙鎮長福里村 9-1 宅右側	大宗	已坍毀
161	辛氏家廟	一進	金城鎮金門城村西門外 109-1 號民宅右側	大宗	
162	邵氏家廟	一進	金城鎮金門城村東門	大宗	

163	歐陽氏宗祠	一進	金城鎮歐厝村 40 號	大宗	
164	盧氏家廟	一進	金城鎮賢厝村 15-2 號	大宗	
165	顏氏家廟	一進	金城鎮賢厝村 43-1 號	大宗	魯國堂
166	周氏家廟	二進	金寧鄉安岐村 7 號	大宗	
167	周氏家廟	一進	金沙鎮浦邊村 6 號	大宗	
168	梁氏家廟	一進	金沙鎮山后村下堡 40 號	大宗	
169	梁氏宗祠	一進	金沙鎮山后村下堡	小宗	已坍毀
170	葉氏家廟	一進	金沙鎮沙美 115 號	大宗	
171	何氏家廟	二進	金沙鎮浦邊村 100 號	大宗	兩進加雙護龍
172	蕭氏家廟	一進	金沙鎮東蕭 8 號	大宗	
173	劉氏宗祠	一進	金沙鎮劉澳村 22-1 號	大宗	
174	蘇氏宗祠	一進	金沙鎮蔡店村	小宗	
175	卓氏宗祠	一進	金沙鎮下塘頭村	小宗	已坍毀
176	謝氏家廟	一進	金湖鎮料羅村 42 號	大宗	
177	謝氏宗祠	一進	烈嶼鄉庵頂村	大宗	2008 年重建
178	關氏家廟	一進	金湖鎮復國墩 32 號宅對面	大宗	
179	郭氏宗祠	一進	金湖鎮溪邊村	大宗	汾陽堂
180	方氏家廟	二進	烈嶼鄉后頭村	大宗	
181	六姓宗祠	一進	烈嶼鄉東坑村 34 號	聯宗	全國僅有
182	羅氏宗祠	一進	烈嶼鄉羅厝 10 號	大宗	

資料來源：本研究田調所得，部分資料取材自《金沙鎮志》、《金湖鎮志》、《烈嶼鄉志》等方志，其中也有部分參考李師增德，《金門宗祠之美》，頁 90～95；內政部營建署金門國家公園管理處委託研究報告，《金門傳統祠廟建築之比較研究》，頁 31～49；廖慶六，《浯洲問禮——金門家廟文化景觀》，頁 125～131。

表 3-5：金門各姓氏宗祠數統計表

姓氏	數量	百分比	姓氏	數量	百分比	姓氏	數量	百分比	姓氏	數量	百分比
陳姓	26	14.3%	謝姓	2	1.1%	許姓	8	4.4%	六姓	1	0.5%
蔡姓	16	8.8%	劉林	1	0.5%	王姓	12	6.6%	六桂	1	0.5%
楊姓	9	4.9%	辛姓	1	0.5%	李姓	13	7.1%	邵姓	1	0.5%
黃姓	17	9.3%	歐陽	1	0.5%	張姓	8	4.4%	盧姓	1	0.5%

吳姓	8	4.4%	顏姓	1	0.5%	林姓	13	7.1%	葉姓	1	0.5%
呂姓	7	3.8%	何姓	1	0.5%	翁姓	5	2.7%	蕭姓	1	0.5%
洪姓	5	2.7%	劉姓	1	0.5%	莊姓	2	1.1%	蘇姓	1	0.5%
鄭姓	3	1.6%	卓姓	1	0.5%	董姓	2	1.1%	關姓	1	0.5%
薛姓	2	1.1%	郭姓	1	0.5%	戴姓	2	1.1%	方姓	1	0.5%
周姓	2	1.1%	羅姓	1	0.5%	梁姓	2	1.1%	總數	182	

資料來源：本研究統計所得。

表 3-6：金門各姓氏宗祠數統計圖表

陳姓	26	蔡姓	16	楊姓	9	黃姓	17	吳姓	8	呂姓	7	洪姓	5	鄭姓	3
薛姓	2	周姓	2	謝姓	2	劉姓	1	辛姓	1	歐陽	1	顏姓	1	何姓	1
劉姓	1	卓姓	1	郭姓	1	羅姓	1	許姓	8	王姓	12	李姓	13	張姓	8
林姓	13	翁姓	2	莊姓	2	董姓	2	戴姓	2	梁姓	2	六姓	1	六桂	1
邵姓	1	盧姓	1	葉姓	1	蕭姓	1	蘇姓	1	關姓	1	方姓	1	總數	182

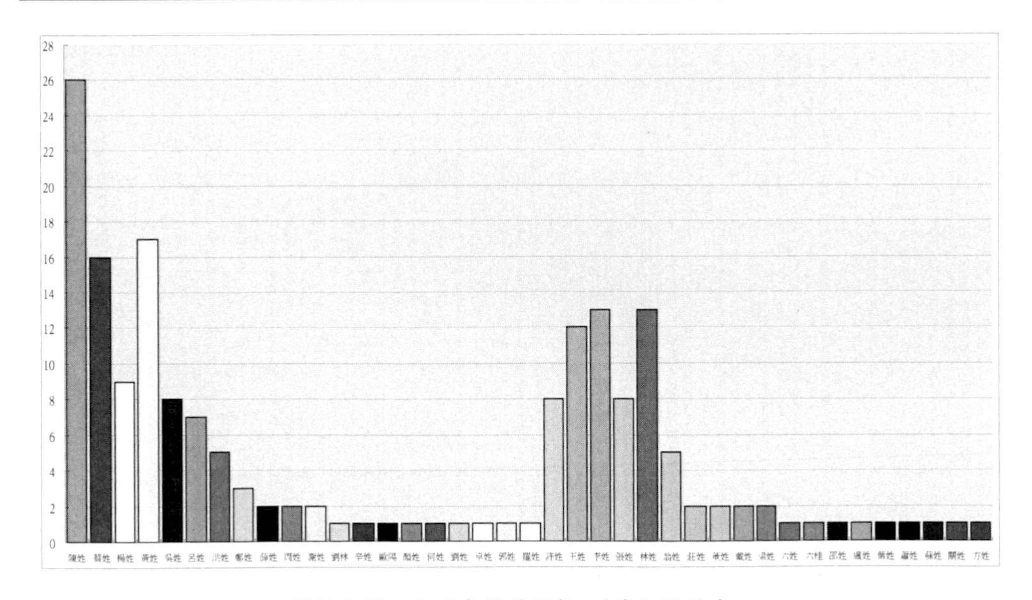

資料來源：本研究統計所得。(陳淑婷製表)

經由實際田調所得，金門地區的宗祠總數爲 182 間（詳見表 3-4），目前已坍毀待修的有 13 間，現存的有 169 間。就名稱而言，有家廟、有祖廟、有宗祠、有祠堂、有祖厝、有祖公聽（或祖廳、公廳）；就形制而論，有一進式、有二進式、有三進式、有現代化洋樓式，另有三間已坍塌的宗祠形制待考。儘管有此不同樣貌，基本上仍保有傳統的閩南古風，以一進式爲大宗，總數爲九十九間，佔 56.6%。二進式次之，有六十七間，佔 38.6%。三進式僅三間，佔 1.8%。洋樓式建築則有五間，佔 2.9%。（參見表 3-6）「無宮無祖厝不會成鄉里」的俗諺，或可爲金門地區高密度祠堂的原因作註解。更難能可貴的，是在林立的祠堂中，又能恪守「紅宮黑祖厝」的閩南原鄉機制，將代表喜慶色彩的宮（寺廟），以紅色系列爲外顯主軸；而象徵慎終追遠的祖厝（祠堂），則用黑色爲主架構。〔註 232〕《新唐書・禮樂志三》言：「祠器以烏漆，差小常制」〔註 233〕，或可爲金門地區祠堂傳統黑色系作強而有力的解讀。在色澤上作嚴格的區隔，並在燕尾脊兩端各設有一隻螭吻〔註 234〕，而形成了閩南傳統建築中，別具一格，又兼具傳統韻味的地景。〔註 235〕其中位處金城鎮後浦南門外西海路的林氏宗祠，則因前進爲天后宮，後進爲林氏宗祠的「祠廟合體」而成爲全縣唯一的特例。烈嶼鄉東坑村「六姓宗祠」（杜、孫、林、蔡、陳、程）的「聯宗」，其特殊屬性更爲國內少見的個案。

誠如中國大陸各地的祠堂流變史般，金門宗祠主要起建時間點也落在明、清兩代，特別是明世宗嘉靖朝以後，一則因禮官夏言奏摺效應（詳見附圖 1：禮官夏言奏章書影），一則與金門在明、清兩代科舉業卓越成就有關，其中尤以明代的文治、清代的武功更寫下空前輝煌紀錄。以鑽研廣東地區宗族社會見長的英國學者科大衛就曾說，珠江三角洲附近的聚落，沒有一處在明代以前興建祠堂或家廟的，就是明初建祠的比例也極低，甚至在明武宗正

〔註 232〕寺廟醮儀屬慶典範疇，因而整體建築率皆以紅色系列爲主軸，予人一片喜氣洋洋之感。宗祠爲敬宗收族莊嚴神聖空間，色調以黑色爲主，俗諺因有「紅宮黑祖厝」說法。

〔註 233〕宋・歐陽修、宋祁等，《新唐書・禮樂志三》卷十三，臺北：鼎文書局，1979 年 2 月二版，頁 347。

〔註 234〕螭吻，據傳爲龍之子。龍生九子各個不同，九子中的螭吻性喜望遠，故而習慣上都將之立於屋脊兩端。金門傳統閩南建築群中，民宅屋脊上不立螭吻，只有寺廟與祠堂的屋脊上才可能出現螭吻。寺廟的螭吻頭朝內，兩隻左右相對望以顧村境；祠堂的螭吻頭部則朝外，希望自己宗族的後裔能瓜瓞綿綿，子孫滿堂，更冀求自己族親能不斷地向外開疆拓土。故是只要藉屋脊螭吻方位，便能輕易從外觀上區別民宅、寺廟與祠堂間的不同。

〔註 235〕拙著，〈金門瓊林蔡氏宗祠祭典儀式探究〉，《2006 民俗暨民間文學學術研討會論文集》，臺北：文津出版社，2006 年 7 月，頁 221～222。

德三年（1508 年），私人建家廟仍屬非法行爲，這種設限情況直到明世宗嘉靖三十三年（1554 年）才正式合法。〔註 236〕則與廣東鄰境的福建，建祠的時間點應該也有其相似之處。

就相關文獻資料研判，金門各地宗祠仍可以嘉靖朝爲斷代。所有宗祠當中，建於宋代的僅有金沙鎮陽翟村「陳氏家廟」（五恆祠）一間，起建時間在宋孝宗乾道元年乙酉（1165 年）。有元一代目前尚未發現有建宗祠的載錄。明代嘉靖朝以前肇建的宗祠，有洪武年間（1368～1398 年）金城鎮大古崗村的「董氏家廟」（豢龍祠），和洪武末年（1390～1398 年）的金水村水頭「黃氏家廟」。此外，就屬明英宗正統五年庚申（1440 年）金沙鎮青嶼村「張氏家廟」（敕賜褒忠祠），以及家廟左側，起建於明孝宗成化十五年己亥（1479 年），現已坍塌的「張氏宗祠」（重恩堂），這兩間宗祠都與明代太監張敏有密切關係。

「朱文公制《家禮》，位不同而家廟同，本（明）朝因之載在《會典》，則宗祠所由始也。」〔註 237〕若就祠堂建築布局而言，約可區分爲下列三類：第一類爲「朱熹式祠堂」。此類祠堂完全按照《家禮》的制約，建於正寢之東，格局模仿唐代三品官的規制，宋、元及明初的祠堂皆屬此一類型。第二類爲「住宅式祠堂」，是由祖先的故宅演化而來，從外觀上很難區辨祠堂與住宅間明顯的差異，這一種類型的祠堂也可稱之爲「祖公厝」或「祖公廳」。第三類爲「大型祠堂」，是明代中葉嘉靖朝以後普及於各地的祠堂，它不僅是祭祀祖先的場合，更是族人凝聚族人宗誼的議事空間，其中軸線由外而內，依序爲大門（或稱山門），天井，天井左右兩側的「翼廊」，舉行祭典的正殿（或稱祭堂），以及供奉祖先牌位的祖龕（或稱享堂）。〔註 238〕

金門地區宗祠就是閩南宗祠的縮影，更是明、清兩代宗祠展演的見證（請詳參附錄之附表 7-1：歷代相關文獻載錄各種祠廟情形一覽表）。宗祠平面配置以中軸線爲基準，採左右兩側相對稱格局，建築空間由外而內，依序爲山

〔註 236〕（英）科大衛，〈祠堂與家廟——從宋末到明中葉宗族禮儀的演變〉，《歷史人類學學刊》第一卷第二期，2003 年 10 月，頁 5～15。

〔註 237〕明・李維楨，《大泌山房集・臨溪程氏宗祠記》卷五十六（北京師範大學圖書館藏明萬曆三十九年刻本），《四庫全書存目叢書・集部》一五一冊，臺北：莊嚴文化公司，1997 年 6 月初版一刷，頁 702。

〔註 238〕張春生主編，《中國傳統禮俗》，天津：百花文藝出版社，2002 年 9 月第一次印刷，頁 329～330。

門、前殿、天井、兩側翼廊、檐廊、正殿、內殿。俗稱二進的正殿，以四根俗稱「四點金柱」的高大木柱，作爲主體建築的重要支撐點，也作爲「拜殿」與「次殿」的分野。拜殿地磚呈「人」字型，次殿地磚呈「丁」字型，兩者寓意有「人丁興旺」之意。拜殿既是祭祖活動的主體空間，也是族長行使「族權」的臨時性「法庭」。高懸拜殿上方的則是象徵宗族之光的匾額系列。內殿中龕供奉祖先牌位，左側次殿供奉文昌帝君，右側次殿供奉福德正神，嚴格遵循「左文昌帝君，右福德正神」禮文。整棟祠堂內外薈萃著精緻的木雕、石雕、彩繪、剪黏、書法等作品，同時扮演藝術殿堂的角色，成爲多功能的建築空間，也是閩南聚落中最搶眼的傳統建築。〔註 239〕

至於俗稱「祖公廳」或「祖廳」的民宅式祖厝，係指由單一共同血緣的族人建構的祭祀空間，祭祀同一血緣的祖先，祭祀的對象多爲該房派之開基祖，屬各房派下的支派，爲宗祠中支派分祠，外觀與民宅雷同，卻與宗族擇地興建的宗祠有明顯差異。〔註 240〕金門地區祖公廳，或是民宅客廳神案至今仍保有「左祖右神」（祖龕居左，神龕居右）的傳統，與臺灣大部分地區「左神右祖」的慣習有明顯差異。清・毛奇齡撰，《辨定祭禮通俗譜・祭所》遂有如此的考辨：「凡家屋有前堂（俗名前廳）、後室（俗名內堂）兩重者，以後室東一間藏先世神主于其中，名曰家堂。即無兩重者，衹以前堂棟北架柱間，立壁以分其半，而藏神主于後半之西壁，東向。」〔註 241〕

二、陳、蔡、許三姓氏宗祠

陳、蔡、許皆爲金門地區右姓大族，且都是科舉成就卓著的家族。其大宗宗祠的建築與春冬祭典，更是觀察金門宗族文化不可錯過的禮文展演。陳、蔡、許姓三個家族的祭典尤各具特色，同樣的祭祖三獻禮，不同的執禮人員所鋪陳的禮儀，卻有著明顯差異。

〔註 239〕李師增德，《金門宗祠之美》，金門：財團法人金門縣史蹟維護基金會，1995 年 6 月，頁 11～16。另見郭志超、林瑤棋主編，《閩南宗族社會》，福州：福建人民出版社，2008 年 8 月，頁 65～66。

〔註 240〕《金門傳統祠廟建築之比較研究》，內政部營建署金門國家公園管理處委託研究報告，2007 年 12 月，頁 29。這就是鄭振滿所定義的以血緣關係爲基礎的繼承式宗族，詳見鄭振滿撰，《明清福建家族組織與社會變遷》，河南：教育出版社，1992 年 6 月，頁 62。

〔註 241〕清・毛奇齡，《辨定祭禮通俗譜・祭所》卷一，《文淵閣四庫全書本・經部》一四二冊，臺北：臺灣商務印書館，1986 年 7 月，頁 745。

（一）陳氏祠堂（忠賢祠、潁川堂）

始建於清光緒三十年（1904 年）的陳氏祠堂（忠賢祠、潁川堂），座落於金城鎮後浦西門里莒光路 106 號（參見照片 3-1），爲金門陳氏太傅派下族裔總祠，爲閩南式二進木構歷史建築，中龕奉祀入閩始祖太子太傅祖陳邕，暨妣王氏一品夫人，並各派始祖之神位；陪祀潁川堂太傅派下開基金門各鄉鎮陳姓始祖。兩側次殿遵循古制，東龕供奉文昌帝君，西龕供奉福德正神（土地公）。〔註 242〕（攸關陳氏祠堂神位擺設請參閱圖 3-2 至 3-5）

費時六年肇建的忠賢祠，於清宣統二年（1910 年）才告落成，其間可謂一波三折，施工過程相當辛苦。據陳佐才於宣統二年（1900 年）親撰的〈浯江陳氏祠堂記〉載稱：「我陳氏之占籍浯江也，肇自盛唐。五季以來，子姓繁衍有人。聞其源，胥出自漢太傅公之後，至季屢遭兵燹，譜牒或不全，然沿流溯源其蹟可緬而探也。顧各鄉雖有小宗，而後浦爲官商所聚，尤宜立一總祠，崇祀太傅公，春秋享報，俾族眾以時聚首，亦親親睦族之意歟！」〔註 243〕則忠賢祠確爲金門地區所有陳姓族眾總祠，亦爲陳姓族裔每年春冬〔註 244〕享祀入閩始祖傅祖陳邕公的祭所。

照片 3-1：
金城後浦陳氏祠堂（忠賢祠、潁川堂）為閩南建築代表作

照片 3-2：
陳氏祠堂左側陸（祿）位廳神位及陳佐才戎裝神像

〔註 242〕陸炳文，《金門宗祠大觀》，金門：金門縣政府，1991 年 7 月，頁 2。

〔註 243〕〈浯江陳氏祠堂記〉爲高懸於後浦陳氏祠堂（忠賢祠）前殿門楣內側木質匾。《金門陳氏大宗祠潁川堂建祠八十週年奠安紀念特刊》，頁 60 亦有轉載。

〔註 244〕春秋二祭乃祠祭的通稱。金門「十三陳」祭典皆定在農曆正月十八與十月十八兩日舉行，故而會有「春冬兩祭」稱呼。

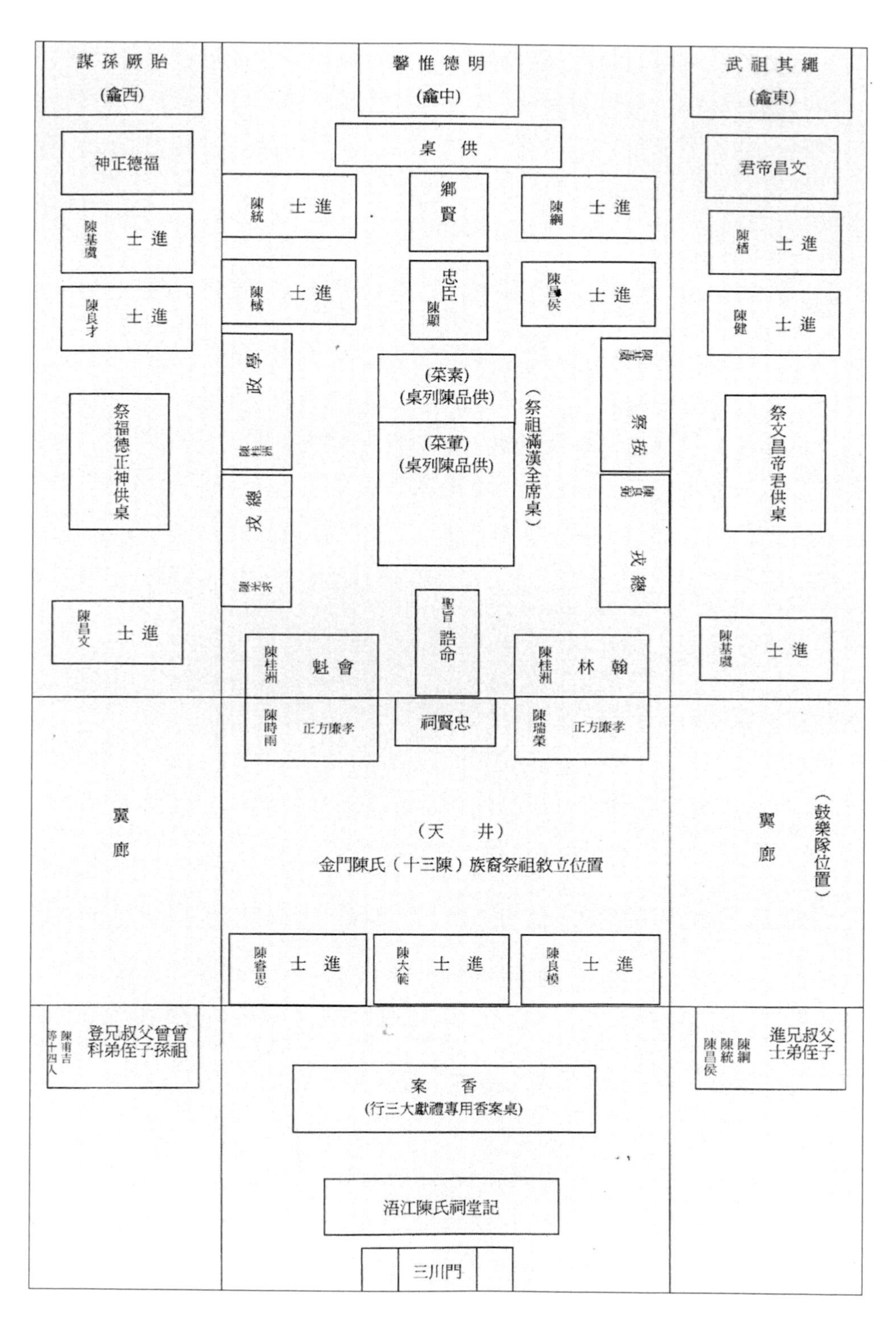

圖 3-2：珠浦陳氏祠堂祭祖空間及匾額懸掛平面圖

中龕主位排列

下坑 子參	上坑 心恥	陳頭 揚英	塔后 添滿	下坑 三房 銀晉 致隆	埔后 興義	斗門 大育	下坑 六郎公	排一 太傅祖	湖前 一郎公	后山 德宗	上坑 從龍	古城 朝陽	湖前 同大	庵前 復萃	新頭 諱成	湖前 鼎迎

后浦 有光	后浦 侯蔭	上坑 魁官	下坑 可德	下坑 金侯	后浦 振呂	下坑 諱顯	排二	陽翟 牧寮	斗門 二十五郎	湖前 興宗	湖前 聯成	鑾井 延齊	湖前 聯驕	湖前 諱水

上坑 如桂	上坑 宗棲	新頭 思牙	上坑 宗龐	下坑 可鯉	下坑 公順	陽翟 捷侯	排三	西岑 光求	鑾井 佐才	斗盆 水禮	湖前 鴻猷	湖前 鴻才	下坑 卓生	陽翟 大燦

古城 添光	下坑 可元	后浦 忠官	后浦 盛德	下坑 麗泉	古城 玉嵐	排四	湖前 塔后 同官	新頭 國樑	湖前 方明	湖前 方齡	湖前 鴻儀	后浦 啓鳳

新頭 世科	古城 鴻源	高坑 諱謠	后山 睿篆	后浦 金福	排五	高坑 諱諏	高坑 諱炑	下坑 公時	陽翟 聯恩	新頭 世望	鑾井 煥章

烈嶼 明春	湖前 宗炯	湖前 溢璧	上坑 宗武	烈嶼 媽料	山外 根陣	排六	曾厝 侯解	曾厝 可圈	下坑 可仁	塔后 芳儉	塔后 諱老	鑾井 吉足	上坑 賜福

圖 3-3：金門陳氏祠堂（忠賢祠、潁川堂）中龕主位排列圖

資料來源：《金門陳氏大宗祠潁川堂建祠八十週年奠安紀念特刊》，頁 62。

東龕主位排列

（一排）

上坑 介福	西岑 存荷	塔后 諱梭	山外 致祥	新頭 肇基	頂埔下 永昌	后浦 復興	后浦 公連	后浦 春生

（二排）

上坑 仲維	上坑 祠奎	山外 奪侯	湖前 芳格	湖前 諱永	湖前 諱蘭	鑾井 延銓	鑾井 子陣	上坑 宗榜

（三排）

古城 清塔	下后垵 天定	山外 可賓	后浦 東官	山外 可岸	埔后 克爲	山外 讀侯	鑾井 舜明	下坑 諱飼

（四排）

湖前 芳金	湖前 慶爲	寶瑄	后珩 大範	珍山派 聯科	山侯 亭派 金塔	古城 榮宗	陽翟 伯晶	湖前 諱澤

（五排）

下坑 文定	湖前 鴻圖	湖前 拱端	塔后 甲楚	上坑 宗吔	古城 諱簡	合前 時雨	陽翟 培祥	湖前 炳章

（六排）

湖前 宗覺	湖前 宗批	新頭 念騰	新頭 永成	上坑 樂厭	上坑 祠白	陽翟 羣侯	溪頭 君習

（七排）

頂埔下 英文	頂埔下 惟法	湖尾 文榮	頂埔下 元成	前水頭 以德	庵前 金尚	頂埔下 厥修	鑾井 雨露	庵前 清寬	后浦 延綿	頂埔下 惟良	古城 公略

圖 3-4：金門陳氏祠堂（忠賢祠、潁川堂）東龕主位排列圖

資料來源：《金門陳氏大宗祠穎川堂建祠八十週年奠安紀念特刊》，頁 63。

西龕主位排列

排										
（一排）	烈嶼湖下 辟雍	上坑 志笛	山外 公仕	烈嶼湖下 耀武	高坑 良顯	新頭 諱象	新頭 諱家	新頭 伯載	上坑 立份	
（二排）	湖前 芳崇	烈嶼上林 載玉	安歧 諱情	上坑 清江	古坵 世魁	烈嶼湖下 諱誥	同安 仰滋	東州 治侯	塔后 聯註	古城 維新
（三排）	后浦 長仙	后浦 文世	烈嶼中墩 科爐	后浦 啓芳	烈嶼后井 世盞	后浦 仙庇	烈嶼湖下 曉昌	陽翟 壽星		
（四排）	吳厝 從萬	東州 黎沙	東州 可拔	山外 子質	山外 諱燕	后浦 秋貴	上坑 宗倍	陽翟 諱木	下坑 公善	后園 立河
（五排）	后山 睿回	后山 明譴	東州 諱權	陽翟 金禎	上坑 裁官	后山 明悔	烈嶼湖下 嫣歷	后山 明田	新頭 世料	
（六排）	山外 諱言	陳頭 拱照	湖前 鼎山	湖前 諱烈	東埔 金和	西岑 拱男	后山 睿澤	山外 江臨	山外 可叠	山外 可吔
（七排）	東州 期忠	山外 期馨	山外 期漂	埔后 光接	陽翟 祿侯	埔后 文通	八世雲梯	后浦 九官	后浦 欠火	后埔 欠水

圖 3-5：金門陳氏祠堂（忠賢祠、穎川堂）西龕主位排列圖

資料來源：《金門陳氏大宗祠穎川堂建祠八十週年奠安紀念特刊》，頁 64。

據〈浯江陳氏祠堂記〉描述：「查同治間，以金右營駐移湄江，而衙署遂廢。據堪輿家稱，是地山水凝聚，堪以建造祠堂。」爲取得這塊「山水凝聚」寶地建蓋總祠，陳氏族人自清光緒六年（1880 年）時，就極力斡旋，期間曾遭遇官方與民間多方阻擋。時官拜金門都司（四品武官，之後又荐陞到二品）的陳佐才（照片 3-2 左前）大力奔走，並向福州總督疏通始克竟全功。施工期間又蒙湖前村的陳芳微、陳芳高昆仲（星州成功實業家）、陳啓鳳（秀才）、陳廷箋（民國三十五年，即公元 1946 年，時任臨時參議員）、陳卓生等六位族姓賢達，或出錢，或出力，並曾兩度遠赴南洋僑界募款，終讓陳氏祠堂得以順利在後浦西門街道起建。陳氏族親爲感念六人功在宗族，特別在宗祠左側建蓋「陸（祿）位廳」奉祀。祿位廳的牌位前身著戎裝神像的即爲陳佐才。〔註 245〕至於陸（祿）位廳的由來：「本潁川堂建祠時，面臨多重困難，幸芳微、卓生、啓鳳、芳高、佐才、廷箋六位先賢，運籌帷幄，於是順利完成建祠工作，爲感念前人締造之難，特在東廂房設陸（祿）位廳，予以供奉。」〔註 246〕（照片 3-2）。有「十三陳」之稱的陳姓家族，除金城鎮後浦街大宗「陳氏祠堂」（忠賢祠）外，另分佈在全縣五個鄉鎮村里中的宗祠尚有二十五間，總宗祠數則爲二十六間，是金門地區宗祠數量最多的家族（詳見表 3-7）。

表 3-7：金門「十三陳」宗祠一覽表

宗祠名稱	落數	宗別	建築地點	修建經過	燈　號	棟架
陳氏祠堂（忠賢祠）	兩落	大宗	金城鎮後浦西門里莒光路 106 號	清光緒三十年（1904 年）始建。民國六十四年（1975 年）重修。爲金門陳氏太傅派下總祠堂	太子太傅	木構歷史建築
陳氏家廟	兩落	大宗	金城鎮庵前村	1998 年重建	浯陽世科第	水泥
陳氏宗祠	兩落	大宗	金城鎮古坵村	1984 年重修	諫垣家	水泥
陳氏宗祠	一落	大宗	金寧鄉埔後村	1974 年重修	上學堂	水泥
陳氏宗祠（北方宗祠）	兩落	大宗	金湖鎮成功（陳坑）村 64 之 1 號	1964 年重修	太子太傅	木構

〔註 245〕陳國興金城報導。
〔註 246〕同註 245。

陳氏宗祠（南方宗祠）	一落	大宗	金湖鎮成功（陳坑）村 56 號	1975 年重修	太子太傅	木構
陳氏宗祠（忠賢廟）	兩落	大宗	金湖鎮夏興（下坑）村	1992 年重修	開科第一	水泥
陳氏宗祠	一落	小宗	金湖鎮山外村 38 號	1983 年重修	開科第一	水泥
陳氏宗祠	一落	大宗	金湖鎮湖前村 49 號民宅左側	1989 年拆建	欽點縣正堂	水泥
陳氏宗祠	二落	小宗	金湖鎮塔后村 20-1 號民宅左側	1970 年修建	欽點縣正堂。南陳：開漳聖王	木構
陳氏宗祠	兩落	小宗	金湖鎮新頭村 91 號民宅斜對面	1977 年重修 2008 年刻拆建中	南陳戶部主事	木構
陳氏家廟	兩落	大宗	金沙鎮碧山村 6 號民宅後方	1994 年重建	平章事給事中	水泥
陳氏宗祠（東祖厝）	洋樓	小宗	金沙鎮碧山村 14 號	1990 年重修	平章事給事中	水泥
陳氏宗祠（西祖厝）	一落	小宗	金沙鎮碧山村 39 號民宅右側	1994 年重建	平章事給事中	水泥
陳氏宗祠	一落	小宗	金沙鎮東埔村 8-1 號民宅左側	1989 年重修	太子太傅	木構
陳氏家廟	一落	小宗	金沙鎮后珩村 3 號民宅左側	1979 年重修	文魁卿憲	水泥
陳氏家祠（學考甲宗祠）	兩落	小宗	金沙鎮斗門村 15 號民宅右側	2001 年重建	南陳文賢家	水泥
陳氏家廟（官路頂派宗祠）	一落	小宗	金沙鎮斗門村 69-2 號民宅後側	1976 年重修	三省提學	木構
陳氏家廟（橋頭甲宗祠）	兩落	大宗	金沙鎮斗門村 45 號民宅佐側	1976 年重修	三省提學	木構
陳氏家廟（橋頭甲宗祠）	兩落	小宗	金沙鎮斗門村 35-1 號	1981 年重修	三省提學	水泥
陳氏宗祠	一落	小宗	金沙鎮洋山村 63 號	1976 年重修	上學堂	木構
陳氏宗祠（五恆祠）	兩落	大宗	金沙鎮陽翟村 2 號	1995 年重建	浯陽世科第	水泥
陳氏宗祠（永思堂）	一落	小宗	金沙鎮陽翟村 10 號	1978 年重修	浯陽世科第	木棟
陳氏宗祠（永昌堂）	一落加洋樓	小宗	金沙鎮陽翟村 44 號民宅右側	1936 年重修	浯陽世科第	木棟
陳氏家祠	兩落	小宗	金沙鎮高坑村 17 號	1987 年重修	忠賢第	木棟
陳氏宗祠	兩落	大宗	烈嶼鄉	1988 年重修	文武世家	水泥

資料來源：本研究調查統計所得。

陳氏祠堂東廂於民國五十二年（1963 年），爲響應城區街道擴建需求，遂將之改建成市樓店屋，並劃分成十二間店面，按屋收取店租，以營千秋祀祖儀典，及祖祠修繕費用。民國六十三年（1974 年）陳氏祠堂重修時，「支付工料費用籌措來源，以本宗祠店屋租金、（進）主位收入，暨宗親自動捐款等，共捐新台幣壹佰參拾餘萬元」。〔註 247〕民國九十九年（2010 年）又將西廂房改建成十六間店屋招租，挹注陳氏宗親會的財收。今之店租，與古之祭田，質性雖有所不同，然以之維繫祭典於不墜的精神則一。《家禮》曰：「置祭田。」朱子自《注》云：「初立祠堂，則計見田，每龕取其二十之一以爲祭田……宗子主之，以給祭用。」〔註 248〕陳氏祠堂以收店租維持祭用於不匱，或可爲《家禮》的祭田作最佳詮釋。陳氏祭祖儀典則由「穎川堂金門陳氏宗親會」與「十三股」陳氏族裔輪值「爐主」共同來承擔這項一年兩度常態性「敬宗」與「收族」的神聖工作。

（二）蔡氏家廟

傳統聚落中的燕尾脊與馬背，自來就是閩南文化中的精髓。融建築與雕刻於一爐的宗祠，是閩南建築的奇葩，更是金門地區最能代表閩南文化的表徵。放眼金門島上 169 座的宗祠，瓊林村蔡氏宗祠向以「量多質精」獨領風騷。其他各姓各氏的宗祠雖也各具特色，卻難望其項背，尤其是同時擁有「七座八祠」〔註 249〕（詳見表 3-8）高密度宗祠群，更是金門地區的唯一。瓊林宗祠外觀雖僅七座，事實上卻是八間各自獨立的宗祠，每一座宗祠都各具特色，也都各有自己的燈號（請詳見下列表 3-8）。尤其難能可貴的是因整個宗祠群，名列國家二級古蹟而得以獲得妥善保存，形制亦得以更完整，故而成了呈現閩南文化的新櫥窗，是研究閩南文化不可或缺的活教材，更是慕名前來研究的專家學者稱羨的文化寶藏。〔註 250〕

〔註 247〕陳卓凡，〈金門陳氏大宗祠修建誌〉，《金門陳氏大宗祠穎川堂建祠八十週年奠安紀念特刊》，頁 61。

〔註 248〕宋・朱熹，《家禮》卷一，南宋淳祐五年（1245 年）五卷本加附錄一卷，《孔子文化大全》，山東：友誼書社，1992 年 11 月，頁 595。

〔註 249〕金湖鎮瓊林村宗祠密度之高爲全縣之冠，在林立宗祠群中，外觀乍看之下只有七座，事實上總數卻有八間，其中二進式的「新倉下二房樂圃公六世宗祠」，與後面一進式的「新倉下二房樂圃公十世宗祠」前後相連接，故有「七宗八祠」之稱。

〔註 250〕楊天厚，〈金門瓊林村「七座八祠」研究〉，《2003 閩南文化學術研討會論文集》（二），金門縣政府主辦，國立金門技術學院承辦，2003 年 12 月 6～8 日，

位處瓊林村 155 號的「蔡氏家廟」，是二進式的木棟結構宗祠，始建年代不可考，僅知重建於清高宗乾隆八年（1743 年）癸亥〔註 251〕，民國二十二年（1933 年）曾奠安過一次。攸關蔡氏家廟起建時間，蔡其祥於〈瓊林蔡氏家廟的楹聯〉一文曾有「明嘉靖乙丑年（1529 年）已建有蔡氏家廟。此廟經明倭寇與清初康熙的遷界毀損，一直到清乾隆庚寅年（1770 年）才再修建，主持修建的是前庭房十九世國子監太學生蔡奪（字克魁），民國二十三年（1934 年）、七十二年（1983 年）分別重修過」〔註 252〕的照見。然蔡顯明、蔡顯清賢昆仲則認為明代時的家廟，有可能只是「祖公廳」一類的民宅式建築，至於眞正建蓋成以地緣關係為基礎的依附式家廟〔註 253〕，則是清初仿照青嶼張氏宗祠的規制起建的，兩者間定義似有不同。家廟原址據傳即為蔡氏始祖十七郎故居舊址〔註 254〕，而且是「雙鳳朝牡丹」名穴。現今蔡氏家廟屋樑的「雙鳳朝牡丹」彩繪可為此作強而有力證明〔註 255〕，故而蔡氏一族乃能蔚為瓊林大家巨族，且代出能人，在明、清兩代科舉業繳出亮麗成績單，更在政治舞台上扮演舉足輕重的角色地位。〔註 256〕

以木棟架構見長的「蔡氏家廟」（照片 3-3），拜殿明間神龕供奉開基始祖十七郎至五世祖蔡靜山等祖考妣，暨族中士宦的族裔，共計三十五尊神主牌位（照片 3-4）。拜殿內懸掛的燈號為「文武世家」。據《瓊林蔡氏春秋大宗祭祖儀註》手抄本〔註 257〕載稱，這二十五尊靈位分別為六世長房一禾和次房一蓮的後裔，並且皆有功名在身者，計有：竹溪、樂圃、藍田、履素、榕溪、兼峰、海林、肖兼、發吾、虛臺、昭宇、賁服、豈夫、諍虎、雉胎、愼齋、

頁 18～10。

〔註 251〕瓊林里里長蔡顯明與鎮長蔡顯清賢昆仲報導；另陸炳文，《金門宗祠大觀》記載的改建年代則為乾隆三十五年（1770），頁 72。

〔註 252〕詳見蔡其祥，〈瓊林蔡氏家廟的楹聯〉，載《金門日報・副刊》，2006 年 11 月 24～26 日。

〔註 253〕鄭振滿，《明清福建家族組織與社會變遷》，河南：教育出版社，1992 年 6 月，頁 62。

〔註 254〕瓊林濟陽蔡氏始祖十七郎曾在該地飼養鴨隻，之後蔡氏族人即在原址建祖公廳祭祀祖先，正式起建家廟時間待考。

〔註 255〕瓊林村蔡錫炎報導。

〔註 256〕楊天厚，〈金門瓊林村「七座八祠」研究〉，《2003 閩南文化學術研討會論文集》（二），金門縣政府、國立金門技術學院主辦，2003 年 12 月 6～8 日，頁 18～10、18～11。

〔註 257〕瓊林里里長蔡顯明提供。

達峰、躍洲、披星、毅園、秋園、臥樗、潤亭、樹德、志仁等牌位共計二十五尊。拜殿兩側次間，左奉文昌帝君，右拜福德正神。四點金柱上端鏤刻雀替及兩側山牆壁上皆以「忠孝節義」爲主訴求，一爲精緻木雕，一爲國學大師朱熹墨寶〔註 258〕，皆屬價值不菲的瑰寶。神龕上端的「五世登科」、「福祿壽全」，乃至神龕下端裙板的「鈞藻傳爲永家齊」〔註 259〕篆刻，以及總數多達二十五塊科甲聯登、爵秩顯赫的匾額，廟埕前象徵進士和舉人頭銜的兩對石雕「旗竿夾」以及一年兩度的「大三獻」祠祭，都是「蔡氏家廟」成爲金門宗祠經典作的最大原動力。〔註 260〕

照片 3-3：瓊林蔡氏家廟外觀　　照片 3-4：瓊林蔡氏家廟祖龕牌位

蔡氏家廟拜殿正中的「鄉賢名宦」額（俗稱「聖旨牌」），與明隆慶二年（1568 年）蔡貴易，萬曆十四年（1586 年）蔡守愚，萬曆十七年（1589 年）蔡獻臣、蔡懋賢，崇禎七年（1534 年）蔡國光，以及清道光二十四年（1844 年）「開澎進士」蔡廷蘭等六塊明、清兩代「進士」匾，共同爲瓊林蔡氏譜下亮麗光環。再則，殿中高懸特色獨具，頌揚「新倉上二房」的蔡宗德、蔡貴易、蔡獻臣、蔡甘、蔡龢、蔡大壯祖孫、父子、兄弟、叔侄榮登黃榜的「祖孫父子兄弟叔侄登科」匾；表彰「大厝房」的蔡國光、蔡振聲、蔡鑽烈、蔡蹈雲（泉源）、蔡啓章、蔡玉彬、蔡鴻蘭祖孫父子兄弟科甲蟬聯的「祖孫父子

〔註 258〕蔡氏家廟中高懸於兩側壁上的「忠孝節義」墨寶，乃出自南宋國學大師朱熹手筆。此一墨寶亦出現於金沙鎮西山前村李氏家廟兩側牆壁。

〔註 259〕李師增德，《金門宗祠之美》，金門：財團法人金門縣史蹟維護基金會，1995 年 6 月，頁 36。

〔註 260〕楊天厚，〈金門瓊林村「七座八祠」研究〉，《2003 閩南文化學術研討會論文集》（二），金門縣政府主辦，國立金門技術學院承辦，2003 年 12 月 6～8 日，頁 18～11。

兄弟伯姪登科」匾；頌揚蔡甘、蔡龢兄弟花開並蒂的「兄弟明經」匾；緬懷一代名將蔡攀龍的「振威將軍」匾。此外，宗祠內為數眾多的「文魁」、「副魁」、「貢元」、「外翰」、「將軍」等古今並列的匾額，在在都為瓊林村「世代瓊花捷報，子孫連蕚同登」作最佳詮釋。〔註261〕這些經由科舉考試榮獲金榜或位居要津的官員，他們的牌位不僅獲得族裔永世的崇奉，高懸在宗祠內的匾額，更是族人引以為傲及努力學習的標竿。〔註262〕

表3-8：金門瓊林村「七座八祠」一覽表

宗祠名	形　制	方　位	宗別	住　址	燈　號	備　　註
蔡氏家廟	二進	坐西南向東北70度	大宗	瓊林村155號	文武世家	建於清乾隆八年（1743年）國家二級古蹟
坑墘六世竹溪宗祠	一進加左右翼廊	坐西北向東南140度	小宗	瓊林街1號	提督軍門	長房竹溪派專祠
新倉下二房六世樂圃宗祠	兩進（屬複合式宗祠）	坐西北向東南150度	小宗	瓊林村91號	文武世家	二房樂圃派專祠
前庭房六世宗祠	一進加左右翼廊	坐西北向東南150度	小宗	瓊林村36號	文武世家	前庭房專祠
大厝房十世伯崖宗祠	二進	坐西向東	小宗	瓊林村156號	十世伯崖	新倉上二房（大宅）專祠
新倉下二房十世樂圃宗祠	一進加左右翼廊、龍虎門（屬複合式宗祠）	坐西北向東南150度	小宗	瓊林村91號	文武世家	新倉上、下二房專祠
十六世藩伯宗祠	二進	坐西北向東南150度	小宗	瓊林村112號	布政使司	新倉下二房專祠
新倉上二房十一世宗祠	三進	坐西南向東北40度	小宗	瓊林街13號	父子文宗	建於清道光二十三年（1843年），新倉上二房專祠

資料來源：楊天厚，〈金門瓊林村「七座八祠」研究〉；楊天厚、林麗寬，《金門采風——寬厚文史工作室作品選集》，頁31。

〔註261〕楊天厚，〈金門瓊林村「七座八祠」研究〉，《2003閩南文化學術研討會論文集》（二），金門縣政府主辦，國立金門技術學院承辦，2003年12月6～8日，頁18～11。

〔註262〕莫里斯．弗里德曼，劉曉春譯，《中國東南的宗族組織》，上海：人民出版社出版發行，2000年3月，頁108。

（三）許氏家廟

明人許福於明嘉靖十年（1531 年）曾親撰〈珠浦許氏建祠堂小引〉稱：「君子尊祖故敬宗，敬宗故睦族。祠堂者，三道〔註 263〕之所以立也。故君子將營宮室，祠堂爲先，重此三道也。」〔註 264〕建祠祭祖，可尊祖、可敬宗、亦可睦族。〈（許氏）金門始祖家廟整建落成誌〉亦云：「建家廟，立祠堂，所以明昭穆，光祖德，追木本，溯水源，俎豆馨香，崇宗祊之永耀，燕翼貽謀，冀世代以長光。祖德流芳，蔭孫支以挺秀，用示子孫之不忘本焉。」〔註 265〕宗祠猶如宗族之根。對世居金門本地的鄉親而言，對遷居海外僑居地的族人而言，以宗祠、祭祖、修族譜爲紐帶。〔註 266〕

據明嘉靖十二年（1533 年）許大用〈珠浦許氏族譜祠堂記〉〔註 267〕載稱，許氏始祖來自丹詔，並卜居於後塗山〔註 268〕之下。當年祖居地，歲久頹圮，故址猶在。彼時的許氏族裔囿於主客觀環境的限制，而未克有祠堂之建，神主惟藏諸宗子私堂，歲時冬至，族人相率墓所而祭，祭畢則燕聚於其祖居舊址，以示永不忘本之意。數傳至九世、十世，族眾厭其簡陋無文，始有建祠之議。然舊址雖存，屋舍坍塌情況嚴重，實非所以安神靈而崇孝養之所。

據明人許大用〈珠浦許氏族譜祠堂記〉載述，嘉靖紀元（1522 年），時有倡建之議。後二年，歲在嘉靖三年甲申（1524 年），董學邵端峰，親頒毀賣淫祠之命，該處原有「眞君堂」一區，山環水遠，適於闢建祠宇，許氏族長老

〔註 263〕三道，泛指人子事親的三種孝道，即《論語・爲政》卷二（阮元重刊宋本），魏・何晏等注；宋・邢昺疏，臺北：藝文印書館，1976 年 5 月六版，頁 16：「生事之以禮，死葬之以禮，祭之以禮」之意；另見之於《禮記・祭統》卷四十九（阮元重刊宋本），漢・鄭元注；唐・孔穎達等正義，臺北：藝文印書館，1976 年 5 月六版，頁 830～831：「是故孝子之事親也，有三道焉：生則養，沒（歿）則喪，喪畢則祭。養則觀其順也，喪則觀其哀也，祭則觀其敬而時也。盡此三道者，孝子之行也。」

〔註 264〕明・許福，〈珠浦許氏建祠堂小引〉，《金門珠浦許氏族譜》，金門：許氏宗親會、金門珠浦許氏族譜編輯委員會出版，1987 年 4 月 5 日首版，頁 200。

〔註 265〕同註 264。許金龍，〈金門始祖家廟整建落成誌〉，頁 216。

〔註 266〕焦紅輝主編，《源與緣——閩台民間風俗比照》，海風出版社，2008 年 7 月第一次印刷，頁 178。

〔註 267〕同註 264。明・許大用，〈珠浦許氏族譜祠堂記〉，頁 201。

〔註 268〕案，塗山位處金城鎮後浦街東門與南門交會處，前清屬「水門」，現爲東門轄境，當地有三級古蹟「奎閣」。

乃率族眾，向主管官署申請建祠，並奉遷神主於堂上敬奉。每年冬至祭祖，即於其堂敬拜，因陋就簡，權宜集事。而簷傾瓦落，壁隙屋穿，終非長久之計。之後，許氏宗裔許雅恆，偕同許大用乃倡議擴建，事獲九世族裔許福等眾長老首肯，族眾乃出力捐金，量度基址，「市屋材甃瓦購甎，量堂廣狹，計室崇深」〔註269〕，旋於嘉靖十年辛卯（1531 年）二月吉日，顧工興建，由九世宗孫董其興宅之大計，並由八世孫伯濟、良彬，九世孫彰吉、堯中等共同襄贊建祠大業。同年夏六月訖工，「室堂門廡，一時並舉，輪奐之飾，雖未能備，而規模大勢亦略可觀矣。計經費之出自族人者，七十兩有奇，買兩旁隙地一十五兩，而四壁土工與連瓦石之役，皆族人之樂助，無預經費之數，是歲行與吉會補廩者一，中式者三，咸喜出銀以克潤飾之費。」〔註270〕

許氏家廟（照片 3-5、3-6）始建於明世宗嘉靖十二年（1533 年）。康熙二年（1663 年）歲次癸卯，一紙遷界令，讓金門島上生靈塗炭，也讓許氏家廟淪爲灰燼，荊棘者垂二十餘載。康熙十四年歲次乙卯（1675 年），遠離家園的許姓宗親逐次返回故里。康熙十七年歲次戊午（1678 年），於大宗舊址之後，草構數椽，置主其間。歷經十數年慘澹風雨飄搖歲月後，終能在清雍正九年辛亥（1731 年）大事興修，嗣後亦歷經數次小葺，然以歲月悠遠，戰亂頻仍，傾椽腐樑，屋漏不堪，若不鳩工加以重整，則無以彰祖德，而慰先靈，族裔許允椿等念其列祖創業維艱，功勳勞蹟，秉「繼先賢承先啓後之志，懍守成不易之古訓」〔註271〕，乃於民國六十年歲次辛亥（1971 年）清明佳節，爰集眾議，負責規劃，發起募款整建，闔族響應，隨即籌組委員會董其事，擇日興工，經費採收丁款與勸募認捐並行方式，並曾數度遠赴台澎訪慰宗親，踵請輸誠捐款，致函海外各地宗彥呼籲本於一脈同源，敬愛宗邦，同修至德，歷時四載，於民國六十四年歲次乙卯（1975 年）清明，家廟整建竣工。許氏三進（落）式家廟坐向：前落正針——壬丙——亥己；中落正針——亥己——壬丙——分金己、亥；後落正針——亥己——壬丙。〔註272〕

〔註269〕明・許大用，〈珠浦許氏族譜祠堂記〉，《金門珠浦許氏族譜》，金門：許氏家廟整建委員會，金門縣許氏宗親會、金門珠浦許氏族譜編輯委員會出版，1987 年 4 月 5 日首版，頁 201。

〔註270〕同註 269。

〔註271〕同註 269。許金龍，〈金門始祖家廟整建落成誌〉，頁 216。

〔註272〕詳見許金龍，〈金門始祖家廟整建落成誌〉，《金門珠浦許氏族譜》，金門：許氏家廟整建委員會，金門縣許氏宗親會、金門珠浦許氏族譜編輯委員會出版，1987 年 4 月 5 日首版，頁 216～217。

照片 3-5：金城後浦南門許氏（三進式）家廟外觀

照片 3-6：許氏家廟第三進祖龕，暨出主（捧主就位）情況

位處後浦南門的三進式許氏家廟，以及左側供奉許氏開閩始祖元亮公許濙的二進式許氏宗祠，都是金門地區許氏族人每年冬至祭祖的神聖空間。〔註 273〕清明節的墓祭則定在位處金城鎮公所前方斜坡的「許厝墓」舉行。而三進式的許氏家廟則是許氏族人祭祖後餐敘（俗稱「吃頭」），和議事的聖殿。北門的許氏宗祠則擬於未來改建成三樓式的現代建築。至於其他許氏宗祠則分別蓋在金城鎮的官裡村，和金寧鄉的后湖村、安岐村、後沙村，總數共八棟（詳見表 3-9）。

表 3-9：金門許氏宗祠一覽表

宗祠名稱	落數	宗別	建築地點	修建經過暨奉祀祖先	棟　架
許氏家廟	三進	大宗	金城鎮後浦南門珠浦南路 28 號	始建於明嘉靖十二年（1533 年）。清雍正九年（1731 年）大修。民國六十年（1971 年）重建。供奉開浯始祖五十郎忠輔公，暨二世東西菊祖，先賢十九公，每年春秋祭祀	木構。爲三進閩南式歷史建築
許氏宗祠	二進	大宗	金城鎮後浦南門珠浦南路 23 號	民國九十七年（2008 年）重建。供奉開閩始祖元亮公許濙	水泥建築
許氏宗祠	二進	小宗	金城鎮後浦北門珠浦北路 29 巷 1-1 到 1-4	民國三十八年（1949 年）因戰亂坍圮。民國六十九年（1980 年）改建成二樓店屋四棟，預定於三樓蓋宗祠	水泥建築
許氏宗祠	二進	小宗	金城鎮官裡村 1 號	民國六十四年（1975 年）整建，六十九年奠安，供奉東菊九世祖弘舜公	木構

〔註 273〕案，許氏冬至祭祖儀典，先祭「許氏家廟」，再祭左側的「許氏宗祠」。

許氏宗祠（會元館）	洋樓	小宗	金寧鄉后湖村 60 號	民國六十五年（1976 年）新建。民國七十年（1981 年）落成，同年十二月奠安。為後翰房專祀鄉賢許鍾斗而建	水泥建築（外觀仿古宮殿式）
許氏宗祠	一進	小宗	金寧鄉安岐 60 號宅附近	民國三十八年（1949 年）燬於戰火。民國六十五年（1976 年）重建，民國六十六年（1977 年）奠安。民國九十七年（2008 年）改建。供奉山灶始祖四十八郎公、安岐始祖四十九郎公	本為木構，改建後為水泥建築
許氏家廟	二進	大宗	金寧鄉後沙村 41 號	民國六十五年（1976 年）重建。民國七十四年（1985 年）奠安。奉祀少闢公，為長房東倉（天乞公），二房東坑美（天祿公），三房東坑下（天慶公），四房東坑上（天瑞公）派下家廟	木構
許氏家廟	一進	小宗	金寧鄉後沙村 12 號	始建年代待考，民國七十年左右拆舊翻新。民國七十四年奠安。奉祀少闢公五房東坑中（少林公）派下家廟	

資料來源：《金門珠浦許氏族譜》、陸炳文《金門宗祠大觀》，以及本研究田調所得。

小　結

宗廟是封建社會天子與貴族祭祀祖先的聖殿。秦代以降，封建制度解體，貴族無爵可襲，宗法社會的精神亦隨之而蕩然。漢初廟制不明，墓廟雖不合禮制，卻能暫時取代宗廟祀先的功能。唐代的家廟則讓宗廟制度再度大放異采。在宗廟流變史當中，唐代的家廟扮演著承先啓後的角色功能。趙宋建國，宗族社會開始大行其道，特別是宋儒張載、程頤等學者的極力鼓吹，讓宗族社會得以大放異彩。南宋鴻儒朱熹《家禮》的問世，則讓祠堂制度獲得革命性的建構，原本只能祭於寢的庶民百姓，從此能正大光明透過祠堂祭祀祖先。明代以還，受到禮制下移的影響，民間開始大量建蓋宗祠。入清以後，隨著市場經濟的蓬勃發展，民間大肆建蓋自己姓氏的宗祠遂成為流行時尚風，春冬祭典亦成為吉禮中的新寵兒。